El Ataque Silencioso

LA CAPTURA DE LOS PUENTES BELGAS DE VELDWEZELT, VROENHOVEN Y KANNE POR LOS PARACAIDISTAS ALEMANES EL 10 DE MAYO DE 1940

GALLAND BOOKS editorial

Portada: Gustav Altmann, líder de los paracaidistas que atacaron Veldwezelt, según una ilustración de Wolfgang Willrich (Archivo Ian Tannahill)

© Óscar González López, Thomas Steinke, Ian Tannahill
© Galland Books S.L.N.E.

Título original: **El Ataque Silencioso**
Primera edición: abril de 2011
ISBN: 978-84-15043-19-5
Depósito legal: GR 1000-2011
Diseño y maquetación: Galland Books
Tratamiento de imágenes: Galland Books
Imprime: Lozano Impresores
Impreso en España

EL ATAQUE SILENCIOSO

LA CAPTURA DE LOS PUENTES BELGAS DE VELDWEZELT, VROENHOVEN Y KANNE POR LOS PARACAIDISTAS ALEMANES EL 10 DE MAYO DE 1940

ÓSCAR GONZÁLEZ
THOMAS STEINKE
IAN TANNAHILL

GALLAND BOOKS editorial

ÍNDICE

PRÓLOGO

El día 27 de octubre de 1939, el *General-Leutnant* Student fue convocado por Hitler en la Cancillería de Berlín. Student, uno de los principales promotores de la fuerza paracaidista alemana, aprovechó para comunicar al *Führer* su disgusto, ya que sus paracaidistas no habían sido empleados en la invasión de Polonia, a pesar de haber previsto su despliegue en varias zonas. Pero no había tiempo para disgustos, porque se le había convocado para comunicarle los planes para la prevista Campaña del Oeste. Y aquí era donde, entre otras, intervenía una idea directamente gestada por el propio Hitler, quien hacía seis días la había comunicado a varios generales del ejército *(Heer):* la toma del fuerte belga de Eben Emael, así como la captura de los tres puentes presentes en el Canal Alberto y en Maastricht, y todo ello, mediante paracaidistas que llegarían en planeadores. El éxito de la misión garantizaría al ejército, especialmente a las unidades acorazadas *(Panzer)*, un rápido avance hacia el interior de Bélgica.

Los preparativos para la misión fueron llevados en el más absoluto de los secretos y comenzaron de manera inmediata, pues el inicio de la invasión se había previsto para el 12 de noviembre. Esta fecha fue modificada sucesivamente, de tal manera que los medios y personal empleados en la misión fueron cada vez mayores y mejores. Así, el *«Sturmabteilung Koch»*, la unidad especialmente formada para tal cometido, comenzó su entrenamiento con una sola idea: el éxito total.

La operación era de gran importancia estratégica. Tras el así llamado «Incidente Mechelen» en enero de 1940 –el aterrizaje de emergencia en suelo belga por parte de oficiales alemanes que portaban información sobre la futura campaña en el oeste-, el plan de la invasión se acomodó y adaptó, por así decirlo, a las ideas del *General-Leutnant* von Manstein. Esto no conllevó una disminución de la importancia del *«Sturmabteilung Koch»*, sino que, al contrario, el nuevo plan reactivó su relevante papel. Ya no se trataría de ejecutar a lo loco una operación peligrosa y arriesgada, sin que ésta se apoyaría en una sólida base. Y es que según los nuevos planes para la invasión del oeste, con nombre en clave *«Sichelschnitt»* (que se podría traducir como «corte de hoz»), las tropas inglesas y francesas, presumiblemente cerca de la posición KW, en el corazón de

Bélgica, quedarían atrapadas. Así, y de manera coordinada, se pondría en práctica el principio «rapidez a cualquier precio».

No obstante, seguía predominando la actitud conservadora de la gran mayoría de mandos del *Heer*, con una visión escéptica respecto a las posibilidades de una acción paracaidista tras las líneas belgas. Esta actitud se puso de manifiesto a mediados de noviembre de 1939, cuando consiguieron que la toma del puente de Maastricht cayera bajo responsabilidad del *Heer*. Además, previendo un eventual fracaso de las tropas aerotransportadas, el ejército también preparó una especie de «plan B», algo que era usual, pero que fue llevado con cautela, como así muestra una anécdota sucedida el 22 de abril de 1940.

Mientras el *Sturmabteilung Koch* probaba sus sistemas de transmisión y comunicaciones, el *General-Oberst* Bock (comandante en jefe del Grupo de Ejércitos B) y el *General Oberst* von Reichenau (al mando del 6º Ejército), asistieron a una demostración dirigida por el *Oberstleutnant* Geiger, al mando del 620º Regimiento de zapadores. El ejercicio en cuestión consistía en cruzar una zanja de 115 m de anchura y 16 de profundidad. Entonces, con una ejecución perfecta e impresionante, se colocó un puente prefabricado sobre un pilar ya existente. Tras ello, von Reichenau comentó adrede: «*Querido Geiger, creo que el mayor desencanto para Vd. sería que los puentes del canal Alberto cayeran intactos en nuestras manos*».

La única participación del *Heer* en el operativo del *Sturmabteilung Koch*, a saber, el rápido relevo de los paracaidistas, presuponía la captura de los puentes de Maastricht intactos. Pero la base de este presupuesto era de dudosa solidez. Una unidad especial del ejército, cuyos integrantes llevarían uniformes holandeses, debería entrar en Maastricht y tomar sus puentes. Y este dudoso plan falló. A primeras horas del 10 de mayo, los alemanes de esta unidad fueron rápidamente desenmascarados y neutralizados. Así, mientras las acciones paracaidistas en el fuerte Eben Emael (grupo Granito) y en los puentes de Veldwezelt, Vroenhoven y Kanne (grupos Acero, Hormigón, Hierro) se desarrollaban eficazmente, los puentes de Maastricht fueron volados. Al *Heer* no le quedó más remedio que tender pasarelas a toda prisa, para relevar, aunque tarde, a los paracaidistas –en el caso de Eben Emael, 18 horas más tarde-. Aún así, hoy día se sigue considerando que esta colaboración conjunta entre *Heer* y *Luftwaffe* se logró completamente.

¿Qué era más importante, el fuerte Eben Emael o los puentes del canal Alberto? Es una cuestión también planteada por los propios paracaidistas que participaron en la operación y no debe ser debatida en un prólogo. Mientras que una larga lista de autores se ha ocupado de la acción contra Eben Emael, el objetivo de este libro es describir con todo detalle, desde las perspectivas belga y alemana, los preparativos y el desarrollo de los no menos duros combates vividos en los puentes de Veldwezelt, Vroenhoven y Kanne. Y esto sí que es menos conocido. Ha sido posible gracias a la consulta de fuentes (las alemanas, no siempre precisas), a las entrevistas realizadas a participantes y testigos, al uso de documentos privados y a la utilización de un valioso material fotográfico desconocido hasta la fecha. De este modo, y de la mejor manera posible, se tapona una brecha que existía en la historiografía centrada en los inicios de la Campaña alemana del Oeste.

Günter Schalich
Aachen, enero de 2011

INTRODUCCIÓN

Se han escrito muchas palabras acerca del asalto más conocido y audaz de la Segunda Guerra Mundial: la captura del fuerte belga de Eben Emael a manos de las tropas paracaidistas alemanas, el 10 de mayo de 1940. De hecho, esta operación supuso el empleo por vez primera de los planeadores y de las cargas huecas, al mismo tiempo que demostró que era posible lanzar paracaidistas tras las líneas enemigas, en el más puro estilo de comandos. El entrenamiento, secreto, precisión y velocidad, amén del factor sorpresa, convirtieron a estos hombres en letales, sembrando el caos entre los soldados belgas.

Sin embargo, se debe tener en cuenta que estos paracaidistas eran parte de un grupo mayor: el *Sturmabteilung Koch* (Grupo de Asalto Koch), la elite de la fuerza aérea alemana *(Luftwaffe)* en 1940, cuya misión no fue sólo tomar el fuerte Eben Emael, sino también los tres importantes y vitales puentes sobre el cercano Canal Alberto, a saber, Veldwezelt, Vroenhoven y Kanne. El éxito del ataque alemán a Bélgica y Francia dependería de la rápida conquista de esos puentes. Y aunque este cometido fue una parte importante de toda la operación, se puede admitir sin ambages que el asalto a los puentes del Canal Alberto apenas es conocido.

El objetivo del presente libro es mostrar de una manera clara y profunda cómo fue planeado y ejecutado el asalto a esos puentes. Y todo ello no sólo a través de un texto apoyado en documentos, archivos y testimonios, sino también mediante muchas fotos jamás publicadas hasta la fecha. Este último asunto ha sido una tarea cuidada especialmente por los autores. Cada detalle, desde la creación del grupo mandado por Walther Koch, hasta el ataque final, ha sido analizado tomando como referencia las mejores fuentes, así como los recuerdos y testimonios de muchos soldados belgas y alemanes. Desde aquí hemos tratado de construir una crónica histórica objetiva, centrándonos en el terreno puramente militar, pero sin olvidar una reflexión moral, humilde pero sincera. No puede ser de otra manera cuando nos acercamos al estudio del siglo XX, convulso y tenso, que nos conduce inevitablemente hacia una convicción: «la guerra deshumaniza». No obstante, somos conscientes de que nuestra investigación no ha estado exenta de errores. Encontrar la verdad absoluta es tarea imposible y esperamos que el lector sea indulgente con los equivocaciones y lagunas de este trabajo.

Nuestro sincero agradecimiento va dirigido a todas las personas e instituciones que nos han ayudado en estos años de investigación. El estrecho contacto mantenido con historiadores de la talla de Joost Vaesen y Jo Fiévez, miembros activos de la asociación gestora del Fuerte Eben Emael, así como con Stijn David, Mike y Martin Opitz, David Lenk, Peter Selinger, Mathieu Geurts y el coronel Robert Calmeyn, nos ha proporcionado importantes pistas para la realización del trabajo. Del mismo modo, sin el asesoramiento y guía de Günter Schalich, uno de los mayores expertos sobre fortificaciones de la Segunda Guerra Mundial y todo lo relativo al ataque del canal Alberto, este libro no habría podido ver la luz. Y, una vez más, no hay palabras para agradecer a Lucas Molina, amigo y apasionado de la historia, su «mano tendida», y su sincera apuesta por esta investigación.

Last, but not least. La columna vertebral de este libro han sido los testimonios de los supervivientes de aquel ataque y de sus familiares. Entre ellos, H. Angelkort, I. Axenbeck, E. Bähr, A. Bauer (+), H. Becker, M. Bergmann, I. Böning, H. J. Buchbender, H. Büschen (+), E. Burgard, H. Christiansen, M. Czayka, R. Dannenberg, G. Döbbelin, E. Dullnig, R. Ellersiek, K. Engelmann, S. Fickel, N. Gahno, Fr. Gaida (+), L. Gilg, E. Gomolka, G. Graef, B. Hafermaß, M. Hanker, M. Heinen, B. Heise, R. Hentschel, B. Hoffmann, H. J. Horlbeck, J. Kainz, Dr. Keudel, H. Koch, G. Kühnemund, R. Lange, J. Lammerding, P. Lobindzus, H. W. Maulhardt, K. Mayr (+), W. Meier, H. Meyer, J. Meyer, B. Müller, W. Pisk, B. Quadflieg, J. Richter, K. Rieser, H. Rubelt (+), I. Ruch, F. Schindele (+), H. Schlaghecke (+), P. Schlombs, B. Schrowange, A. Schütz, M. Spanehl, S. Stahlberg, K. Stern, R. Susdorf (+), S. Toschka, B. Wechsler. Contar con sus recuerdos y reflexiones ha transformado el libro en algo dinámico y vivo, lejos de una fría narración. Nuestro recuerdo va especialmente dirigido a los que fallecieron antes de ver terminado este proyecto (también suyo): el veterano belga Josef Schaumans, y los alemanes Reinhold Susdorf, Heinz Schlaghecke y Rudi Opitz. Ha sido un auténtico privilegio para los autores contactar y conocer a las personas que fueron los auténticos protagonistas de los dramáticos acontecimientos vividos el 10 de mayo de 1940, el día en el que el ataque silencioso se convirtió en realidad.

Óscar González López,

Ian Tannahill,

Thomas Steinke.

BÉLGICA EN VÍSPERAS DE LA GUERRA

A pesar de su declarada neutralidad, Bélgica se vio inevitablemente involucrada en la guerra al ser invadida por la *Wehrmacht* aquel fatídico 10 de mayo de 1940. El ejército belga, integrado en el dispositivo aliado para repeler el ataque alemán, no pudo resistir la presión imparable de las divisiones alemanas. Las fuerzas armadas belgas poco pudieron hacer frente a la gigantesca máquina de guerra alemana. En 1940, Bélgica era un próspero, pero pequeño país, que contaba con ocho millones de habitantes. Era claro que el Alto Mando belga sabía que sus opciones eran escasas en caso de ataque alemán, pero la realidad superó con creces sus expectativas.

El rey Leopoldo III, rey de Bélgica en 1940. (Fuerte Eben Emael)

Tras la Primera Guerra Mundial tuvieron lugar una serie de modificaciones importantes en el ejército belga. Así, redujo sus unidades de 17 a 8 divisiones (en 1924) y a 6, en 1926. No obstante, y en esto se diferenció de Holanda, Bélgica era consciente de que su neutralidad sería difícilmente respetada por los alemanes. Unos hechos importantes corroboraron esta creencia: la debilidad de la Sociedad de Naciones a la hora de establecer un marco de relaciones internacionales equilibrado y pacífico, la evolución política de Alemania y la reocupación de Renania.

Soldado belga de 1940 según el grupo de reconstrucción histórica *«6 de Linie»*. (Foto Óscar González)

Así las cosas, a finales de 1936, el rey belga, Leopoldo III, abogó por un rearme masivo y por una modernización del ejército. Era indudable que estas medidas buscaban la reafirmación de la independencia del país; también perseguían disuadir a los países vecinos, a la sazón, grandes potencias europeas (Francia, Gran Bretaña y Alemania), de que Bélgica no sería el escenario donde «resolvieran» sus diferencias. Las consecuencias directas de la «apuesta» del rey belga fueron varias medidas: aumentó en un 15% del presupuesto destinado a defensa, prolongación del servicio militar de 8 a 12 meses, refuerzo de la línea de fortificaciones del río Mosa, con la construcción de tres fuertes: Neufchâteau, Battice y Eben Emael, división del país en tres regiones militares (con cabeceras en Bruselas, Amberes y Lieja) y, por último, la construcción de una línea defensiva provista de obstáculos anticarro entre Koningshooiskt y Wavre, posteriormente denominada Línea KW o también posición Dyle. En coherencia con la remodernización emprendida, tres divisiones fueron motorizadas (dos divisiones de caballería y una de «Cazadores de las Ardenas»; también se creó la Guardia Territorial Aérea, con el fin de defender los fuertes y las principales ciudades (Amberes, Gante, Bruselas y Lieja).

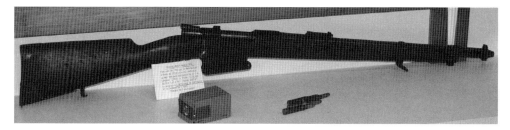

Fusil *Mauser*, modelo 1916, calibre 7,65 mm. Arma de dotación en las unidades de artillería de los fuertes belgas. (Fuerte Eben Emael)

Todos estos cambios provocaron que, en mayo de 1940, el ejército belga consiguiera formar un ejército significativo teniendo en cuenta las pequeñas dimensiones del país: 100.000 soldados en tiempos de paz y 650.000 tras la movilización; en total, 18 divisiones de infantería, un Cuerpo de Ejército de Caballería, con dos divisiones y una brigada motorizada; una brigada de Artillería y un Cuerpo de Cazadores de las Ardenas (*Chasseurs Ardennais*) compuesto por dos divisiones parcialmente motorizadas y otras unidades independientes. Todas estas unidades se agruparon en siete cuerpos de ejército de infantería y un octavo de caballería. Cada cuerpo disponía de dos divisiones de infantería y un regimiento de ingenieros, además de unidades de transmisiones y de apoyo logístico. En lo que respecta a los regimientos de infantería, cada uno contaba con tres mil hombres, armados con el fusil *Mauser M 35*. Las armas de apoyo regimentales eran : seis cañones antitanque, nueve morteros, ciento ocho ametralladoras ligeras *Browning* M 30 y cincuenta y dos pesadas *Maxim* M 08. La artillería divisionaria contaba con 16 obuses *Schneider* M 17, de 155 mm, 8 *Schneider* M 13, de 105 mm, y 8 *Cockerill* M 32, de 120 mm.

El problema de la modernización también tuvo que ver con el armamento. El cañón de 105 mm, por ejemplo, en servicio en el ejército desde antes de la Gran Guerra, quiso ser sustituido por uno de 120 mm. El proyecto de cambio se llevó a cabo desde 1924 hasta 1931, encargándose de la labor a la *Koninklijke Kanonnengieterij*. A partir de 1932, se aprobó su construcción en masa, pero la crisis económica truncó el éxito del proyecto. Del mismo modo, también se acometió el cambio de ametralladoras y fusiles ametralladores, en este caso con éxito. Un nuevo modelo, la *Browning* modelo 1930, que usaba un cartucho nuevo, comenzó a usarse a partir de 1931. Seis mil unidades fueron distribuidas a partir de 1931, conviviendo con la ametralladora *Maxim* –distribuida entre la infantería– y la *Hotchkiss* –usada por el arma de caballería–. Con este cambio se intentó reemplazar a la obsoleta y nada eficaz ametralladora *Colt,* que quedaría destinada a unidades de retaguardia. Estos ejemplos ilustran a la perfección la «inercia» seguida por el ejército belga tras la Primera Guerra Mundial en lo relativo al cambio y actualización tanto de unidades como de material[1].

La remodernización, no obstante, no afectó a la estrategia. Ésta seguía estando basada en la defensa estática, muy en la línea de la Primera Guerra Mundial. Desde este «especial enfoque», no es de extrañar que se el ejército belga careciera de radios, de carros de combate de cierta entidad o de armas antitanque. En este sentido, las dos divisiones de caballería contaban cada una con 16 carros T 15, que realmente eran *Vickers-Armstrong*

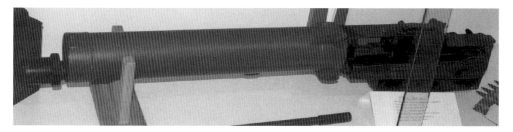

Ametralladora *Maxim*, diseñada en 1917, con la que el ejército belga se equipó. (Fuerte Eben Emael)

Carden-Lloyd modelo 1934, armados con dos ametralladoras *Hotchkiss* de 13,2 mm. La 1ª División de las Ardenas disponía también de de 9 de dichos carros. Otras unidades contaban con ejemplares del T 13, una versión belga del *Vickers,* similar al T 15. Del modelo B1 había 30 unidades; del B2, 20 unidades, y del B3, 150 ejemplares, todos equipados con torreta y cañones de 47 mm, así como de ametralladoras belgas FN 30 de 7,65 mm. El ejército belga contaba también con material francés, como los 12 carros *Renault ACG 1* modelo 1935, con cañón de 47 mm y ametralladora coaxial. Estos vehículos se agruparon en un escuadrón independiente, organizado en dos secciones. Otros vehículos militares belgas eran los tractores para transportar los cañones antitanque SA-FRC, de 47 mm, modelo 1931, utilitarios *Famillehereux* GMC modelo 38 y *Ford/Marmon-Herrington.*

Tampoco a la aviación se le dio la importancia que merecía, estando anticuada en 1940. Por lo que a la fuerza aérea *(Aéronautique Militaire)* se refiere, Bélgica disponía de un total de 234 aviones, pero sólo 180 estaban en servicio, de los cuales 76 eran cazas (22 *Gloster Gladiators* MK 1, 20 *Hawker Hurricane* MK 1 y 34 *Fiat* CR 42 «*Falco*»). Junto a estos aparatos, que no suponían ninguna amenaza para los cazas alemanes, 16 bombarderos

---

[1] Vaesen, (2003), pp. 198, 200 y 201.

Vehículo blindado T 13 con el que se equipó el ejército belga. Estaba armado con un cañón de 47 mm y fue usado como vehículo cazacarros.

Fairy Battle MKI (totalmente lentos, con escaso armamento defensivo y antiacuados para la época), encuadrados en el 5° y 7° Escuadrones, componían la fuerza áerea belga. Y aunque también se había previsto la fabricación en Bélgica, bajo licencia, de otros 80 cazas *Hawker Hurricanes*, éstos no estaban operativos en mayo de 1940. En Estados Unidos se adquirieron cazas *Brewster F2 «Buffalo»* y a Italia se encargaron aviones *Caproni*, pero estos aparatos no llegaron a tiempo. Así mismo, otros 40 cazas *Fiat CR 42* fueron encargados en marzo del mismo año, pero cuando el ataque alemán tuvo lugar, sólo 34 habían sido envíados.

Soldado belga en 1940.

Las fuerzas aéreas también englobaban al Servicio de Observación y a la Artillería Antiaérea (equipada con cañones FRC modelo 1927, de 75 mm, y *Madsen* CHM modelo 1935, de 20 mm). Así quedó constituida en 1940 la Defensa Aérea del Territorio (DAT). La *Aéronautique Militaire* se articulaba en tres regimientos de aviación. El primero de ellos estaba especializado en la observación aérea y la cooperación aeroterrestre, el segundo agrupaba a las unidades de caza, y el tercero contaba con los aviones de reconocimiento lejano y bombardeo ligero. Cada escuadrilla contaba con una unidad de artillería antiaérea.

También es, cuando menos, curioso que un país con bastantes kilómetros de litoral, disolviera su marina de guerra durante el periodo de entreguerras por falta de presupuesto. No fue hasta septiembre de 1939 cuando se reactivó el Cuerpo de Marina *(Corps de Marine)*. Pero ya era tarde para formar una fuerza naval y la improvisacióin dirigió la refundación de la marina de guerra. Hubo que recurrir a oficiales reservistas del ejército de tierra que fuesen marinos mercantes y los marineros se eligieron entre reclutas que hubieran tenido alguna experiencia naval previa. Así, se consiguió formar una fuerza que disponía de 30 oficiales, 98 suboficiales y 513 cabos y marineros. Los únicos navíos disponibles eran un pequeño guardacostas, armado con un cañón de 47 mm y dos ametralladoras, y algunos barcos de madera, requisados para ser utilizados como dragaminas. Por lo que respecta a la artillería de costa, sólo contaba con dos cañones de defensa costera, montados en los puertos de Amberes y Zeebrugge.

El 1 de septiembre de 1939, Bélgica proclamó su neutralidad, aunque decretó la movilización general. Y es que se temía el más que probable ataque alemán al este del país. La movilización chocó con serias dificultades: falta de oficiales y de experiencia en los que formaban parte de la reserva, falta de equipamiento. A su vez, tal y como ocurrió en Francia, el periodo de inactividad desde 1939 hasta 1940, relajó excesivamente la «tensión» y la moral de la tropa. Los soldados carecían de espíritu combativo porque más que estar motivados para la defensa de sus fronteras, estaban preocupados por sus familias. Y el «gran problema nacional» belga –aún en la actualidad- tuvo una decisiva importancia en esta falta de motivación: la continua tensión entre flamencos y valones. Mientras que los soldados francófonos «valones» se desplegaban en las fronteras, los flamencos fueron situados cerca de sus ciudades. Para evitar el malestar que esta discriminación provocaba, el gobierno fue concediendo permisos a agricultores, mineros, profesores y funcionarios. Inevitablemente, la unión entre los soldados quedó desestabilizada[2]. Bélgica se relajaba y Alemania se preparaba para la guerra.

La defensa del Canal Alberto

El Canal Alberto, de 129,6 km de extensión, era la obra culmen de la ingeniería belga y había sido construido entre 1930 y 1939. Supuso no sólo una inmejorable vía de comunicación entre Lieja y Amberes, sino también un formidable obstáculo ante una hipotética invasión. En coherencia con la mentalidad estratégica estática heredada de la Gran Guerra, los belgas confiaron ciegamente en la construcción de «obstáculos» defensivos (desde el propio Canal Alberto, hasta búnkeres y fuertes, como el de Eben Emael), que junto a las tropas desplegadas en la frontera, sirvieran de barrera infranqueable ante

El impresionante fuerte de Eben Emael constituía el centro de gravedad de toda la organización defensiva belga en los alrededores de Lieja. (Foto Óscar González)

---

[2] Y en el mismo sentido, Hiance (2008), pág. 254, relata una pelea entre soldados valones y flamencos acantonados en Wonck, en las cercanías de Eben Emael, en la Nochevieja de 1939. ¿El motivo? Los soldados flamencos del 15º Regimiento de Línea querían que los músicos entonaran cantos patrióticos flamencos… ¡en plena Valonia! Al término de su narración, el autor hace una interesante reflexión: «pobre ejército belga».

cualquier intento alemán de invasión. Esta apuesta defensiva daba por sentado que la estrategia ofensiva enemiga también se apoyaría en los usos de la Gran Guerra. Fue este «a priori» asumido sin discusión, el que dio al traste con todo el planteamiento belga, a pesar del tiempo, del esfuerzo y del dinero empleados en él. Como veremos, la *Blitzkrieg* pasó por encima del Canal Alberto sin que los belgas tuvieran tiempo de reaccionar.

Tan importante fue la apuesta defensiva belga, que aún antes de haber terminado los trabajos en el canal, el ejército comenzó a fortificar la orilla izquierda (oeste) del mismo, convirtiéndola en la principal línea defensiva de vanguardia. Desplegando sus «alas» desde Amberes, en el norte, hasta Lieja, en el sur, los belgas harían del canal Alberto su mejor baza para frenar a los alemanes, dando tiempo, a su vez, a franceses y británicos para poder alcanzar y reforzar tan preciada línea de defensa en caso de ataque alemán. Evidentemente, el impresionante fuerte Eben Emael, en el «ala derecha» de todo este entramado defensivo, sobre las alturas de Loën, llevaría el protagonismo en la labor de contención. Su inmejorable situación le convertiría en el centro de gravedad de la denominada Posición Fortificada de Lieja.

Pero después de decretar la movilización en septiembre de 1939, el Estado Mayor belga cayó en la cuenta de que los franceses no llegarían nunca a unírseles en el Canal Alberto. Un nuevo plan en la estrategia aliada tenía la culpa, el «plan Dyle», anteriormente mencionado. Los cambios organizativos que conllevó el diseño del nuevo plan fueron los siguientes:

- En el sector desde Amberes hasta Lovaina, unidades del ejército belga se situarían tras la denominada Posición Fortificada de Amberes (o sea, el conjunto de posiciones de hormigón, búnkeres, etc, situadas en la zona del canal cercana a Amberes) y la línea Dyle (llamada por los belgas, KW, que marchaba desde Amberes hasta Namur, pasando por Bruselas). Ésta comenzó a ser construida durante el invierno de 1939 a 1940.
- Los británicos, por su parte, se desplegarían desde Lovaina hasta Wavre.
- Por último, los franceses quedarían situados desde Wavre hasta Namur.

Con toda esta organización, en mayo de 1940, la posición defensiva del Canal Alberto distaba mucho de ser la principal línea de defensa belga. No obstante, sus numerosos búnkeres situados tras los puentes que conducían a Maastricht, así como aquellos que los flanqueaban, estaban considerados como piezas clave de la defensa ante la invasión alemana. Y es que, para un invasor que proviniera del este y que atravesara la región holandesa de Limburgo, esa zona cercana a Maastricht constituiría una inmejorable cabeza de puente. Sólo por esta razón, era importante fortificar los puentes y el canal en la frontera con Holanda.

Las fortificaciones del Canal Alberto

Los primeros búnkeres se construyeron al ritmo de construcción del Canal Alberto. A medida que los puentes y esclusas se terminaban, las posiciones se iban integrando en ellos. Así, uno de los primeros puentes en ser acabado, el de Lanaye, cerca de Eben

CANAL ALBERT   La Grande tranchée et l'Ecluse à Lanaye.
ALBERT-KANAAL   De groote ingraving en de sluis te Ter Naaien.

La exclusa de Lanaye y la trinchera de Caster según una postal anterior a la guerra. (Archivo Óscar González)

La exclusa de Lanaye estaba situada junto a la fortaleza de Eben Emael. El tramo que discurría desde aquí hasta el puente de Veldwezelt fue atacado por los paracaidistas. (Bernadette Driesmans)

Emael, tuvo en noviembre de 1931 un búnker en el propio pilar izquierdo del puente, con muros de hormigón de 30 cm de espesor.

En 1933, la organización defensiva del denominado «enclave de Maastricht» fue analizada en profundidad. De esta manera, los búnkeres de los puentes y otras casamatas, todos ellos diseñados para frenar una invasión alemana, fueron objeto de especial atención, a fin de que los trabajos de construcción pudieran comenzar una vez que finalizara la construcción del tramo del canal que iba desde Kanne a Briegden.

Lo que se preveía para esa zona eran búnkeres defensivos en los puentes de Kanne, Vroenhoven y Veldwezelt, así como grandes búnkeres/casamatas de flanqueo (**denominadas A, B, B', C y D,** partiendo desde Kanne) situados a lo largo de la margen izquierda del canal. Estas últimas posiciones dispondrían de varias «plantas» y aspilleras laterales para ametralladoras, con el fin de batir el area a nivel del canal, aspilleras frontales para fusiles ametralladores, así como una cúpula de acero destinada a la observación. Meses más tarde, en 1934, la construcción de los principales búnkeres y casamatas pudo comenzar, de la mano de la *Société Anonyme des Entreprises Reúnies.*

Lo curioso fue que todos los equipos de trabajo fueron dirigidos por capataces alemanes, sin contar con los ingenieros alemanes que formaban parte de las empresas subcontratas que se encargarían de la construcción de los puntos fortificados. Indudablemente, la información que posteriormente recabarán de estos trabajadores los servicios de inte-

El búnker de Gellik todavía se puede observar junto a los puentes de Briegden (el del ferrocarril, en último término, sigue todavía en pie desde antes de la guerra). Las casamatas de flanqueo E y F de Kanne tenían idéntico diseño. Obsérvese el camuflaje con piedras sobre el hormigón. (Foto Óscar González)

Casamata de flanqueo E, junto al puente (destruido) de Kanne. (Archivo Ian Tannahill)

ligencia alemanes será de enorme valor. En concreto, en la construcción de los búnkeres A, B, B', C y D participaron trabajadores alemanes (especialmente en el B) empleados por la *Société Anonyme de Entreprises Réunies*, pero dependientes de la sociedad *Pieux Frankignoul*[3]. El hecho no pasó desapercibido para los oficiales de la Defensa Nacional belga, que realizaron una petición a la principal adjudicataria de las obras para que los trabajos fueran supervisados por belgas. Así mismo, otra petición fue remitida a la gendarmería para que ésta controlara la identidad de los trabajadores operando en un radio de 500 m alrededor de los búnkeres y casamatas, impidiendo el paso a los extranjeros (especialmente a los alemanes).

Los días 18, 19 y 20 de febrero de 1935, comenzó la ocupación de los ya construidos búnkeres/casamatas A, B, B', C y D (todos ellos en Vroenhoven y Veldwezelt). Las dotaciones pertenecían a la compañía de Ciclistas de Fronteras acuartelada en Lanaken. Con la excepción del búnker C, en todos existía la siguiente disposición de fuerzas:

- Un oficial o suboficial, jefe del búnker.
- Dos sargentos, encargados de las plantas superior e inferior, respectivamente.
- Un cabo tirador de ametralladora, y dos soldados suministrando munición.
- Un cabo tirador de fusil ametrallador y un soldado proveyendo munición.
- Un cabo y cuatro soldados encargados de la observación, enlace y uso del proyector.

[3]La empresa *Pieux Frankignoul* construirá estos cuatro búnkeres de flanqueo por un precio total de 1.070.000 francos belgas, así como la galería de enlace BN2 y las casamatas BN3 y BN10, situadas en las esclusas del canal Alberto a su paso por Briegden, al norte de Veldwezelt.

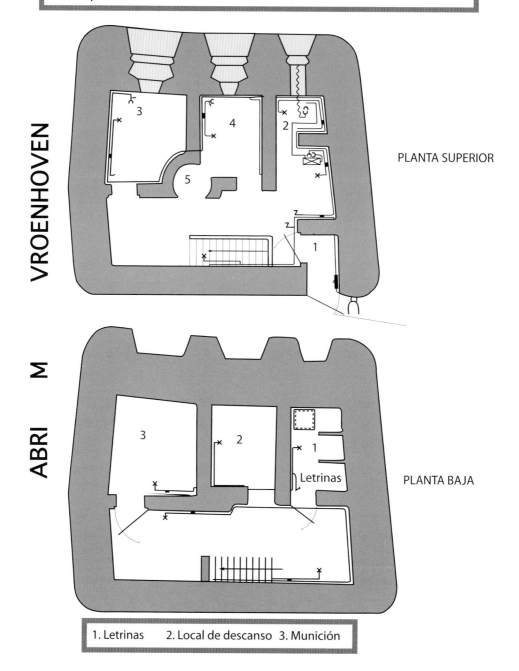

1. Entrada
2. Local del foco de luz
3. Local para el cañón de 47mm
4. Local para ametralladora
5. Cúpula blindada para fusil ametrallador

VROENHOVEN

PLANTA SUPERIOR

ABRI M

PLANTA BAJA

1. Letrinas   2. Local de descanso 3. Munición

El puente de Vroenhoven y el búnker Abri M en la orilla derecha. (Foto Óscar González)

Por su parte, en el búnker C, incluido en el pilar oeste del puente de Veldwezelt y construido por la misma empresa que lo edifició, *Monnoyer et Friarco,* existía la misma disposición de hombres, salvo en lo que respecta al equipo de observación y enlace, formada por un cabo y tres soldados.

Todos estos búnkeres/casamatas de flanqueo servían de apoyo a los dos búnkeres pensados para frenar directamente cualquier invasión alemana, el **búnker M y el N,** en Vroenhoven y Veldwezelt, respectivamente. Terminados el 8 de febrero de 1935, ambos eran «gemelos», situados junto a las carreteras y en el lado oeste de cada puente.

Fue en marzo, un mes después de su construcción, cuando se propuso la edificación de 27 posiciones más, entre ellas, el **búnker O,** previsto contra cualquier irrupción enemiga, que enfilaba el puente de Kanne y servía también de observatorio al fuerte Eben Emael[4].

También en 1935, los dos **búnkeres de flanqueo E y F** previstos para el puente de Kanne fueron construidos por la empresa *Moens.* Estaban equipados sólo con una sala de tiro, provista de un afuste *Chardome* para que el tirador pudiese disparar sentado. El acceso al fortín E se realizaba al nivel del suelo, mientras que el F disponía de escaleras que conducían hacia la puerta de entrada, situada en un nivel superior.

En 1936, las obras del tramo del canal entre Lanaye y Briegden concluyeron. Era algo esperado por la Defensa Belga, ya que esta zona se situaba enfrente de Maastricht. Aquí se situarían las siguientes posiciones:

---

[4] Su coste ascendió a 147.000 francos belgas. Los búnkeres M y N fueron construidos por la empresa *De Backer et Fils,* sita en *Flémalle,* por una suma total de 373.000 francos.
Por lo que respecta a los búnkeres de flanqueo E y F, situados a ambos lados del puente de Kanne (citados a continuación), el coste fue de 45.204 francos el E, y 46.321 francos, el F.

- Tres búnkeres protegiendo los puentes de Kanne, Vroenhoven y Veldwezelt de cualquier intento de penetración.
- Seis búnkeres/casamatas de flanqueo, situados al nivel del Canal Alberto, preparados para armas automáticas. Todos ellos estarían a ambos lados de los tres puentes citados.
- Dos búnkeres integrados en los pilares oeste de los puentes de Lanaye (L 2) y Veldwezelt, así como en la exclusa de Lanaye.
- Una casamata para cañón antitanque sobre afuste de campaña en Lanaye (denominada L 1)

Los últimos trabajos en lo relativo a la construcción de las posiciones de hormigón en la orilla oeste del canal tuvieron lugar en 1939. En el curso de este año, se instaló corriente eléctrica en los búnkeres O, M y N, todos ellos equipados con proyectores de oxiacetileno del tipo *Magondeaux*. Así, estos faros serían sustituidos por otros proyectores eléctricos del modelo *Willocq Bottin*, provistos de acumuladores. Esta decisión también fue acompañada de otra: conectar la alimentación de los búnkeres a la red eléctrica civil. El 7 de diciembre, el cambio ya se había efectuado.

Otros búnkeres fueron proyectados para ser colocados en el puente de Lixhe. Se trataba del D y E, provistos de una sola cámara de tiro con afuste *Chardome*, semejantes a las casamatas de flanqueo presentes en Kanne. No obstante, el proyecto no vio nunca la luz.

En junio de 1939, se previó completar la defensa del denominado «enclave de Maastricht» con la construcción de 4 posiciones/fortines más situados al nivel del canal entre los puentes de Kanne y Veldwezelt. La particularidad de estas posiciones consistía en la gran galería subterránea, de más de 75 m, que debía comunicarlos con la parte superior de la trinchera por cuyo fondo atravesaba el canal. Estas posiciones tampoco pasaron de ser meros proyectos[5].

El modelo «belga» de construcción de los búnkeres y casamatas

Siguiendo con nuestro análisis de las fortificaciones del Canal Alberto, conviene señalar que el Ministerio de Defensa belga proyectó para el denominado «enclave de Maastricht» un modelo de casamata de flanqueo diferente al que se pensó para la defensa de los canales del Limburgo flamenco. Indudablemente, aquél tendrá más importancia, plasmándose en las cuatro casamatas pensadas para apoyar la defensa de los puentes de Vroenhoven y Veldwezelt: **A, B, B' y D.**

Cada casamata estaba proyectada para batir sus sectores laterales y estaba formada por dos niveles, coronados por una cúpula de observación. Su acceso se realizaba por la

---

[5] No obstante, los últimos trabajos realizados en el marco de la defensa de Maastricht no fueron hechos antes de 1940, sino en 1958, 13 años después del fin de la Segunda Guerra Mundial. En esta fecha fue construida una pequeña casamata en el puente de la exclusa de Lanaye. La obra fue proyectada por el Ministerio de Obras Públicas y de la Reconstrucción, por cuenta del Ministerio de Defensa.

El búnker Abri M de Vroenhoven tal y como estaba antes de las obras de construcción del nuevo puente, comenzadas en 2007. (Foto Óscar González)

parte trasera, en el nivel superior. Dos puertas, una metálica y otra de persianas. En el nivel superior se disponía de cuatro cámaras de tiro con aspilleras para flanquear el canal. Dos de ellas estaban preparadas para ametralladora montada sobre afuste *Chardome*, y las otras dos contaban con sendos proyectores de oxiacetileno. Era en una de estas últimas cámaras donde se encontraba la salida de seguridad. Una cámara de tiro pequeña en el frontal estaba habilitada para un fusil ametrallador y para acceder a la cúpula de observación. Una escalera de hormigón conducía desde el piso superior al inferior, que contaba con dos cámaras de tiro para armas automáticas montadas, también, sobre afuste *Chardome*. También en esta planta se encontraba un pequeño local preparado para almacenamiento de material y provisto de dos letrinas. Por último, el equipamiento del nivel inferior se completaba con dos aspilleras para fusiles ametralladores y una bocacha para arrojar granadas. Con el fin de evitar que la tierra obstruyera las aspilleras inferiores, fueron construidos también dos fosas del tipo «diamante». Todas las casamatas tenían idéntica factura, contando sólo con pequeñas diferencias debidas a la topografía específica de cada emplazamiento.

Y en coherencia con esta estructura, para asegurar la defensa contra cualquier intento de invasión a través del puente de Kanne, el Ministerio de Defensa hizo construir un búnker en el flanco de la colina central de Opkanne, de tal modo que pudiera enfilar y batir el puente. El acceso a esta posición, denominada **búnker O**, se realizaba a través de una escalera de 16 escalones. Tras franquear las dos puertas metálicas, se accedía al local del ventilador (del tipo *Bocholt*). Y es que el aire puro era aspirado por el lado derecho del búnker para ser expulsado, posteriormente, por la cámara donde se encontraba el cañón. Después de ser construido, el búnker fue dotado de corriente eléctrica. Su dotación la formaban un sargento, dos cabos y nueve artilleros, dependiendo del fuerte Eben Emael.

Abri F

Leyenda:
1. Entrada obstruida con placas pivotantes
2. Hall de entrada
3. Cuarto de tiro
4. conducto lanzagranadas

Abri E

Leyenda:
1. Hall de entrada
2. Cuarto de tiro
3. conducto lanzagranadas

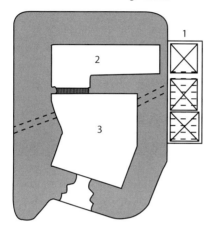

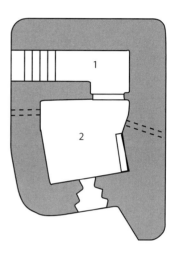

Abri O

Leyenda:
1. Cuarto de la ametralladora
2. Cuarto cañon 4,7 cm
3. Local del foco
4. Hall de entrada
5. Cuarto de ventilación
6. Salida de emergencia de los pozos

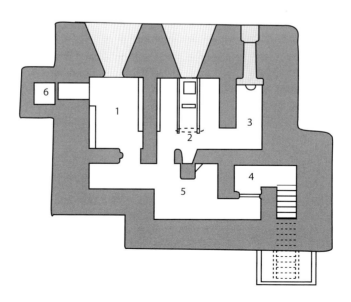

El búnker Abri N de Veldwezelt. (Archivo Thomas Steinke)

Las otras dos posiciones de hormigón presentes junto al puente de Kanne eran dos casamatas de flanqueo, la **E y la F,** dotadas con una ametralladora cada una. A la primera de ellas se accedía directamente, mientras que la segunda tenía un acceso con escaleras. Estas dos posiciones de Kanne estaban defendidas por granaderos a las órdenes del alférez Massin, de la 5ª compañía, del 2º de Granaderos.

Por lo que respecta al **búnker M** de Vroenhoven, consistía en una posición preparada para frenar cualquier intento de irrupción a través del puente homónimo. Constaba de dos niveles. El superior estaba distribuido en tres cámaras: una para un cañón antitanque de 47 mm, otra para una ametralladora *Maxim,* y la última para un proyector de oxiacetileno. Esta planta disponía, además, de un acceso a la cúpula de observación. El acceso disponía de dos puertas, entre las cuales mediaba un acceso intermedio. Por lo que al nivel inferior respecta, disponía letrinas, de una cámara de descanso y de otra que servía de almacén de munición.

La guarnición de este búnker, compuesta por soldados Ciclistas de Frontera provenientes del batallón de Limburgo, tenía una doble misión. Por una parte, frenar cualquier incursión mecanizada enemiga, para lo cual usarían su armamento anticarro, y por otra, hacer volar el puente en caso de necesidad. Como en Veldwezelt, el dispositivo para la activación de las cargas del puente se encontraba entre las dos puertas de entrada.

El hermano «gemelo» del de Vroenhoven, el **búnker N** de Veldwezelt, tenía como misión impedir el paso de unidades mecanizadas enemigas. Para tal fin contaba, de igual modo que sus «colegas» de Kanne y Vroenhoven, con un cañón antitanque de 47 mm y una ametralladora *Maxim.* Así mismo, un proyector permitiría el combate en condiciones

Detalle del Abri M de Vroenhoven: orificios lanzagranadas en uno de sus muros. (Foto Óscar González)

Gozne de la puerta que cerraba el puente de Vroenhoven en el lado belga, aún presente en 2007. (Foto Óscar González)

de oscuridad. Estaba previsto que la defensa de las inmediaciones del búnker se realizara con un fusil ametrallador situado en una cúpula de observación sobre el techo del fortín de hormigón. En la planta baja, al nivel del subsuelo, se encontraban las letrinas, una zona de reposo para la guarnición y un local donde se encontraban las municiones necesarias. El dispositivo de activación de las cargas explosivas se encontraba en el espacio intermedio entre las dos puertas de entrada. El dispositivo en cuestión consistía en una caja metálica con un cartucho de TNT en su interior. Una vez que éste explotaba, los explosivos colocados en tres cavidades abiertas en el pilar norte del puente.

Finalmente, el **búnker C**, en el pilar del puente de Veldwezelt, era semejante al que estaba situado en el puente de Lanaye. Fue construido aprovechando que se estaba procediendo a las labores de hormigonado del puente. Constaba de dos niveles y de cuatro cámaras de tiro para ametralladoras *Maxim*. También disponía de aspilleras para fusiles ametralladores, una en el nivel inferior y dos en el piso superior. Los dos accesos al búnker, situados en el nivel superior, se cerraban con persianas, mientras que el nivel inferior era accesible por dos pozos protegidos por barras metálicas integradas en los muros de hormigón. El techo estaba cerrado por una plancha metálica. Al igual que en otras posiciones del Canal Alberto, dos fosos de diamante estaban junto al búnker con el fin de evitar que fragmentos de tierra obstruyeran las aspilleras.

Pero, ¿un canal fronterizo fortificado sería razón suficiente para ahuyentar a un enemigo que tuviera entre sus prioridades inmediatas la invasión de Bélgica?

Avioneta Me 108 *Taifun*, semejante a la que protagonizó el aterrizaje de emergencia en la localidad belga de Maasmechelen.

El primer aviso: el «Incidente Mechelen»

Que la invasión de Bélgica estaba prevista por los alemanes quedó claro el 10 de enero de 1940. Ese día, una avioneta de transporte alemana realizó un aterrizaje de emergencia en territorio belga. Los sorprendidos ocupantes apenas tuvieron tiempo para deshacerse de los comprometedores documentos secretos que llevaban. Éstos, relativos a los planes de ataque de la *Luftflotte 2*, eran claros sobre las intenciones alemanas. ¿Cómo pudieron cometer los alemanes un fallo tan ingenuo? ¿Supieron los belgas aprovecharse de esta «ventaja»? Analicemos el incidente.

Todo comenzó por culpa de un error cometido por el piloto de una avioneta Me 108, *Taifun*, el comandante Erich Hönmanns, de 52 años de edad y al mando del aeródromo de Loddenheide, en las cercanías de Münster. La mañana del 10 de enero, volando de este lugar hacia Colonia, se perdió, debido a los densos y bajos bancos de niebla que le impidieron reconocer visualmente el terreno que sobrevolaba. Intentó buscar el

Así quedó el aparato Me 108 pilotado por Hönmanns.

Rhin, como punto de referencia con el que reorientarse, pero perdido como estaba, se equivocó aún más, cuando, creyendo que había encontrado el río alemán, se encontró sobrevolando la localidad belga de Vucht, junto al río Mosa, justo en la frontera entre Bélgica y Holanda.

A la equivocación le siguió la falta de combustible, de tal suerte que Hönmanns tuvo que realizar un aterrizaje de emergencia en uno de los prados cercanos. Eran las 11:30 h, y el avión se encontraba dañado, y en territorio belga. A pesar de todo, el comandante alemán pudo abandonar ileso el aparato. Lo que hacía que la situación fuese realmente delicada para los intereses de Alemania era que junto a Hönmanns también viajaba un oficial alemán, el comandante Helmuth Reinberger, responsable de la organización y abastecimiento en la *7. Flieger Division* paracaidista, la unidad que iba a ser lanzada tras las líneas belgas el día de la invasión alemana. Reinberger debía acudir a una reunión a Colonia, y habiéndose encontrado con Hönmanns en Loddenheide el día antes, éste le dijo que, en vez del programado y aburrido viaje en tren, le podría llevar en avión a la reunión de Colonia. Era un plan perfecto para el oficial de la unidad paracaidista, pero también para el piloto, que necesitaba acumular más horas de vuelo y, también, hacer una visita a su mujer en Colonia. Por supuesto, lo que Hönmanns desconocía era que su pasajero llevaba consigo los planes secretos de la inmediata invasión de Holanda y Bélgica, proyectada por Hitler para el 17 de enero de 1940. Sólo supo esto cuando, tras el aterrizaje, al preguntar a un granjero dónde estaban, supieron que se encontraban en territorio belga. La cara de Reinberger mudó de color y el pánico se apoderó de él. El problema ya no era haber aterrizado sin permiso en un país extranjero, sino llevar tan importante documentación.

Hönmanns y Reinberger trataron de destruir la documentación comprometedora cuanto antes. Mientras el primero se alejaba para despistar, el segundo intentó quemar el contenido de su cartera, primero con un mechero que no funcionaba y después con una sola cerilla prestada por el granjero con el que habían hablado. No tuvo tiempo de culminar su acción, porque al momento se presentaron dos soldados belgas, el sargento Frans Habets y el soldado Gerard Rubens. Dándose cuenta del humo, supusieron que el oficial alemán estaba intentando deshacerse de algo «importante», y se abalanzaron sobre el montón humeante. Reinberger intentó escapar, pero dos disparos al aire le disuadieron de su intención.

Tras su captura, Reinberger y Hönmanns fueron conducidos al puesto aduanero belga de Mechelen-aan-de-Maas (o Maasmechelen, a escasos kilómetros al norte de los puentes del canal Alberto, asaltados por los paracaidistas alemanes cuatro meses después). El capitán que les interrogaba, Arthur Rodrique, colocó los documentos ligeramente chamuscados sobre una mesa, y, de nuevo, cuando Hönmanns distraía a los belgas pidiéndoles permiso para ir al baño, Reinberger se lanzó sobre ellos, los cogió e intentó quemarlos en la estufa de la habitación. Reinberber tampoco pudo acabar lo que tenía pensado, pues se quemó, alertando a Rodrique, quien pudo salvar de la quema tan preciados documentos, guardándolos en otra habitación. Reinberger, desesperado, intentó quitarle la pistola a Rodrique para suicidarse, pues sabía de sobra que su error sería imperdonable a los ojos de Hitler, pero tampoco pudo conseguirlo. Aquel mismo día por la tarde, los documentos comenzaron a ser conocidos por el Estado Mayor belga. Y el *Führer* entró en cólera al conocer la noticia, cesando inmediatamente al comandante de la 2ª Flota Aérea (*Luftflotte 2*), el general Hellmuth Felmy, y al jefe de estado mayor de éste, el coronel Josef Kammhuber. No obstante, el *Führer* decidió seguir con los planes.

¿Cuál fue la reacción de los oficiales belgas al conocer los claros planes de invasión alemanes? Durante los primeros momentos, dudaron de la autenticidad de los documentos, sin saber a ciencia cierta si estaban ante una treta alemana o no. A pesar de que los intentos de Reinberger habían dañado parte de la información, el contenido principal era perfectamente legible: el ataque a Holanda y Bélgica se estaba planeando, aunque no se mencionaba cuándo. La posibilidad de ser un engaño quedaba contrarrestada con lo que Galeazzo Ciano, yerno de Mussolini y ministro de asuntos exteriores italiano, había advertido a los belgas acerca de un ataque alemán el día 15 de enero. Así pues, del inicial escepticismo belga, se pasó a dar validez a la información capturada, de tal modo que el día 11, el rey Leopoldo decidió informar a su ministro de defensa, el general Henri Denis, y al comandante en jefe del ejército francés, Maurice Gamelin. También Lord Got, el comandante de la Fuerza Expedicionaria Británica, fue advertido personalmente por el rey belga de la gravedad de la información capturada, al igual que a la princesa Juliana de Holanda, y al Gran Duque Charlotte de Luxemburgo. A la princesa holandesa sólo le dijo por teléfono: «*tenga cuidado, hace mal tiempo*».

Es evidente, que los servicios de inteligencia belgas hicieron un certero análisis del alcance de la situación. Para esto se apoyaron en una pequeña trampa. Les hicieron creer a Reinberger y a Hönmanns que los documentos se habían quemado realmente y que eran ilegibles. Y se lo creyeron, porque al permitírseles encontrarse el día 12 con el agregado de la *Luftwaffe* en La Haya, el teniente general Ralph Wenninger, y con el agregado militar en Bruselas, el coronel Friedrich Carl Rabe von Pappenheim, Reinberger les dijo que se las había apañado para hacer que los documentos fueran ilegibles. El propio embajador alemán en Bruselas comunicó a Berlín que «*estaba confirmado que la documentación era ilegible, excepto en algunos fragmentos sin importancia*». El general alemán Alfred Jodl, encargado de la investigación, escéptico al conocer la noticia de la captura hasta tal punto que había dicho a Hitler que si los belgas poseía tal información, la situación sería *catastrófica*, también creyó esta versión.

A Gamelin le parecía «estupendo» lo que había ocurrido. Era la mejor manera de convencer a los belgas de que su neutralidad peligraba, y presionarles para que permitieran la entrada de tropas francesas en su territorio. A medio plazo, el general francés había planeado un ataque a Alemania a través de Holanda para ser llevado a cabo en 1941. Si estos países seguían manteniéndose neutrales, sus planes no tendrían sentido. Así pues, el incidente de Mechelen facilitaba estos proyectos, de tal modo que ordenó al Primer Grupo de Ejércitos francés, adscrito al Tercer Ejército, que se dirigiera a la frontera belga.

A pesar de que habían gestionado francamente bien el inicio del «incidente Mechelen», los belgas comenzaron inquietarse con la información. Su agregado militar en Berlín, el coronel Georges Goethals, envió un mensaje a Bruselas el día 13, indicando que «una persona de fiar» le había asegurado que los documentos incautados eran ciertos y que la invasión alemana tendría lugar al día siguiente. Su informador había sido el agregado militar holandés en Berlín, Gijsbertus Sas, quien a su vez estaba en contacto con un oficial alemán de inteligencia, con poca simpatía hacia el régimen nazi: el coronel Hans Oster. Y esto puso nervioso al Estado Mayor belga, que no sabía si estaba ante una treta o ante una amenaza real. ¿Quién sabía en Alemania que se habían capturado documentos, si se había guardado silencio mediático al respecto?, pensaron. Y las decisiones comenzaron a precipitarse.

Primero, el jefe del Estado Mayor belga, el teniente general Édouard van den Bergen comunicó el día 13 a los comandantes del ejército belga que un ataque al día siguiente era «casi cierto». Después, anunció por la radio nacional que se activaba la fase D, o lo que es lo mismo, que los soldados de permiso deberían reintegrarse a sus unidades, de tal manera que 80.000 soldados belgas hicieran frente a la inmediata invasión alemana. Pero van de Bergen se había saltado al rey, evidente comandante en jefe del ejército belga, y al jefe del servicio de inteligencia, el general Van Overstraeten. La precipitación no iba a ser buena consejera.

Así las cosas, las dudas comenzaron a surgir. Los alemanes no atacaban y, además, las difíciles condiciones climáticas (fuertes nevadas en la frontera) hacían casi imposible una invasión alemana. Por otro lado, el enfado del rey y de Van Overstraeten, fue tan evidente, que eso fue lo que les hizo caer en la cuenta a los alemanes, de que realmente los belgas conocían sus planes. La temida y esperada invasión no tenía lugar y esto también provocó que las facilidades que se habían prometido a las tropas británicas y francesas se revocaran, dando al traste con las esperanzas de estos. A las 12:00 h del día 14, Van Overstraeten ordenó a las tropas de frontera que cerraran las barreras y que rechazaran «cualquier intento de penetración en el país de un ejército extranjero, fuera quien fuera». El gobierno belga siguió sin variar su política de neutralidad, como si el asunto no fuera con ellos, rechazando cualquier ayuda de franceses y británicos. La neutralidad belga era una premisa indiscutible.

Los movimientos belgas clarificaron la situación a los alemanes. Cuando Jodl «tragó el anzuelo» belga, creyendo que los documentos eran ilegibles, pospuso la invasión para el 15/16 de enero. Pero a la vista de la alerta belga y holandesa, el general alemán se convenció de que sus planes eran conocidos. Tras recomendar a Hitler que pospusiera la invasión, éste tomó finalmente la decisión el día 16 de enero.

Cuando la invasión tuvo lugar, 4 meses más tarde de lo previsto, los alemanes habían tenido tiempo suficiente para cambiar su estrategia. Para esto último es para lo que les vino de perlas, por así decirlo, el «incidente de Mechelen». El drástico cambio de estrategia provocó que el principal movimiento pensado para la inicial invasión de enero, se transformara en una maniobra de diversión. Los documentos transportados por

Reinberger y Hönmanns[6] habían convencido a los Aliados que la penetración sería cerca de las costas belgas y holandesas. La revisión de la operación *Fall Gelb*, provocó que el principal ataque alemán cayera sobre las Ardenas belgas, en dirección a Sedan –tal y como el mismo Hitler había ordenado-.

Segundo aviso: la invasión de Dinamarca y Noruega

Pero los vientos de guerra siguieron soplando en la frontera belga, especialmente cuando el 9 de abril de 1940, los alemanes invadieron Dinamarca y Noruega. El movimiento era lógico: antes de lanzarse contra las potencias occidentales, Hitler quiso asegurarse su flanco norte. El gobierno belga intuyó que los siguientes serían ellos. No había más remedio que preparar la defensa. Así, el 1 de mayo de 1940, a la vista del desplazamiento de tropas y vehículos en la frontera con Alemania, el ejército fue puesto en estado de máxima alerta. El 7 de mayo, la invasión era inminente, tal y como manifestó al gobierno belga monseñor Clemente Micara, nuncio apostólico del Vaticano, para quien no había duda de que la invasión de Bélgica Holanda y Luxemburgo estaba a punto de producirse. Finalmente, el 9 de mayo fueron desplegadas doce divisiones a lo largo del canal Alberto, desde Amberes hasta Lieja. Un cuerpo de ejército ocupó la denominada «Posición Fortificada de Lieja», dos divisiones protegían los puentes sobre el Mosa en Lieja y la frontera con Francia, otras dos se desplegaron en región boscosa de las Ardenas, y otras cuatro divisiones permanecieron en reserva en el interior del país.

Era obvio que los alemanes iban a mover sus fichas, pero no de la manera en que lo hicieron. Así, la mañana del 10 de mayo de 1940, entre las 5:10 y las 5:35 h[7], aterrizaron varios planeadores con paracaidistas a bordo en cuatro puntos del Canal Alberto, en Bélgica: el fuerte Eben Emael y los puentes situados en las localidades de Kanne, Vroenhoven y Veldwezelt, en las proximidades de la frontera holandesa y de Maastricht. El enemigo se había situado silenciosamente a espaldas de los belgas, y esto no estaba previsto en ningún plan defensivo.

Las cabezas de puente que rápidamente pudieron formar los paracaidistas alemanes (*Fallschirmjäger*, en alemán) fueron consolidadas con la ayuda de la *Luftwaffe*, hasta que se produjo el relevo, llevado a cabo por unidades del Ejército de Tierra (*Heer*). Y todo ello a pesar de que se enfrentaron a varias unidades del ejército Belga, numerosas[8], sí, pero con escasa preparación para un ataque de tales características.

---

[6] Aunque los dos fueron condenados a muerte en ausencia, por haber transportado documentos secretos sin autorización, la sentencia nunca se cumplió. Fueron evacuados, primero a Gran Bretaña y luego a Canadá. Hönmanns fue canjeado en 1943, a causa de haber enfermado. En 1944, se sentó ante un consejo de guerra y fue absuelto. Sobrevivió a la guerra y murió en Colonia en 1969. Su mujer e hijos no tuvieron tanta suerte. Ella no sobrevivió a los interrogatorios de la *Gestapo* tras el incidente de Mechelen; sus dos hijos murieron como soldados en la guerra. Reinberger también fue canjeado en 1944 y se instaló en Coblenza, donde murió tras la guerra. [Boerger (2003), pp. 7-20]

[7] Según horario alemán de verano en 1940 (GTM+2). En mayo de ese año, el horario belga (GTM+1) estaba retrasado una hora con respecto al alemán. También el horario holandés era diferente (FTM+20 minutos). En el texto utilizaremos, en adelante, el alemán.

[8] Algo más de 16.000 soldados belgas se encontraban desplegados en la zona de los combates, desde Kanne hasta Veldwezelt.

Paracaidistas alemanes saltando sobre Narvik, Noruega. (Archivo Óscar González)

En cuestión de horas, fuerzas acorazadas *(Panzer)* y de infantería pudieron aprovecharse de los frutos de este ataque, continuando con la penetración hasta el interior de Bélgica.

Esta sorprendente operación militar, que continúa siendo hasta la fecha el mejor ejemplo de ejecución de un ataque por sorpresa mediante el empleo de tropas aerotransportadas, merece un análisis pormenorizado.

DOS EJÉRCITOS, DOS SISTEMAS

LOS ATACANTES ALEMANES

El 27 de octubre de 1939 Hitler convocó a una reunión de urgencia en Berlín al *General-Leutnant*[9] Kurt Student, comandante en jefe de la «7. *Flieger-Division*», nombre que camuflaba a una de las mejores unidades del ejército alemán: los *Fallschirmjäger* (paracaidistas). El motivo era comunicarle su intención de tomar un fuerte y tres puentes en Bélgica, mediante el empleo de paracaidistas y planeadores, como primer paso para un ataque a gran escala en el oeste. Student, que solicitó tiempo para pensar y analizar

Soldados del medio pelotón de ametralladoras Ringler doblan sus paracaídas durante los preparativos de la misión. (Archivo Thomas Steinke)

los pros y contras de un ataque como el que se le estaba sugiriendo, estimó, finalmente, que la operación se podría realizar. Rápidamente se cursaron órdenes para iniciar los preparativos. Ante todo, era esencial guardar secreto sobre la nueva estrategia que se estaba diseñando.

La operación debería llevarse a cabo al amanecer, y tan sólo unos minutos antes del comienzo oficial del ataque a Holanda, Bélgica y Francia. En caso de éxito, las fuerzas acorazadas alemanas podrían avanzar rápidamente a través de las llanuras belgas, acabando con las posibilidades de la línea de resistencia «Dyle» y hostigando duramente a las fuerzas aliadas. Este golpe por sorpresa añadía una significativa novedad al plan previsto en noviembre de 1939 para la campaña en el oeste, en lo esencial idéntico al plan Schlieffen de 1914.

---

[9] En general, establecemos las siguientes equivalencias entre las graduaciones alemanas y las españolas: *Flieger/ Jäger/Jg.* (soldado); *Gefreiter* (cabo); *Obergefreiter* (cabo primero); *Oberjäger/Obj./Unteroffizier/Uffz.* (sargento; entre los paracaidistas, habitualmente Obj.); *Feldwebel/Fw.* (suboficial/sargento), *Oberfeldwebel/OFw.* (sargento primero); *Hauptfeldwebel* (brigada); *Leutnant/Ltn./Lt.* (alférez); *Oberleutnant/Olt.* (teniente); *Hauptmann* (capitán); *Major* (comandante); *Oberstleutnant* (teniente coronel); *Oberst* (coronel); *Generalmajor* (general de brigada) *Generalleutnant* (teniente general); *General der Flieger* (general de aviación); *Generaloberst* (capitán general); *Generalfeldmarshall* (mariscal).

Paracaídas desplegados. Cada *Fallschirmjäger* debía responsabilizarse del cuidado de su paracaídas. (Archivo Thomas Steinke)

La principal acción del ataque alemán consistiría en romper las líneas belgas y francesas entre Lieja y Sedán, coordinando las unidades terrestres con las aéreas y empleando en este cometido el Grupo de Ejércitos A, al mando del general Gerd von Rundstedt. Este grupo englobaba al 4° Ejército, al mando del general von Kluge; el 12° Ejército, a las órdenes del general Kleist y el 16° Ejército, al mando del general Buch. Un importante conjunto de unidades acorazadas y motorizadas serían empleadas en la ruptura del frente, operando de manera autónoma para tratar de destruir al ejército belga, tras haberlo rodeado con el apoyo de los *Fallschirmjäger.* Una vez ocupada Bélgica, atraerían a franceses y británicos hacia el norte con el fin de inmovilizarlos.

Era necesario evitar un ataque por la frontera franco germana, porque allí estaba concentrado el ejército francés, pero, sobre todo, por la existencia de la línea Maginot, una costosa y compleja línea de fortificación y defensa construida por Francia. ¿Por dónde habría que lanzar el golpe final que rodeara, paralizara y desbaratara a las tropas franco británicas?

La idea innovadora consistiría en invadir, en un movimiento de «hoja de hoz», por la espalda, es decir, por las Ardenas belgas. En ninguna previsión aliada se contemplaba esta posibilidad, pues era una zona boscosa y con estrechas carreteras. Ningún carro de combate podría avanzar. Pero la mentalidad alemana era imprevisible e infinitamente más arriesgada (¿audaz?). Y aunque los generales «expertos» en la *Wehrmacht* (entre ellos, von Brauchitsch y Halder) sugerían no apartarse en lo esencial del plan Schlieffen, tras el incidente de Mechelen, en enero de 1940, Hitler apostó por la innovación propuesta por el general Erich von Manstein y avalada por el general Heinz Guderian y el mariscal Gerdt von Rundstedt. Así, el centro de gravedad se desplazaría al ala sur del ataque alemán, rompiendo el frente por donde el enemigo no se lo esperaba y era más débil. El «nuevo complemento» al plan original tenía la ventaja de que los expertos francobritánicos pensarían qe los alemanes repetirían al pie de la letra la jugada de 1914,

Paracaidistas durante su entrenamiento en Hildesheim. (Archivo Thomas Steinke)

El general Kurt Student, principal promotor de los *Fallschirmjäger* a finales de los años 30 del s. XX. (Archivo Alfons Wanderwitz)

metiéndose de lleno con todo su ejército en Bélgica. Pero ningún experto aliado se imaginaban que las tropas alemanas avanzarían velozmente hacia el Canal de la Mancha, en vez de hacia París, encerrando al grueso de los ejércitos francés y británico.

La guerra relámpago, desplegada por Alemania en la campaña polaca, sería puesta en práctica de nuevo en Bélgica. Asegurada la superioridad en el cielo, los carros de combate y blindados abrirían las primeras brechas en las líneas enemigas, para luego penetrar y rodear al grueso de las tropas belgas. La infantería se encargaría de aniquilar estas bolsas. La *Luftwaffe* daría apoyo artillero a los carros de combate, a modo de artillería aérea o volante.

En todo este plan, la función de los paracaidistas sería asestar un golpe letal que inmovilizara cualquier reacción defensiva belga. Esta maniobra rápida y contundente estaría seguida de otro -no menos rápido- movimiento: el de las unidades acorazadas, importante pivote del ataque «relámpago» alemán. Alemania dispondría de 2.474 carros de combate para acometer el ataque a Francia y Bélgica. La principal unidad acorazada que debería actuar sobre Bélgica era el 16° Cuerpo *Panzer*, a las órdenes del general Höpner, que agrupaba a las 3ª y 4ª Divisiones *Panzer*[10].

En cualquier caso, las unidades del *Heer* (a la 4ª División *Panzer* había que añadir el 151° Regimiento de infantería, reforzado por el 51° Batallón motorizada de zapadores) debe-

---

[10] Por su parte, Student disponía en abril de 1940 de 4.500 paracaidistas y unos 475 aparatos de transporte Ju 52. Además, otros 12.000 soldados estaban entrenados como fuerza aerotransportada, encuadrados en la 22ª División de Infantería. [Permuy (2002), pág 239]

rían relevar cuanto antes a los *Fallschirmjäger*, mientras que la *Luftwaffe* tendría la misión de apoyar continuamente y con todos los medios a su disposición las cabezas de puente formadas. Se deberían obstaculizar los contraataques belgas y la reorganización de fuerzas.

La importancia de los puentes de Kanne, Veldwezelt y Vroenhoven no era mayor que la de los situados en Maastricht (especialmente, el Wilhelmina y el St. Servatius), a unos 20 Km. de la ciudad alemana de Aachen. Y aunque el plan ideado por los *Fallschirmjäger* incluía inicialmente un ataque con planeadores también en esa ciudad holandesa, éste fue desechado. En su lugar se pensó en utilizar soldados alemanes, entrenados para misiones de sabotaje y comando, quienes vestidos con uniforme holandés se harían con los puentes. El Batallón para Cometidos Especiales n° 100 *(Bataillon zbV 100)*, germen de lo que posteriormente sería la «División Brandenburgo» del almirante Canaris, sería el encargado de ejecutar tan arriesgada misión.

LA FORMACIÓN DEL STURMABTEILUNG KOCH

El entrenamiento de la élite paracaidista.

Estaba claro que la acción principal se reservaba a los paracaidistas. En noviembre de 1939 comenzó en Hildesheim la creación y entrenamiento del grupo que se encargaría del ataque por sorpresa. El «*Sturmabteilung Koch*» (Unidad de Asalto Koch, denominado así por el mismo Hitler, debido al nombre del oficial al mando, el *Hauptmann* Walther Koch, un hábil y enérgico oficial *Fallschirmjäger*) contaría con los mejores paracaidistas y

Colonia, abril de 1940. Los paracaidistas del medio pelotón de ametralladoras de Ringler durante un paseo. De izquierda a derecha: Schumi, Meurer, Georg Schmidt; en medio el *Obj.* Kristensen, quien fue condecorado años más tarde con la Cruz Alemana en Oro. Murió en el frente Oriental en 1942. (Archivo Thomas Steinke)

Entrenamiento con el fusil *Solothurn* S-18/100. (Archivo Thomas Steinke)

El *Solothurn* S-18/100 era un fusil antitanque, desarrollado en Suiza antes de la Segunda Guerra Mundial. (Archivo Thomas Steinke)

El capitán Koch, del grupo de asalto que fue denominado con su apellido. De gran personalidad, fue admirado también por sus enemigos. Murió en un accidente de tráfico en octubre de 1943, en circunstancias todavía no aclaradas. (Archivo Thomas Steinke)

pilotos de planeador, muchos de éstos, con fama nacional e internacional, al haber ganado campeonatos de vuelo a vela antes de la guerra. La 1./FJR 1, bajo mando directo del capitán Koch, y el pelotón de ingenieros del 2º Batallón del FJR 1, a las órdenes del teniente Rudolf Witzig, serían las unidades que aportarían los paracaidistas para la misión.

El *Sturmabteilung Koch* (en adelante también lo denominaremos SA Koch) se articularía en cuatro unidades (*Sturmgruppe* o Grupo de Asalto), a cada una de las cuales le correspondería uno de los cuatro objetivos. Fueron reforzadas a lo largo de los meses previos al ataque (en algunos casos, incluso días antes de realizarse el ataque) y sus nombres en clave eran *Granit, Eisen, Beton, Stahl* (Granito, Hierro, Hormigón, Acero). Los integrantes fueron entrenados en los alrededores de Hildesheim durante 5 meses

Foto de grupo de suboficiales y sargentos del SA Koch (de rodillas, de izquierda a derecha: *Uffz*. Ewald Hermet, *Uffz*. Oskar Schütz, *Uffz*. Alfred Bergmann). Nótese la ausencia de cualquier distintivo de unidad o insignia. (Archivo Thomas Steinke)

en el manejo de explosivos, combate en tierra y vuelo en planeador. Una dura y larga preparación favorecida por el retraso al que se vio sometido el inicio de la Ofensiva en el Oeste, y dirigida por un lema: «obtener las máximas ventajas para el atacante». El entrenamiento estaba orientado al trabajo en equipo: cada uno tenía responsabilidad y podía realizar propuestas.

El día 2 de noviembre, el capitán Walther Koch recibió la orden de su jefe de batallón, el comandante Erich Walther, de trasladarse a Hildesheim para iniciar los preparativos de la misión. 4 oficiales, junto a 41 suboficiales y 145 soldados fueron los primeros paracaidistas aglutinados en torno a Koch. Los ingenieros de Witzig engrosaron el grupo un día más tarde. Respecto a estos últimos paracaidisas, hay que comentar que constituían la única unidad de ingenieros en la fuerza paracaidista. Inicialmente, había sido formada por voluntarios de diferentes unidades del ejército *(Heer)*, quienes en 1937 se integraron en la unidad paracaidista (primero compañía, y después, batallón), también del *Heer*. Tan sólo un mes antes del comienzo del entrenamiento, en octubre de 1939, fueron separados del 2º Batallón y adscritos directamente a la *7. Flieger Division*. A su vez, durante los primeros días de noviembre, Koch supo que su unidad quedaba a las órdenes del general von Reichenau, formando parte de su 6º Ejército en la invasión de Francia y Bélgica.

Junto a todos estos paracaidistas, y también en Hildesheim, comenzó el entrenamiento de los primeros 3 grupos encargados de los reflectores que iluminarían a los aparatos de transporte durante su trayecto por Alemania hasta la frontera holandesa. Por su parte, el teniente Hassinger, del Batallón modelo y experimental *(Lehr)* de ingenieros del ejército, asumió la tarea de guiar a los paracaidistas en tareas propias de zapadores, mientras que el comandante Reeps se encargó del tranporte en 30 vagones, y con el máximo secreto, de los planeadores de asalto. Y para poder pilotarlos, una unidad especial, el *Lastensegler Versuchszug*, a las órdenes del alférez Kieß (también escrito Kiess).

El teniente Walter Kieß estuvo al frente del destacamento de planeadores del SA Koch, conocido como 17/KG zbV 5. (Archivo Ian Tannahill)

El berlinés Otto Zierach fue el segundo de Koch en el SA Koch desde el 16 febrero de 1940. (Archivo Ian Tannahill)

Los primeros días de entrenamiento fueron duros y caóticos, pero Koch pudo enderezar poco a poco la situación, imprimiento en el grupo su toque y estilo personal. Así, a Kieß le faltaban pilotos experimentados de planeador, y Koch se los consiguió. Y no cualquier piloto, sino la élite de los pilotos de planeador de la Alemania de los años 30. No fue un problema que la gran mayoría fueran civiles, sin entrenamiento militar. Así, y como veremos con más extensión posteriormente, 12 profesores de vuelo y 50 pilotos acudieron a Hildesheim.

A la dureza del entrenamiento se le añadieron otras condiciones derivadas de la necesidad de mantener el secreto sobre la misión. Desde el 3 de noviembre, se estableció una censura de la correspondencia, prohibición de permisos y de salidas. Se llevaron a cabo cambios de base/acuartelamiento y de nombre de la unidad, aunque también ese mismo día quedó oficialmente constituída como *Sturmabteilung Koch* (Sección de asalto Koch)[11]. De esta manera, el 14 de noviembre, la unidad fue denominada *Versuchsabteilung Friedrichshafen* (Sección de Entrenamiento Friedrichshafen), nombre al que siguieron: *Flughafen Bauzug* y *17. Reservestaffel*. Los hangares del aeródromo de Colonia donde la tropa se alojaba también fueron camuflados. Los nombres de «Granja de zorros plateados» o «Granja de animales con pelo» *(Pelztierfarm)* fueron utilizados para despistar a los curiosos. Así, un alto oficial de la *Luftwaffe*, el teniente coronel Heinrich Hawlitschka desistió de su intento de romper el secreto y averiguar qué pasada en el aeródromo de Colonia cuando fue encañonada por un miembro del SA Koch, el cabo primero Krämer.

La identidad del grupo sería continuamente camuflada, así como el «carácter» paracaidista de sus integrantes. A este respecto, no se lucirían insignias que delataran a los paracaidistas. Incluso se llevaron radiotransmisores y se tendieron cables para hacer

---

[11] Su símbolo sería una cometa. Tres días antes del ataque, el 7 de mayo, fue pintada en todos los vehículos pertenecientes al SA Koch. Hay evidencias fotográficas de la presencia de este símbolo de la unidad, durante la breve estancia de los paracaidistas en Maastricht. A su vez, los retratos propagandísticos de los principales protagonistas de la acción pintados por Wolfgang Willrich, también incorporarán la cometa. Posteriormente, ésta pasó a ser el símbolo del *Luftlande Sturmregiment.*

Barracones del SA Koch en Hildesheim. Es cuando menos curiosa la presencia de una niña pequeña junto a uno de los soldados. (Archivo Thomas Steinke)

creer que la unidad que estaba allí se estaba entrenando en tareas de transmisiones. Ningún miembro sabría de la localización del objetivo hasta haber finalizado la misión[12]. Cada soldado del grupo de Koch debería firmar un escrito en el que se comprometía a guardar silencio sobre todo lo relativo a la operación. El incumplimiento de este compromiso acarreaba la pena de muerte. Así rezaba el documento que desde el 20 de noviembre todo integrante del SA Koch firmó al entrar en la unidad:

«Sé que seré condenado a muerte, si desvelo el secreto, o de manera consciente o insconsciente le comunico de palabra, por escrito o mediante imágenes el carácter de mi ocupación y mi misión a una segunda persona».[13]

Aun así, esta disposición se relajó, de tal manera que los hombres de Koch pudieron escribir y recibir –aunque censuradas- cartas y postales (todo ello, desde el 17 de noviembre), y, desde el 21 del mismo mes, hicieron salidas al cercano Hildesheim. ¿Sus sitios favoritos? El «Wiener Café», el «Theatergarten», el «Korso», el «Trocadero», pero, eso sí, siempre en grupo, y «protegidos» por un jefe de pelotón. Incluso hubo visitas culturales, como la realizada a las cercanas cuevas de Harz. A todas estas medidas se le añadió una más el 27 de febrero: la prohibición absoluta de llevar toda insignia que delatara empleo y unidad: las guerreras quedarían libres de cualquier distintivo.

El entrenamiento fue duro e intenso desde el primer día. No obstante, muchos cabos quedaban todavía sueltos, y uno de ellos, el **transporte de los paracadistas mediante planeadores**, debería ser solucionado cuanto antes. El alférez Kieß se puso manos a la obra para conseguir los mejores medios humanos y materiales para que este asunto no

---

[12] Karl-Heinz (Heiner) Lange, piloto de planeador del Grupo 5 de *Granit* (Eben Emael), afirmaba que muchos de sus compañeros barajaban la hipótesis de que el objetivo fuera una posición fortificada en Suiza. [Blum (2007), pág. 54]

[13] Y así ocurrió con Adolf (Alo) Jacob (perteneciente a la unidad encargada de iluminar la ruta a los planeadores, *Leuchtfeuer Zug,* al cabo Krautwurst y al cabo Lukas, que fueron condenados a muerte. Del mismo modo, el cabo Veenhuis, por negligencia a la hora de desvelar secretos militares, fue condenado a 10 años. Todo ello ocurrió el día 8 de abril de 1940. Tras el éxito de la operación, estas condenas fueron conmutadas. *(Kriegstagebuch der Sturmabteilung Koch* BA / MA RL 33 / 97)

Muchos integrantes del SA-Koch procedían de las filas del *Fallschirm-Jäger-Regt. 1*. Esta hoja, utilizada en 1938, era un documento de compromiso para los voluntarios que quisieran engrosar las filas del recién creado regimiento paracaidista. (Archivo Thomas Steinke)

complicara la misión. Así las cosas, ya desde noviembre, reunió en Hildesheim a los mejores y más experimentados pilotos, todos ellos expertos en vuelo en formación con planeadores. Desde el 4 de noviembre, las máquinas comenzaron a surcar el cielo, probando su resistencia e idoneidad para la función a la que habían sido destinados. Vuelos con carga, nocturnos, en formación, aterrizajes sobre objetivos (posándose a no más de 20 metros del punto asignado). Un aspecto importante en este entrenamiento fue que los paracaidistas se habituaran a los planeadores, así como al transporte de sus pertrechos y armamento en el reducido espacio del fuselaje. Una vez en tierra, los pilotos se comportarían como un paracaidista más, de tal manera que también tuvieron que entrenar en lo relativo al asalto de posiciones y manejo de armas.

Por lo que respecta a los ingenieros de Witzig, su entrenamiento, de la mano del teniente Hassinger, proveniente del *Heer,* comenzó el día 4 de noviembre, disponiendo de 15 cargas de 50 kg y 25 de 12,5 kg[14]. Todos los paracaidistas provenientes de la primera compañía entrenaron con granadas de mano y bombas de humo, así como con minas de 12,5 kg, minas T y lanzallamas.

Llegan las órdenes

El día 6 de noviembre, en Düsseldorf, Koch y Kieß, recibieron las órdenes de la misión de manos del general Student y del general Paulus, al mando de la Plana Mayor del 6° Ejército:

---

[14] Los fundamentos de la «carga hueca» fueron descubiertos por Charles Monroe en 1888, considerado en su época una autoridad en materia de explosivos. Mediante una explosion convencional, e inmediatamente después de la detonación, se crea un chorro de alta presión que genera un enorme poder de penetración. La fuerza de la explosión es tal que lanza gases y metal fundido, a alta temperatura, a través de un pequeño hueco que es capaz de abrir en el blindaje. El principio de la carga hueca consiste, pues, en aprovechar la fuerza de la explosión de la carga explosiva para fundir el metal de un blindaje.

Nochevieja de 1939. El capitán Koch (segundo por la derecha al fondo) observa con cara de pocos amigos el modo en que sus hombres celebran la última noche del año. Junto a él, a la izquierda, Otto Zierach. El diario de operaciones del SA Koch recuerda qué ocurrió horas después: «Año Nuevo para la compañía, 8 km de marcha». Estos eran los métodos que tenía Koch para que sus hombres «bajaran de nuevo a la tierra». (Archivo Thomas Steinke)

«Mantener abierto al tráfico y obstaculizar la voladura de los puentes de M., al oeste del Canal A. Ocupación del fuerte E.E., voladura de sus posiciones blindadas y de los cañones de gran alcance».

Las órdenes para Eben Emael eran claras. A los encargados del ataque a los puentes les esperaban dos tareas: neutralizar los búnkeres situados junto a los puentes y consolidar una cabeza de puente desde la que resistir los posibles contraataques enemigos. Para el primer cometido se prepararían dos grupos, cada uno compuesto por 4 ó 5 tropas de asalto (*Trupp*). El primero atacaría con cargas huecas el búnker, mientras que el segundo aseguraría el terreno colindante, en un radio de 300 m, limpiándolo de enemigos. Todo ello debería ser realizado en no más de media hora. Transcurrido ese tiempo, comenzaría la labor de consolidación de la cabeza de puente. A la hora y media de haber aterrizado, contarían con apoyo artillero de las tropas alemanas que se acercaran hacia ellos. Por último, pasadas 4 horas se efectuaría el relevo de todos los paracaidistas.

Las instrucciones recibidas determinaron la división de los paracaidistas en varios grupos. El 8 de noviembre, Koch estableció que fueran 4 pelotones: el de ingenieros de Witzig, y 3 pelotones de asalto (cada uno con un fusil anticarro, un lanzallamas, un grupo de ingenieros, 4 grupos con ametralladoras ligeras y 3 de fusileros; también habría 2 grupos para la captura del puente Wilhelmina en Maastricht[15], objetivo que

---

[15] La propuesta de Koch fue rechazada. Cf. Melzer (1957), pág. 16.

Entrenamiento de los hombres del SA Koch en un puente del Stichkanal, en Hildesheim. Su estructura de hierro le asemejaba a los de Kanne o Veldwezelt. En el centro, Walter Becker. (Archivo Thomas Steinke)

fue desechado posteriormente). Vista la naturaleza de los diferentes cometidos reservados a unos y a otros, el grupo de ingenieros de Witzig comenzó un entrenamiento especialmente intensivo en lo relativo a lanzallamas, cargas y demás explosivos. Todos y cada uno de sus integrantes deberían convertirse en auténticos especialistas en lo relativo al manejo de este armamento. El grupo de paracaidistas de Koch, no obstante, necesitaba aún más tiempo para entrenarse y perfeccionar sus técnicas de asalto. Pero se tendría en cuenta lo siguiente: las mechas y los sistemas de detonación en los puentes serían destruidos por los bombarderos de asalto alemanes. Como veremos más tarde, esta idea no prosperó.

Paulatinamente, el número de aparatos disponibles aumentaba. En Gardelegen, 25 suboficiales y 101 soldados –en calidad de personal de tierra- fueron distribuidos en 4 pelotones, bajo mando del capitán Eisenkrämer. El 9 de noviembre, Koch ya disponía de 35 Ju 52 y 45 DFS 230. Además, se preparó el aeródromo de Mönchengladbach para realizar los entrenamientos y despegues. A tal efecto, se cursaron órdenes para que se dirigiera allí un grupo a las órdenes del alférez Schacht. También se había previsto alojar a la tropa en el cuartel de Dellbrück, pero Paulus indicó a Koch que nadie se moviera de Hildesheim hasta nueva orden.

Poco a poco, se intensificó el entrenamiento específico de los paracaidistas. En

Entrenamiento con escalas. Debajo, el segundo por la derecha es el cabo Stahlberg. (Archivo Thomas Steinke)

Ejercicios en un puente del Stichkanal de Hildesheim. Los paracaidistas se entrenan en la eliminación de cargas explosivas. (Archivo Thomas Steinke)

este sentido, las marchas de 50 km, con todo tipo de impedimenta, y las prácticas con cargas equipadas con mechas de 10 segundos de retardo, fueron algo habitual entre los hombres de Koch. El análisis de fotos aéreas y de planos fue otra de las tareas con las que debieron familiarizarse. El entrenamiento multidisciplinar, en suma, se convirtió en asunto prioritario para los paracaidistas. Los pilotos de planeadores fueron los únicos que se dedicaron a una sola función, buscando la precisión y la mejora de las técnicas de vuelo: nocturno, en formación a sólo 140 km/h, por ejemplo.

El 16 de noviembre, tuvo lugar la primera revista e inspección llevada a cabo por el general Student. Junto a los paracaidistas, los grupos encargados de señalar con focos la ruta a seguir por los Ju 52, fueron progresivamente reforzados. Así, hasta diciembre de 1939, siete grupos de los pelotones Thurm y Gallert *(Scheinwerferzüge o pelotones de proyectores) fueron adscritos al grupo de Koch.*

El comandante Reeps, encargado de la recogida de los planeadores del SA Koch una vez terminado el combate. (Bundesarchiv)

El 18 de noviembre, el almirante Canaris, al mando de los servicios de inteligencia *(Abwehr)* del Reich, se reunió con Koch, Student y el capitán Fleck, del 100º Batallón para cometidos especiales, encargado de operaciones de sabotaje. Fleck expuso las dificultades que imposibilitaban un plan viable para la toma de los puentes de Maastricht (algo también extensible a los puentes de Veldwezelt y Vroenhoven). El problema radicaba en la poca probabilidad de éxito de un ataque por sorpresa realizado con planeadores, así que se propuso que un ataque de precisión llevado a cabo por Stukas destruyera los sistemas de activación de las cargas en los puentes. Posteriormente, los paracaidistas rematarían el trabajo, asegurando los objetivos. Pero la propuesta no salió adelante, volviéndose a optar por el plan inicial, aunque con un cambio: la toma de los puentes de Maastricht sería tarea exclusiva de los soldados del 100º Batallón.

Ajenos a estas decisiones, los paracaidistas continuaron con su entrenamiento. El día 24 de noviembre, se realzó el primer entrenamiento de entidad en Hagenow. Por su parte, los ingenieros de Witzig recibieron formación teórica (en la Academia de Karlshorst) y práctica, con cargas huecas de 12,5 y 50 kg, (en fortificaciones polacas situadas en Gleiwitz). También el resto de grupos progresaron en su formación, de tal manera que a mediados de diciembre, se contempló la posibilidad de que los hombres de Koch probaran sus habilidades en terrenos que reunieran las condiciones de los objetivos reales asignados. Así fue: desde el 14 de diciembre, el grupo de Schächter se concentró durante 5 días en los montes Harz; los ingenieros de Witzig estuvieron 8 días en las fortificaciones de Tarnowitz y Beuthern, en Silesia, pues tenían gran similitud con las del fuerte Eben Emael.

Alerta en enero: la influencia del «Incidente Mechelen»

Mientras los hombres del *Sturmabteilung Koch* realizaban su entrenamiento, se produjeron cambios en el plan para la ofensiva contra Holanda, Bélgica y Alemania, a propósito del «incidente de Mechelen», cambios que también afectaron a los paracaidistas.

Como consecuencia de todo ello, se estableció que el «día D» para la ejecución de la operación fuera el 17 de enero. Previamente, el día 6 de enero, se convocó a Koch a una reunión con el general Felmy, al mando de la *Luftflotte 2*, con el fin de ser informado sobre los pormenores de la inminente invasión en el Oeste. Al oficial paracaidista le quedó claro que debía acelerar los preparativos de su misión, especialmente el traslado a los aeródromos de Colonia, desde donde despegarían rumbo a Bélgica. La alerta fue rápidamente activada, pues desde ese día, hasta el 13 de enero, se prohibió cualquier salida del acuartelamiento de Hildesheim.

Panorama del campo de entrenamiento del SA Koch a principios de 1940, según un montaje realizado por Heinz Buchbender. (Archivo Thomas Steinke)

El entrenamiento en los puentes del Stichkanal de Hildesheim también se llevó a cabo con temperaturas bajo cero. (Archivo Thomas Steinke)

Los planeadores fueron ensamblados antes de la operación. Nótese la ausencia de señales de identificación sobre los fuselajes. (Archivo Thomas Steinke)

A su vez, el *Kommando Reeps* fue adscrito de nuevo al grupo de Koch, quedando encargado del transporte y montaje de los planeadores de asalto. El teniente Drosson quedaría al mando de las 3 columnas de camiones que realizarían este traslado a los lugares de despegue. La misión de Reeps también contemplaba la recogida de los planeadores tras el ataque, pues era esencial mantener en lo posible el secreto del uso de tan revolucionario medio de ataque.

El viaje no estuvo exento de contratiempos, pues el frío y el hielo sobre el asfalto impidieron a la 2ª columna proseguir el camino, de tal modo que tuvo que regresar a su base para reiniciar el viaje 14 horas después. Aun así, Reeps pudo llegar

De izquierda a derecha, Karl Stamer y Otto Döbellin, dos chóferes del SA Koch fotografiados en Hildesheim. (Archivo Thomas Steinke)

puntual a Colonia. En el aeródromo de Ostheim se montaron 19 planeadores, mientras que en Butzweilerhof fueron 11. Unos 60 camiones fueron empleados en tamaña operación de traslado. El frío también retrasó al capitán Eisenkrämer, no quedándole otro remedio a Koch que pedir personal de tierra de reserva a la *Luftflotte 2*. El día 10 de enero pudo contar, por fin, con un grupo al mando del capitán ingeniero Dreyer.

Que los entrenamientos se estaban realizando a buen ritmo, lo demuestra el hecho de que Koch tenía ya preparados a sus hombres para que aterrizaran a la salida del sol. Todo ello ocurrió en Bergen, el día 11 de enero, ante el general Felmy. A pesar del intenso frío (-25°, que impidió arrancar motores a un tercio de los aviones), el ensayo fue todo un éxito: los 11 planeadores que despegaron, aterrizaron en el lugar previsto, y todo ello a pesar del enorme riesgo que suponía un aterrizaje sobre nieve (que, además, reflejaba peligrosamente la poca luz del alba, cegando a los pilotos).

El sargento Theodor Hofmann supervisa el ejercicio de tiro. Theo Hofmann formó parte en 1936 del primer curso de paracaidistas bajo las órdenes del comandante Bruno Bräuer. Tras la operación del canal Alberto fue ascendido a alférez y murió siendo teniente y jefe de la plana del *I./Sturm-Regt.* en Creta el 20 de mayo de 1941. (Archivo Thomas Steinke)

El paracaidista Erwin Ellersiek durante los preparativos de la operación en el canal Alberto. Usa el casco M 38 con camuflaje específicamente utilizado por el SA Koch. Así mismo, su mono de salto es el modelo M 36 con doble cremallera, previo al M 40, masivamente utilizado durante las campañas de Escandinavia y de Holanda/Bélgica. El arma es un subfusil M 38. (Archivo Thomas Steinke)

El día 12 de enero, Student telefoneó a Koch, comunicándole que el aterrizaje no se realizaría de noche, sino en las condiciones inicialmente previstas. El alférez Schacht se hizo cargo del mando en los aeródromos, y Reeps le entregó los planeadores preparados para el ataque. Lo único que faltaba era la orden de despegue. Pero ésta se hacía esperar. Como hemos visto anteriormente, el 16 de enero, Hitler canceló la invasión del Oeste. Esto significaba que la actividad del «Grupo de Asalto Koch» regresaba a la normalidad.

El entrenamiento continuaba, y tras la falsa alarma de enero, los paracaidistas insistieron en el perfeccionamiento de ciertas técnicas. Entre otras, ensayaron la comunicación entre aviación y tropas de tierra. Varias reuniones entre los líderes de cada grupo de asalto y los comandantes de las escuadrillas de caza buscarían lograr un entendimiento y coordinación total. Así mismo, se ensayó la capacidad de distinguir desde el cielo (hasta una altitud de 900 m) las señales dispuestas por los paracaidistas en tierra.

Cambios en la estructura del SA Koch

Nuevos movimientos se sucedieron en el seno del grupo de Koch a partir de febrero. Así, el 5 de febrero de 1940 partió hacia Braunschweig-Waggum un grupo de pilotos que, al mando del capitán Willerding, pondrían en marcha la Escuela de vuelo a vela de la *Luftwaffe*. Al teniente Kieß no le quedó más remedio que renunciar a 20 planeadores, 8 aviones Ju 52 y 6 instructores. Además, otros 41 suboficiales, 17 soldados y 2 pilotos fueron transferidos a Waggum. A todas luces, una pérdida valiosa para los intereses de Koch.

A partir de finales de enero, el *Kommando Kieß* pasó a denominarse *17. Staffel* (17ª Escuadrilla). Otros cambios también afectaron a la compañía de Gustav Altmann. El principal de ellos tuvo que ver con el ataque a Kanne. El grupo de asalto encargado de este puente fue disuelto y sus componentes reforzaron el resto de los grupos. Además, bajo supervisión del sargento primero Hofmann, comenzó la formación en tácticas de destrucción para toda la 1ª compañía y los ingenieros de Witzig. Mientras, el teniente Altmann se encargaba de la coordinación de las diferentes ramas del SA Koch[16].

El cabo Heinz Buchbender recibió una postal a principios de marzo de 1940, dirigida al número de estafeta (*Feldpostnummer*) 33525 L. Desde enero hasta abril, ese número perteneció al *Versuchs-Abt. Friedrichshafen*, uno de los varios nombres en clave con los que se conoció al SA Koch. (Archivo Thomas Steinke)

Pero el gran problema y preocupación para Koch era la secuencia de acontecimientos durante el ataque. Todavía en febrero se seguía manteniendo la idea de atacar primeramente con bombarderos de asalto y en picado, para, posteriormente, dar pie al aterrizaje de los planeadores. Estaba claro que así se perdería el efecto sorpresa, corriéndose el riesgo de sufrir numerosas bajas ya durante los primeros instantes del ataque. Así las cosas, el 1 de marzo, Koch propuso un cambio en el orden del ataque. Cuatro días más tarde, el 5 de marzo, Kesselring, Student, Graf Sponeck, Koch y Witzig se reunieron para discutir este asunto. Los dos últimos refirieron al *Führer* todos los pormenores del entrenamiento de sus hombres con vistas al ataque a Bélgica

---

[16] Gustav Altmann recibió el encargo de elegir a los miembros del SA Koch. No fue una tarea fácil. Se cuenta como anécdota que el mismo Koch le dijo que no eligiera a ningún oriundo de la zona del Rhin (¡de donde era Koch!).

A principios de 1940 se hizo una excursión a las cuevas de Hermann (Hermannshöhle) en la zona de Rübeland/Harz, para dar un respiro a los soldados del SA Koch. Alguno se lo tomó con mucho humor. El segundo por la izquierda es el *Oberjäger* Helmut Arpke. (Archivo Thomas Steinke)

Pascua de 1940. Los paracaidistas del grupo de asalto *Stahl* visitan las cuevas Baumann (*Baumannshöhle*) en la región de Rübeland/Harz. A la izquierda, Wilhelm Günther, quien a pesar de que usaba gafas, tomó parte en el ataque del 10 de mayo. Murió en Creta como cabo en la *1./Sturm-Regt.* (Archivo Thomas Steinke)

59

y Holanda. Este encuentro fue providencial, porque Hitler accedió a la petición de Koch, reforzándole, además, con 90 nuevos reemplazos provenientes de ingenieros del ejército de tierra *(Heer)*. Estos nuevos hombres (pertenecientes al 6º Ejército y con experiencia en la campaña de Polonia[17]) serían la base del nuevo grupo de Schächter, encargado de la toma del puente de Kanne. Los primeros soldados llegaron a Hildesheim el 11 de marzo.

Tomar este puente entraba de nuevo en los planes de Hitler por varias razones: a pesar del difícil terreno para el aterrizaje, se podría explotar el efecto sorpresa provocado por los hombres de Witzig en el cercano fuerte Eben Emael. En segundo lugar, los hombres de Witzig podrían contactar rápidamente con los paracaidistas que formaran la cabeza de puente en Kanne, pudiendo también reforzar y relevar, así, a los que estuvieran en los otros dos puentes: Veldwezelt y Vroenhoven. Aún así, estos nuevos integrantes contaron con escaso tiempo para su preparación y entrenamiento. La mayoría de integrantes del SA Koch llevaba meses entrenando cuando el grupo de Kanne se integró en la unidad. No es atrevido afirmar que una de las razones del fracaso del ataque al puente de Kanne radicó en esta diferencia.

A partir de marzo de 1940, los esfuerzos se centraron en la descripción detallada de cada objetivo. Fotos, desertores belgas de origen alemán, espías sobre el terreno e incluso sellos, fueron importantísimas fuentes de información. A este respecto, las primeras fotos aéreas de los puentes y de Eben Emael fueron mostradas a los paracaidistas el 29 de febrero. Por su parte, el 2 de marzo, Erwin Ziller, piloto del grupo de Witzig, construyó una maqueta a escala del fuerte Eben Emael. Otra maqueta del puente y alrededores de Vroenhoven también fue construida, así como del puente de Kanne (el día 23). Los hombres de Koch se dedicaron a analizar hasta el mínimo detalle de sus objetivos, entrenando en puentes cercanos a Hildesheim y probando la voladura de edificios usando granadas, sin necesidad de usar grandes cargas explosivas. El entrenamiento también contempló el uso de botes neumáticos. Se puede afirmar, que a finales de marzo, el entrenamiento había finalizado. Los hombres del «Grupo de Asalto Koch» eran ya una fuerza de ataque compacta, rápida y letal.

Tan sólo restaba perfeccionar la coordinación entre los equipos de tierra y la aviación de caza y asalto, presente en el escenario desde los primeros minutos del ataque. Otros detalles, como el camuflaje del casco (tras sucesivos cambios, el nuevo esquema de camuflaje quedó definitivamente constituido el 23 de abril[18]) y el uso del nuevo subfusil MP 38, por ejemplo, también ocuparon la rutina de los paracaidistas desde finales de marzo. Antes, el día 4, ya se había iniciado el entrenamiento con francotiradores.

---

[17] Algunas fuentes, como Oebser (2009), pág. 32, afirman que estos ingenieros se ofrecieron voluntarios para este «especial servicio». El hijo de uno de los miembros del SA Koch, Bernhard Schrowange (proveniente de la 2./Pi. 31), comentó a los autores de este libro que su padre «recibió órdenes expresas» de formar parte del grupo de paracaidistas. Otros, como Hermann Angelkort (proveniente de la 1./ Pi. 11), sí fueron voluntarios. Su experiencia y entrenamiento como ingenieros/ zapadores pesaban sobre cualquier otra consideración. Tras la operación, presentarse con una condecoración ante sus antiguos compañeros no tendría precio, de ahí el «atractivo» que ejercía esta misión especial.

[18] Según Theo Schmitt, paracaidista que tomó parte en el asalto al puente de Vroenhoven, sobre sus cascos M 38 se había aplicado una capa de arena de 7 mm de espesor. No fue una tarea fácil conseguir el camuflaje adecuado. Según el diario del SA Koch, los días 21 y 23 de marzo y 9 y 23 de abril, fueron dedicados a ese cometido.

También a finales de marzo se concretaron los nombres en clave (*Stahl, Beton y Eisen*) y los dos aeródromos desde los que partirían los diferentes grupos de asalto. La elección recayó en los situados en Colonia (*Ostheim y Butzweilerhof*). La razón de elegir dos lugares de despegue en vez de uno se explicaba por el hecho de que no existía ningún aeródromo desde el que pudieran partir en sólo 25 minutos todos los aviones de transporte y planeadores. Una vez en el aire, el grupo se cohesionaría.

El apoyo artillero de Aldinger

Este elemento era de crucial importancia para la consolidación y defensa de las cabezas de puente, y es lógico que el hipotético apoyo artillero preocupara a los paracaidistas. Inicialmente, el día 13 de febrero se sugirió la creación de una compañía paracaidista provista de cañones antitanque. La idea no cuajó y la solución más adecuada fue que los paracaidistas del SA Koch recibieran la inestimable ayuda del grupo *Flakabteilung Aldinger*, una unidad especial de artillería, compuesta por tres baterías pesadas, cada una con 4 piezas de 88 mm, y otras tres ligeras, cada una con 12 piezas de 20 mm.

El nombre de la unidad procedía de su jefe, el teniente Hermann Aldinger[19]. Este experimentado oficial había combatido en la Guerra Civil española, mandando la primera batería *Flak* (antiaérea) que llegó a Sevilla el 31 de agosto de 1936. Con él, el cañón de *88/56 Flak 18*, pisó por primera vez tierra hispana con un objetivo claro:

El sargento primero Rudolf Toschka en un foto tomada antes de la misión en Bélgica. En 1931 ingresó en la policía. Su unidad se transformó, primero en el *L.P.G. Wecke* y luego en el *L.P.G General Göring*. Estos grupos fueron los embriones del *Regiment General Göring*, que en 1938 se convirtió en la *1./Fallschirm-Jäger-Rgt.1*. Tras la operación en Veldwezelt, Toschka fue ascendido a alférez, recibió la Cruz de Caballero por los combates de Creta y luchó con la *1./Sturm-Regt* en Rusia en 1942 y 1943. Fue de nuevo ascendido a capitán, dirigiendo el *I./Fallschirm-Jäger-Regt. 12*. Rudolf Toschka murió en combate en Italia, el 20 de febrero de 1944. (Archivo Thomas Steinke)

[19] Franz Wilhelm Hermann Aldinger nació el 22 de julio de 1907 en Nuremberg. Después de estudiar derecho y ciencias sociales, ingresó en el *Reichswehr* en 1927. Tras su paso por la Legión Cóndor, combatió en la Segunda Guerra Mundial, siendo condecorado con la Cruz Alemana en Oro en septiembre de 1942. En aquellos momentos era el jefe de la artillería antiaérea en el Primer Cuerpo Aéreo. Después de la derrota alemana en 1945, Aldinger comenzó estudios de ingeniería, trabajando en varias empresas privadas, entre ellas «*Telefunken*», desde 1950 hasta 1957. En 1957, ingresó en el recién creado *Bundeswehr*, comandando como general la 1ª División aérea desde 1961 hasta 1963. En 1966 pasó a la reserva, siendo condecorado con la Gran Cruz del Mérito de la orden del Mérito de la República Federal Alemana. Aldinger murió en Munich el 2 de noviembre de 1993.

Documento de identidad camuflado -*Tarnausweis* o «*Neutraler Ausweis*»- que perteneció al sargento Peter Arent. Tiene fecha del 1 de abril de 1940 en Hildesheim. Este documento fue la única identificación que llevaron consigo los paracaidistas del SA Koch en su ataque al Canal Alberto. A diferencia del *Soldbuch*, no aportaba información de valor al enemigo en caso de que su propietario cayera prisionero. (Archivo Thomas Steinke)

El cabo y candidato a sargento Hermann Büschen en marzo de 1940. Fue el segundo del líder del grupo 6, a las órdenes de Pohlmann, en Veldwezelt. (Archivo Thomas Steinke)

debía ser evaluado en combate. El primer destino de la batería de Aldinger –así denominada extraoficialmente- fue la defensa del aeródromo sevillano de Tablada. En noviembre de 1936, tuvo lugar su primer enfrentamiento con la aviación republicana: 3 *Potez* en las cercanías de Getafe[20]. También hay constancia de que una batería combatió en la carretera de La Coruña, en el frente madrileño, durante el mes de diciembre. Su eficaz fuego obligó a la aviación republicana a elevar la cota de bombardeo hasta los 4.000 m. Una vez creado formalmente el Grupo Antiaéreo de la Legión Cóndor (F/88), el 7 de noviembre de 1936, esta batería quedaría integrada en esta unidad como 8ª batería[21].

Con semejante expediente, Aldinger era la mejor baza para un apoyo rápido y eficaz que aliviar la presión belga sobre las cabezas de puente paracaidistas. Sus tres baterías pesadas se dirigirían por la orilla este del Mosa hacia Maastricht, con el firme propósito de dar protección y apoyo artillero a los hombres de Koch.

[20] Aldinger lo describe en su artículo *Deutsche Flak feuert vor Madrid,* en «*Wir kämpften in Spanien*», *Die Wehrmacht,* Sonderheft, 30 Mai 1939.

[21] Molina y Manrique (2008), pp. 13, 14, 24 y 29. Molina y Manrique (2005), pág. 17. González Álvarez (2006), pp. 110 y 111.

Con el fin de coordinar la acción de los paracaidistas con la de los hombres de Aldinger, se realizaron varios entrenamientos, principalmente probando la comunicación entre ambos grupos. Para este fin, se establecieron mapas para cada grupo/puente, indentificando con un número los objetivos que Aldinger debía bombardear. En tal caso, cada grupo comunicaría y señalaría por radio al puesto de mando de Koch qué objetivo debería ser bombardeado. La precisión en la identificación era prioritaria, por eso cada grupo llevaba consigo un observador artillero. La batería 1/6 de Aldinger quedaría a disposición de los grupos «Acero» y «Hormigón», mientras que para el grupo «Hierro» lo estaría la 3/64.

En lo que a comunicaciones respecta, el teniente Rausch, de los servicios de inteligencia alemanes en Colonia, había comunicado a Koch las frecuencias a través de las cuales fluía la comunicación entre las unidades belgas. Conocer esto era importante para la misión de los paracaidistas, pues interceptar y destruir las transmisiones enemigas facilitaría mucho las cosas a los alemanes. Como encargado de las comunicaciones del SA Koch figuraría el sargento Urban. Por último, los nombres en clave para cada unidad serían los siguientes:

UNIDAD	CLAVE DE COMUNICACIONES
Stahl (Acero)-Veldwezelt	*Stahl*
Beton (Hormigón)-Vroenhoven	*Beton*
Eisen (Hierro)-Kanne	*Eisen*
Granit (Granito)-Eben Emael	*Granit*
Grupo Aldinger-puesto de mando	*Donner*
Grupo Aldinger-observadores	*Bruno*
Grupo Aldinger-1ª Batería	*Berta*
Grupo Aldinger-2ª Batería	*Siegrid*
Grupo Aldinger-3ª Batería	*Hilde*
51º Batallón de Ingenieros (*Heer*)	*Pius*
Brigada Acorazada	*Oberon*

A su vez, la comunicación entre el puesto de mando de Koch, en Vroenhoven, y los del *VIII. Fliegerkorps*, Grupo Aldinger y 4ª División Acorazada, funcionaría con otras claves. El día 8 de abril, se realizó un ejercicio de prueba con el fin de mejorar y coordinar la comunicación entre paracaidistas, Aldinger y las unidades aéreas implicadas en el ataque.

Los días 22 y 23 de abril se realizó un ejercicio conjunto para probar las comunicaciones entre todos los implicados en el ataque. De este modo, por parte paracaidista toma-

Instalaciones del aeródromo de Colonia-Ostheim. De aquí despegaron varios planeadores hacia Bélgica el día 10 de mayo de 1940. (Archivo Thomas Steinke)

Tripulaciones pertenecientes a la 17./KG zbV 5 descansan delante de sus Ju 52. Muy posiblemente se trate del grupo que remolcó a los planeadores del grupo *Beton*. En este caso, los oficiales de pie serían el alférez Seide y el alférez Davignon. (Archivo Ian Tannahill)

ron parte el grupo de transmisiones, los jefes y observadores artilleros de cada grupo; por parte del 51º Batallón de ingenieros, un blindado de exploración y un grupo de transmisiones; por parte del Grupo Aldinger, su pelotón de transmisiones; y, por último, los encargados de las transmisiones del *VIII. Fliegerkorps*.

El último mes

El tiempo transcurría y mientras los preparativos para el ataque se ultimaban, tuvo lugar la invasión de Noruega y Dinamarca: la operación *Weserübung*. Poco tiempo les

Inmediatamente antes del ataque, el 8 de mayo de 1940, Peter Arent, del grupo de asalto «Granito», escribió a su familia una felicitación de Pascua. (Archivo Thomas Steinke)

quedaba a los hombres de Koch para que lo aprendido durante los duros días de entrenamiento cristalizara en un ataque certero y perfectamente coordinado.

El *Kommando Reeps* fue de nuevo adscrito al SA Koch y por ello, se trasladó al aeródromo de Colonia-Ostheim. El número de soldados bajo las órdenes de Koch ascendía, el 18 de abril de 1940, a 33 oficiales y 1.127 suboficiales y tropa. Por lo que respecta al personal de tierra, se componía de 11 oficiales y 427 suboficiales y tropa, junto a 42 pilotos de planeadores y otros 4 de reserva. Por último, las tripulaciones las formaban 11 oficiales y 182 suboficiales y tropa, de ellos, 42 pilotos de aparatos Ju 52, más 1 de reserva, y otros 6 *Junkers* destinados a transportar al medio pelotón de ametralladoras, *sMG Halbzug*.

Mientras tanto, en Hildesheim, los ensayos del ataque se repetían. Así, el 21 de abril, 50 aviones Ju 52 transportaron a todos los paracaidistas implicados en la operación. El objetivo que se perseguía ese día era la coordinación entre *Fallschirmjäger*, bombarderos en picado y artillería antiaérea a la hora de atacar un punto fuertemente defendido. El 30 de abril, se realizó otro ensayo en la zona de Einbeck, esta vez con cazas. Concretamente, la 3ª escuadrilla se dedicó a atacar desde diferentes alturas y direcciones un batallón de infantería (I. / IR 132). Evidentemente, se trataba de un ataque simulado. Al mismo tiempo, se realizó con éxito un lanzamiento de paracaidistas.

El 1 de mayo, los ingenieros de Witzig fueron trasladados a Hilden, en las proximidades de Düsseldorf. El 2 de mayo, se comentaron los pormenores de la operación por última vez en el cuartel general de Hitler. Junto a Student, se encontraba el general Graf Sponeck, al mando de la 22ª División aerotransportada, que tendría un papel protagonista en la invasión de Holanda, y el general Kesselring. En ningún momento se contó con Goering. El problema lo constituía establecer la hora del ataque. Aunque los pilotos de los planeadores podían volar en condiciones de oscuridad, otra cosa mucho más delicada era aterrizar en semejantes condiciones, de ahí que se acordara aterrizar –y por ende, atacar- con las primeras horas del alba: a las 5:35 h, 20 minutos antes de la salida del sol.

El día 5, tuvo lugar el último encuentro entre Walther Koch y los comandantes del *VIII. Fliegerkorps*, Richtofen, y de la 2ª Flota Aérea, Kesselring (sustituto de Felmy). El tema que presidió su reunión fue, de nuevo, la coordinación entre las unidades de tierra y las aéreas. Para el ataque se previó que todos los aparatos involucrados estuviesen adscritos a la 2ª Flota Aérea *(Luftflotte 2),* a las órdenes del general Kesselring.

La misión del transporte de tropas sería responsabilidad de la KG zbV 1 (1ª unidad para cometidos especiales), a las órdenes del teniente coronel Morzik. Junto a los 42 aviones de remolque de la escuadrilla 17./KG zbV 5, distribuidos a su vez en 4 grupos, estaban otros 4 aparatos de reserva. Para los paracaidistas que debían saltar sobre los puentes una vez iniciado el ataque, se reservaban otros 6 aviones Ju 52. Así las cosas, el día 26 de abril, se estableció la composición de las escuadrillas que remolcarían a los planeadores:

Wehrpass perteneciente a Bruno Boldvan, ametrallador de uno de los *Junkers* 52 que sirvieron de transporte para los paracaidistas de Koch. (Archivo Thomas Steinke)

De **Colonia-Ostheim** despegarían tres escuadrillas, cada una compuesta de dos grupos:

- 1ª Escuadrilla para el grupo *Granit* con 6 + 5 Ju 52, al mando del alférez Schweitzer, siendo su segundo el alférez Jahnke.
- 2ª Escuadrilla para el grupo *Beton* con 6 + 4 Ju 52, al mando del alférez Seide, y su segundo, el alférez Davignon.
- 3ª Escuadrilla para el grupo *Stahl* con 3 + 6 Ju 52, al mando del teniente Nevries y de su segundo, el sargento Zimmermann.

De **Colonia-Butzweilerhof** despegarían otras dos escuadrillas:

- 4ª Escuadrilla para el grupo *Eisen*, con 5 + 5 Ju 52, al mando del teniente Steinweg, siendo su segundo el teniente Rigel.

- 5ª Escuadrilla, una escuadrilla especial del grupo I./ KG zbV 172, provista de 6 Ju 52 para el medio pelotón de ametralladoras de Ringler.

Con la incorporación de dos nuevos grupos de paracaidistas el día 8 de mayo, un nuevo Ju 52 se añadió a la escuadrilla de *Beton*, que partiría desde Ostheim, y otro más, a la de *Stahl*, que lo haría desde Butzweilerhof.

El lanzamiento de munición y avituallamiento correría a cargo de 5 aviones He 111 pertenecientes al grupo I./ KG 4, de Butzweilerhof, que lanzarían en dos oleadas su carga (aproximadamente a la hora H+45 min y H+160 min) desde una altura de 200-300 m. Se preveía lanzar unos 16 contenedores en cada puente. Para el fuerte de Eben Emael (grupo Granito), la previsión era el doble. Por último, cuatro aviones Do 17 y 6 Henschel 126 serían aparatos encargados de vigilar el cielo sobre los paracaidistas.

La principal unidad aérea sobre Bélgica sería el *VIII. Flieger Korps* (8º Cuerpo Aéreo), al mando del general Wolfram von Richtofen. Su unidad estaba especializada en el apoyo directo a las tropas de tierra y se componía de tres escuadras de bombarderos en picado *Sturzkampfflugzeug* Ju 87B, *Stuka*, aviones de asalto *Henschel Hs 123B* y aparatos de caza de protección *Messerschmitt* Bf 109E. Su misión principal consistía en apoyar a las tropas que atacarían el frente fortificado situado a ambos lados de Lieja (la denominada PFL, Posición Fortificada de Lieja), y que penetrarían, posteriormente, en el país. A los paracaidistas les apoyarían 15 minutos tras iniciarse el ataque. Una vez cumplida esta tarea, continuarían apoyando el avance de las tropas alemanas en suelo francés.

Y aunque todo estaba preparado para el 5 de mayo, no se interrumpieron los entrenamientos. Es más, el día 8, nuevos soldados quedaron integrados en el SA Koch: los grupos de asalto «Acero» y «Hormigón» fueron reforzados, cada uno, con un grupo más. Así, la composición definitiva de los paracaidistas fue la siguiente:

Sturmgruppe *«Stahl»* (1 oficial y 91 suboficiales y tropa): toma del puente de Veldwezelt.
Sturmgruppe *«Beton»* (5 oficiales y 129 suboficiales y tropa): toma del puente de Vroenhoven.
Sturmgruppe *«Eisen»* (2 oficiales y 88 suboficiales y tropa): toma del puente de Kanne.
Sturmgruppe *«Granit»* (2 oficiales y 83 suboficiales y tropa): destrucción y control del fuerte Eben Emael.

Por fin llegó el día del ataque. Hitler había establecido inicialmente que el ataque comenzara el día 7. Tras retrasarlo posteriormente dos días, eligió definitivamente el día 10 como fecha de la invasión. El día 7, tres columnas al mando del comandante Reeps, del sargento Sticken y del alférez Krüger, trasladaron los planeadores hasta los aeródromos. A las 13:00 h de del 9 de mayo, Student recibió la esperada señal: *«Dia D para la operación Amarillo* –nombre de la invasión del Oeste- *el 10 de mayo»*. Por la noche, a las 21:00 h, la palabra en clave «Danzig» confirmó el ataque. Se cursaron todas las órdenes. El ataque podía empezar.

LOS DEFENSORES BELGAS EN EL CANAL ALBERTO

La posición del Canal Alberto estaba cubierta por dos líneas de seguridad. Por una parte, la denominada «Línea de Alerta» se situaba en la frontera compartida con Holanda. En esta línea, el puesto más importante era el puente de Maaseik, defendido por el grupo ciclista de la 14ª División. La segunda línea, la llamada «Posición Avanzada», se encontraba detrás del Canal Alberto, que hacía las veces de frontera. La zona comprendida entre Dessel y el propio canal estaba ocupada por soldados del Primer Regimiento de Carabineros Ciclistas, el 2º de Guías, el 1º de Cazadores a Caballo, así como por el grupo ciclista de la 17ª División, que había sido reforzado con Ciclistas de Frontera acuartelados en Lanaken. Todas estas unidades contaban con el apoyo artillero del Primer y Tercer grupos del 19º Regimiento de Artillería, así como de la 6ª batería emplazada sobre línea férrea.

Equipo y uniforme del soldado belga de 1940. (Fuerte Eben Emael)

Más al sur, la frontera entre Bélgica y Holanda se encontraba a no más de 200 m del Canal Alberto. Este hecho excluía la posibilidad de prolongar la Posición Avanzada para así poder cubrir completamente el sector de la 7ª División, en el cual se encontraba el fuerte Eben Emael. Sus posiciones se extendían a lo largo de 18 km. Y esta era la zona que constituía el objetivo de los paracaidistas alemanes. Lo que éstos y sus espías desconocían por completo –y de manera inexplicable-[22] era que esta 7ª División, compuesta por soldados en su mayoría reclutados en Brabante, llegó el 30 de abril de 1940 para relevar a la 5ª División.

Casco y equipo belgas. (Fuerte Eben Emael)

Uniforme de soldado de artillería belga, diseñado en 1928. (Fuerte Eben Emael)

Conviene tener en cuenta que en 1940, una división belga estaba lo suficientemente dotada como para defender un frente de 6 km en una batalla que contuviera unos días el avance enemigo. Y si, además, se encontraba atrincherada tras un obstáculo formidable, como era el Canal Alberto, el frente defendido con garantías podría ser de 12 km. Pero un sector de 18 km era excesivo para las posibilidades belgas, especialmente cuando los permisos en la tropa habían reducido un 16% los hombres disponibles. Sin embargo, una resistencia de tres o cuatro días a lo largo del Canal Alberto seguía pareciendo posi-

---

[22] Schalich (1985), pág. 10.

Soldados belgas durante su entrenamiento en el cuartel de Elsenborn, antes de la invasión alemana. (Fuerte Eben Emael, vía Joost Vaesen)

ble a los estrategas belgas. La posición se transformaría en Posición de Cobertura en el momento en el que los alemanes fueran frenados con la voladura de los principales puentes que atravesaban el Canal Juliana y el río Mosa. A la luz de estos planes, no parecía posible un ataque contundente alemán.

La 7ª División estaba adscrita al Primer Cuerpo de ejército, bajo mando del general de división Alexis van der Veken, y su misión consistía en defender el Canal Alberto a «cualquier precio». Esta unidad, compuesta principalmente por flamencos, disponía de 16.679 soldados, distribuidos en tres regimientos de infantería, cada uno de ellos con 3.664 hombres, y un regimiento de artillería, con 2.557 efectivos. Su armamento consistía

El puente de Kanne.
(Archivo Óscar González)

en 324 ametralladoras ligeras *Browning*, 114 ametralladoras pesadas *Maxim*, 36 morteros de 76 mm, 48 cañones de infantería de 75 y 195 mm, 48 cañones antitanque de 47 mm y 12 vehículos blindados T 13.

El general Vantrooyen, al frente de la división, decidió situar así sus regimientos: el sector de la derecha de sus líneas, desde Kanne hasta Loën (excluyendo Eben Emael), con los puentes de Kanne, Lanaye y Petit Lanaye, estaría defendido por el 2º de Granaderos *(2e Grenadiers)*; el del centro, con el puente de Vroenhoven, por el 18º Regimiento de Línea *(18e de Ligne)*; finalmente, el de la derecha, el «corte» que iba desde Eigenbilzen hasta el sur de la carretera de Maastricht a Hasselt, con los puentes de Veldwezelt, Briegden y Gellik, estaría controlado por el 2º de Carabineros *(2e Carabiniers)*. Las principales posiciones defensivas se situaban junto al canal, mientras que tropas de reserva, de la plana y artillería se encontraban en una línea más retrasada.

Sobre el papel, el despliegue no estaba mal pensado, porque también se contemplaba cómo realizar el repliegue en caso de ataque alemán. Así, para facilitar a la división esta maniobra, el 12º Regimiento de Artillería a caballo (hipomóvil) fue reemplazado por uno motorizado: el 20º de Artillería de los Cazadores de las Ardenas (éstos eran considerados como elite dentro de las fuerzas armadas belgas). Esta unidad artillera había recibido el refuerzo del Primer Grupo Motorizado y el 5º hipomóvil del 14º Regimiento de Artillería, así como la 11ª Batería del Primer Regimiento de Artillería Antiaérea. Como se puede comprobar, en apariencia todo estaba previsto y organizado.

La 7ª División tenía buena fama dentro del ejército, aunque, como ocurría en muchas unidades belgas, no disponía de sus efectivos al completo. Alrededor de un 10-15% de los soldados estaban de permiso o, incluso, colocados como albañiles o guardias forestales, de tal modo que había que descontar unos 2.000 soldados del grueso de la división. Así mismo, la «burocracia» en la transmisión de órdenes dificultaba frecuentemente la buena organización de la unidad.

Vista del puente de Veldwezelt en dirección a la orilla holandesa. (Archivo Thomas Steinke)

Pero lo más sorprendente de todo este diseño defensivo era que la guardia y –en caso necesario- destrucción de los puentes del Canal Alberto, el auténtico centro de gravedad de la defensa belga, no estaba confiada a la 7ª División. Los soldados responsables[23] de esta tarea en Kanne, Lanaye y Petit Lanaye dependían exclusivamente de las órdenes del comandante del fuerte de Eben Emael, y los de Briegden, Veldwezelt y Vroenhoven, del comandante de la unidad de Ciclistas de Frontera con sede en Lanaken, localidad situada al norte de la «posición Canal Alberto». Este hecho, curioso y «complicado» pasaría factura durante el ataque alemán, poniendo de manifiesto que «algo no funcionaba» en la nada sencilla cadena de mano del ejército belga.

Y toda esta complicación se observa a la perfección también en la manera de proyectar la destrucción de los puentes del Canal Alberto. La orden debía facilitar la operación a los equipos encargados de su voladura, pero los «claro oscuros» presentes en la redacción de la directiva provocarían graves confusiones (y una importante pérdida de tiempo) entre los soldados belgas. Y es que la orden en cuestión podría ser dada por:

- En cualquier caso, por el Estado Mayor belga, directamente o a través de su oficial de enlace en Hasselt.
- En caso de violación de la frontera entre Holanda y Alemania, por el comandante del Primer Cuerpo de Ejército, el general Van der Veken.
- En caso de violación de la frontera belga, por el jefe responsable de los puestos de destrucción de los puentes, es decir, el mayor Jottrand, comandante del fuerte Eben Emael, y el capitán comandante Giddelo, de los Ciclistas de Frontera de Limburgo.
- Por todos los suboficiales, jefes de destacamento y de dotaciones de los búnkeres próximos a los puentes, en caso de una clara amenaza directa del enemigo, quedando bien claro que un tiroteo en los alrededores o incluso la voladura de un puente vecino no constituían amenazas directas. Esta última prescripción fue añadida a la orden después de que se destruyera precipitadamente debido

---

[23] Las dotaciones de los búnkeres (*Abri*) encargados de esta misión, estaban compuestas por un sargento, dos cabos y nueve soldados voluntarios del Batallón de Ciclistas de Frontera de Limburgo.

El puente de Vroenhoven y el búnker Abri M desde la orilla oeste. (Archivo Thomas Steinke)

a una falsa alarma el puente de Ougrée, junto a Lieja, el 31 de agosto de 1939. Este hecho, como posteriormente veremos, también provocó la modificación de los sistemas de detonación de las cargas en los puentes.

A la luz de esta orden, el Alto Mando Alemán, decidió atacar simultáneamente los puentes y el fuerte Eben Emael, dada la interdependencia que existía entre ellos (especialmente entre el puente de Kanne y el fuerte).

Todas las unidades de la 7ª División fueron puestas en estado de alerta a las 02:00 h del 10 de mayo. A pesar de que el coronel Georges Goethals, agregado militar belga en Alemania, había mandado horas antes, a las 21:30 h, un mensaje cifrado al Estado Mayor, indicando la inminencia de la ofensiva alemana, la amenaza de un ataque no fue tomada en serio por los belgas, y máxime cuando la tarde anterior se habían vuelto a conceder permisos. Así, no es de extrañar que los soldados llegasen a sus posiciones de muy mal humor. El reparto de municiones comenzó de manera lenta y «excesivamente» ordenada, siguiendo en la mayoría de los casos «rígidas disposiciones y órdenes burocráticas». A modo de ejemplo, cabe reseñar que no fueron entregadas armas automáticas a los hombres del 18º Regimiento de Línea porque así no se «perturbaría el programa previsto para la jornada». Los soldados creían encontrarse ante el enésimo entrenamiento. Pronto comprobarían lo equivocados que estaban.

LOS PUENTES SOBRE EL CANAL ALBERTO

Una vez analizadas las fuerzas, planes y despliegues belgas alemanes, no podemos olvidar un asunto importante, quizás el más importante, porque en torno a él se preparó el ataque alemán. ¿Cuáles eran para los alemanes los preciados objetivos cuya captura debían preparar meticulosamente? Los tres puentes que, tal y como hemos analizado anteriormente, se encontraban en una de las obras maestras de la ingeniería belga de los años 30, el Canal Alberto. Un golpe contundente e inesperado alemán contribuiría a

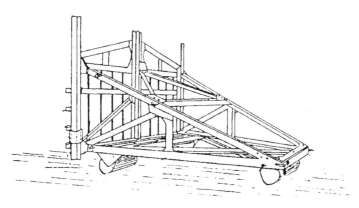

Puerta Belga, Elemento C o Elemento *Cointet*, utilizadas como obstáculos en la defensa de los puentes del canal Alberto. (Archivo Thomas Steinke)

congelar la cadena de mando belga, entorpeciendo la toma de decisiones, para, posteriormente, neutralizar uno tras otro, y en cuestión de minutos, todos los intentos belgas por volar los pasos sobre el canal.

Tal y como hemos visto anteriormente, en la orilla oeste del canal se construyeron varias posiciones fortificadas, que podían proteger sus flancos desde tres direcciones diferentes, amén de búnkeres en los puentes que pudieran defenderlos ante un ataque por sorpresa. ¿Qué podemos decir de éstos?

Por lo que respecta al puente de **Veldwezelt** –situado a 200 m de la frontera holandesa-, éste era una construcción de hierro de 115 m de largo y 9 de ancho preparado para el tráfico de automóviles. En su lado este se encontraban 3 cámaras destinadas a albergar explosivos. Dos pequeños compartimentos para idéntica función se encontraban en la parte central del puente y otro, en las vigas del este. Debajo del puente se hallaba una estrecha pasarela. En la base del pilar oeste se encontraba una posición de hormigón (C); algo más alejadas, al norte y al sur, respectivamente, las posiciones D y B.

Junto a la carretera Maastricht-Hasselt, en el lado oeste del puente, se encontraba el búnker N (*Abri N* en francés), cuya misión era la de asegurar y defender el puente. Diferentes obstáculos, además, ayudarían en la defensa del mismo, como las denominadas «Puertas Belgas» (o también, Elementos C o Elementos *Cointet*[24]). Construcciones y garitas para las tropas de infantería acantonadas junto al puente, completaban su equipamiento. Es interesante señalar que también dos Gendarmes (aunque sólo durante el día) colaboraban en la defensa y control del puente.

Por otra parte, en **Vroenhoven** se levantaba un puente destinado al tráfico de vehículos. A diferencia del de Veldwezelt, era una construcción de hormigón armado, de 117 m de longitud (ligeramente más largo que el de Veldwezelt), 9 m de anchura, y que se elevaba 24 m sobre el nivel de las aguas del Canal Alberto, situándose a 400 m de la frontera holandesa. En cada uno de los dos pilares del puente se encontraban dos cámaras para explosivos. A su vez, 400 m al noroeste y sudoeste del puente se encontraban sendas posiciones de hormigón (A y B). Sobre la carretera Maastricht-Tongeren que atravesaba el puente, en el lado oeste, se hallaba el búnker M, con idéntica misión defensiva que el de Veldwezelt. Del mismo modo, el resto de edificaciones y obstáculos defensivos eran similares en ambos puentes.

El tráfico se restringió en ambos puentes desde septiembre de 1939, y desde 1936 ambos puentes ya contaban permanentemente con explosivos para su hipotética voladura. En las cámaras destinadas para ellos se colocó TNT (en polvo o en bloque). Aunque también se colocaron explosivos en los restantes compartimentos del puente de Veldwezelt, no se puede establecer si estaba o no preparado para explotar.

El puente de **Kanne**, al igual que el de Veldwezelt, era metálico, con algo menos de 50 m. de longitud y una anchura de alrededor de 9 m. Situado en un terreno diferente al de Vroenhoven y Veldezewelt, contaba con dos casamatas de flanqueo E y F, y con un pequeño bunker en las proximidades desde el que activar las cargas explosivas, además de otro, el O, con una misión defensiva.

Para provocar la explosión de todos los puentes, se habían colocado a la salida de los dos búnkeres (M y N) de Vroenhoven y Veldwezelt, respectivamente, dispositivos de detonación. En Kanne también se encontraban junto al puente (pero no en el principal búnker O, alejado y situado en la ladera de la colina media). Mediante una línea eléctrica se aseguraba la activación de las cargas. En caso de alarma, el sistema se podía también activar «pirotécnicamente», colocando un cartucho de TNT con mecha (con una duración de 2 minutos). El sistema eléctrico de activación estaba instalado desde 1938 y no podía ser manipulado por ingenieros (excepto a la fuerza).

Pero a partir de 1939 y debido a las explosiones accidentales en los puentes de Ougrée y Val Benoit, el sistema eléctrico fue suprimido y reemplazado por otro sistema pirotéc-

---

[24] En honor de su inventor, el coronel francés Léon Edmond de Cointet de Fillain, quien en 1933 diseñó este tipo de obstáculo. Se trataba de un armazón de acero de 2,5 m de altura y 3 m de anchura. La parte delantera se montaba sobre un esqueleto con forma de trapecio de 3,28 m de longitud, siendo la parte posterior la de menor dimensión: 1,2 m. En la parte inferior delantera había dos rodillos de hormigón, mientras que en la trasera sólo había uno, que podía rotar 900. El peso total del obstáculo era de unos 1.400 kg.

nico diferente al primero de este tipo que se había pensado. En lugar de 30 segundos de retardo, se dispondrían de 10 a 15 minutos de tiempo para volar el puente. Así se evitarían precipitaciones en caso de cursarse la orden de detonación.

EL PLAN ALEMÁN

El 10 de mayo de 1940, entre las 4:30 y las 4:40 h, despegaron de los aeródromos de Colonia-Ostheim y Colonia-Butzweilerhof, 42 aviones de transporte Ju 52 cuya misión era remolcar sendos planeadores DFS 230. Con el fin de iluminar su ruta por territorio alemán hasta Aachen (Aquisgrán), se habían colocado en tierra gran número de reflectores y luces.

El plan inicial sufrió alteraciones desde el principio, pues buena parte de los planeadores (al menos todos los que se dirigían a Vroenhoven –grupo de ataque *«Beton»*-) fueron desenganchados de los *Junkers* cuando volaban sobre territorio holandés, y no sobre Alemania, como estaba previsto. Del mismo modo, muy pocos alcanzaron la altura prevista para desengancharse (2.600 m). También, a causa de un viento favorable inesperado, pudieron llegar antes de lo calculado a sus objetivos. No obstante, tres no lo lograron (dos por ruptura del cable de unión con el avión de transporte correspondiente y uno por soltarse demasiado pronto).

El plan previsto era el siguiente:

- Aterrizaje de planeadores con los paracaidistas a bordo y ejecución de sus respectivas misiones (en los puentes y en el fuerte).
- Cada uno de los 3 comandos «dedicados» a los puentes serían reforzados 40 minutos después de su aterrizaje con medio pelotón (24/25 hombres) de ametralladoras *(sMg Halbzug)*, que saltarían en paracaídas.
- Desde 15 minutos después de iniciado el ataque, y durante 65 minutos, la *Luftwaffe* apoyaría con cazas, *Stukas* y bombarderos, el ataque. Así mismo, apoyaría las peticiones concretas de ataque.
- El lanzamiento de municiones y armas en los cuatro objetivos se efectuaría 45 minutos después de iniciado el ataque.
- Apoyo –a los 90 minutos del comienzo de la lucha- por parte del cañones y piezas del *Flakabteilung* Aldinger en los cuatro puntos; posteriormente, y sólo en Veldwezelt y Vroenhoven, por parte del Regimiento de Artillería nº 103.
- Por último, el relevo de los *Fallschirmjäger* se realizaría 6 horas después del comienzo del ataque. Concretamente, por el *«Schützen Regiment 33»* en Veldwezelt, por el *«Schützen Regiment 12»* en Vroenhoven, por unidades del *«Infanterie Regiment 51»*, en Kanne y de su batallón de ingenieros (*«Pioniere Bataillon 51»*), en Eben Emael.

También se preveía un lanzamiento de paracaidistas «de paja» en la retaguardia de las tropas belgas, entre Tongeren y Sint Truiden. La ocurrencia había sido del general Student. Originalmente se habían diseñado para probar paracaídas, pero fue a raíz de su utilización por el teniente coronel Heidrich durante unas maniobras en verano de 1939, cuando se comprobó su eficacia a la hora de «despistar y engañar» al enemigo. El día 10

EL ASALTO A VELDWEZELT

El grupo Acero (Stahl)

El puente de Veldwezelt era una estructura metálica que cruzaba el canal en la llamada trinchera de Vroenhoven-Veldwezelt. Estaba destinado al tráfico rodado y de peatones. De hecho, la importante carretera que conducía de Maastricht a Hasselt pasaba por encima de él. Su longitud era de 115 m y su anchura de 9 m, siendo el peso total de la parte metálica de 409 toneladas. De su construcción en 1933 se había encargado la «*Société Brugeoise et Nicaise et Delcuve*», con sede en Brujas.

Tomar intacto este puente consistía el objetivo prioritario del grupo Acero (*Stahl*) y sus paracaidistas se habían preparado para esto durante meses. Tratarían de hacerse con el control del puente en cuestión de minutos, sorprendiendo a los soldados belgas que lo protegían. Fuertemente armados, con 8 ametralladoras MG 34 (más dos ametralladoras pesadas), 2 morteros, 1 fusil anticarro *(Panzerbüchse 38)*, 18 pistolas ametralladoras MP 38, 6 fusiles con mira telescópica, 33 fusiles Kar 98k, granadas de mano, pistolas (todos los paracaidistas iban armados con una) y cargas explosivas, constituían una temible grupo de ataque.

De acuerdo con las órdenes, la misión estaría dirigida por el teniente Gustav Altmann. Nacido en 1912, entró en la academia de policía con 19 años. Altmann procedía de la unidad de policía creada por Goering *(Regiment General Goering)* y de la que surgió la primera compañía del FJR 1. Fue uno de los primeros oficiales del regimiento, y desfiló ante Hitler en la célebre parada militar que tuvo lugar el día de su cumpleaños, en 1939. El oficial al mando de la plana, sería el *Stabsfeldwebel* Kurt Lorenz.

El segundo de Altmann sería el *Oberfeldwebel* Rudolf Toschka, nacido en 1911. Al igual que Altmann, procedía de la 11ª compañía del regimiento auspiciado por Goering.

El sargento Rudolf Toschka (en la foto con el empleo de teniente) luchó como segundo de Altmann durante el ataque a Veldwezelt. Fue ascendido a alférez por su acción en el Canal Alberto. En Creta dirigió un grupo de asalto de la *1./Sturm-Regt*, a las órdenes del teniente Genz. Fue gravemente herido y recibió la Cruz de Caballero. Murió en Italia el 20 de febrero de 1944, siendo capitán y dirigiendo el *I./Fallschirm-Jäger-Regt.* 12 en los combates de Anzio-Nettuno. (Archivo Thomas Steinke)

Vista del puente de Veldwezelt.
(Archivo Thomas Steinke)

Además de ser el segundo al mando del asalto, Toschka también lideraría uno de los grupos que aterrizó en las proximidades del fuerte[25].

Los objetivos de su misión estaban perfectamente delimitados y todos gravitaban en torno a la ocupación del puente, parte esencial del posterior avance alemán hacia el corazón de Bélgica:

«Captura y control del puente. Neutralización de las casas y del búnker situados al oeste del puente, así como de las fuerzas enemigas presentes en esta misma zona. Desactivación de las cargas explosivas y corte de las comunicaciones. Asalto al sistema de trincheras del enemigo. Formación de una cabeza de puente para que las propias unidades de vanguardia tengan vía libre en su avance hacia el oeste. Destrucción de cualquier obstáculo situado en la orilla este del puente».

Cada grupo tendría su parte en la misión, aunque, como veremos a continuación, la que tenía prioridad era capturar intacto el puente. Hasta tres grupos de los 10 disponibles se dedicaron específicamente a este cometido. Además, la carretera de Maastricht a Hasselt, que cruzaba el puente, llamada Bilzerbaan a su paso por Veldwezelt, serviría de referencia en los aterrizajes de cada grupo. Los objetivos generales quedarían, pues, desplegados en los siguientes:

Grupo 1/*Trupp* Helmut Arpke (1 oficial/8 suboficiales y soldados): Los ingenieros de *Obj.* Helmut Arpke deberían aterrizar en las inmediaciones del puente, en el lado norte de la carretera. Participarían en la ocupación del mismo, cortando los cables de teléfono y los que activaban las cargas explosivas bajo el puente. También inutilizarían éstas. Por último, acabarían con cualquier obstáculo en el lado este.

---

[25] Mientras que Altmann, capturado en Creta, sobrevivió a la guerra y falleció el 20 de febrero de 1981, Toschka no tuvo la misma suerte. Cayó en los combates que se libraron con fuerzas norteamericanas y británicas en torno a Anzio y Nettuno el 21 de febrero de 1944. Para entonces ya había alcanzado el empleo de capitán y estaba al frente del primer batallón del FJR 12. Aparte de la misión en Bélgica, había tomado parte en la invasión de Polonia, Creta, Rusia y en los combates de Italia.

Esta foto, tomada durante la campaña de Polonia, muestra a 5 jefes de grupo de «*Stahl*». De izquierda a derecha: *Uffz.* Brose, *Uffz.* A.Wiese (grupo nº 3), *Uffz.* E. Ellersiek (grupo nº 2), *Ofw.* R. Toschka (grupo nº 8), *Uffz.* H. Arpke (grupo nº 1), *Uffz.* R. Bading (Beton) y *Uffz.* F. Pohlmann (grupo nº 6). (Archivo Thomas Steinke)

Grupo 2/*Trupp* **Erwin Ellersiek (1/9):** Aterrizarían en las inmediaciones del puente, pero en el lado sur de la carretera. Su misión específica sería acabar con el búnker N, poniéndolo fuera de combate. Acto seguido, volarían el restaurante [*Café Nicolaes*] situado junto a esa posición. En caso de que el grupo 1 no pudiera llevar a cabo su misión, los hombres del *Obj.* Erwin Ellersiek se encargarían de ella.

Grupo 3/*Trupp* **Arthur Wiese (1/8):** Deberían aterrizar al norte, junto a las casas situadas en la carretera, al oeste del puente. Su tarea consistiría en la ocupación de estas casas, donde se presumía que había tropas belgas. Eliminarían cualquier resistencia y se encargarían de inutilizar cualquier sistema de activación de cargas que pudieran encontrar. Por último, cubrirían a los hombres del grupo de Arpke. En caso de que ni éste ni Ellersiek pudieran ejecutar la orden de desactivación de las cargas del puente, Arthur Wiese tomaría su misión. En cualquier caso, tanto Wiese como Ellersiek quedarían subordinados a las órdenes de Arpke.

Grupo 4/*Trupp* **Heinz Hübner (1/9):** Los paracaidistas de este grupo, a las órdenes de Heinz Hübner, aterrizarían al sur de la carretera, a unos 50 m al oeste del puente. Deberían ocupar de las casas situadas al otro lado, norte, de la carretera.

Grupo 5/*Trupp* **Kurt Lorenz-Plana (1/9):** Aterrizaría al sur de la carretera, a 100 m al oeste del puente, llevando a bordo al teniente Altmann y a su segundo, el sargento Lorenz. Se encargaría de asaltar las trincheras belgas, para montar posteriormente el puesto de mando. Asegurarían el lado norte y sudoeste, así como cubrirían al grupo Wiese.

Gustav Altmann fue líder del grupo de asalto *Stahl* y al igual que el resto de oficiales del SA Koch, fue condecorado con la Cruz de Caballero. Durante la batalla de Creta, en 1941, dirigió la *2./Sturm-Regt*, y fue hecho prisionero por los británicos. (Archivo Thomas Steinke)

Grupo 6/*Trupp* Fritz Pohlmann (1/8): Este grupo aterrizaría al norte de la carretera, junto al grupo de casas y al cruce situado a unos 150 m al oeste del puente. Los hombres al mando del *Feldwebel* Fritz Pohlmann tratarían de formar una barricada volando las casas cercanas. Asegurarían la parte oeste del puente.

Grupo 7/*Trupp* Walter Baedke (1/8): Estos paracaidistas aterrizarían al norte de las trincheras, a unos 150 m al noroeste del puente. Se encargarían de asegurar su lado norte y noroeste. Así mismo, cubrirían al grupo o grupos que desactivaran las cargas del puente. Los hombres del *Obj.* Walter Baedke vigilarían cualquier movimiento extraño en el canal (siempre en dirección norte).

Grupo 8/*Trupp* Rudolf Toschka (1/8): Su aterrizaje estaría previsto en el lado norte de la carretera, junto a la casa situada a 100 m al noroeste del puente. Ocuparían esta casa y colaborarían en asegurar las zonas norte y noroeste junto puente.

Grupo 9/*Trupp* Erich Rückriem (1/8): Este grupo aterrizaría al sur de las trincheras belgas, a 150 m al sudoeste del puente, asegurando posteriormente los lados oeste y sudoeste junto al puente. Erich Rückriem y sus paracaidistas vigilarían cualquier movimiento en el canal (en dirección sur, hacia Vroenhoven) y cubrirían a los paracaidistas encargados de desactivar las cargas en el puente.

Grupo 10: Fue formado tan sólo dos días antes del ataque, el 8 de mayo. Su misión consistiría, en servir de grupo y reserva a las órdenes directas de Altmann. En este grupo viajaban algunos soldados sin experiencia ni acreditación, paracaidista. Tal fue el caso de Franz Schindele. Otros, como el cabo Erich Schuster –condecorado posteriormente con la Cruz de Caballero en Creta, en 1941- sí poseían la insignia paracaidista. Como veremos, también en los grupos *Beton y Eisen* ocurrió lo mismo[26].

---

[26] Schindele provenía del 13º Regimiento de artillería aérea. En otros casos se tratará de ingenieros de unidades de infantería. En el grupo «*Eisen*», encontramos abundantes casos al respecto, incluso en jefes de grupo: Brandis, por ejemplo, provenía del 19º Batallón de ingenieros; Deutschbein, del 14º. ¿Por qué se les incluyó? Entre otras consideraciones, parece

Se preveía, por tanto, coordinar el ataque desde el puesto de mando, que se situaría a 100 m al sudoeste del puente. Desde aquí, Altmann controlaría las misiones de todos los grupos, agrupados de la siguiente manera:

- En la denominada «zona norte», el mando lo tomaría el *Obfw.* Toschka. Quedaban integrados bajo su mando el terreno y posiciones comprendidas desde el canal hasta la carretera, agrupando las misiones de los grupos 3, 4, 7 y 8 (Wiese, Hübner, Baedke y Toschka). Tras alcanzar sus respectivos objetivos, se encargarían de defender sus posiciones, especialmente de un hipotético ataque belga por el noroeste. También tratarían de impedir el reagrupamiento de tropas belgas.
- En la «zona sur» la situación quedaría a las órdenes del *Fw.* Pohlmann. También controlaría el terreno desde el canal hasta la carretera. Englobaba a los grupos 2, 6 y 9 (Ellersiek, Pohlmann y Rückriem). Como en los grupos implicados en la «zona norte», los del sur tendrían que defenderse de un hipotético contraataque belga, impidiendo también un reagrupamiento del enemigo.
- En el puente, el responsable sería el *Obj.* Arpke (grupo 1). Una vez asegurado aquél, se encargaría de defenderlo en el lado este. El grupo se convertiría en grupo de reserva.
- El apoyo vendría de la mano del medio pelotón de ametralladoras (sMG Halbzug), al mando del *Leutnant* Helmut Ringler. Viajarían hasta Veldwezelt a bordo de 2 Ju 52 y se lanzarían al sur de la carretera, tras las trincheras belgas 40 minutos después del aterrizaje de los planeadores. Ringler debería contactar cuanto antes con Altmann para analizar la situación y las zonas a reforzar por este pelotón.
- Aviones de la *Luftwaffe* sobrevolarían la zona, proporcionando apoyo y protección a los paracaidistas. El contacto con ellos sería visual y a través de la radio (en el puesto de mando).
- Por último, unidades de artillería antiaérea, *Flak,* contactarían con los hombres de Altmann 90 minutos tras el inicio del ataque. Ringler y Lorenz serían los encargados de dirigir su fuego.

Por lo que respecta a su armamento, éste consistiría en 8 ametralladoras ligeras MG 34, otras dos montadas sobre afuste, 2 morteros, 1 fusil antitanque *Panzerbüchse 38,* 6 fusiles con mira telescópica para francotiradores, 35 fusiles *Kar 98,* pistolas –cada paracaidista portaba una- del tipo P 08 o P 38, y granadas de mano. Pero si en el arsenal alemán había algo más temible que las armas citadas, sin lugar a dudas se trataba de las cargas huecas. Éstas iban a ser la «sorpresa» con la que los paracaidistas iban a atacar en los puentes del canal Alberto y en Eben Emael, neutralizando los búnkeres y casamatas de flanqueo belgas con una facilidad asombrosa. Junto al armamento, los paracaidistas llevarían un equipo de radiotransmisiones *Tornisterfunkgerät B* (uno por cada puente), con el fin de poder comunicarse con el apoyo artillero de Aldinger.

---

lógico pensar que, a pesar de no tener entrenamiento paracaidista, su experiencia con explosivos les convertía en candidatos para cubrir lagunas del SA Koch. Aunque la falta de formación paracaidista se dejó notar en Kanne, el puente que más bajas costó a los paracaidistas. [*Personallisten der Sturmabteilung Koch,* BA/MA XXXVIII]

Vista hacia el oeste. En primer plano, a la izquierda, el búnker Abri N; a la derecha, la casa Haesen-Roox. Nótese bajo el pilar del puente el búnker Abri C. (Archivo Thomas Steinke)

El *Sturmgruppe Stahl* aterrizó junto con su jefe, el *Oberleutnant* Gustav Altmann, en la orilla oeste del canal Alberto. Y aunque la mayoría de los planeadores aterrizaron alrededor del puente, no todos lo hicieron en el lugar previsto (algo que no influyó en el curso de los acontecimientos). Eran aproximadamente las 5:20 h de la mañana.

Los Carabineros belgas en el punto de mira alemán

A ambos lados de la carretera Maastricht-Hasselt se situaban las posiciones belgas ocupadas por la 6ª compañía del 2º Regimiento de Carabineros, a las órdenes del capitán Jammaers, y presentes en la zona desde el día 5 de mayo. Apoyando a la compañía del capitán Jammaers, se encontraba la 4ª Batería del 20º Regimiento de artillería, situado al norte de Veldwezelt.

El corte que iba desde Gellik a Briegden y Veldwezelt, era la zona defendida por el 2º de Carabineros. Veldwezelt se convertiría en la tumba de la 6ª compañía. La gran mayoría de estos defensores fueron atacados de inmediato y en breve resultaron muertos, heridos o prisioneros. El número de fallecidos de esta compañía fue tal, que constituyó casi la mitad del total de muertos de todo el regimiento… Y es que los alemanes contaban con una enorme ventaja: la sorpresa, unida al alto grado de entrenamiento y al conocimiento del terreno (durante el entrenamiento en Alemania se había construido una maqueta, a escala, del puente y de los alrededores).

Otra de las grandes ventajas que jugaba a favor de los paracaidistas era la intensa labor de **espionaje que había realizado la inteligencia alemana**. Los belgas desconocían que sus posiciones no tenían secretos para los alemanes. La vulnerabilidad belga era casi total después de que la inteligencia alemana hubiera trabajado intensamente desde fina-

El puente de Veldwezelt. (Archivo Thomas Steinke)

les de 1939, tratando de saberlo «todo» sobre las defensas belgas. El 12 de noviembre, apenas constituido el SA Koch, el capitán Walther Koch se reunió con el teniente coronel Schmidt y el comandante Heckel, miembros del servicio secreto (*Abwehr*) en Münster, con el fin de coordinar las labores de búsqueda de información en Bélgica.

Pero si algo sorprende en la planificación del espionaje alemán, es, sin duda, la inclusión de soldados belgas desertores en el SA Koch. De todos es sabido que la región de Malmedy y Eupen perteneció a Alemania hasta 1925, fecha en la que pasó a formar parte de Bélgica en virtud del Tratado de Versalles (artículo 34). Es lógico pensar que la población de esta zona germanoparlante, se sintiera escasamente identificada con los intereses belgas. Y precisamente de aquí eran cuatro ex soldados belgas[27] que a partir del 14 de marzo de 1940 se integraron el grupo de paracaidistas. Todos ellos habían servido en el ejército belga y, para más inri, en los puentes del Canal Alberto. Su información sería esencial para el grupo de Koch.

Desde noviembre, los espías alemanes elaborarán un informe completo sobre la vigilancia y controles que las tropas belgas tenían instalados en todos los puentes (Veldwezelt, Vroenhoven y Kanne) y alrededores. No era algo totalmente desconocido por los belgas, desde luego. Así, Jan Nicolaes recordaría tras la guerra que *«la víspera del ataque, varios soldados alemanes vestidos como policías belgas, inspeccionaron los puentes sobre el Canal Alberto»*[28].

---

[27] Fritz Bodet, natural de Malmedy, formará parte de los grupos n° 9 ó 6 de *Stahl;* Bernhard Schleck, natural de Wirtzfeld, miembro del grupo n° 10 de *Beton;* Hans Ahn, nacido en Eupen e integrante del grupo n° 4 de *Beton;* Josef Heinen, natural de Bütgenbach, que morirá atacando el puente de Kanne. La elevada edad de Bodet y Heinen (29 y 28 años) contrasta con la del resto de compañeros paracadistas. Es otra «señal» inequívoca de su «diferente» procedencia. Junto a estos «belgas», hay que incluir a un «holandés»: un tal Leenen, que, aunque alemán de nacimiento, era ciudadano holandés y desertó del ejército de este país.

[28] Wiosello (1990), pág. 155. No hay que olvidar que empresas y trabajadores alemanes estuvieron implicados en la cons-

El Abri N, búnker principal junto al puente de Veldwezelt, objetivo del grupo nº 2 del *Obj*. E. Ellersiek. (Archivo Thomas Steinke)

El búnker C, integrado en el pilar oeste del puente. (Archivo Thomas Steinke)

Sorprende constatar la precisión con la que los espías alemanes describen, con todo lujo de detalles y esquemas, los obstáculos belgas.

Sobre el puente de Veldwezelt escribirán en un informe de noviembre de 1939:

«El tráfico sobre el puente se ha prohibido. Entre la frontera y el canal se encuentran varios obstáculos «caballo de frisia», una trinchera de lado a lado con doble guardia. Antes del canal y del puente hay alambradas de espino. El puente está cortado en su entrada y salida por sendas puertas de acero, custodiadas también por doble guardia. Más allá del canal se encuentra el búnker. Entre éste y el canal hay gran cantidad de alambradas de espino. A cada lado del puente, en la ribera oeste del canal, se encuentran dos búnkeres de flanqueo, armados con ametralladoras y situados a 100 m a cada lado del puente.

A ambos lados de la carretera que pasa por el puente y que comunica Maastrich-Vroenhoven-Tongeren, se ha constatado la presencia de obstáculos y de pozos de tirador hasta una distancia de 8 km más allá del puente. Entre Vroenhoven y Veldwezelt no se ha constatado la presencia de ninguna nueva construcción defensiva»[29].

Siguiendo con la situación de las tropas belgas, también se encontraban el cabo Andries y 6 soldados de la 6ª compañía, en la frontera con Holanda, a escasos metros del puente, en la orilla este del canal. Como hemos comentado anteriormente, dos Gendarmes colaboraban en la custodia del puente, pero parecían no saber activar las cargas, de modo que fueron relevados durante la noche (a diferencia de lo que ocurrió en Vroenhoven). Los soldados custodiaban directamente la frontera, con la barrera echada. Aunque ya a la 1:10 y 1:30 h se había dado la alarma, los soldados dudaron de la seriedad

---

trucción del canal Alberto. En Kanne, por ejemplo, llegaron a estar alojados alrededor de 200 alemanes, 65 húngaros, 80 yugoslavos y 25 italianos. En septiembre de 1930, por ejemplo, vivían en el pueblo 1.450 personas de 12 nacionalidades distintas. [Gijbels (2008), pág. 17]

[29] BA / MA RH 24-27 / 135. *Geländeerkundung Belgien und Holland. Nachtrag zu Nest Köln Nr. 3468/Ig vom 17.11.1939*. No obstante, la certeza sobre las posiciones a atacar no era total, y en algunos casos se atacó lo que se presumía, equivocadamente, que eran puntos fortificados. Este mismo informe, por ejemplo, estimaba en 5.000 soldados la ocupación del fuerte Eben Emael. A pesar de los errores, en apenas media hora se formará una sólida cabeza de puente.

El puente de Veldwezelt y el Abri C. (Archivo Thomas Steinke)

El soldado belga Guillaume Vranken, único superviviente de la dotación del búnker Abri N de Veldwezelt. (Col. Museo Eben Emael)

de la situación. Acostumbrados como estaban a las falsas alarmas o a los ejercicios de entrenamiento, se resistían a admitir que esta vez la cosa iba en serio. No obstante, y a pesar de esta natural resistencia a creer que el ataque alemán iba a ser inminente, tanto en Veldwezelt como en Vroenhoven, todo el mundo estaba en sus puestos en el momento de producirse el ataque.

A la dotación del **búnker N**[30], encargado directo de la defensa del puente, llegó la orden, proveniente del *Cap-Cdt.* Giddelo, de activar el sistema de detonación de los explosivos (colocados en dos puntos en mitad de la estructura metálica del puente y también en el pilar este). La posición era una construcción de hormigón, semejante a la que estaba junto al puente de Vroenhoven. El grupo encargado de su defensa, voluntarios pertenecientes a los Ciclistas de Frontera, disponía de un fusil ametrallador, de un cañón antitanque de 47 mmm, de una ametralladora pesada y de un proyector. Por evidentes razones de seguridad, el búnker había sido construido en la orilla oeste del canal, cuyas riberas, bajando en talud hacía el lecho, habían sido erizadas de alambre de espino. La puerta interior era blindada, pero, por curioso que parezca, la entrada al fortín se realizaba a través de puerta exterior que no podía bloquearse desde el interior. ¡Y la mecha de activación de cargas pasaba por esta entrada exterior!

Esto ocurrió a las 1:35 h. También el señor Geraerts, el alcalde de Veldwezelt fue advertido de que era necesario evacuar a todos los civiles en un radio de 300 m. Una medida, que en cualquier caso, llegaba demasiado tarde. Pero nadie pensaba en un ataque inminente…Tres horas más tarde, a las 4:05 h, el teniente Bloch, oficial de transmisiones del 2º Regimiento de Carabineros, se personó en el puente junto al comandante de la 6ª compañía, el capitán Jammaers, con el fin de comprobar que las medidas se habían tomado realmente.

---

[30] La dotación del búnker N estaba formada por el cabo Cornée, el cabo Geerings y los soldados Piet van Hees, Bouva, Mertens, Rikske van Hoof, Brabant, Jefke Thomassen, Minnebier, Velge y Vranken. Todos ellos pertenecían a los «Ciclistas de Frontera de Limburgo» (*Cyclistes frontières*).

Volar el puente constituía la acción defensiva por excelencia que debería ejecutar la dotación del búnker. La comunicación fue recibida por el *Caporal* William Cornée, quien, en ausencia del jefe de la dotación, el sargento Georges ven der Elst (trasladado a Beverlo como instructor) tenía el mando. Acto seguido, uno de los diez soldados a su mando salió del búnker y corrió a avisar a los compañeros que ocupaban la posición C, en la base del pilar del puente. Era vital que evacuaran la posición antes de la explosión, según lo establecido, para volver a ocuparla después. No obstante, la orden de detonar los explosivos no se llevó a cabo porque la situación era confusa. De hecho, también el mayor Van Driessche, del 2º Batallón del 2º de Carabineros, había solicitado en vano la autorización para hacer saltar el puente justo en el momento en el que los planeadores alemanes aterrizaban sobre Veldwezelt. Y no sólo una vez; también había realizado la petición una hora antes, a las 4:25 h, al escuchar los 20 disparos de alerta efectuados por las baterías de Eben Emael, como señal de alerta. Pero el comandante del regimiento calmó a Van Driessche, diciéndole que él sería el encargado de dar la orden.

Hacia las 5:00 h varios aviones sobrevolaron el canal Alberto, aunque ya anteriormente se habían escuchado disparos de la artillería antiaérea holandesa que sirvieron de aviso de su presencia. Uno de los soldados que custodiaba la barrera fronteriza en el lado este del puente comunicó al comandante de la compañía la presencia de numerosos aviones que volaban sin ruido de motores y describiendo círculos. Poco después, el resto de los hombres de la 6ª compañía contemplaron atónitos la aproximación de estos «aviones silenciosos», cuya identificación no pudieron ver en la oscuridad[31], y que volaban describiendo círculos. Intrigados y angustiados, los belgas observaron con un nudo en el estómago las evoluciones de estos extraños aparatos. Willem (Guillaume) Vranken, perteneciente a la dotación del búnker N, recuerda así el momento:

«Nos dedicamos a avisar a la gente que vivía cerca del puente. De hecho, todos los civiles que vivieran en un radio de 300 m, deberían haber sido evacuados. El encargado de llevar a cabo esta orden era el mismo alcalde, Geraerts. (…) De repente, mi compañero, Jefke Thomasen, que estaba de guardia en el puente, nos avisó de que varios aviones estaban volando describiendo círculos sobre nuestra posición. El capitán de carabineros, Jammaers, se acercó al bunker y nos preguntó preocupado qué estaba pasando. Tomó sus binoculares, pero no pudo distinguir ninguna identificación en los aviones.»

Los planeadores aterrizaron a la vez, con una sincronización casi perfecta. Cinco se posaron sobre las posiciones de la 6ª compañía belga, en las inmediaciones del puente; uno lo hizo más al sur, y otro más algo más al norte. Sin poder dar crédito a lo que estaba viendo, el capitán Jammaers gritó «¡abran fuego!» mientras trataba de alcanzar su puesto de mando. El ataque había comenzado.

---

[31] Un asunto polémico, sin duda. Los belgas mantienen que no tenían ninguna identificación. Así, Pirenne (1990), pág. 16, protagonista de los combates sobre Kanne, recuerda que *«los planeadores sobrevolaron territorio belga sin ninguna identificación (sobre el fuselaje)».* Sin embargo, algunos paracaidistas –Kurt Engelmann, entre otros– afirman que sólo tenían una cruz gamada de 10 cm. en el timón de c ola. Según el diario del «Sturmabteilung Koch», el día 30 de noviembre de 1939, se borraron las cruces negras *(Balkenkreuz)* y numeraciones de los planeadores. Y esto se realizó para poder pintar unas cruces negras más grandes. Pero, tres días más tarde, el día 3 de diciembre, las insignias que se pintaron sobre los aparatos fueron «cruces negras más pequeñas» que las primeras. Las fotos de los aparatos posados en las cercanías del puente, tomadas por reporteros de guerra alemanes, muestran que no hay ni rastro de identificaciones.

Ludwig Egner, en la foto con el empleo de alférez, pilotó un planeador que aterrizó en Veldwezelt. Algunos testigos sugieren que fue él y no Opitz el que guió al grupo nº 8 hasta su objetivo. (Archivo Thomas Steinke)

Rumbo al puente de Veldwezelt

¿Cómo transcurrieron las horas previas al ataque en el lado alemán? A primeras horas de la tarde del día 9 de mayo de 1940, los paracaidistas y los pilotos de los planeadores fueron trasladados a los aeródromos de Colonia, desde donde despegarían rumbo a los puentes. Tras un entrenamiento exigente, llegaba la hora de la verdad para la punta de lanza de la invasión alemana en Bélgica. Poco antes del despegue, a las 2:00 h, se analizó con los pilotos de planeador la ruta a seguir, insistiendo en que entre Aachen y Maastricht los DFS 230 se deberían desenganchar de los *Junkers*. Por último, a las 4:30 h, 10 planeadores, enganchados a sendos Ju 52, de la 3ª escuadrilla a las órdenes del teniente Nevries, despegaron rumbo a Veldwezelt. Nueve máquinas lo hicieron desde el aeródromo de Colonia-Ostheim y uno, desde el de Colonia-Butzweilerhof. En el momento de cruzar la frontera entre Alemania y Holanda, a la altura de Aachen, los planeadores quedarían libres –habiendo alcanzado también una altitud de 2.600 m, aproximadamente– e iniciarían la silenciosa maniobra de aproximación al objetivo.

Pero, ¿qué ocurrió en detalle durante el vuelo de los planeadores hasta su objetivo? Heinz Schubert, Rudi Opitz y Ludwig Egner, eran instructores civiles provenientes del «*Deutsche Forschungsanstalt für Segelflug*» (DFS), una suerte de instituto de investigación del vuelo a vela. Precisamente de aquí surgió el proyecto que cristalizaría en el primer planeador de uso exclusivamente militar, el DFS 230. Los tres pilotos arriba citados se habían consagrado como unos experimentados pilotos, consiguiendo fama mundial ya antes de la guerra. En noviembre de 1939, recibieron la misión de formar pilotos de planeador para el grupo especial de paracaidistas dirigidos por Koch. Los tres fueron «convocados» casi con carácter de urgencia para formar parte del equipo de pilotos que transportarían a los paracaidistas. Heinz Schubert, que llevaría uno de los planeadores de la primera oleada hacia Veldwezelt, lo recuerda así:

«Primeramente, tras el despegue, intentamos ganar altura siguiendo rumbo norte y siendo guiados por señales luminosas que estaban colocadas ex profeso en tierra con el fin de facilitarnos el viaje. Una vez que conseguimos la altitud de vuelo prevista, variamos el rumbo en dirección sudoeste. A eso de las 5:00 h, pude ver las luces de Maastricht delante de mí. Ya habíamos alcanzado una altitud de 2.600 m, pero debido a la densa niebla en tierra no pudimos ver las luces (5 focos en forma

de cubo apuntando hacia arriba) que marcaban nuestro punto de desenganche. Al poco de percatarme de que sobrevolábamos territorio holandés, fuimos disparados por sus defensas antiaéreas. Acto seguido, los Junkers nos dieron la señal para desengancharnos y desaparecieron descendiendo progresivamente. Cuando los aviones de transporte se marcharon, virando hacia el este, los antiaéreos holandeses dejaron de disparar. Ahora disponíamos de suficiente tiempo para buscar nuestro objetivo. Pude ver el río Mosa y el puente de Veldwezelt. También mi misión era la de liderar un grupo de 5 planeadores, tratando de aterrizar junto a «nuestro» puente desde el sur».

No sólo algunos Ju 52 del grupo *Stahl* desataron la alarma antiaérea: lo mismo ocurrió con los aviones que remolcaban al grupo *Beton*, rumbo a Vroenhoven. La niebla y la falta de altitud obligaron a los *Junkers* a penetrar en territorio holandés.

Rudi Opitz, compañero de Schubert, profesor como él en la escuela de pilotos de vuelo a vela de Braunschweig-Waggum, recibió órdenes para presentarse

Interior de un planeador DFS 230. Los paracaidistas se sentaban a horcajadas en un banco central detrás del piloto. (Archivo Thomas Steinke)

en Hildesheim el día 9 de mayo, tan sólo 24 horas antes del ataque. Su gran habilidad como piloto le convirtió en candidato idóneo para la misión. De Hildesheim voló al aeródromo de Colonia-Ostheim, precisamente a bordo de uno de los Ju 52 que remolcarían a los planeadores al día siguiente. La noche del mismo día, recibió una carpeta con los detalles de su misión. Según las órdenes, pilotaría el planeador del grupo nº 8 (aparato con el número de serie 42), uno de los de la «segunda oleada» sobre Veldwezelt. Toschka, el paracaidista jefe del grupo, le resumió su tarea con la siguiente recomendación: *«Sólo tienes que cuidar de nosotros y llevarnos allí; una vez en el objetivo, cuidaremos de ti».* Opitz pudo elegir su objetivo, «privilegio» derivado de su tardía inclusión en la misión y del hecho de que pilotaría uno de los últimos planeadores en despegar del aeródromo de Ostheim. Sigamos el relato de Opitz recordando como fue el despegue y el viaje hacia el objetivo:

«Los planeadores DFS 230 estaban alineados en grupos de tres. Aproximadamente cada veinte segundos había una señal luminosa que daba la salida a un grupo (que volaría en la típica formación [Kette] en V). Mi planeador, en concreto, se encontraba en el medio de una de esas formaciones, encabezándola. La comunicación entre los aviones de transporte Ju 52 y los planeadores se realizó a través de señales luminosas situadas en las superficies horizontales de la cola de aquéllos. Esto facilitaría el vuelo y el control de la altitud a los DFS 230.

El punto de desenganche estaba señalizado por focos en el lado alemán de la frontera con Holanda. Se suponía que en el momento en el que los planeadores quedaran libres, la altitud conquistada sería de 2.600 m, pero no todos lo pudieron lograr. De este modo, a los aviones de transporte no les quedó más remedio que entrar en el espacio aéreo holandés, alertando a las defensas antiaéreas.

Cuando yo quedé libre, el sol comenzaba a salir por el este, a mis espaldas, de modo que tuve suficiente luz para distinguir el resto de los planeadores del SA Koch».

Sobre todos los planeadores del Grupo de Asalto Koch se había aplicado una capa de pintura clara (casi blanca)[32], que ayudara tanto a sus pilotos, como a las tripulaciones de los Ju 52, a verse durante la noche. No obstante, y como el propio Opitz recuerda, los planeadores que encabezaban los grupos *(Kette)* fueron probablemente pintados con otro color más acorde con los esquemas de camuflaje, excepto en las partes superiores, sobre las que siguieron existiendo las mismas tonalidades claras que en el resto. A todas luces, esta última medida ayudaba a identificar a los jefes de grupo.

Aviones de transporte Ju 52 en Hildesheim el 9 de mayo de 1940. En menos de 24 horas cumplirían su misión de remolcar los planeadores del SA Koch. (Archivo Ian Tannahill)

Por otro lado, y a diferencia del relato de Schubert, Opitz recuerda que el punto de desenganche estaba señalizado con dos focos, uno de luz fija y otro de luz intermitente. Y es que es más que probable que fueran varias las rutas señalizadas para el total de los grupos del SA Koch[33].

Hasta alcanzar la frontera con Holanda, los pilotos fueron guiados por los proyectores de 60 mm (*Scheinwerfer* 36) y focos giratorios de los destacamentos de los alféreces Thurm y Gallert. Desde las 4:30 h, hasta las 5:40 h no pararon de iluminar. Focos y proyectores tenían una inclinación de 45° hacia el este, y mientras los primeros no paraban de emitir luz, los segundos paraban 10 segundos cada 30. La primera señal, un foco giratorio, estaba colocado a 11 km de la partida, en el cruce de Efferen, mientras que la última, era un proyector con luz fija en el monte Vetschauer, al noroeste de Aachen-Laurensberg .

---

[32] Capa que tampoco correspondía al color oficial establecido por el *Reichsluftfahrt Ministerium* en aquel momento, RLM 02 (RLM Grau) gris, según Mankau (2008), pág. 130.

[33] En este sentido, Pallud (1991), pág. 81, comenta que «*habiendo volado en dirección oeste, los planeadores de los grupos* Stahl y Beton *fueron desenganchados alrededor de un minuto después de los de los otros dos grupos* [Granit y Eisen]. Oebser (2009), pág. 90, explica que aunque las órdenes fueron repartidas a los pilotos de las escuadrillas remolcadoras el día 26 de abril, figuraban dos rutas (Norte y Sur). No obstante, las instrucciones que recibieron los destacamentos Gallert y Thurm se referían a una única ruta iluminada, cuya ubicación se podía encontrar en un mapa adjunto a las órdenes (*Standorte für die einzelnen Leuchtfeuer liegen in der Karte Fest.* [el subrayado es nuestro]). La ruta (o rutas) estarían formada(s) por proyectores y focos giratorios, distribuidos alternativamente. No obstante, Gallert y sus hombres se ocuparían sólo de los focos.

Planeadores remolcados por Ju 52 durante los entrenamientos llevados a cabo en Hildesheim, dos meses antes del ataque. (Archivo Ian Tannahill)

Los diferentes grupos se separaron sobre Aachen, siguiendo las luces de al menos dos puntos de señalización, aunque es probable que hubiera hasta cuatro zonas señalizadas con focos. Esta sería la explicación del error de varios aviones Ju 52 al escoger una ruta y un punto de desenganche que no les correspondían (como en el caso de Heinz Schubert, quien todavía no había alcanzado la altitud prevista para desengancharse cuando vio los focos –probablemente preparados para otro grupo-). La equivocación pudo comenzar en el momento del despegue. Según Opitz, para la maniobra se utilizaron dos pistas que no eran paralelas. Este factor, unido al hecho de realizar un vuelo nocturno basado completamente en referencias visuales en una gran formación de aparatos, condujo a posteriores equivocaciones en la ruta a seguir.

Tras el desenganche, los planeadores no volaron en formación, sino que cada uno eligió su propia ruta hasta los alrededores del puente de Veldwezelt. Prosigue Opitz con su relato de los hechos:

«Perdí el contacto con el resto de los planeadores cuando comencé a volar por mis propios medios. Aunque la luz del amanecer se veía tras de mí, delante todavía reinaba la oscuridad. Al poco, mientras me aproximaba a Maastricht, pude ver a varios Ju 52 que volaban bajo y que regresaban a Alemania (se trataba de los aviones que habían soltado a sus planeadores, entre ellos el de Schubert, en territorio holandés). Delante de mí comenzaron las detonaciones de los disparos antiaéreos».

Aterrizaje en Veldwezelt

Con las luces de Veldwezelt a la vista y sin que los belgas se lo esperaran comenzaron los aterrizajes alemanes, que no fueron en absoluto fáciles. La poca claridad, las alambradas de espino y los disparos belgas complicaron la llegada de los planeadores, provocando que muchos no aterrizaran en los lugares planeados. Parece ser que no fue el caso del grupo n° 8 de Opitz:

«Cuando tuve a la vista el objetivo, bajé el morro para conseguir más aceleración, convencido de que cualquier retraso sobre el horario establecido sería malo para nosotros. Me aproximé a la zona de aterrizaje desde el sudeste. Pude fijarme en una gran casa que se encontraba a unos 200-300 m al noroeste del puente. Por las maquetas que me habían mostrado antes del ataque supuse que esta edificación era uno de los objetivos importantes de la misión. De ella salían varios senderos que conducían hasta el búnker y las trincheras, así que sospeché que era un puesto de mando. También pude ver las caras pálidas de los belgas cuando sobrevolaba sus cabezas a una altura de 3 ó 4 m. Giré hacia la izquierda, colocando el morro hacia el sur, y aterricé en una especie de pradera en la que no había aterrizado ningún compañero, junto a un camino, a menos de 100 m de la casa.

Los paracaidistas que iban a bordo abandonaron rápidamente el planeador y se dirigieron a la casa, arrojando granadas a través de las ventanas. Después, ellos y yo fuimos hacia las trincheras situadas al norte del puente. Estaban cavadas en zigzag y comenzamos a despejarlas arrojando granadas en cada esquina.

Opitz aterrizó a medio camino entre el cementerio y las casas situadas junto a la carretera, entonces conocida como Bilzerbaan. Aunque la inteligencia alemana supuso que los edificios adyacentes al búnker N y al puente estaban ocupados por tropas y se destinaban a ser puestos de

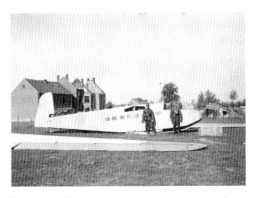

Tras la batalla, el grupo al mando del comandante Reeps comienza a desmontar los planeadores. Éste estaba situado al sur de la carretera, enfrente de la casa Wetzels-Emmerix y Caenen-Nicolaes. A la derecha, las ruinas del Café Nicolaes. (Archivo Ian Tannahill)

Planeador alemán en Veldwezelt. (Archivo Ian Tannahill)

Planeador alemán junto al puente de Veldwezelt. Obsérvese la posición de los flaps tras el aterrizaje. (Archivo Ian Tannahill)

Planeador junto al puente de Veldwezelt. Nótese la ausencia de señales nacionales u otros indicativos sobre el fuselaje. (Archivo Ian Tannahill)

Dos planeadores al sur de la carretera (y del puente). (Archivo Ian Tannahill)

mando, no era así en todos los casos, especialmente con la casa atacada por el grupo de Opitz. A su vez, éste, al «elegir» su objetivo horas antes del inicio de la misión, creyó que la «gran casa» que se encontraba junto a la carretera tenía la pinta de ser un hotel o similar y que estaría, sin duda, destinada a servir o bien de alojamiento para oficiales o bien de puesto de mando.

Las trincheras de la zona norte del puente se encontraban en el punto denominado *Kip van Veldwezelt*, una altura que dominaba el pueblo. De hecho, sólo la iglesia era una amenaza para los paracaidistas que habían ocupado las trincheras. Los emplazamientos defensivos de éstas apuntaban hacia el este, hacia el lado holandés, así que al ser atacadas por detrás carecieron de peligro. No dispararon contra los planeadores atacantes; tampoco tuvieron opción para hacerlo los búnkeres situados en los pilares del puente, a la altura del canal. Además, la elevación del *Kip van Veldwezelt* sólo era superada por la iglesia. Aunque las unidades belgas presentes en la zona carecían de francotiradores específicamente entrenados, la presencia en la torre de observadores para la artillería, suponía una clara amenaza para los *Fallschirmjäger*. Prosigue Rudi Opitz con su relato:

«*Una vez que ocupamos las trincheras, todo se calmó. Permanecí con el resto de los 9 paracaidistas. Unos 15 minutos después de aterrizar, pude ver tres planeadores que se dirigían hacia el sur y que no volaban a ras del suelo. En las trincheras permanecí hasta que fuimos relevados. Durante los primeros instantes del ataque, temimos que nos abatieran desde la torre de la iglesia. De hecho, una vez al abrigo de las trincheras, uno de los paracaidistas de mi grupo colocó su casco en un palo, elevándolo por encima de la trinchera. Un disparo belga lo agujereó.*»

En el mismo planeador de Opitz, viajaba Reinhold Susdorf. En mayo de 1940, pertenecía a la 1./FJR 1, estando al mando de su unidad (y de su grupo), el sargento primero Toschka. Así vivió los pormenores del viaje y del posterior ataque. Aunque Opitz no menciona nada anómalo en su aterrizaje, del testimonio de Susdorf deducimos que pudo existir algún que otro contratiempo:

Walter Becker, nacido en Minden/Westfalia, perteneció al grupo n° 8. Murió el 20 de mayo de 1941, mientras atacaba una posición antiaérea británica en La Canea, Creta. (Archivo Thomas Steinke)

Reinhold Susdorf tras ser condecorado con la EK I y EK II. Además de en Bélgica, combatió en Creta, Rusia, Italia y –al final de la guerra- en Pomerania (Alemania). Falleció en 2010. (Archivo Thomas Steinke)

«*El vuelo discurrió tranquilo, tanto es así, que me quedé dormido, y sólo poco antes de aterrizar me despertó mi jefe de grupo, el* Oberjäger *Hahn. Lamentablemente, éste murió un año después en Creta.*

*Mientras nuestro planeador iniciaba la maniobra de aterrizaje echamos un vistazo al pueblo y pudimos comprobar que los belgas comenzaban a dispararnos con sus ametralladoras. Sobrevolamos la margen izquierda del canal Alberto, precisamente la zona donde se depositó la tierra que se extrajo durante su construcción [*zona denominada Kip van Veldwezelt*], buscando un sitio donde aterrizar. Nuestro planeador describió una pronunciada curva y quedamos a merced de un belga que con su ametralladora situada junto al canal nos tuvo a tiro. A pesar de que quería derribarnos, no nos alcanzó, porque al encontrarse sobre la zona elevada, Kip van Veldwezelt, nosotros volábamos algo por debajo de él, y no pudo mover su ametralladora. Podría haber sido nuestro fin… Aterrizamos a unos 200 m de Veldwezelt, pero con tan mala fortuna que nuestro aparato chocó contra una valla de alambre, provocando un rebote, un giro inesperado y una parada violenta. Como consecuencia de todo esto, mi compañero Albert Funk se dañó un brazo. Por su parte, el* Oberjäger *Becker perdió parte de su ametralladora. Yo salí ileso. A pesar de todo, se puede decir que el piloto hizo un gran aterrizaje a la vista de las difíciles condiciones en las que se realizó.*»

El cabo Paul Schlombs, miembro del grupo n° 3. (Archivo Thomas Steinke)

El *Obj.* Helmut Hahn era el segundo en el mando del grupo n° 8. En Creta llegó a ser jefe de grupo de la *1./Sturm-Regt.* El dibujante Wolfgang Willrich le dedicó un dibujo donde portaba una carga explosiva de 3 kg. (Archivo Thomas Steinke)

Está claro que Susdorf se percató de la «habilidad»de Opitz, a pesar de que éste pasa por alto en su relato las dificultades en su maniobra de aterrizaje. La rapidez con la que se desarrolló el ataque, el contundente efecto sorpresa y la situación «amenazante» de la iglesia siguen presentes también en el relato de Susdorf:

«En el pueblo, los observadores belgas que estaban en la torre de la iglesia comenzaron a dispararnos. Traté de buscar la parte de la ametralladora que se había extraviado –cosa que al final conseguí–, mientras sentía cómo las balas silbaban por encima de mi cabeza. Tras atacar varias casas, saltamos rápidamente a las trincheras de los belgas, quienes también hicieron fuego sobre nosotros. Pero nuestra acción les sorprendió. Hahn iba detrás de mí y capturó a 5 soldados; yo hice lo mismo con otros 6. Me encargué de llevarlos a todos hacia una zona segura. Los belgas debían dejar sus armas en los hombros del que encabezaba la fila. Los soldados belgas atrincherados al otro lado de la carretera, junto al búnker, también nos disparaban. Dejé a los prisioneros en el punto de reunión, crucé a todo correr la carretera y de un salto llegué a una trinchera. Allí me topé de bruces con mi amigo Paul Schlombs, que lanzó un grito de terror. Y es que, según me confesó más tarde, pensó que el mismísimo diablo había llegado… Todos nuestros movimientos fueron rápidos, sin ni siquiera percatarnos de si estábamos o no heridos. Esto fue lo que le pasó a Schlombs, que recibió un disparo en el muslo antes de salir del planeador y se dio cuenta al saltar a las trincheras belgas. Al llegar junto a él, pudo respirar aliviado.

Vista de la iglesia de Veldwezelt desde las trincheras belgas al norte de la carretera. (Archivo Thomas Steinke)

Planeador alemán en el lado sur de la carretera. (Archivo Ian Tannahill)

Planeador en el lado norte de la carretera junto a una alambrada de espino. Muy posiblemente se trate del planeador pilotado por Rudi Opitz. Al fondo se puede observar otro planeador. (Archivo Ian Tannahill)

Los belgas no pudieron reaccionar ante nuestro ataque sorpresa, ni tenían medios suficientes para hacerse una idea clara de su situación. Su descoordinación era tal que muchos de ellos se dispararon entre sí.»

Conseguir que los planeadores llegaran intactos y aterrizaran con precisión en el objetivo era la misión de los pilotos. No fue una tarea fácil, pues muchos planeadores se dañaron durante la complicada maniobra de aterrizaje y, como consecuencia, muchos paracaidistas resultaron heridos. Incluso algún planeador fue puesto fuera de combate antes de aterrizar. Tal fue el caso del grupo n° 9, a las órdenes de Erich Rückriem y pilotado por el *Obj.* Helmut Stuhr. Durante la aproximación fue alcanzado por fuego belga, que dañó su ala izquierda. Aún así, el piloto, herido en la cabeza, consiguió posar el aparato, pero hiriendo a la gran mayoría de los ocupantes. Sólo 3 de ellos, heridos leves, pudieron participar en la lucha por la consolidación de la cabeza de puente.

El asalto paracaidista al Búnker N

El planeador del grupo n° 2, a las órdenes de Erwin Ellersiek[34], aterrizó junto a la carretera, en el lado SO del puente[35]. Tuvo un difícil aterrizaje, capotando y dañándose seriamente. Como consecuencia, un soldado resultó herido[36]. El resto de los *Fallschirmjäger*, aturdidos, pudo orientarse sin demasiados problemas hacia su objetivo, el búnker N.

Mientras tanto, los ocupantes el búnker, aterrorizados y sin capacidad de reacción, lanzaron granadas de mano sobre los alemanes a través de los tubos de su posición, disparándoles también desde las mirillas. Vranken, el servidor del cañón antitanque, y su compañero Vanhoof, miraban sigilosamente desde la cúpula de observación del búnker. Aunque su visión era limitada, pudieron observar los movimientos de los paracaidistas. Otros paracaidistas que habían aterrizado al norte de la carretera, se encontraban emboscados tras la primera casa junto al puente, *Het Haasken*, propiedad de la familia Haesen Roox, tratando de neutralizar las posiciones del sargento Regel y de cubrir a los hombres de Ellersieck. Tenían controlada la situación. Nos basamos en el testimonio de Vranken, para recordar con total precisión cómo se vivieron estos rápidos y dramáticos instantes en los belgas:

«De repente, uno de esos extraños aviones aterrizó detrás de la casa llamada Haasken. Apenas ocurrió esto, sus ocupantes saltaron a tierra y se cubrieron detrás de la casa de William Hansen, que vivía enfrente del búnker, al otro lado de la carretera. Apuntamos y disparamos, pero ellos también lo hicieron… «

Cuando el grupo de Ellersiek se acercó al búnker, la dotación de éste sólo realizó algunos disparos, antes de entrar rápidamente en el interior de la posición, seguidos por un oficial, el teniente Bossaert, y un soldado del Regimiento de Carabineros que habían quedado separados de su unidad. Cuando la puerta blindada se estaba cerrando, un paracaidista arrojó la primera granada por el hueco. El pánico se desató y paralizó a los belgas. Incapaz de tomar una decisión, Cornée no encendió la mecha de las cargas del puente, sino que se apresuró a llamar de nuevo por teléfono a sus superiores en Lanaken. Recuerda Vranken:

«El capitán Jammaers cogió su bicicleta y se marchó a toda velocidad[37]. Nosotros corrimos a entrar hacia el búnker para ocupar nuestras posiciones. Jefke Tomasen tardó en cerrar la puerta y justo cuando se disponía a hacerlo entró un capitán y un soldado de los granaderos. Recuerdo

---

[34] Según el informe del oficial al mando (Altmann), Ellersiek fue condecorado personalmente por Adolf Hitler tras la operación. Años más tarde, el 9 de abril de 1942, recibió la Cruz Alemana en Oro (DKiG), formando parte de la 3ª Compañía del *Luftlande Sturm Regiment*.

[35] En esta misma línea, Melzer (1957), pág. 104: *«Die Landung der Lastensegler galt der Brücke. 3.40 Uhr landete ein Lastenselger dicht hinter dem Bunker, die Bresatzung sprang überraschend aus dem Flugzeug und eröffnete das Feuer gegen die Bunkerbesatzung»* [El aterrizaje de los planeadores se realizó sobre el puente. A las 3:40 h (sic) aterrizó un planeador junto al búnker, la tripulación saltó a toda prisa del aparato y abrió fuego contra la dotación del búnker].

[36] Melzer (1957), pág. 59, y Blum (2007), pág. 111, siguiendo el informe oficial de Altmann, señalan que sólo hubo un herido, que se rompió por dos lados el brazo. Por el contrario, Schaumans (2004), pág. 77, dice que fueron dos heridos leves, que sólo pudieron señalizar la zona y quedarse allí…

[37] El testimonio apareció publicado en «Het dramatisch verhaal van Grenswielrijder Willem Vranken» en Het Berlang van Limburg Regional, 1980. Es curioso señalar cómo Ellersiek, que murió en 2003, recordaba que *«dispararon y abatieron a un motorista belga que acudía a activar las cargas al búnker»*. No obstante, esta información no aparece corroborada en ningún informe belga o alemán. Además, el capitán Jammaers pudo llegar a las posiciones del pelotón Ballet, al oeste del puente.

perfectamente que Cornée telefoneó y habló con el capitán Giddelo, solicitando instrucciones. Tras la llamada telefónica, cogió la radio y dijo despacio y claramente: «Aquí el cabo Cornée, del búnker de Veldwezelt. Nos atacan. Repito: nos atacan.»

Van Hoof pudo observar desde la cúpula que se trataba de seis alemanes. Yo mismo pude verlos apoyados contra la pared de la casa de Haesen. Les disparamos con dos ametralladoras… Pero no les dimos. Yo no hubiera dejado salir vivos de Veldwezelt a esos seis paracaidistas. Pero, impotentes, aunque siempre confiando en que los carabineros les dispararían desde sus trincheras, sufrimos un primer ataque con lanzallamas. Luego se sucedieron dos explosiones: la que hizo desvanecerse, como si de un castillo de naipes se tratara, el café y la tienda de bicicletas de Jan Nicolaes. Después oímos una fuerte explosión en la puerta de nuestro búnker».

Ellersiek y sus hombres se dispusieron a lanzar un ataque decisivo, no sin antes gritar un ultimátum a los belgas, conminándoles a abandonar el búnker. Cornée debió de contestarles que lo harían *«siempre que no se les disparara»*. Fue entonces cuando los acontecimientos se desarrollaron rápidamente. Sin tiempo que perder y con órdenes claras, los *Fallschirmjäger* atacaron la cara norte del búnker, utilizando lanzallamas y colocando cargas explosivas de 20 kg en los orificios lanzagranadas del búnker. El resultado fue demoledor. La explosión y las llamas inundaron el interior de la posición, donde explotó la munición almacenada: granadas y munición del *Pak* (cañón antitanque), principalmente, matando a casi todos los ocupantes. Vranken y dos belgas más se dirigieron hacia la salida, donde los alemanes habían activado ya una carga hueca de 20 Kg. La consiguiente explosión mató, al menos, a dos de ellos (los soldados Van Hoof y Van Hees). El soldado Willem Vranken era el tercero, y se libró de morir gracias a que llevaba casco e iba detrás. Consiguió abandonar el infierno en el que se había transformado el búnker y recibió 9 disparos; antes de perder la consciencia, pudo comprobar que la mecha de las cargas del puente estaba cortada. Vranken sobrevivió a sus heridas, siendo primeramente atendido por dos sanitarios y, posteriormente, evacuado con otros cinco alemanes heridos al hospital *Calvarienberg* de Maastricht. Así recuerda cómo salvó la vida:

«No recuerdo exactamente qué me pasó al salir. Tan solo un penetrante humo negro y que mis dos compañeros yacían muertos junto a mí, mientras los alemanes lanzaban cargas explosivas al interior del búnker. Todos mis compañeros murieron abrasados y el búnker fue su ataúd. Los gritos de la gente, los heridos, los Stukas atacando… Vi la muerte con mis propios ojos… Los alemanes me dejaron allí tirado, sin atenderme. Tres alemanes se me acercaron y uno de ellos quiso darme el tiro de gracia. Gracias a que uno del grupo le apartó el fusil, pude salvar la vida…».

Como hemos recordado de la mano de Vranken, justo en el momento en el que el búnker N era neutralizado, el Café Nicolaes saltaba por los aires. Su uso como puesto de mando belga ya era conocido por los paracaidistas, y su voladura, prevista. Su estructura se vino abajo, del mismo modo que la de otras «tres casas de civiles situadas en la zona» (según el informe oficial alemán, aunque fueron muchas más).

Con el búnker N neutralizado, las trincheras belgas sufrieron un ataque demoledor alemán. La 6ª compañía de Carabineros lo padeció como ninguna: el pelotón que cubría el flanco derecho del puente perderá a veintitrés hombres y al oficial que los

Guillaume Vranken, en una foto tomada a finales de la década de los 80. Tras la guerra fue considerado un héroe de guerra. (Col. Museo Eben Emael)

dirigía, el teniente Bossaert. Otros 7 soldados resultarán heridos. La cifra cobra especial importancia si tenemos en cuenta que el total de efectivos de este pelotón era de 44 hombres. El pelotón que encargado del flanco izquierdo perderá a su oficial, el teniente Lombaers, y 11 soldados más; otros 7 belgas fueron heridos. Resumiendo, sólo junto al puente, de un total de 88 belgas, 36 morirán y 14 caerán heridos. Escalofriante proporción. Sirvámonos de los recuerdos del piloto de planeador Heinz Schubert para hacernos una idea del ataque sorpresa:

«Nuestras instrucción eran las de destruir el búnker junto al puente, y proteger éste hasta recibir refuerzos (se preveía que dos horas sería el tiempo necesario para ser relevados). Conmigo viajaban 9 paracaidistas. A 100 m del búnker, cuando aún me encontraba planeando a ras del suelo, pude ver las caras pálidas de los soldados belgas mirándonos desde sus trincheras. Aterricé sólo a unos metros del búnker[38], al sudoeste del puente. Treinta segundos más tarde fue puesto fuera de combate (…). Diez minutos tras el inicio del ataque, a las 5:25 h, coloqué una bandera alemana sobre el puente, de modo que nuestros aviones supieran que era un objetivo seguro».

Susdorf, del grupo nº 8, también recuerda detalles de la neutralización, no sin riesgos, del búnker belga:

«Un grupo de paracaidistas había aterrizado junto al búnker que defendía el puente. Lo asaltaron inmediatamente, haciendo uso de las cargas huecas que llevaban consigo. Algunos paracaidistas que se encontraban cerca del búnker, en un pequeño montículo, fueron disparados desde las casas cercanas».

Una vez conseguidos los principales objetivos de su grupo, Susdorf bajó al canal. Controlar cualquier movimiento belga se convirtió en la siguiente tarea de su grupo:

«Poco después, bajé a la orilla del canal junto a mi compañero Fickel y allí nos cubrimos tras un amarre para barcazas. Al otro lado, encima de la pared, observamos a 4 belgas. Uno de ellos disparó y alcanzó a Fickel en los testículos. Pegó un salto increíble debido al dolor… Acto seguido

---

[38] Es muy probable que este sea el planeador al que también se refiere Lhoest (1964), pág. 138: *«uno de ellos aterrizó a sólo 50 m al sur del búnker N».*

El cabo Siegfried Fickel formó parte del grupo n° 8 del sargento Toschka y fue gravemente herido durante los combates en Veldwezelt. (Archivo Thomas Steinke)

Erwin Ellersiek (líder del grupo n° 2) ingresó en el Regimiento General Göring en noviembre de 1936. Tras la operación en el Canal Alberto fue ascendido a sargento. (Archivo Thomas Steinke)

disparé al belga y le alcancé en el casco, sin herirle. Sin otra opción, se rindió, pero cuando bajaba por el muro junto al canal, comenzó a vaciar el cargador de su fusil contra mí. Le repetí que se rindiera y que se dirigiera hacia la izquierda…».

Fickel pudo subir de nuevo a las inmediaciones del puente y allí se dio cuenta de la gravedad de sus heridas. En el caos de esos momentos iniciales nadie le prestó atención. Quedó tendido en la cuneta desangrándose[39]. El que no tuvo tanta suerte fue Hermann Reuter, que acompañó a Susdorf y a Fickel hasta la orilla del canal. Fue alcanzado en el intercambio de disparos con los belgas y murió en el acto.

A las 5:35 h, el teniente Altmann comunicaba que el puente estaba en manos de los paracaidistas y que todo estaba bajo control. Los belgas apenas habían aguantado escasos

---

[39] Ni siquiera cuando los paracaidistas de *Stahl* se retiraron a Maastricht tras ser relevados, se percataron de la ausencia de Fickel. Pudo ser evacuado por los hombres del *Heer* y evacuado a un hospital. Según su propio testimonio, cuando Walther Koch se enteró de lo sucedido, acudió en persona a condecorarle con la EK I y EK II.

Vista desde el búnker Abri N de la casa Delait (a la izquierda, sin tejado), la casa Bruggen (intacta), y las ruinas de la casa Wetzels-Emmerix (Café Holland). Entre las casas Delait y Bruggen se puede observar un poste del tendido eléctrico seccionado por un planeador instantes antes de aterrizar (Archivo Thomas Steinke)

La casa Nicolaes, que se levantaba junto al búnker Abri N, totalmente destruida a consecuencia del ataque alemán. (Archivo Thomas Steinke)

minutos el envite alemán. Pero analicemos en detalle cómo se desarrollaron los combates en las trincheras belgas.

Combate en el lado sur: las trincheras del pelotón Bossaert

Este pelotón estaba compuesto por tres grupos, situados al sur de la carretera (y del puente), y uno más, el del sargento Regel, en el lado norte, al otro lado de la carretera, en el lugar conocido como *Kip van Veldwezelt*. El jefe del pelotón tenía su puesto de mando en la casa Nicolaes, a escasos 50 metros del búnker N y del puente.

Sobre estas posiciones se posaron seis planeadores[40]:

[40] Según informes belgas recogidos en *I CA-7 DI-18 Li. Relation des événements au cours des journées des 10 et 11 mai 1940 sur la position de Canal Albert, face à Maastricht.*, que sólo constatan la presencia de nueve planeadores sobre Veldwezelt. Como veremos a propósito del lanzamiento del medio pelotón a las órdenes de Ringler, ni los alemanes ni los belgas tuvieron en

El Abri N de Veldwezelt tras el ataque alemán. Varios soldados belgas de su dotación yacen muertos junto a la puerta. (Archivo Marc Van Velthoven)

El búnker Abri N de Veldvezelt. Son visibles los daños provocados en las viviendas colindantes. En primer plano, un Elemento Cointet, inútil ante el ataque alemán. (Archivo Thomas Steinke)

- Uno lo hizo a la derecha de la unidad, justo al borde del talud que bajaba hacia el Canal Alberto. Una vez que abandonaron su planeador, los paracaidistas se encontraron protegidos de los disparos de los defensores belgas.
- El segundo se posó junto a la posición del sargento Neirinck.
- El tercero aterrizó junto a las trincheras del sargento Leemans, al mando de los morteros de la compañía.
- El cuarto y el quinto aterrizaron tras las trincheras ocupadas por los sargentos Dewever y Bernard.
- El sexto, el de Ellersiek y su grupo nº 2, aterrizó al 50 m del búnker. Este grupo fue el que atacó el búnker N.

Los belgas carecieron de respuesta efectiva, quedándose paralizados ante el ataque alemán. La sorpresa fue total. Los paracaidistas salieron de los planeadores arrojando gra-

cuenta el décimo planeador.

nadas y disparando subfusiles nunca vistos por los belgas[41]. Allí la desorganización y el caos fue total, máxime cuando su jefe, el teniente Bossaert, se había refugiado en el búnker N. Aún así, la resistencia en Veldwezelt fue superior a la que se ofreció en Vroenhoven.

En las trincheras situadas al norte de la carretera (la mayoría del pelotón Bossaerts estaban al sur) aterrizó un planeador, muy posiblemente el del grupo n° 1 (*Obj.* Helmut Arpke), que eliminó sin problemas al grupo del sargento Regel, y atacando sus trincheras con granadas. El resultado fue devastador, pues éste y todos sus hombres (2 cabos y 6 soldados) murieron.

Los paracaidistas que aterrizaron al sur del puente –entre ellos, Altmann y su grupo n° 5- atacaron de frente y del revés las trincheras belgas, lanzando granadas contra los aturdidos soldados que las protegían. La única respuesta significativa al ataque no provino de estas posiciones, sino de las ocupadas por el sargento Schaumans, de la 10ª compañía del 18° Regimiento de Línea. Desde sus posiciones en el *Kip van Hees* al SO del puente, fueron disparadas tres ráfagas desde una de las ametralladoras. Estos disparos no sirvieron de gran cosa, pues fueron respondidos de inmediato por los alemanes.

Para colmo de males, las granadas belgas se revelaron inservibles al carecer de detonador. Esta fue otra de las desgraciadas decisiones entre las muchas que el Alto Mando belga decidió antes de la invasión alemana. Así que sin medios eficaces de defensa, los soldados del 2° de Granaderos quedaron a merced del ataque paracaidista. Aquel que levantaba la cabeza para disparar era inmediatamente abatido.

Especialmente dramática fue la resistencia en el sector del sargento Neirinck. Con los planeadores alemanes ya en el suelo, sus hombres aún le preguntaron si debían disparar. A lo que él respondió enérgicamente: «¡*disparad, son alemanes!*». Los paracaidistas, al igual que en el resto de trincheras, no perdían tiempo, atacando con granadas y subfusiles nunca vistos antes por los belgas. Así lo recuerda Neirinck:

«Uno de los planeadores pasó tan cerca de las cabezas de nuestro pequeño grupo, que apenas tuvimos tiempo para agacharnos y no ser decapitados. El sargento jefe me ordenó situarme junto a la ametralladora. Avancé por la trinchera y me encontré con sus servidores: el caporal Depauw, el tirador Willems y Deleu. El planeador se había posado junto al fusil ametrallador. Depauw y yo nos acercamos a buscar munición para Willems. Éste preguntaba qué debía hacer, si tirar o no… Le dije que debía hacer fuego a discreción sobre el piloto y los ocupantes, a quienes podíamos ver intentando abandonar su aparato. Willems disparó dos cartuchos y después… nada de nada. La ametralladora se encasquilló. Tratamos de cambiar de cargador, pero fue inútil: no funcionó. Mientras Willems trataba de revisar la ametralladora, pude ver al piloto alemán a unos 20 m de nosotros y traté de dispararle. Pero fue inútil, mi fusil tampoco funcionaba. Lo intenté cuatro veces, pero fue en vano[42]. Ni siquiera funcionó con otro cargador. En ese momento me percaté de

---

[41] En todos los puentes se disponía de un lanzallamas. Así lo aseguró el teniente coronel von der Heydte (aunque en el momento del ataque, en 1940, él no era todavía paracaidista), interrogado en Bruselas el 19 de noviembre de 1946.

[42] Oebser (2009), pág. 102, afirma que pudo herir al piloto en el brazo (sic) [*verletzt den Piloten am Arm*]. Nuestro testimonio de Neirinck está extraído del informe elaborado por los belgas tras la guerra: *La 7. D.I. sur le Canal Albert. Titre VII: Les evenements aux ponts et aux destructions. B. Au Pont de Veldwezelt.*

El puente está en manos alemanas. El *Oberleutnant* Altmann junto con el *Stabsfeldwebel* Lorenz –sentado– y el piloto de planeador Flucke, herido en la cabeza, se protegen en las trincheras capturadas a los belgas, muy probablemente en el lado sur de la carretera. (Archivo Thomas Steinke)

Oberjäger Alfred Bauer (grupo nº 1) después de la operación en el Canal Alberto. Nótese que lleva en su uniforme la cinta de bocamanga *Fallschirm-Jäger-Regt. 1*, a pesar de que el SA Koch no pertenecía al FJR 1. (Archivo Thomas Steinke)

que Depauw estaba herido en el brazo. Sólo había disparado tres cartuchos. La situación era desesperada… De repente, los alemanes empezaron a lanzarnos granadas; hasta 15 fueron arrojadas en nuestras trincheras durante media hora. Todo ese tiempo estuvimos agachados, aterrorizados. Los paracaidistas habían ocupado nuestras posiciones. Pude escuchar gritos y lamentos delante de nosotros, en nuestra misma trinchera. Sin duda, se trataba del lugar donde estaba emplazado el fusil ametrallador. Sus servidores habían tenido peor suerte que nosotros. Permanecimos agachados, heridos, hasta que a las 8:00 h fuimos hechos prisioneros.»

De los 9 belgas presentes en la trinchera del sargento Neirinck, 3 murieron y 4 fueron heridos.

En las trincheras ocupadas por los sargentos Leemans y De Weber las cosas no salieron mejor. El primero, al mando de los morteros, recuerda con precisión qué ocurrió cuando un planeador aterrizó justo detrás de sus posiciones:

«Vimos caer a los aviones silenciosos, justo cuando comenzaba a amanecer. Me lancé a tierra para evitar al planeador que aterrizó a escasos metros de mi grupo. En ese momento me encontraba con el soldado Guada junto a la alambrada de la trinchera. Los ocupantes de los planeadores

El *Obj.* Erich Rückriem, líder del grupo n° 9, tras ser condecorado con las EK I y II. Su distintivo de paracaidista no es de metal, sino de tela. Así mismo, sobre su uniforme aparece la Medalla de la Anexión de Austria, y la cinta de la Medalla de la Anexión de los Sudetes. (Archivo Thomas Steinke)

El cabo primero Fritz Oldenburg perteneció al grupo n° 9 y procedía de la 1ª compañía del *Fallschirm-Jäger-Regt. 1.* (Archivo Thomas Steinke)

saltaron a nuestras trincheras, lanzándonos botes de humo. Nuestra vista se nubló. Segundos más tarde, comenzó el combate. Los alemanes nos arrojaron granadas y una de ellos mató a Guada, que se encontraba detrás de mí. Vacié un cargador y medio de mi pistola antes de resultar herido por metralla en la espalda. Pude ver siluetas y cascos de soldados alemanes que se movían por nuestras trincheras (yo estaba en el exterior). Así mismo, desconocía la suerte del resto de mi grupo. Aprovechándome de unos instantes de calma, salté a la trinchera, donde, apenas llegué, fui herido por un disparo de pistola en el pecho. Debían de ser las 5:30 h. De ocho hombres que formábamos parte de mi grupo, 4 resultaron muertos y 2 –incluido yo-, heridos. Cuando me recuperé, pude ver a una docena de soldados alemanes heridos que habían sido evacuados a mi trinchera».

En el grupo dirigido por De Weber, la situación fue idéntica. Carlier, tirador de ametralladora, quedó impactado por la destrucción desatada en cuestión de segundos. El ataque contra las trincheras, el búnker y las casas de los aledaños fue rápido y seguido. Tres «mazazos» que dejaron literalmente clavados a los belgas:

«Vi perfectamente cómo los alemanes salían de sus planeadores y les tuve a tiro, de tal modo que pude haber causado importantes bajas, pero en cuestión de segundos lanzaron sobre nosotros una lluvia de granadas. Explotaron en nuestra posición y en el resto de las que estaban junto al

Uno de los paracaidistas muertos en Veldwezelt: el soldado Johann Spanehl, miembro del grupo n° 9, a las órdenes de Rückriem. (Archivo Thomas Steinke)

El *Obj.* Horst Rieger nació en Unruhstadt y combatió en Veldwezelt a las órdenes del *Obj.* Rückriem. Murió en Creta siendo jefe de grupo en la *3./Sturm-Regt.* (Archivo Thomas Steinke)

canal. Pronto oímos que habían matado a nuestro teniente [Bossaert]. Desesperado y aturdido corrí a buscar refugio en las viviendas cercanas a nuestras trincheras y a la carretera, creyendo que así estaría protegido, pero un grupo de alemanes había rodeado el búnker. Oí una formidable explosión, y todavía estupefacto por lo que acababa de ver, sonó un nuevo estallido. Varías casas habían volado por los aires. No sin dolor y esfuerzo, me libré como pude de los cascotes que cayeron sobre mí.

Ellersiek y sus hombres volaron con dos cajas llenas de granadas y explosivos la casa Nicolaes, sospechando que era un puesto de mando belga. Y realmente lo era, aunque todavía habitado por civiles. La casa se desplomó como si de un castillo de naipes se tratara. Más viviendas fueron voladas por los paracaidistas.

El total de las bajas del pelotón Bossaert habla por sí solo: de 44 hombres que lo conformaban, 24 (incluido el mismo Bossaert, muerto en el búnker *Abri* N) murieron, y 7 fueron heridos, entre ellos Leemans. Más del 50% de los belgas estaba muerto a los pocos minutos de comenzar el ataque. Es un dato significativo y demoledor, sin lugar a dudas.

La operación marchaba según lo previsto, y era algo que el propio oficial al mando, el teniente Altmann, podía corroborar. Aunque había aterrizado a 400/500 m al oeste

El *Obj.* Arpke (aquí como alférez antes de su muerte, en 1942) era el líder de los ingenieros/zapadores del grupo n° 1 y fue condecorado con la Cruz de Caballero por su acción en Veldwezelt. (Archivo Thomas Steinke)

El *Obj.* Wilhelm Kempke (en la foto con el empleo de *Feldwebel* tras la batalla de Creta) combatió con el grupo n° 1. Por su acción en Creta, recibió la Cruz de Caballero. Murió siendo teniente en diciembre de 1944 durante la batalla de las Ardenas. (Archivo Thomas Steinke)

del puente, en una pequeña depresión del terreno, se encontraba a medio camino entre las posiciones de Bossaert y la elevación del *Kip van Hees*, donde se encontraba el 18° Regimiento de Línea. Con sus anteojos y protegido del fuego belga, comprobó la contundencia del ataque de sus *Fallschirmjäger*. Éstos, coordinados en el lado sur por el *Uffz.* Pohlmann, jefe del grupo n° 6, estaban adueñándose de las trincheras alemanas a golpe de granada.

Un cuarto de hora más tarde, se encontraría con los jefes de grupo en su puesto de mando, una trinchera a unos 150 m al SO del canal.

Combate en el lado norte: las trincheras del pelotón Lombaers

Este pelotón había sido reforzado por un pelotón de ametralladoras de la 8ª compañía y se había situado en las trincheras que discurrían paralelas al canal, en la pequeña altura –*Kip van Veldwezelt*- situada entre el pueblo y el canal, en el lado norte. Precisamente al norte de la carretera y del puente se posaron tres planeadores. Uno de ellos lo hizo a sólo pocos metros detrás del grupo del sargento Vandevelde. Otro lo hizo entre este grupo y el del sargento Rousseau. Vandevelde, que sobrevivió al ataque, realizó una descripción extensa y detallada de lo que le ocurrió a su pelotón[43]. Leyendo su testimonio, uno puede imaginarse fácilmente la angustia sufrida en las trincheras belgas.

«Nuestra trinchera se extendía al norte de la carretera Moppertigen-Maastricht. Después de que mis hombres se hubieran instalado y tras haberles recordado las órdenes en caso de ataque, inspeccioné las trincheras y las vallas con alambre de espino que protegían el talud que descendía hacia el canal Alberto. Todo ello antes de colocarme en mi agujero para pasar 24 horas vigilando. Junto a mí estaban los soldados Ancion Clément y Del…[44], que ocupaban la parte izquierda de nuestra trinchera, en el punto más próximo a Lanaken.

Nada sucedió hasta las 23:30 h, momento en el que decidí hacer una ronda hasta el puesto vecino, que también dependía de mí. Cogí el ceñidor, mi fusil y la linterna y me encaminé hacia el sector situado a mi derecha. Allí hacían guardia Dev… T… y P… No había novedades. La noche era tranquila. Todo estaba en orden. Los hombres conocían las órdenes. Al llegar a mi pozo de tirador, y antes de dormirme, cedí el mando a Louis Ancion. Serían las 00:15 h cuando me éste me despertó, avisándome de que Clément había percibido movimiento en el canal: algunas barcas viniendo desde Vroenhoven hasta nosotros. Las órdenes al respecto eran claras: había prohibición de circular por el canal desde las 19:00 hasta las 7:00 h. Corrí al puesto de mando, desde donde se telefoneó para saber a qué atenernos. Nos respondieron rápido y con calma: no había de qué preocuparse. Todo estaba en regla y debíamos dejarlas pasar.

Tras lo sucedido con las barcazas, volví a mi posición, pero ya no pude conciliar el sueño. Eran alrededor de las 2:30 h del 10 de mayo. Al poco oímos unas voces. Era el sargento Jules Rousseau que venía con algunos hombres a reforzar mi posición y a transmitir nuevas órdenes. Debíamos estar alerta. Todo el mundo estaba en pie en el pueblo y se había ordenado zafarrancho de combate. Era la tercera vez que lo «hacíamos», pero se decía que esta vez iba en serio. Nadie lo creía. De hecho, la muerte sorprenderá a muchos civiles en la cama… El sargento Rousseau me recuerda que debo regresar a mi puesto de combate.

En mi trinchera se encuentra la primera ametralladora situada a la izquierda del puente. Allí nos encontramos apiñados 8 hombres. Más a mi izquierda se encuentra un paso atrincherado por el que se alcanza la posición del sargento Rousseau y el pueblo. A cinco metros de mí, más allá de este paso atrincherado, se encuentra el búnker C; detrás de mí, los campos, cercados en parte; delante de mí, protegida por alambre de espino, la altura que desciende en un pronunciado talud hacia el canal. A la derecha se encuentra una barrera de sacos terreros que impiden cualquier retirada en esta dirección. Nos distribuimos así: junto a los sacos terreros, Ancion, Pollart, Ti…; contra los campos del pueblo, Clément, Van Tongerloo y yo; Dev… y Del… se ocupan de proteger la zona que comunica con el pasadizo atrincherado. Cerca de mí se encuentra la caja de granadas. Recuerdo a mis hombres las órdenes: yo me ocuparé de la ametralladora, con ayuda de Pollart, Van Tongerloo dirigirá el fuego de fusil. Son las 4:00 h de la mañana. No hay ni rastro de oficiales, ni de noticias nuevas, ni de nuevas órdenes…

---

[43] Vandevelde (1942), pp.11-26.

[44] Vandevelde señala únicamente las iniciales de los apellidos de sus compañeros. Sólo hemos podido identificar algunos.

Miembros del *Heer* posan delante de un planeador (identificado con el nº 62) posado al norte de la carretera. El búnker Abri N se distingue al fondo. (Archivo Ian Tannahill)

Vista del puente y de la carretera (Bilzerbaan) desde la torre de la iglesia de Veldwezelt. (Archivo Thomas Steinke)

De repente sentimos un golpe, una especie de ruido ligero que viene del cielo y que nos hace elevar la cabeza. Todos nos preguntamos qué puede ser. Enseguida comenzamos a distinguir fuselajes blancos describiendo círculos en el cielo, sobre Holanda, al otro lado del canal. En cuestión de segundos, vemos que lo cruzan, girando de nuevo encima de nuestras cabezas y descendiendo hacia el suelo. No son aviones, porque no oímos ningún motor y las alas son también diferentes (no sabíamos que eran planeadores).

Esperamos sin saber cómo reaccionar. Uno de ellos aterriza entre nuestra posición y la del sargento Rousseau. Otro, tras pasar rozando nuestras cabezas, se posa una docena de metros detrás de nosotros. Sólo transcurren unos segundos hasta que nos damos cuenta qué es lo que ha ocurrido. De uno de los aparatos surgen cuatro o cinco diablos vestidos con un amplio blusón, y equipados con casco, metralletas y granadas. Todos nosotros lo entendemos: son los alemanes; es la guerra. Y de una manera inmediata, nuestros reflejos se activan, instantáneamente. Los gestos son breves, secos; sin ninguna orden, sin saber nada, yo, un simple sargento, «declaro la guerra»: ¡Fuego, en nombre de Dios, disparad!

De manera confusa distingo que Van Tongerloo coge la ametralladora y la dirige hacia los asaltantes. Pollart, Ancion y Clément cogen su fusil. Yo también cojo mi arma y apunto a uno

El mismo planeador que en la página anterior pero visto desde la carretera. Los cascotes que se observan pertenecen a la casa Nicolaes-Staeren. Al fondo se aprecia la silueta de otro planeador, alemán. (Archivo Ian Tannahill)

de los alemanes. *Viene por la derecha, portando una granada en cada mano. Disparo, pero la bala no sale del fusil. Lo intento de nuevo, pero no hay suerte. Detrás de mí, a izquierda y derecha, oigo que sucede lo mismo: «¡mi fusil no dispara!». Mientras, el alemán al que apuntaba, avanza, levanta el brazo. Un grito se oye detrás de mí. Es Pollart; una bala le ha dado en la cabeza. En el mismo instante una explosión nos lanza unos contra otros. Lo inevitable ha ocurrido: el brazo levantado se detuvo y la primera granada alemana ha explotado en nuestra trinchera. Todo esto ha durado pocos segundos.*

Un ocupante de los planeadores marcha a la derecha de nuestra posición. He podido ver cómo los otros han saltado al pasadizo atrincherado que conduce hasta el pueblo. No tenemos retirada posible y estamos inevitablemente condenados a morir en esta trinchera. Durante el minuto que sigue a la explosión de la primera granada, recibimos cinco o seis más, una tras otra. Ancion se dirige a mí y me dice, «mi sargento, me han volado las piernas…», mostrándome dos muñones sangrantes. Sus piernas han sido amputadas por la explosión de la segunda granada, por encima de las rodillas. Hay sangre por todos los lados: por su cara y manos, en los sacos terreros, en la tierra. Trato de recordar qué había que hacer… Un torniquete y parar la hemorragia. No puedo perder el tiempo. Y todo ello mientras nos disparan por todos los lados y llegan más granadas. Nos aplastamos los unos contra otros. Siento la cabeza de Van Tongerloo en mi espalda; la mía está entre la pared de la trinchera y la máscara de gas de Clément. Nos libramos de ser alcanzados, pero no por mucho tiempo. Una nueva explosión nos lanza contra el suelo. Es la última de la primera serie. Durante unos instantes estaremos tranquilos.

Puedo respirar un poco y mirar a mi alrededor. Pollart está muerto. Una bala le ha dado en la cabeza y las granadas le han arrancado tres dedos de la mano derecha. Ancion también está muerto. Las últimas granadas le han alcanzado y le han volado la tapa de los sesos. Clément lanza

A la derecha, Rudi Opitz, piloto del grupo n° 8, portando una pistola P 08, junto a un compañero de grupo, probablemente Albert Funk. (Archivo Thomas Steinke)

un estertor a mi lado, le sacudo y repite «mi espalda, mi espalda». Una granada ha debido de alcanzarle en los riñones. Un agujero como un puño, negro, lleno de sangre, con trozos del capote y de ropa blanca ennegrecidos, se abre en medio de los riñones, a la altura de la cintura. A mi izquierda está Del... mirando hacia el pueblo. Está gravemente herido por metralla y me suplica que le recueste, que su ceñidor y su mochila le hacen daño. Dev... está pálido, pero me asegura que no está herido. Será el único de nosotros que saldrá indemne de este combate. Van Tongerloo se queja del brazo derecho, pero no es nada, tan sólo un disparo. Un pequeño agujero en su capote así lo confirma. Por mi parte, no me han herido, pero no me puedo mover. Los cuerpos de Clément y Pollart me lo impiden (y así estaré tres cuartos de hora). T... también está cerca, en una esquina, en parte sobre un saco terrero y en parte tapado por Pollart. También está muerto, con la cabeza destrozada. Clément está paralizado por el terror.

Y sólo hace una hora que estábamos allí, tranquilos. Ahora hay tres muertos, tres heridos, dos ilesos. Dev... y yo estamos desconectados de todos, sin órdenes, sin enlace con oficiales, sin medios para defendernos. Agachado, no puedo mirar hacia el pueblo. Del lado del canal, veo como hay soldados que atraviesan el puente sin demasiado sobresalto... pero no son belgas. Está claro que los alemanes han ocupado el puente, pero, ¿por qué no salta por los aires? Una bala impacta en mi casco y me recuerda que debo seguir agachado. Nuestras armas se desplazan al otro lazo de la trinchera a causa de los disparos. De repente noto un golpe en la espalda, caigo de rodillas. «¿Pero es que me voy a desmayar?», pienso para mí. Aguanto y me veo en el suelo de la trinchera entre Clément y Van Tongerloo que me piden que les diga qué he visto. Pero nada sale de mi boca, experto un poco de sangre. Está claro: si tengo sangre en la boca es que me han dado en el pulmón.

- ¿Qué te pasa? ¿Estás herido? – me pregunta Van Tongerloo.

- Sí –le respondo con la cabeza-.

Todavía tengo tiempo para pensar que ninguno de nosotros saldrá con vida de este agujero. Pero, ¿qué han hecho los nuestros? ¿Dónde están los aviones? ¿Dónde están los franceses? ¿Y los ingleses? ¿Quién nos defiende? Hemos sido diezmados, nos retiramos, abandonamos el pueblo en manos del enemigo. No hemos visto ni uno sólo de nuestros aviones... Estando en estos pen-

Trincheras belgas del lado norte de la carretera. Al fondo aparecen, de izquierda a derecha, la casa Haesen-Roox, la casa Caenen-Nicolaes y Nicolaes-Staeren (en el mismo edificio), junto a otra vivienda sin tejado (identificada como «casa grande» en nuestro plano). (Archivo Thomas Steinke)

samientos, oigo silbar algo por encima de nuestras cabezas. Algo cae entre Clément y yo. Es otra granada. Pero, ¿es necesario esto? Puede ser, quizás para impedirnos el sufrimiento; o quizás para impedirnos la defensa. ¡Pero si no tenemos con qué! La ametralladora no dispara, ni los fusiles… Sólo Dev… puede disparar aún algunos cartuchos. ¿Y las granadas? Siguen en su caja, sin haber sido utilizadas porque los detonadores estaban almacenados en la tienda de la Compañía. Mejor habría sido lanzar, pues, manzanas o peras podridas…

La granada que nos han lanzado los alemanes y que ha caído entre Clément y yo no explota de manera inmediata. De la misma manera que otras tres o cuatro que todavía recibiremos después. Y en un último movimiento instintivo del hombre que no quiere morir, nos las apañamos para lanzarlas fuera. Clément, Dev… y yo nos salvamos mutuamente la vida así. Parece que todo ha acabado. Por la hora debe de ser mediodía. Todos sufrimos, pero tratamos de aferrarnos a la vida que se nos escapa lentamente con nuestra sangre. ¿Seremos ahora héroes?

Clément no puede más. Coge una bayoneta y trata de matarse. Acierto a quitársela a tiempo. El me suplica que le dispare. Trato de tranquilizarle; le hablo de su madre, de su mujer. Llora, se calma… y se salva. Del… gime al otro lado. Está sufriendo mucho. Yo mismo siento cómo flaquean mis fuerzas, sobre todo porque sigo sangrando de la espalda. Me quito el capote y abro mi camisa. A la altura de la clavícula derecha la sangre sale de un pequeño agujero negro. No hay duda de que la bala ha salido. Es algo que me confirma Van Tongerloo tras mirar mi espalda. No queda más remedio que seguir esperando…

Alguien se acerca. Es un oficial de una compañía vecina, pero no puedo distinguirle. Se dirige a hablar con Dev… y Del… Pero no hay novedades ni noticias. Dice que va a ver si es posible conseguir algo para nosotros, pero no tiene ni alimentos ni medicinas… No sabemos quién es. Al poco, por la trinchera de comunicación aparece un alemán, con las mangas remangadas hasta el codo. Se para y nos mira. No hay lugar para la esperanza. En mi trinchera soy el único que le puede ver, pues el resto están dándole la espalda. Le miro y me mira. Soy incapaz de moverme, de hacer un solo gesto, de gritar. El cañón de su metralleta brilla delante de mí. Bajo la mirada, vencido, pero vuelvo a mirarle. ¿Disparará o no? Una ráfaga y acabará con nosotros. Pero no, no dispara. Todo ha durado unos segundos. De repente se oye un grito en alemán, quizás una orden. El paracaidista vuelve la cabeza y dice: «Aquí están todos acabados», tras lo cual se aleja. Hemos

Walter Baedke, líder del grupo nº 7.
(Archivo Thomas Steinke)

salvado la vida. Miro a Van Tongerloo y nos estrechamos la mano sin articular palabra.

La espera continúa de manera interminable. Poco después otro alemán salta a la trinchera y nos apunta con una pistola. Esta vez, todo el mundo puede verle. Coge un fusil nuestro, agarrándolo por el cañón y golpeándolo con todas sus fuerzas contra las paredes de la trinchera. El arma se deshace sin problemas, con un golpe seco. Así sucederá con todas nuestras armas, que no nos han servido para nada. Sólo queda la ametralladora. El alemán la mira y el caporal Van Tongerloo le hace comprender que no tiene intención de dispararle. El alemán coge el arma por el cañón y la tira al fondo de la trinchera. Se da perfecta cuenta de la «calidad» del material belga… Y sin decir nada, se va tranquila y lentamente.

Pasan las horas. Sufrimos y nos desesperamos, aunque tratamos de consolarnos unos a otros. Una sola idea nos persigue: la llegada de refuerzos, algo cada vez más problemático. Unos pasos se acercan y la esperanza se reaviva, aunque por poco tiempo, pues se trata de un alemán. Apuntándonos con una pistola nos grita en alemán que salgamos de la trinchera. Se acabó. Hemos acabado como las ratas. Somos prisioneros. Dev… Van Tongerloo y yo nos levantamos y salimos de la trinchera. El alemán nos obliga a quitarnos los cascos. Le señalo dónde están mis camaradas: Clément y Del… Murmura algo y comprendo de manera vaga que no puede cogerlos ni él ni nosotros, que estamos heridos. Les recogerán más tarde (horas más tarde me reencontré con ellos en el hospital de Maastricht. Habían sido recogidos la mañana del sábado 11 de mayo, pasando 40 horas en la trinchera junto a los tres muertos de mi grupo y bajo un sol de justicia).

Nos encaminamos hacia el cautiverio. Hemos vivido 15 horas de guerra. Son las 19:00 h del viernes 10 de mayo. Van Tongerloo y yo fuimos conducidos al puesto de la aduana holandesa, mientras que a Dev… le llevan a Veldwezelt. Atravesamos el puente a pie y vi que a 100 m de él se encontraban las barcazas que tanto me habían intrigado antes del ataque. Su función me quedó clara entonces: si hubiéramos volado el puente, las barcazas habrían servido para montar un puente auxiliar inmediatamente.

En la zona más al norte, en las trincheras de los sargentos Engels y Parÿs, los sucesos se desarrollaron de manera similar a lo narrado por Vandevelde. El jefe del pelotón, el teniente Lombaers, murió en el curso de los combates. De un total de 55 efectivos belgas iniciales, 11 resultaron muertos y 11 más heridos.

Los paracaidistas del grupo de Ellersiek (grupo nº 2), Wiese (grupo nº 3) y Baedke (grupo nº 7), junto con los de Toschka (grupo nº 8), fueron los que, de manera significativa, llevaron el peso del ataque a estas posiciones del lado norte.

Combate al oeste del puente: las trincheras del pelotón Ballet

El comandante Jammaers fue sorprendido por el ataque alemán mientras se encontraba junto al puente, comprobando las defensas. Y aunque quiso regresar de inmediato a su puesto de mando, los disparos de los paracaidistas que habían aterrizado junto a la carretera y que barrían la ruta hacia su puesto de mando se lo impidieron. El fuego de estos *Fallschirmjäger* también mató a varios civiles que corrían despavoridos. Visto lo visto, a Jammaers no le quedó otra solución que dirigirse hacia el pelotón del sargento Ballet, situado al oeste del puente. Dos planeadores alemanes, el de Pohlmann y el de Altmann, habían aterrizado en sus proximidades, pero ni él ni sus hombres pudieron verlos. Ballet observó a distancia cómo los alemanes, armados «con subfusiles negros» atacaban y saltaban en las trincheras de vanguardia.

Al frente del pelotón se encontraba Ballet, en ausencia del teniente Lejeune, de permiso. Había sido reforzado con un pelotón de ametralladoras de la 8ª Compañía, al frente del cual se encontraba el brigada Burgun. Ballet disponía también de un cañón de 47 mm.

Asediados por los paracaidistas y atacados por los cazas, este pelotón no pudo colaborar en la defensa del puente. Burgun se arrastró hacia el puesto de mando del comandante Jammaers con un mensaje de Ballet. Éste solicitaba permiso para retirar a los supervivientes de su flanco derecho (desde la carretera hasta el *Kip van Hees*) hacia el izquierdo, al lado norte de la carretera. Jammaers rechazó la petición, pues necesitaba esos hombres para repeler cualquier ataque frontal alemán. No se equivocaba en sus razonamientos el comandante belga, pues este ataque tuvo lugar. Para frenarlo, Burgun y sus hombres contaron con la colaboración de los hombres de la 10ª compañía del 18º Regimiento, situados sobre el *Kip van Hees*. Jammaers prometió a Burgun que desahogaría la presión de este flanco derecho mediante un contraataque. Pero éste fue imposible… Las posiciones de Burgun fueron desbordadas por los hombres del grupo nº 6, a las órdenes del *Feldwebel* Fritz Pohlmann. Éste había aterrizado entre las trincheras del Ballet y la calle Heserstraat, a unos 1.000 m al oeste del canal. Aunque lejos del lugar previsto, los paracaidistas de Pohlmann atacaron duramente las posiciones de Burgun, contribuyendo al desplome del flanco derecho de Ballet.

A la vista de lo que estaba sucediendo, a las 11:00 h, Ballet recibió órdenes de retirarse con lo que quedaba de sus hombres a una nueva posición tras la carretera que conducía a Lanaken. En los combates y posterior retirada, Ballet fue gravemente herido, así que Burgun, jefe del pelotón de ametralladoras, tuvo que tomar el mando, antes de ser herido él también. Desde sus nuevas posiciones asistieron con horror e irritación al empleo de sus compañeros prisioneros como «escudos humanos» de los alemanes.

También en posiciones retrasadas, constituyendo un punto de apoyo en la carretera hacia Maastricht y a unos 500 m detrás del pelotón de Bossaert, se encontraba también

Hermann Büschen formó parte del grupo n° 6. Se presentó voluntario en 1937 para convertirse en paracaidista. Ocho años después, al final de la guerra, había alcanzado el empleo de teniente. (Archivo Thomas Steinke)

el pelotón Bautil. Cuatro grupos lo formaban, situándose a ambas partes de la ruta. Pero no sólo los soldados ocupaban estas trincheras, los civiles del pueblo que huían de los combates, entre ellos muchos niños, también se apelotonaron con los hombres de Bautil.

Cuando oyeron de boca del comandante Jammaers –al alcanzar éste las posiciones de Ballet- que a pesar del ataque, *«el venía del puente y no había visto un alemán a este lado del canal»*[45], expresiones de optimismo se dibujaron en las caras de los soldados de Bautil. Pero poco duró la esperanza, porque los bombardeos de la «artillería aérea»[46] estaban haciendo estragos en las filas del pelotón.

Llegados a este punto, conviene subrayar el papel que jugó el apoyo aéreo del *VIII. Fliegerkorps* en la toma de Veldwezelt y del resto de los puentes, así como el fuerte Eben Emael. Tan importante era la conexión con la fuerza aérea, que de los dos oficiales que formaban parte del grupo que asaltó el fuerte, uno, el *Leutnant* Egon Delica[47], no era paracaidista, sino el enlace, el encargado de «guiar» a los aviones en el bombardeo de las

[45] Un mensaje de radio recibido a las 10:15 h demuestra que en las filas belgas no se sabía nada cierto acerca del destino del puente: *«se debe asegurar cueste lo que cueste, que el puente ha sido volado; si está en manos enemigas, se conquistará y se volará».* Citado en : I CA-7 DI-18 Li. *Relation des événements au cours des journées des 10 et 11 mai 1940 sur la position de Canal Albert, face à Maastricht.*

[46] Fue significativo el papel del futuro as de la *Luftwaffe*, y veterano de la «Legión Cóndor», Adolf Galland, que dirigió el grupo de caza alemán sobre los puentes del canal Alberto, protegiendo el avance de los paracaidistas, controlando desde el cielo cualquier movimiento belga y ametrallando sus trincheras. El teniente Gustav Altmann valoró la ayuda de Galland en su informe, pues colaboró con sus paracaidistas a desbaratar cualquier contraataque, especialmente a partir de las 9:00 h. Al término de la campaña en el Oeste, Galland había derribado 17 aviones enemigos.

[47] Egon Delica (1915-1991) era un experimentado observador aéreo que había tomado parte en la campaña de Polonia. Su función en el ataque a Eben Emael tuvo que ver con esta experiencia: él se encargaría de guiar los ataques de la aviación alemana en caso de problemas con los belgas. Carecía de entrenamiento paracaidista (consiguió su insignia en 1943) y no cayó bien entre los *Fallschirmjäger* de Rudolf Witzig. Además, cierta mala fama le acompañaba, porque en su hoja de servicios había «excesivos» traslados de unidad. Parece ser que su destino en el grupo *Granit* era una especie de castigo, donde debería «probar» realmente su valía. El día del ataque, ante la ausencia y retraso del planeador de Witzig, a él le hubiera correspondido tomar el mando, pero algo extraño ocurrió, porque el control fue tomado por el sargento Helmut Wenzel. Según éste, Delica no quiso tomar el mando cuando le envió un enlace, pues «estaba demasiado ocupado» con su misión. Según cuentan muchos veteranos, entre otros, Kurt Engelmann y Leopold Gilg, estuvo refugiado en una de las posiciones ocupadas a los belgas *(Maastricht 2)* durante gran parte del ataque. Evidentemente, la tensión entre los paracaidistas y Delica provocó una especie de «ninguneo» por parte de aquéllos. Algo que, a todas luces, agradeció Delica, quizás demasiado asustado y, evidentemente, sin entrenamiento paracaidista. Tras la operación, ni Witzig ni Wenzel dieron pistas sobre por qué no tomó Delica el mando… El precio que tuvo que pagar Helmut Wenzel fue caro: quedó privado de la Cruz de Caballero por «excederse en sus competencias de mando». Algo que le llenó de indignación hasta su muerte, en 2003.

El cabo Erich Hafermaß, miembro del grupo nº 6. (Archivo Thomas Steinke)

El sargento Fritz Pohlmann dirigió el grupo nº 6 durante el asalto al puente de Veldwezelt. (Archivo Thomas Steinke)

posiciones belgas. El ataque del SA Koch gravitó en torno al primer movimiento paracaidista, indudablemente, pero también en torno al posterior golpeo insistente de las posiciones belgas a cargo de los bombarderos y cazas de la *Luftwaffe*. La «artillería aérea» alemana, así denominada de manera original por ellos, se reveló como uno de los principales factores de éxito en la *Blitzkrieg* sobre Bélgica. Junto a este ataque certero aéreo, ejecutado en Veldwezelt por *Junkers* JU 87 (los temibles *Stukas*) y por Do 17 (que bombardearon los accesos al puente, el cruce de la calle Bilzerbaan y la carretera a Lanaken-Grotebaan-, amén de las posiciones belgas), la otra artillería, la de campaña, desplegada en baterías situadas tras Maastricht, también golpeó duramente a los belgas. En Veldwezelt, los obuses de estas piezas comenzaron a caer a escasos metros de las trincheras de Ballet, sembrando el pánico entre los ya diezmados defensores belgas.

Tras ser atacados por dos grupos de paracadistas, a Bautil no le quedó más remedio que reunir a sus agotados hombres y conducirles hacia el sur, hacia una granja vecina, para repartirles víveres. Había tomado el mando al ser gravemente heridos tanto el sargento Ballet como el jefe de la sección de ametralldoras, Burgun. Apenas se encontraron en esta nueva posición, los alemanes les hicieron prisioneros. Conducido a Maastricht, Bautil se negó a dar su nombre y graduación. Pero hasta tal punto estaban informados los alemanes de sus objetivos, que el oficial alemán encargado del interrogatorio le cortó en seco dándole todos los detalles que Bautil se negaba a proporcionar.

La conquista del puente

Mientras tanto, los demás paracaidistas cumplían sus respectivas misiones con una sincronización casi perfecta.

El búnker C tras su captura.
(Archivo Thomas Steinke)

Así, el grupo n° 1, ingenieros paracaidistas bajo mando del *Oberjäger* Helmut Arpke, cuyo planeador había aterrizado en el borde del talud del canal, en el lado norte, era el encargado de la labores de la desactivación de las cargas del puente. Y ésta fue su primera acción, destruyendo los dispositivos de detonación en el puente y arrojando al canal todas las cargas. Acto seguido, eliminó, también con ayuda de prisioneros belgas, todos los obstáculos y barricadas del puente. La inicial –y principal- misión de este grupo, no obstante, fue la eliminación de la **posición C,** en el pilar bajo el puente. Se trataba de un búnker dotado de dos ametralladoras pesadas *Maxim* situadas en la planta baja y de dos *Maxim* ligeras en la de arriba. Un fusil ametrallador en el frontal y tres orificios lanzagranadas completaban el sistema defensivo de esta posición.

Su neutralización fue casi por casualidad, por así decirlo. Y es que la posición estaba al mando de un *Sous-Leutnant*, quien en el momento del ataque se encontraba fuera, esperando que el subteniente Reconnu, también jefe de pelotón de la 6ª compañía, inspeccionara a cielo abierto las trincheras y la disposición para el ataque de sus hombres. Así que el *Sergent* Lemoine se quedó al mando de 15 soldados de la 6ª y 8ª compañías del 2° Regimiento de Carabineros. Para colmo de males, la posición *Abri C* no tenía más acceso que 84 peldaños que conducían desde la ribera –al nivel del puente- hasta el nivel del canal. La dotación quedó así expuesta al fuego alemán.

Al ver los aviones, los soldados belgas pensaron primero que se trataba de un ejercicio de entrenamiento. Pero el ruido de las primeras explosiones les convenció de lo contrario. Lemoine trató de subir al borde del talud para medir la magnitud de lo que estaba sucediendo, pero una ráfaga alemana le hizo agacharse de nuevo. Acto seguido, los soldados belgas corrieron a refugiarse en el búnker, bloqueando las puertas blindadas interiores. Su desesperación fue en aumento al comprobar que las granadas no estaban preparadas.

El destino del búnker estaba decidido cuando la dotación vio que los *Fallschirmjäger* lo rodeaban. Estos volaron la puerta acorazada que daba al sur y arrojaron al interior granadas de mano y pequeñas cargas explosivas. La acción hirió a tres soldados belgas. Dos ametralladoras y las puertas acorazadas interiores fueron destruidas, al igual que el depósito de agua potable, destruido por una carga incendiaria. Fue precisamente esto lo

El búnker B1, al sur del puente de Veldwezelt (Archivo Thomas Steinke)

que impidió que se propagara el incendio en la instalación. Tras el contundente ataque y presos del pánico, los belgas quisieron abandonar el búnker, pero era imposible, puesto que las puertas blindadas bloqueaban la salida. Ante esto, un miembro de la dotación que hablaba alemán llamó a los paracaidistas. Un *Fallschirmjäger* se acercó relajadamente y exigió los heridos y las armas, que se tomarían como botín. Siendo conscientes de su supremacía, los alemanes les aconsejaron comportarse con tranquilidad, ya que en breve se ocuparían de ellos. Cuidado que no llegó inmediatamente. El «olvido» alemán provocó que los supervivientes belgas se debatieran entre la esperanza y el temor. Esperanza de un contraataque belga (acrecentada levemente durante la noche al oír fuego de artillería belga disparando en los alrededores del puente…) y temor a que el puente pudiera ser volado, acabando con sus vidas.

Fue el 11 de mayo, alrededor de las 9:00 h, cuando los belgas oyeron actividad en el exterior. Se trataba de soldados alemanes del 2º Batallón del *«Schützen Regiment 33»* que ocupaban ya las posiciones de los paracaidistas, y preparaban una acción con lanzallamas contra el búnker. De inmediato, la dotación hizo lo posible para que los alemanes se dieran cuenta de su presencia y no asaltaran la posición. Se liberó, así, a la dotación y se pudo atender a los heridos. La escena de la liberación de los atemorizados belgas fue grabada por un equipo de reporteros de guerra alemanes.

Por lo que respecta al **búnker D,** situado a unos 800 m al norte del puente, estaba en la zona defendida por la 7ª compañía de Carabineros. Apenas dio problemas a los alemanes el día 10 de mayo. Además, a medida que pasaban las horas, su aislamiento aumentaba. Su dotación disparó una o dos veces sobre el puente, lo que provocó una dura respuesta artillera alemana. El golpe final alemán, vino de la mano del Regimiento nº 33, que atacó principalmente por el sur y alcanzó relativamente pronto, a las 11:00 h, su objetivo. La 6ª compañía belga quedo, así, aislada y sin municiones (de hecho, no se les pudo abastecer nunca de munición). Con la compañía se rindió también el búnker D.

De Langhe, al frente de la 10ª compañía del 18º Regimiento, recibió orden de su comandante de organizar un contraataque en dirección del puente. Dos oficiales serían los encargados de dirigir a sendos grupos. Pero ¿quién sería capaz de bajar del *Kip van*

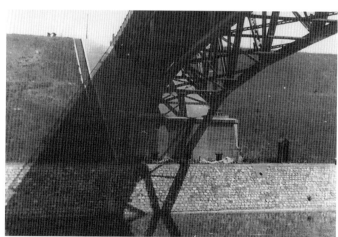

Vista de las cámaras para las cargas de demolición en el pilar este -dirección Maastricht- del puente de Veldwezelt. (Archivo Thomas Steinke)

Hees, cortar las alambradas, enfrentarse a los paracaidistas y llegar al puente? Sin dudas, el contraataque estaba condenado al fracaso, pues a esas alturas de la batalla, los belgas que trataban de defender Veldwezelt carecían de ideas, de suficientes hombres y de tiempo. Los alemanes se les estaban echando encima.

A menos de 150 m de distancia, Altmann observaba todos los movimientos de la 10ª compañía, situada a la derecha del puente. Dirigiendo sus ametralladoras y guiando a los *Stukas,* cortó de raíz el contraataque belga. Tras este conato de incursión, se produjo una pausa en los ataques. Lo que realmente le inquietaba a Altmann eran las posiciones de Schaumans, a 500 m al SO del puente, así como núcleos aislados de resistencia en algunas calles del pueblo.

Los primeros contraataques belgas

Las compañías de reserva belgas se pusieron manos a la obra con rapidez para tratar de contrarrestar el empuje alemán. El sargento Voglet, al mando de un pequeño grupo,

Las trincheras belgas situadas al norte de la carretera principal (Bilzerbaan) fueron rápidamente ocupadas por los paracaidistas del SA Koch. Semanas después del ataque, durante el viaje a París de varios paracaidistas, todavía eran visibles las huellas de la batalla. Al fondo a la derecha, junto al canal, el búnker D. (Archivo Thomas Steinke)

recibió del teniente Bolle la orden de reconocer las inmediaciones del puente. El comandante Jammaers había ordenado destruir el puente y necesitaban medir cuál era realmente la situación en primera línea. Pero, ¿había sido volado el puente? Ésta era la gran incógnita.

Voglet tuvo que atravesar posiciones donde el fuego cruzado era intenso. Rodeó yendo tras la casa del alcalde y desde allí pudo ver a los alemanes como dueños y señores de las posiciones belgas junto al puente, y a éste intacto. Su informe, no obstante, no fue creído, porque también estaban llegando noticias de lo contrario, de la destrucción del puente. El caos en las informaciones belgas era total.

Así las cosas, un nuevo grupo de reconocimiento fue organizado a las órdenes del sargento Chuffard. Conocer con exactitud el destino del puente era lo más importante.

Tras los reconocimientos y la certeza de que el puente estaba intacto y en manos alemanas, llegó el turno del contraataque. Voglet y sus «exploradores», conocedores de la situación, fueron los encargados de liderar una compañía de infantería del 18º Regimiento de Línea y un pelotón de Ciclistas de Frontera. Pero Altmann los vio llegar y preparó la defensa, colocando sus ametralladoras y coordinándose con la aviación alemana, dueña y señora del cielo sobre Veldwezelt. El contraataque belga fue rechazado sin más problemas.

A partir de las 6:30 h habían comenzado los intentos belgas por hacerse con el puente, siempre desbaratados por la férrea defensa de la cabeza de puente llevada a cabo por los paracaidistas. De hecho, a esa misma hora, Altmann comunicaba por radio que «todo estaba bajo control, que el puente se mantenía en pie y que las órdenes recibidas se estaban cumpliendo».

Efectos de las cargas explosivas en la puerta blinda-da del búnker C. (Archivo Thomas Steinke)

El *Obj.* Ewald Hermet (aquí como sargento) era el se-gundo del *Obj.* H. Arpke, del grupo nº 1. (Archivo Thomas Steinke)

Las posiciones belgas en el Kip van Hees: la mayor amenaza del flanco paracaidista

Como hemos comentado repetidamente, en el flanco derecho de la defensa belga, se erigía la pequeña elevación artificial conocida como Kip van Hees. A diferencia de las trincheras, ocupadas por Carabineros, aquí se encontraban soldados del 18º Regimiento de Línea, que encontraba en esta posición el límite de su despliegue (del que también formaba parte el puente de Vroenhoven).

El comandante De Langhe, al mando de la 10ª compañía, fue testigo del aterrizaje de los paracaidistas en Veldwezelt. Desde su puesto de mando, al norte del Kip van Hees y a sólo 20 m de las trincheras de vanguardia de Balis y del teniente Detiège, fue consciente de la gravedad de la situación. En el lado derecho de la posición, a unos treinta metros de la zona ocupada por el *adjudant* Schaumans y el teniente De Valckeneer, se encontraba el pelotón de apoyo de la 11ª compañía, junto a su comandante, Philips, quien durante la noche había recibido órdenes de retrasar a sus hombres hasta allí.

De Langhe disponía de un excelente observatorio desde el que vio con claridad el aterrizaje y posterior asalto paracaidista. Al instante, se comunicó con su superior, solici-tando instrucciones. Su mensaje fue claro: «*tres aparatos han caído entre mi puesto de mando y el puente. ¡Las tripulaciones están fuera!*». Pero aún en estos primeros momentos, en la mente de todos prevalecía la certeza de que eso no iba con los belgas, sino que era un ataque contra los holandeses.

Joseph Schaumans, segundo al mando del pelotón De Valckeneer, fue uno de los principales protagonistas en las posiciones de la 10ª compañía y testigo de excepción del aterrizaje y posterior combate. Sus recuerdos precisos nos transportan de manera inmejorable a aquella mañana del 10 de mayo:

«Numerosos cambios y reasignaciones tuvieron lugar en nuestras posiciones durante los días previos al ataque. Concretamente, Ballet y yo sustituimos a oficiales que por un motivo u otro se habían ausentado, de tal modo que mi nombre no figura en los informes militares oficiales. Mi posición era conocida por los alemanes, así como que mis ametralladoras no podrían auxiliar a las posiciones de los Carabineros junto al puente.

Ni Ballet ni yo teníamos conocimiento exacto de dónde se encontraban los paracaidistas que habían aterrizado delante y detrás de sus líneas [Pohlmann, grupo nº 6 y Altmann, grupo nº 5].

Lancé un gritó: «¡disparad, son alemanes!». La primera reacción de mis hombres fue de terror. Se gritaba y lloraba, pensando en las mujeres e hijos. Uno de mis soldados, de Bruselas, se arrodilló y comenzó a vomitar. Tras mi segundo grito: «¡disparad, en nombre de…!», controlé mis nervios y con sangre fría comenzamos a actuar. El soldado Pijcke disparó varias ráfagas de su ametralladora y la respuesta alemana no se hizo esperar. Los destellos de sus balas trazadoras pasaban por encima de nuestras cabezas. Los disparos provenían de la llanura (no lejos del talud donde se encontraba De Langhe, mi comandante). Más tarde pude comprobar que los paracaidistas habían situado allí su puesto de mando, fuera del alcance de nuestros disparos.

Bronselaer me dijo que los aparatos habían aterrizado en mitad de las posiciones de los Carabineros, pero que estos no corrían aparente peligro, que no serían disparados, «porque, seguramente –continuó– están durmiendo». No había razones, por tanto, para alarmarse. Bronselaer se arrastró fuera de la trinchera para ver mejor qué ocurría. Pero no pudimos hacernos una idea real de lo que ocurría. No los veíamos. Los paracaidistas estaban ya atacando los búnkeres, pero no podíamos verles. Sólo alcanzábamos a ver el humo, y oíamos los gritos. Disparé una bengala para poder ver mejor la llanura que se abría entre mis posiciones y el puente.

Al poco, el ruido de las explosiones se acerco. Los aviones alemanes estaban bombardeando el cruce de la carretera de Lanaken (Grotebaan) con la calle Bilzerbaan –delante de nosotros–,

Vista del Kip van Hees desde el puente de Veldwezelt en 2009. El campo sembrado que se abre ante nuestros ojos fue el lugar de aterrizaje de Altmann y de varios planeadores más. (Foto Óscar González)

Josef Schaumans, miembro de la 10ª compañía del 18º Regimiento de Línea belga. Tuvo un papel destacado defendiendo sus posiciones del asalto alemán. (Archivo familia Schaumans)

el desvío hacia Hees –detrás de nosotros- y el puesto de mando de los Carabineros. El ataque y ametrallamiento de los cazas se intensificó detrás de nuestras posiciones, en el depósito de aguas junto a la carretera, la altura donde nuestro observador, Reygaerts, se encontraba. Eludiendo los disparos de los aviones, cojeando, cruzó la carretera y se arrastró hasta nuestra trinchera para salvar el pellejo. Sólo gritaba improperios contra los pilotos alemanes… Gran cantidad de aviones alemanes en formación volaban a bastante altitud por encima de nuestras cabezas.

Nos defendimos con valentía con nuestras defensas antiaéreas. Los aviones volaban a diferentes altitudes, disparando y bombardeando todo lo que se movía. Vimos como alcanzábamos a un Do 17 que se incendió, perdió altura y acabó estrellándose en dirección de Vlijtingen.

Carlier, de los Carabineros, disparaba la ametralladora contra grupos de paracaidistas, creándoles serios problemas para agruparse. Pero aún así, el bombardeo continuo de los aviones no cesaba, de tal modo que una bomba cayó cerca de la panadería Nellis, en Kesselt, y otra, en la carretera, junto a la hilera de árboles de sus márgenes.

La llegada de refuerzos paracaidistas alemanes: el medio pelotón de ametralladoras (sMg Halbzug Ringler)

Las órdenes alemanas cursadas por el teniente Kieß preveían el lanzamiento de medio pelotón de ametralladoras 40 minutos tras el inicio del ataque. Una escuadrilla especial (I. / Kg. zbV. 172) sería la encargada del transporte de los refuerzos que deberían lanzarse sobre las cabezas de puente, no sólo en Veldwezelt, sino también en Vroenhoven y Kanne.

Así las cosas, con fecha del 26 de marzo de 1940, se dispuso que tres medios pelotones de *Fallschirmjäger* se lanzaran sobre los tres puentes 45 minutos después de haberse iniciado el ataque. Todos ellos estarían a las órdenes del *Leutnant* Helmut Ringler, quien a su vez dirigiría personalmente el salto sobre Veldwezelt. Para tal fin, un total de 6 aviones Ju 52, distribuidos en tres parejas *(Rotte),* una para cada objetivo, estarían a disposición de los paracaidistas. Un aparato más quedaría en reserva.

Vista del puente de Veldwezelt desde la altura de Kip van Hees, el lugar donde los belgas pudieron resistir y hacer frente al ataque aleman. (Archivo Thomas Steinke)

El veterano belga Josef Schaumans, junto al puente de Veldwezelt y el alcalde de la población, en un homenaje que le tributaron en 2004. Schaumans murió en 2008. (Archivo familia Schaumans)

Las órdenes de los pilotos encargados del transporte eran precisas, y explicitaban el vuelo en formación a una altitud (200 / 300 m), así como la manera de lanzar a los paracaidistas sobre el objetivo desde 100 m, algo que los pilotos de Veldwezelt sabrían cuando su altímetro de precisión marcara 180 m (altitud también prevista para Vroenhoven, pero no para Kanne, donde el instrumental señalaría 200 m). También se ordenaba a los pilotos no alterar la ruta de regreso, ni siquiera en caso de estar sometidos a fuego antiaéreo intenso. La «activación» del avión de reserva se produciría en caso de que cualquier imprevisto ocurriera durante los primeros veinte minutos de misión, todavía en territorio alemán. En caso de que un avión tuviese un percance tras cruzar la frontera, se recomendaba alcanzar el objetivo por todos los medios, y lanzar a los paracaidistas si se podía mantener la altitud de 100 m prevista. Si quedaba otra solución, se buscaría un aterrizaje de emergencia, tratando de defender el aparato con el armamento disponible a bordo. Lo que quedaba claro es que el avión no debía ser inutilizado *ex profeso* bajo ningún concepto, pues se confiaba en un rápido contacto con las propias tropas de vanguardia. Era obvio que a la 7. *Flieger Division* de Student no le sobraban aviones. Todos los Ju 52 tras el regreso a la base, llenarían sus tanques de combustible para estar disponibles de nuevo.

Parece ser que la inclusión de este refuerzo de paracaidistas que se lanzarían en apoyo de las cabezas de puente recién formadas, se decidió el 29 de diciembre de 1939, por orden directa de Student. En principio, el pelotón de ametralladoras de la 4. /FJR 1, a las órdenes del *Leutnant* Helmut Ringler y compuesto por 35 hombres, quedaría adscrito a la 1ª compañía en Hildesheim. Este grupo inicial se vería engrosado por nuevos paracaidistas hasta conformar una unidad de 72 hombres, todo ellos supervisados por Ringler, y en contacto estrecho con Koch. Así, el día 4 de enero, aquél ya se había puesto manos a la obra, asistiendo a un encuentro con oficiales en Dusseldorf. Tras un encuentro entre Student, Hitler y Koch, el 5 de marzo, un nuevo grupo engrosaría la unidad de Ringler.

Peter Meurer (en la foto, como *Oberjäger* después del ataque) era miembro del medio de pelotón de ametralladoras que saltó sobre Veldwezelt a las órdenes de Ringler. (Archivo Thomas Steinke)

El cabo Heinz Rubelt formaba parte del medio pelotón de ametralladoras que saltó sobre Veldwezelt. Fue herido 5 veces a lo largo de la guerra, recibiendo, entre otras condecoraciones, la Cruz Alemana en Oro y la Placa de Combate Cuerpo a Cuerpo en plata. (Archivo Thomas Steinke)

No había tiempo que perder y los entrenamientos comenzaron enseguida, siendo especialmente intensos a partir del 2 de abril de 1940. Este día, Ringler se reunió con los otros dos oficiales de su unidad, Nollau (para Kanne) y Sprengart (para Vroenhoven) en Hildesheim. Frente a maquetas a escala de los objetivos comenzaron a estudiar y programar los saltos de sus hombres. Ocho días más tarde, el día 10 de abril, el plan bajo el que actuarían estaba completamente elaborado, así que todos los paracaidistas lo ensayaron en el aeródromo de Colonia-Ostheim, adonde se trasladaron el día 11. El 5 de mayo, al mediodía, tras un nuevo encuentro con Walther Koch, se dio por finalizado el entrenamiento del denominado «pelotón reforzado de ametralladoras» de Ringler.

Así, acorde a lo planeado, hacia las 6:15 h aterrizaron en paracaídas 24 *Fallschirmjäger* al mando del *Leutnant* Helmut Ringler. Pero los disparos belgas complicaron el salto (inicialmente previsto tras las trincheras belgas de vanguardia, al sur de la carretera), de tal manera que de los dos aviones de transporte, sólo el primero lanzó en el sitió previsto a sus paracaidistas. El segundo Ju 52 tuvo peor suerte. Aunque algunos paracaidistas comenzaron a saltar, la maniobra quedó abortada y el avión tuvo que ganar altura pues las ametralladoras belgas estaban disparando a placer.

Obergefreiter Erwin Bähr (grupo nº 10) tras ser condecorado. Nótese que su distintivo de paracaidista no es de la *Luftwaffe*, sino el del *Heer (Fallschirmschützen-Abzeichen des Heeres)*. (Archivo Thomas Steinke)

Franz Schindele era cabo y formaba parte del grupo nº 10. En la foto aparece con sus dos cruces de hierro recién conseguidas. Como ocurrió con otros miembros del SA Koch, consiguió su insignia paracaidista tras la operación en el Canal Alberto. (Archivo Thomas Steinke)

Los soldados belgas que combatían en el pelotón Ballet vivieron en primera persona el lanzamiento del medio pelotón de ametralladoras alemán, al mando de Ringler, a las 5:45 h. Parece ser que incluso asistieron al lanzamiento de los maniquíes alemanes, según testimonio del *caporal* Cornil[48]. También Schaumans, desde su posición elevada

---

[48] Lhoest (1964), pág. 151. El lanzamiento de los maniquíes tuvo como objetivo inmovilizar las reservas móviles belgas, de tal modo que no acudieran a defender los puentes. Así, los alemanes lanzaron sobre la retaguardia belga cientos de maniquíes en paracaídas, vestidos con uniformes verdes checos (según Theo Schmitt, del grupo nº 4 de *Beton*) y «armados» de petardos que imitaban ráfagas de subfusil. Según el diario de operaciones alemán, el día 11 de abril de 1940, fueron concentrados los maniquíes en el aeródromo de Colonia-Ostheim. El 5 de mayo, el general Kesselring, al mando de la *Luftflotte 2*, charló con Koch acerca de la operación sobre los puentes y sobre el «batallón de maniquíes paracaidistas» (apodados *Lehmänner*, algo así como «Pérez» en español, refiriéndose a ellos con un apellido común…). La acción de estos últimos podría estar condicionada por la meteorología, aunque también en condiciones adversas debería funcionar el «engaño». El día 10 de mayo, después de haber remolcado los planeadores del *SA Koch*, los Ju 52 regresaron al aeródromo de Gymnich, 15 km al sudoeste de Colonia. Allí cargaron unos 400 maniquíes paracaidistas (el comandante Otto Zierach, en 1944, afirmaba que fueron 120; la cifra se queda corta) completamente equipados y provistos, si no todos, sí gran parte de ellos, de petardos que detonarían al contacto con el suelo. Los maniquíes no fueron lanzados simultáneamente ni en un único gran salto, sino a lo largo de un eje general que discurría entre Tongeren y Gembloux y durante bastante tiempo. Los lanzamientos más importantes tuvieron lugar entre las 6:00 y las 8:00 h, aunque por parte belga también se notificaron otros a las 9:10 h, e incluso a las 12:30 h.
Indudablemente, la misión de los maniquíes tuvo éxito, pues los belgas utilizaron reservas importantes, como por ejemplo, 8 carros de combate de 16 toneladas, pelotones con vehículos acorazados, carros T 13, para localizar y «combatir» a

Una camareta de paracaidistas del medio pelotón de ametralladoras Ringler en el aeródromo de Colonia-Ostheim. (Archivo Thomas Steinke)

Paracaidistas del medio pelotón de ametralladoras, servidores de una ametralladora montada sobre afuste, preparan la misión. (Archivo Thomas Steinke)

El paracaidista Josef Schumi (izquierda), miembro del medio pelotón de ametralladoras de Ringler, durante su entrenamiento en Colonia-Ostheim. (Archivo Ian Tannahill)

en el *Kip van Hees*, observó esta operación. Sus hombres no se lo pusieron fácil a los paracaidistas de Ringler:

«Los paracaidistas del medio pelotón de ametralladoras de Ringler fueron lanzados detrás de las posiciones belgas del sargento Ballet. Tuvieron problemas desde el inicio, de tal manera que interrumpieron el lanzamiento tras tres intentos infructuosos. Y es que nuestros disparos estaban dificultando enormemente esta operación. Los primeros paracaidistas saltaron

un enemigo de tela, aunque con «grandes ojos y mostachos». [Bikkar, A.: *Les mannequins parachutistes. Une ruse de guerre Allemande*, en Revue de la Gendarmerie, N° 76, 1979, pp. 24-38. Bikar, A.: *Mai 1940. Pourquoi le Fort d'Eben-Emael est-il tombé si vite?* en Revue Belge d'Histoire Militaire Jg. 31, No. 3-4, septembre/décembre 1995, p. 123-196.]

Botín belga capturado en Veldwezelt y reunido días después del ataque. Nótese la presencia de «soldados de paja», seguramente los maniquíes lanzados para engañar a los belgas. (Archivo Thomas Steinke)

En espera de recibir las órdenes para su misión, los hombres del medio pelotón de ametralladoras de Ringler esperan delante de sus aviones de transporte Ju 52. (Archivo Thomas Steinke)

del Ju 52 sobre las posiciones de los Carabineros en cuestión de segundos, sin que lo esperáramos, de modo que nadie reaccionó ni pudo dispararlos. Pero no ocurrió lo mismo con los Fallschirmjäger del segundo avión. Una vez que cruzó el canal y se dirigió hacia nosotros, disparamos con ametralladoras desde las posiciones de Ballet y desde la mía. El primer hombre saltó, pero no se le abrió el paracaídas. El segundo se enganchó con un cable de alta tensión, y el tercero fue mortalmente herido[49]. El salto se interrumpió y el piloto decidió ganar altura,

---

[49] Alfred Erdrich, nacido en 1919 en Monschau, en la frontera con Bélgica, fue el *Fallschirmjäger* cuyo paracaídas no se abrió. Es más que probable que Hubert von der Ruhe, nacido en 1915, fuera el que muriera a consecuencia de los disparos y que Wilhelm Ochs, nacido en 1919, muriera al engancharse en los cables eléctricos. El salto no fue nada fácil, pues tuvo que realizarse a sólo 60 m de altitud, algo que sólo los alemanes, equipados con paracaídas RZ 16, pudieron hacer a lo largo de la guerra, a diferencia de británicos y norteamericanos. Sacrificar el control del paracaídas en favor de una menor duración del salto siempre fue la opción preferencial en la estrategia paracaidista alemana. Y todo esto, sabiendo que se corrían grandes riesgos: que los vientos llevaran al soldado lejos de la zona de aterrizaje prevista o que no se pudiera saltar con armas largas, principalmente.

Entrenamiento de los paracaidistas del medio pelotón de ametralladoras de Ringler. (Archivo Thomas Steinke)

alcanzando unos 200 m de altitud, y volando en dirección a Hees[50]. Pude ver perfectamente la puerta abierta y el resto del grupo dentro del Ju 52. Finalmente, cuando cruzaron la carretera, saltó el resto de los paracaidistas, pero lo hicieron lejos del sitio planeado, tras nuestra posición, en un terreno llano y abierto junto a la carretera a Vroenhoven (Grotebaan) y el depósito de aguas. De todos modos, ya teníamos al enemigo a nuestras espaldas, y esto no era nada bueno. Tras reagruparse, trataron de alcanzar la zona originalmente asignada, pero les impedimos cualquier movimiento. Todos los ataques alemanes sobre mi posición fueron rechazados entre las 11:30 y las 13:00 h.»

Una vez en tierra, los paracaidistas pudieron alcanzar dos contenedores con armas, a pesar de estar sometidos a los disparos de las ametralladoras belgas. La misión de este medio pelotón de apoyo era clara: acabar con la resistencia en las trincheras, especialmente en las del «pelotón Ballet», atacando los flancos del enemigo. Golpeando de nuevo, los alemanes trataban de paralizar cualquier contraataque belga.

¿Contaron con ayuda adicional los hombres del medio pelotón de ametralladoras? En los planes se contemplaba que el grupo n° 10 ayudara en la «recepción» e integración de estos paracaidistas en la fuerza de ataque a las órdenes de Altmann. Pero es curioso constatar que en el informe oficial escrito por Altmann tras el ataque no hay ni mención ni rastro de este grupo[51]. Quizás su inclusión en *Stahl* dos días antes del ataque tuvo mucho que ver en esta «ausencia oficial». Pero Franz Schindele, uno de sus integrantes, que además carecía de formación paracaidista previa, comentó a los autores que antes del ataque se juntaron con los hombres de Ringler, para familiarizarse con sus caras y poder reconocerlos y asistirlos en el momento del salto.

---

[50] Algo también corroborado por un habitante de Veldwezelt, Herman Hermans, quien perdió a sus padres y hermana –familia Hermans-Vuurstaak- durante el bombardeo del cruce de carreteras Bilzerbaan-Grotebaan. Mientras trataba de ponerse a salvo pudo ver cómo varios aviones lanzaban paracaidistas en dirección a Hees. [Wiosello (1990), pp. 142-143].

[51] Melzer (1957), pp. 58-62 y BA/MA RL 33/97. *Kriegstagebuch der Sturmabteilung Koch.* Unido a este detalle está el hecho de que en los informes belgas fueron 9, no 10, los planeadores que aterrizaron en Veldwezelt. El décimo grupo pasó inadvertido.

El sargento Erich Schuster fue condecorado con la Cruz de Caballero tras la batalla de Creta, en mayo de 1941. Tomó parte como joven cabo en el grupo n° 10 durante el asalto a Veldwezelt. (Archivo Thomas Steinke)

A pesar de que el reagrupamiento de los paracaidistas de Ringler no se realizó de inmediato, debido a la dispersión tras su lanzamiento[52], la presencia de alemanes por toda la zona comenzaba a estrangular a los belgas. El *Oberfeldwebel* Toschka, al mando del grupo n° 8, el *Staffeldwebel* Lorenz, ayudante del oficial al mando, Altmann, ambos del grupo n° 5, y el *Feldwebel* Pohlmann, al mando del grupo n° 6, consolidaban y aumentaban hora a hora la cabeza de puente.

Prosiguen los combates: los belgas presionan a toda costa

En menos de tres horas, a las 9:00 h, los alemanes se tuvieron que enfrentar al primer contraataque belga de cierta entidad. La labor de los *Stukas* y de las unidades de caza presentes siempre sobre el cielo del Canal Alberto fue esencial para cortar de raíz estos intentos. De hecho, Altmann mandó un mensaje por radio al grupo de Aldinger, tras recibir instrucciones de Koch desde Vroenhoven. En él solicitaba que los *Stukas* desbarataran los intentos de reagrupamiento del enemigo. Diez minutos más tarde, solicitaba también a las baterías de Aldinger que dispararan sobre la posición conocida como Schutthalde, en el Kip van Hees, a 500 m al sudoeste del puente. Tras una hora de pausa, comenzó de nuevo el fuego de ametralladora desde esa posición. Aquí es donde se encontraban los hombres de Schaumans, de la 10ª compañía belga. Recuerda éste:

Esquela del paracaidista Hubert von der Ruhr. Fue uno de caídos del medio pelotón de ametralladoras que saltó sobre Veldwezelt. (Archivo Thomas Steinke)

«En la pausa que siguió a nuestro contraataque de las 9:00 h, vino a mi posición Schamp, que estaba destinado en la 11ª compañía, a las órdenes del teniente Van Geit. Se había acercado a comprobar cuál era nuestra situación.

[52] Según testimonio de Schaumans a los autores, 9 paracaidistas que se dispersaron tras el salto, fueron capturados por los belgas.

Fritz Schamp, de la 11ª compañía del 18º Regimiento de Línea belga. Cayó durante los combates en el Kip van Hees. (Archivo Óscar González)

— *Dile a Van Geit que resistimos, pero que necesitamos urgentemente munición - le dije-.*

— *Sí —me contestó—, pero antes necesito saber cuál es la posición de los pelotones que están más adelantados, junto al puente.*

— *Toma el arma y agáchate, de lo contrario no vivirás mucho —le recomendé—.*

Me miró sorprendido pero siguió mi consejo. No le volvía ver más y murió de un disparo en su misión.

Oíamos disparos de nuestra propia artillería, batiendo la zona junto al cementerio, ocupada por el enemigo. También comenzamos a padecer los disparos de los francotiradores que se habían apostado en algunos tejados de las casas y en las trincheras y cunetas. Muchos paracaidistas iban equipados con fusiles con mira telescópica. De repente, pensé que yo mismo podía ser identificado por mis insignias de cuello y por las que llevaba en mi capote. Me las quité y las guardé en el bolsillo. No podíamos estar así, sin más, esperando que nos abatieran, así que llamé a Pijcke, uno de mis hombres:

— *Debemos localizarles —le dije—.*

— *He visto uno —me contestó—.*

Efectivamente, a la izquierda de la última casa en el camino hacia Hees, pude ver los hombros de un paracaidista. Todos esperaron mis órdenes y a mi señal, dispararon. Le dimos, porque observamos cómo cayó y no le vimos aparecer. Pero más paracaidistas aparecieron por detrás del depósito de agua.

Se dirigían en dos columnas, agachados y dirigidos por su jefe. Llevaban una ametralladora y cajas de munición y su intención era clara: acabar con nuestra resistencia. Ordené a mis hombres que se retiraran sin ser vistos a quince metros de donde estábamos y que emplazaran la ametralladora. Antes de acompañar a mis hombres y con el fin de engañar a los alemanes, dejé mi casco, de modo que creyeran que seguíamos allí. El ardid surtió efecto, pues al poco los disparos agujearon mi casco. Y habíamos evitado ser capturados…

Cuando ya estábamos instalados en la nueva posición, un carabinero se nos acercó conminándonos a que no disparáramos. Había quedado aislado de su unidad y se ofreció a seguir combatiendo con nosotros. Su puesto estaría en la ametralladora. Poco después, otro soldado, un sargento, se nos unió. Venía de Lanaken, donde se había separado de sus hombres durante la lucha y se ofreció

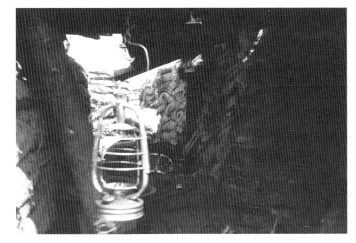

Trinchera belga en Veldwezelt.
(Archivo Thomas Steinke)

Rudolf Toschka durante una
pausa en los combates. Nótese
la tensión reflejada en su gesto.
(Archivo Thomas Steinke)

a manejar el cañón antitanque. Estaba claro que los necesitábamos. Avisé a mis hombres de que
deberíamos cambiar constantemente de posición para que no nos localizaran».

Pasadas las 9:30 h, los alrededores del puente fueron bombardeados por obuses de calibre medio y por granadas de mortero belgas. De nuevo, la acción de la «artillería aérea» de *Stukas* y cazas tuvo una enorme importancia a la hora de atacar y eliminar las posiciones enemigas desde las que se hostigaba a los paracaidistas. Así, Altmann solicitó de nuevo por radio la intervención de tan «providencial» apoyo. Como había problemas para enlazar con el *VIII. Fliegerkorps*, la petición de protección aérea se estaba realizando de manera indirecta, a través de Aldinger. A eso de las 10:00 h, comenzó a llegar éste con sus piezas de artillería antiaérea (previstas por el plan alrededor de las 7:00h). Las piezas de 88 mm fueron las que acabaron con los disparos provenientes de la posición de Schaumans. Prosigue éste con su relato de los hechos:

«Nuestra resistencia sorprendió a los alemanes y provocamos que Altmann y el comandante
Aldinger tuvieran una fuerte discusión. Éste era el encargado de apoyar a los paracaidistas
con sus piezas antiaéreas. Cuando contactó con Altmann, quedó contrariado al comprobar

Pausa durante los combates en Veldwezelt. Al fondo, la torre de la iglesia. (Archivo Thomas Steinke)

Dos radiotelegrafistas tratan de mantener la comunicación con el resto de los puentes. (Archivo Thomas Steinke)

que todavía seguíamos resistiendo. Y es que uno de mis hombres había disparado a su globo de observación... Altmann se percató de que mis ametralladoras le estaban poniendo difíciles las cosas. En caso de tener que pasar a la defensiva, no dispondría de suficientes hombres. Mi ventaja era que la altura desde la que le estábamos disparando (Kip van Hees) no figuraba en sus mapas. No era más que una «altura artificial», creada con la tierra extraída al construir el canal... Altmann y Aldinger planearon conjuntamente el ataque contra mi pelotón (aunque el segundo no hizo caso de las indicaciones del primero acerca de la «novedad» de mi posición –Schutthalde–). Para neutralizarnos utilizaron artillería terrestre y «aérea». Evitamos que nos localizaran y cambiamos nuestra posición una y otra vez, siempre tratando de apoyar a nuestros Carabineros. A pesar de que las piezas de Aldinger nos disparaban, fuimos capaces de contestar su fuego con nuestras piezas, batiendo la llanura que se extendía desde nuestras trincheras hasta el puente.»

Poco antes de las 12:00 h, otro bombardeo con obuses y granadas de mortero exigió la colaboración de los *Stukas*. Altmann solicitó un ataque aéreo a las 11:50 h, pero éste no llegó de manera inmediata. Pasada media hora, Koch le informó de que el apoyo estaba solicitado, pero «disponible de manera inmediata». Fueron momentos especialmente

Un paracaidista trata de protegerse en una trinchera belga. (Archivo Thomas Steinke)

Alfred Gaida (en la foto como soldado del *Regiment General Göring*) había nacido en Silesia y fue uno de los primeros paracaidistas de la *Luftwaffe*. (Archivo Thomas Steinke)

delicados, porque los ataques belgas, aunque discontinuos, no cesaban. Alrededor de las 13:00 h, una hora más tarde de iniciado el ataque, un oficial, observador de artillería (del 93º Regimiento) del *Heer*, consiguió contactar directamente con Altmann. Fue el primer paso para batir con precisión la calle Bilzerbaan y la carretera a Vroenhoven (Grotebaan). Según Schaumans:

«Yo disparaba bengalas rojas para dirigir el fuego de mis hombres y para indicarle a Altmann que todavía resistíamos, a pesar de que él lanzaba bengalas verdes para indicar a sus hombres que ya se habían conquistado los objetivos asignados. Tan pronto nos lanzaban obuses como trataban de cubrirnos con una espesa cortina de humo blanco. A todas luces, estaban preparando el asalto a nuestras posiciones. Al ver la humareda, creímos que nos estaban atacando con gases, de modo que buscamos desesperadamente al soldado Briek, que era quien tenía las cintas que nos permitían saber si era gas o no lo que nos estaban lanzando. Pero nadie encontró a Briek. Ya no teníamos granadas, así que ordené a mis hombres que calaran las bayonetas en sus fusiles y que se prepararan para defenderse. Pero tras cinco tensos minutos, el humo desapareció. Y de repente, uno de mis hombres me gritó:

– *¡Señor, hemos capturado a cuatro alemanes! ¿Qué hacemos?*
– *¡Buenas noticias! –respondí–. Eso significa que hemos frenado el ataque alemán…*

Los cuatro alemanes formaban parte de una patrulla mandada por Altmann y habían sido descubiertos y disparados por una de mis ametralladoras. Sin más opciones, inmovilizados frente a nuestras alambradas, se levantaron al tiempo que gritaban «¡no disparéis, camaradas!». Se quitaron el casco y el ceñidor, tirándolos al suelo y levantaron las manos mirándonos fijamente. Acompañado de dos soldados, me acerqué a ellos y les ayudé a cruzar las alambradas. ¿Y qué hicieron después? De manera sorprendente, se fueron a un rincón y comenzaron a jugar a las cartas. Pero, ¿es esto la guerra?»

Un Stuka derribado en Veldwezelt

Localizados por Altmann y bombardeados por tierra y aire, los hombres de Schaumans siguieron resistiendo con uñas y dientes, rentabilizando-ciertamente- sus escasos recursos. Recuerda éste:

«Aparecieron en el cielo más formaciones de aviones provenientes de Maastricht. Un Stuka, en concreto, comenzó a sobrevolar el puesto de mando del comandante Philips. Después, acompañado del ruido de su terrible sirena, se dirigió en picado hacia mi grupo. Pero la bomba que lanzó destrozó un nido de ametralladoras próximo a nosotros. Sin tiempo para recuperarnos, un segundo Stuka se dirigió hacia nosotros. Acto seguido, de manera automática, disparamos con la ametralladora y con nuestros fusiles sabiendo que era una cuestión de vida o muerte. Cuando el avión estuvo a unos veinte metros de nosotros, arrojó una bomba que cayó cerca y nos levantó por los aires, llenándonos de tierra y piedras, pero ninguno sufrió heridas de consideración. Y le llegó el turno a un tercer Stuka. A Pijcke le había dado tiempo a cambiar de cargador y siguió disparando. No tuvimos tiempo de saltar, así que nos agachamos y ocultamos todo lo que pudimos cuando nos lanzó su bomba. Tras el estruendo, agachados como estábamos nos abrazamos, porque estábamos vivos, gracias a Dios. Pero no sólo el estar vivo nos llenó de alegría, sino que habíamos dado al avión, que se estrelló junto a las posiciones que ocupaba el pelotón Detiège[53]. Pero pagamos un precio elevado: los servidores de la ametralladora de vanguardia habían muerto al recibir un impacto directo del primer Stuka.

Y seguíamos resistiendo, repeliendo el ataque de las patrullas paracaidistas y sobreviviendo al ataque de Stukas, primero, y de Heinkel 111, después. En este último caso, permanecimos inmóviles y tumbados en nuestras trincheras, evitando la «limpieza» que los aviones alemanes estaban realizando. Estábamos vivos. Mi última acción defensiva, con la que seguí contrariando las previsiones de Altmann, fue la de derribar un globo de observación que los alemanes habían situado en el lado este del puente, a la altura de la aduana. El soldado Pijcke no tuvo problemas en alcanzarlo con su ametralladora. Detrás de nosotros no dejaban de caer granadas, indudablemente dirigidas por el globo que acabábamos de derribar.

---

[53] Se trata, casi con toda seguridad, del Ju 87B *Stuka* perteneciente a la *Geschwader 77,* que, según informes oficiales, se estrelló cerca de la calle Bilzerbaan en Veldwezelt. El lugar de colisión se sitúa realmente unos 500. al S de esta vía. Los tripulantes, el *Uffz*. Ludwig Bussenius, de 22 años, y el *Uffz*. Erwin Albrecht, de 24 años, murieron.

Erwin Albrecht, tripulante del Ju 87 derribado sobre Veldwezelt. (Archivo familia Albrecht)

El relevo alemán y la captura del pelotón de Schaumans

Pero la resistencia no podía continuar. La retirada era necesaria para Schaumans y sus hombres:

«*Poco después, fuimos relevados. Mi teniente, Oscar Devalkeneer, me recomendó que bebiera para reponerme del esfuerzo y me ordenó que fuera a informar al comandante. No obstante, antes de partir le conté cómo habíamos podido repeler los repetidos ataques alemanes durante toda la mañana; también le prometí traer municiones a mi vuelta. Pero tras informar de nuestra situación en el puesto de mando del comandante, me dijeron que las municiones comenzaban a escasear. Me encontraba al otro lado de la carretera y del Kip van Hees y, aunque intenté reunir más hombres y municiones, todo parecía estar perdido*»

Poco antes de las 16:30 h[54], el primer pelotón de infantería alemán, del 2º Batallón del *Schützen Regiment 33*, comenzó a llegar con cuentagotas al puente y contactó con las tropas paracaidistas. Más tarde, la llegada de medio pelotón de ametralladoras y de dos morteros aportó más potencial ofensivo a las fuerzas alemanas. La cabeza de puente profundizaba 1 km hacia el oeste cuando los soldados de infantería arrivaron al puente. Mientras estos aseguraban las posiciones al sur del objetivo, los hombres de la 3ª compañía del 100º Batallón para «cometidos especiales» (zbV 100). Pero a pesar de estos refuerzos, los contraataques belgas continuaban.

Uno de ellos fue el organizado por el pelotón del alférez Bailleux, que pudo contar con cuatro carros ligeros T 13 para dirigirse a reforzar las posiciones en Veldwezelt. Una vez más, los Stukas atacaron y trataron de impedir este enésimo intento de contraataque. A las 16:45 h, Koch solicitaba al *VIII. Fliegerkorps* desde su puesto de mando en Vroenhoven que los bombarderos de asalto y en picado apoyaran a Altmann. Koch le seguía animando a resistir. A las 17:15 h, Altmann solicitó apoyo aéreo de nuevo, pero esta vez, los Stukas no pudieron llegar, y los paracaidistas tomaron la iniciativa, atacando con fusiles antitanque y cargas huecas de 3 kg.

---

[54] No existe una fuente fiable de información sobre el primer contacto entre los paracaidistas y tropas del *Heer* en Veldwezelt. En su informe, Altmann afirma que fue a partir de las 14.30 h, mientras que el diario de comunicaciones efectuadas, establece que fue a partir de las 16:30 h. En cualquier caso, la afluencia de soldados del *Heer* comenzó después del mediodía. No obstante, antes de que lo hicieran los hombres del SR. 33, soldados del Batallón zbV 100 ya estaban apoyando a los paracaidistas en los tres puentes.

Tumba del paracaidista Kurt Pries. (Archivo Thomas Steinke)

Tumba del paracaidista Wilhelm Ochs. (Archivo Thomas Steinke)

La Cruz en honor a los paracaidistas caídos en Veldwezelt. (Archivo Ian Tannahill)

Tumba del paracaidista *Obj*. Karl-Heinz Gönner. (Archivo Thomas Steinke)

Las tumbas de los paracaidistas alemanes caídos en Veldwezelt, situadas en el lado sur de la carretera, junto a la casa Delait. En primer plano (foto de la izquierda), la tumba de un soldado belga. (Archivo Thomas Steinke)

Posteriormente, con ayuda de un cañón antitanque capturado, pudieron destruir dos carros belgas y frenar, así, el contraataque.

A las 17:40 h, a través de la radio, Koch le hacía saber que era *«absolutamente prioritario que mantuviera las posiciones, pues las tropas de refuerzo avanzaban tan rápido como les era posible, pero la voladura de los puentes de Maastricht estaba retrasando el avance del armamento pesado».* No obstante, Koch juzgó que la situación era peor de lo que en realidad sucedió. Así, comunicó a las 18:00 h, que tanto Kanne como Veldwezelt habían sufrido gran número de bajas que habían debilitado la resistencia. Como veremos, el juicio no era equivocado con respecto al primer puente, pero sí con respecto al segundo.

A las 18:00 h, piezas belgas de 21 cm volvieron a disparar sobre el puente. Ningún alemán resultó herido a consecuencia de estos obuses, pero el principal objetivo de Altmann seguía amenazado por los belgas. Por fin, a partir de las 20:30 h, con la llegada de una compañía y media del *Heer,* los disparos belgas cesaron y la tensión entre los paracaidistas se relajó. A las 21:35 h, un batallón de infantería, a las órdenes de un comandante, pasó por el puente. La consolidación de la cabeza de puente era ya un hecho. Algo que comprobó también Schaumans:

«A media tarde, los alemanes recibieron refuerzos fuertemente armados, provenientes de la calle Heserstraat, al norte de donde se encontraban. Apoyados por estos soldados intentaron acercarse a nuestras posiciones a través de la carretera («Grote baan»), buscando en todo momento rodearnos. También esta vez fracasaron. Incapaces de otro movimiento, no tuvieron más remedio que retirarse hacia el depósito de aguas para pasar allí la noche. Fue a las 21:35 h cuando los paracaidistas fueron relevados por un batallón de infantería (33° Regimiento de Infantería).

No pudimos resistir por mucho tiempo, pues estos nuevos soldados contaban con apoyo de carros de combate. Así las cosas, el segundo día del ataque fuimos rodeados. El que la única

El encuentro con los ingenieros del *Heer* consolidó la cabeza de puente alemana. (Archivo Thomas Steinke)

Prisioneros belgas en las trincheras de Veldwezelt. (Archivo Thomas Steinke)

Las tropas del *Heer* dan el relevo a los paracaidistas, que se agrupan al fondo, tras el búnker Abri N. (Archivo Thomas Steinke)

posición antiaérea (4 ametralladoras Maxim) situada a nuestras espaldas fuera destruida por un Heinkel 111, facilitó la maniobra alemana. La dotación, junto con nuestro observador, salvó la vida y huyó hacia el depósito de agua. No podíamos resistir más, ni combatir en dos frentes. Ante la inminencia de la captura, intenté huir junto a otros 4 soldados. Aunque tres de ellos evitaron el cerco, mi sargento murió y yo fui capturado. También me habían herido… Mis guardianes me trataron de acuerdo con lo dictado en la Convención de Ginebra: un médico alemán me atendió inmediatamente poniéndome 4 inyecciones. Fui posteriormente trasladado al hospital de Maastricht en una ambulancia alemana, junto a 4 oficiales alemanes heridos».

Tumbas provisionales de los caídos del grupo de asalto *Stahl*, situadas al sur de la carretera, tras la casa Delait, junto al cruce con la actual calle Papenweg. Al fondo, la casa Wetzels-Emmerix, dueños del Café «Holland», uno de los edificios destruidos junto a la carretera

Trincheras belgas y cruz en memoria de los paracaidistas muertos, todo ello al norte de la carretera, en la orilla oeste del canal Alberto. (Archivo Schalich, Si-Fi 2/132)

El comandante del SR 33, el comandante Püschel relevó al teniente Altmann pasadas las 21:30 h, encargándose también de la custodia de los alrededor de 200 prisioneros belgas. Instantes después, los paracaidistas abandonaron el campo de batalla, retirándose hacia Maastricht, donde quedaron alojados en la fábrica de tabaco, junto con los paracaidistas que habían asaltado Vroenhoven. Eran las 23:30 h del 10 de mayo de 1940. Los *Fallschirmjäger* del grupo *Stahl* habían cumplido con creces su misión: mantener intacto el puente de Veldwezelt, a costa de 8 soldados muertos, 14 heridos graves y otros 16 leves.

La resistencia belga se quebró totalmente a media noche, cuando los hombres de la 4ª batería, al mando del comandante Dalcq, sin munición y sin esperanzas, decidieron retirarse buscando protección en las casas del pueblo. Fueron capturados cuando intentaban dirigirse hacia Moperdingen. Ofrecieron resistencia y durante el intercambio de disparos Dalcq y otros cinco hombres murieron. El total de los muertos de la batería ascendió a 17. El total de fallecidos en las filas belgas ascendió a 116 hombres. Los que sobrevivieron, alrededor de 400, fueron capturados.

Los primeros ingenieros del *Heer* contactan con los paracaidistas en Veldwezelt. (Archivo Thomas Steinke)

La tragedia de las víctimas civiles

La tragedia se cebó con los civiles de Veldwezelt. La orden de evacuar a todos los que vivían a 300 m del puente no pudo llevarse a cabo, de tal suerte que muchos hombres, mujeres y niños se encontraron, inevitablemente, indefensos en medio de los combates. Así, 36 hombres, mujeres y niños encontraron la muerte durante la mañana de aquel fatídico 10 de mayo. Otros 7 más fallecieron en las proximidades, en Kesselt. Además, 45 civiles más resultaron heridos de diversa consideración.

Muchas de las víctimas murieron al ser atacadas sus casas, o al tratar de huir presas del pánico. Aunque gran parte de las muertes se produjeron en el cruce entre la carretera proveniente del puente (Bilzerbaan) y la que conduce a Lanaken y Vroenhoven (Grotebaan), pues allí se situaba un puesto de mando belga, fue especialmente dramático lo que acaeció en las inmediaciones del puente. La neutralización del búnker fue acompañada de la voladura de los edificios adyacentes y del ataque en picado de los *Stukas* de la *Luftwaffe*. Los civiles más afortunados se quedaron escondidos (realmente atrapados) en los sótanos de sus casas. Otros, presas del pánico, corrieron a buscar protección, pero fueron alcanzados por los disparos. Algunos fallecieron aplastados al derrumbarse su casa.

Las órdenes alemanas contemplaban la ocupación y / o voladura de varias casas situadas junto a la carretera (Bilzerbaan). Concretamente, entre los objetivos de los grupos dirigidos por Ellersiek (nº 2), Wiese (nº 3), Hübner (nº 4), Pohlmann (nº 6) y Toschka (nº 8) figuraba este cometido. En el caso de Ellersiek y de Pohlmann se hablaba directamente de «destrucción». Así, Ellersiek y sus hombres serán los responsables de la voladura de

Tumba del cabo Erich Erdrich. (Archivo Thomas Steinke)

Cruz erigida tras los combates en recuerdo de los paracaidistas caídos. Estaba situada junto al puente, en el lado norte de la carretera, junto a la casa Caenen-Nicolaes. (Archivo Ian Tannahill)

la fonda-restaurante (y tienda de bicicletas) de Jan Nicolaes, situada junto al puente, al sur de la carretera. Según el informe alemán redactado con posterioridad al ataque, en el lado norte, los paracaidistas dirigidos por Toschka, Wiese y Ellersiek (éste último, activo a ambos lados de la carretera, pero especialmente en el sur), se encargaron de la voladura de, al menos, tres casas[55] (aunque, con toda probabilidad, fueron más[56]).

Veamos algunos casos:

Jaak Driesen (1897-1940)

Habitaba junto a su mujer, Mechtilde, y sus hijos en la casa de su suegro, Pieter Delait. Ésta se encontraba a unos 150 m del puente, en el lado sur de la carretera. Jaak no se encontraba en casa cuando comenzó el ataque, sino que se hallaba trabajando para la empresa *Pieux Franki* en la zona del puente de Briegden. Desde este lugar, fue testigo del bombardeo alemán que mató al comandante Giddelo en Lanaken. Cogió su bicicleta y, esquivando como pudo el bombardeo alemán, se dirigió. Lo que no pudo imaginarse es que su mujer e hijos se habían refugiado en la casa de la familia Bruggen, situada enfrente de la suya. Justo cuando se encontraba en la puerta de su casa, Jaak fue alcanzado por

---

[55] Melzer (1956), pág. 59.

[56] Jan Nicolaes, superviviente del ataque, comenta en *Wiosello* (1990), pág. 151, que fueron dañadas o destruidas unas 45 casas (el colegio y la iglesia incluidos). Aquellas viviendas situadas junto a la carretera (Bilzerbaan) fueron objetivo preferente de los alemanes (paracaidistas y *Stukas*). La primera en ser atacada fue la casa de Willem Geurts, junto a la iglesia de Velwezelt. Reinhold Susdorf, paracaidista del grupo nº 8, recordaba que su jefe, el *Oberjäger* Hahn y dos de sus compañeros, volaron una casa con cargas de 24 kg, con el fin de eliminar obstáculos y mejorar el campo de tiro.

En la confluencia entre las calles Bilzerbaan y Lindes-traat se levantaban las casas Caenen-Nicolaes y Jules Nicolaes-Staeren. Detrás de ellas aterrizó el planeador del grupo n° 8, pilotado por Rudi Opitz. La foto está tomada desde el búnker Abri N, semanas después del ataque alemán. Los daños en las casas son todavía visibles. (Archivo Schalich)

Las mismas casas en 2009. (Foto Óscar González)

En este lugar se levantaba la casa-restaurante de Jan Nicolaes. A la izquierda del grupo, Pierre Nicolaes, su hijo, que salvó la vida durante el ataque alemán. Hoy día regenta junto a su hijo (a la derecha) una tienda de bicicletas. (Foto Óscar González)

metralla en la espalda. Aunque fue trasladado al hospital Calvarienberg de Maastricht, falleció a consecuencia de las graves heridas el 21 de junio de 1940.

Petrus, Herman y María Rassin

Petrus Rassin, nacido en 1901, se había mudado con su familia de Maastricht a Veldwezelt el 14 de marzo de 1939, con la intención de regentar el restaurante-café «Bekker», situado en el importante cruce entre la calle Bilzerbaan y la carretera a Lanaken (Grotebaan), y que anteriormente había pertenecido a la familia Jorissen-Bastings. Junto con Petrus y su mujer, tres hijos y dos hijas formaban una estable familia.

Su negocio marchó bien durante la época en la que los soldados belgas movilizados comenzaron la construcción de trincheras y parapetos defensivos. Pero el día del ataque, el bombardeo de la *Luftwaffe* se cebó especialmente con el vital cruce en el que se encontraba la casa de los Rassin. El ataque acabó con la vida del padre y de dos hijos,

Jacobus (Jaak) Driessen, una de las víctimas civiles del ataque a Veldwezelt. (Foto Óscar González)

Herman, de 14 años, y Maria, de tan sólo 6 años de edad.

Louis-Paul Boon, quien tras la guerra llegaría a ser uno de los escritores flamencos más famosos, sirvió como soldado en las filas del 2° Regimiento de Carabineros, en el puente de Briegden. El día 12 de mayo, tras ser hecho prisionero, fue conducido por sus captores alemanes a través de Veldwezelt. No olvidará lo que vio al llegar al lugar donde se levantaba el café de la familia Rassin:

«Caminamos por la carretera y no sabíamos a dónde mirar. El hedor de los cuerpos de soldados, niños, caballos… lo invadía todo. De pequeño se me había dicho que el camino hacia el infierno era una senda oscura. Ahora podía entenderlo. Donde ayer se levantaba un café, ahora sólo había escombros. Cerca estaba la panadería, donde vivían tres maravillosas muchachas. Ahora una de ellas yacía en el suelo… Pero hubiera preferido olvidar todo esto rápidamente. Seguimos por la carretera y junto a otras casas destruidas, un hombre nos ofreció una jarra de agua, por si teníamos sed[57].»

Miake Roox

La pequeña Miake, de 2 años de edad, vivía con sus padres, Nicolas Roox y Catharina Geurts, y dos hermanos, junto al puente, en el lado norte de la carretera (calle Lindestraat, 27). El día del ataque su hermano mayor, Servaas, se encontraba de vacaciones lejos de Veldwezelt.

Uno de los planeadores alemanes aterrizó en la explanada cercana a su casa, en el prado de la familia Caenen[58]. El padre pudo observar cómo varios paracaidistas, nerviosos, se concentraban cerca de su casa. Sin saber a ciencia cierta quiénes eran, les preguntó qué pasaba. Ellos le conminaron a entrar dentro de casa, pues –según le dijeron- la guerra había comenzado. Sin tiempo que perder, bajó con su mujer e hijos al sótano. Tratando de huir del infierno que se estaba desatando, un soldado belga se coló en su casa y bajo con ellos a buscar protección en el sotano. Fue él quien les dijo que se sentaran junto a una esquina, pues éste era sin lugar a dudas el lugar más seguro. Acto seguido, a las 5:30 h, una terrible explosión provocó la muerte de la pequeña Miake, a la vez que hería de gravedad a su madre, Catharina. El padre también resultó herido leve, pero pudo quitarse de encima los cascotes que le habían caído. A las 14:30 h, fueron atendidos por los alemanes.

[57] Boon, L. (1994), pág. 18.
[58] Es muy probable que fuera el de Toschka, el grupo n° 8 (pilotado por Opitz).

143

Louise Duchateau agita una bandera belga al paso de un vehículo blindado norteamericano. Cuatro años después del ataque alemán, en septiembre de 1944, llegaron los Aliados. (National Archives, Washington, vía Jo Fiévez)

Cornelia Roox

La destrucción de las casas de los civiles belgas fue especialmente intensa en los alrededores del búnker y del puente. Según la inteligencia alemana, varias viviendas servían de alojamiento a los oficiales y soldados destacados en las posiciones de Veldwezelt. El Café Nicolaes, a escasos 50 m del búnker N, era uno de ellos. En los mapas e informes belgas figuraba como puesto de mando del pelotón Bossaert[59].

Jan Nicolaes regentaba una fonda-restaurante, que también servía de tienda y taller de bicicletas. El ataque de los paracaidistas alemanes segó la vida de su madre, Cornelia Roox, de 64 años de edad. Ni él ni nadie en su casa se extrañó de la alerta decretada horas antes del aterrizaje de los planeadores, pues creían que se trataba de otro entrenamiento más. Jan Nicolaes lo recuerda así:

«Mi madre me despertó, porque afuera se estaba desatando un verdadero infierno. Me dijo que me despertara, que había comenzado la guerra. La gente estaba gritando. Era una auténtica pesadilla. El cielo estaba plagado de aviones. También vimos que varios planeadores habían aterrizado en el prado que estaba detrás de nuestra casa. De repente, oímos un estruendo e inmediatamente una nube de polvo llenó la casa. Las primeras bombas comenzaron a caer cuando nos dirigimos al sótano. Todo sucedió muy rápido. Mi madre subió de nuevo porque oyó

---

[59] El informe oficial belga sitúa las fuerzas del pelotón Bossaert de la siguiente manera: *«Ce peloton a 3 groupes de combat et ses D.B.T au Sud de la route; un groupe au Nord de la route. Le chef de peloton a son P.C. à la maison Nicolaes située en bordure de la route à quelque 50 mètres en arrière de l'abri»* (La 7. D.I. sur le Canal Albert. Titre VII: Les evenements aux ponts et aux destructions. B. Au Pont de Veldwezelt).

Seccionado por un DFS 230 → casa Janssen-Keulemans

casa Delait

El 11 de mayo, sábado, los carros de combate del 36º Regimiento Panzer llegan a Veldwezelt. Los civiles son obligados a evacuar la zona. Es el momento que recoge la foto. Louis Duchateau, fallecida en 2005, marcha a Maastricht acompañada de sus hijos y precedida por su marido, Marcel Geurts, que no aparece en la foto. La primera casa a la izquierda de la carretera es la de Pieter Delait y su esposa Joséphine Beerden, incendiada a consecuencia de los combates. Toda la familia, a excepción de su yerno, Jacob Driessen, se refugió al otro lado de la carretera, en la casa Bruggen. Nótese que un poste del tendido eléctrico ha sido seccionado por un planeador instantes antes de aterrizar. (Bundesarchiv)

Casa Janssen-Keulemans (no existe en el actualidad)

casa Bruggen

La misma vista en 2009. Muchos edificios han desaparecido y la calle ha sido remodelada, pero la casa Bruggen aún sigue en pie. (Foto Óscar González)

La casa Bruggen a la derecha, todavía en pie en 2009. (Foto Óscar González)

gritos pidiendo auxilio. Pensaba que era la mujer de mi hermano, Anna Clara Staeren, pero se trataba de la hija de la familia Haesen-Roox, que vivía enfrente de nosotros. Isabella Haesen se dirigía a nuestra casa, pero murió.

Fue entonces cuando otra explosión, aún más fuerte que la primera, derribó parte de nuestra casa. No pude socorrer a mi madre, que murió en el acto. Permanecí en el sótano cubierto con cascotes y ladrillos. Pude liberarme y reunirme con mi mujer. María Loyens, e hijo, Pierre, que se encontraban a salvo. Abrazados, no parábamos de rezar. Poco después oímos gritar a los alemanes, preguntando si había alguien entre las ruinas de la casa. Comentaban que iban a destruir lo que quedaba».

Isabella Haesen, víctima del ataque alemán en Veldwezelt. (Foto Óscar González)

Al día siguiente, Jan Nicolaes, su mujer e hijo fueron rescatados por tropas alemanas. Al salir al exterior pudieron ver los efectos del ataque alemán sobre el búnker N.

Isabella Haesen

Isabella, de 22 años de edad, fue la vecina a la que oyó la madre de Jan Nicolaes. Estaba casada con Aldelmarus Timmerman y habitaban la casa llamada «Haesen-Roox», situada justo al lado del puente en el lado norte de la carretera, enfrente de la fonda de Jan Nicolaes. Su esposo tampoco se encontraba en casa en el momento del ataque, pues servía como chófer en el ejército belga en Beverlo.

Al comenzar el ataque, se refugió en su sótano, pero como estaba sola, decidió cruzar la calle y dirigirse a la casa de sus vecinos, la familia de Jan Nicolaes. Murió en el intento. Parece ser que un soldado belga que acudió a socorrerla también fue herido mortalmente.

Anna Clara Staeren

La familia de Jan Nicolaes sufrió como ninguna el devastador ataque alemán. Su cuñada, Anna Clara Staeren, fue otra de las víctimas civiles. Tenía 27 años y estaba casada con Jules Nicolaes, quien no se encontraba en casa en el momento del ataque, pues había sido movilizado por el ejército. Su vivienda se encontraba en el lado norte de la carretera, enfrente de la de su hermano Jan. Durante el ataque, Anna perdió los nervios y presa del pánico salió del sótano junto a su hijo pequeño, Pierre, y trató de dirigirse en dirección oeste, hacia el cruce con la carretera a Lanaken. Al darse cuenta de que no llevaba dinero, intentó regresar, pidiendo prestada una bicicleta y dejando a su hijo con unos amigos. Cuando volvía al lugar donde estaba su hijo, fue alcanzada mortalmente por la metralla a la altura de la carnicería de Cobis Jackers, a 100 m de su casa. El niño sobrevivió.

Pieter y Mathieu Janssen/Herman y Hendrik Vuurstaek/Laurens Hermans, Helena Vuurstaak y Helena Hermans

Los dos hermanos Janssen (Mathieu, de 7 años, y Pieter, de 9) vivían con sus padres y otro hermano, Marcel, en la casa familiar, Janssen-Bringmans, situada junto al cruce de carreteras, al oeste del puente. En su casa también se encontraban alojados soldados, que corrieron a ocupar sus posiciones en el Kip van Hees cuando se decretó la alarma general, alrededor de las 2:00 h.

Cuando se inició el ataque, los padres cogieron a sus hijos y buscaron protección. El padre se quedó para dejar algo de alimento al ganado, mientras que la madre y los

Tumba de los hermanos Pieter y Mathieu Janssen, muertos durante el ataque alemán. (Foto Óscar González)

tres hijos trataron de buscar protección en la casa de al lado, propiedad de la familia Hermans. El bombardeo se hizo más intenso en el cruce de carreteras, objetivo prioritario para los alemanes por encontrarse en sus inmediaciones un puesto de mando belga, pero también vía de escape para muchos civiles y soldados belgas que corrían despavoridos. Antes de llegar a casa de sus vecinos, vieron cómo ésta era bombardeada por los *Stukas*. Tres miembros de la familia Hermans fallecieron (el padre, Laurens, de 70 años, la madre, Helena Vuurstak, de 63, y la hija de ambos, Helena, de 27 años). La madre, siempre acompañada por sus tres hijos, trató de alcanzar la casa de Alfons Kerkhofs, cosa que consiguieron finalmente. Aquí se refugió mucha gente que buscaba desesperadamente protección frente a los aviones alemanes.

Pero esta vivienda se convirtió en la tumba de los dos pequeños, cuando también fue bombardeada por los aviones alemanes. A los dos pequeños no les dio tiempo a entrar en la casa. La madre resultó herida en la pierna, al igual que el tercer hijo, Marcel. En la entrada de la casa Kerkhof también murieron otros dos hermanos: Hendrik, de 5 años de edad, y Herman Vuurstaek-Jehaes, de 9 años. Esta fue otra tragedia, pues eran los dos únicos hijos de una viuda.

Sin conocer el trágico destino de los pequeños Pieter y Mathieu, su padre se los encontró muertos entre los escombros de la casa Kerkhof. Él mismo tuvo que enterrar sus cuerpos en el cementerio de Veldwezelt.

Christian, Joris y Joseph Kerkhofs

Christian, de 30 años, y sus dos hijos, Joris Jacobus, de 3 años, y Joseph, de 4, morirán a consecuencia del bombardeo alemán mientras trataban de huir juntos en la bicicleta del padre. Una bomba segó sus vidas cerca del cruce de Bilzebaan y Grotebaan, junto a la casa Jans-Simons. De esta familia sólo se salvaron la mujer de Christian, y madre de los dos chiquillos, Isabella, y el hijo pequeño, Jacques. Ambos tuvieron tiempo de refugiarse en un sótano.

El Café Holland, casa Wetzels-Emmerix, totalmente destruida tras el ataque alemán. (Archivo Thomas Steinke)

Vista de la destrucción provocada en las viviendas belgas por el ataque alemán. (Archivo Thomas Steinke)

Joris Janssen y María Keulemans

Este matrimonio vivía a 250 m al oeste del puente, en la calle Bilzerbaan, junto a la actual calle Papenweg. Junto a ellos también se encontraban sus dos hijos gemelos, Jan y Gerard, su hija Anna y los dos hijos de ésta, Rina y François. Al igual que Jan Nicolaes, los Janssen-Keulemans regentaban un pequeño café al que acudían los Granaderos belgas desplegados en las inmediaciones.

Siguiendo idéntico proceder que la mayoría de los vecinos de Veldwezelt, la familia se refugió en su sótano durante los primeros momentos del ataque alemán. Alrededor de las 6:00 h, decidieron salir y escapar hacia el cruce de carreteras. Joris y uno de sus hijos, Gerard, sólo habían recorrido 100 m, cuando oyeron una explosión a sus espaldas: su casa estaba siendo bombardeada. María y su hijo Jan, que marchaban algo más retrasados, resultaron heridos. Joris se quedó esperando en las cercanías de la finca de la familia Neven-Kerkhofs, mientras su hijo Gerard acudió a ayudar a su madre y a su hermano. Decidió ir campo a través, acercándose a las trincheras belgas. Entonces, se encontró cara a cara con un Granadero, quien, sin mediar palabra, sacó su pistola y le disparó en la

Fusil ametrallador Browning, arma de dotación en el ejército belga. (Foto Óscar González)

Las armas capturadas, como este fusil ametrallador «FN *Mle* 30», versión belga del BAR (*Browning Automatic Rifle*) norteamericano, también fueron empleadas por los paracaidistas. Nótese la presencia de una mira telescópica para francotirador en el fúsil Kar 98. (Archivo Thomas Steinke)

pierna. El caso es que Gerard llevaba un capote azul y el aterrorizado soldado –asiduo del café de la familia Janssen-Keulemans- le confundió con un paracaidista alemán. Tras este incidente, ambos se sentaron juntos en la trinchera llorando. Gerard, herido, fue posteriormente evacuado hacia Mopertingen.

Joris corrió hacia el cruce de carreteras y pudo alcanzar los alrededores de la casa de Alfons Kerkhofs, pero al igual que muchos otros civiles, la muerte le llegó en este lugar, muriendo asfixiado y aplastado por el derrumbe de las casas aledañas. María, su mujer, murió a consecuencia de sus heridas tres meses después, en agosto de 1940. Él tenía 60 años y su mujer, 59.

Las «dificultades» belgas. Algunas consideraciones

Las cabezas de puente de los *Fallschirmjäger* se consolidaron, tanto en Veldwezelt como en Vroenhoven. La *Luftwaffe* les auxilió constantemente, convirtiéndose en la pesadilla de los belgas. Sus letales ataques dañaron irreversiblemente la «estructura» de la 7ª

División de Infantería belga y la moral de los soldados. Todos sus contraataques fueron desbaratados en la fase de preparación, todo fuego artillero belga fue pronto silenciado. Ningún objetivo, ningún cruce de carreteras, fue perdonado.

En suma, los pelotones de la 6ª Compañía fueron superados totalmente por el ataque sorpresa alemán, imprevisto al menos de la forma en la que fue realizado. Pero no se debe desdeñar la influencia de otro factor decisivo: la mala condición del armamento belga. Tal y como hemos visto, todos los testimonios belgas coinciden en señalar el mal funcionamiento de las armas: las ametralladoras y los fusiles no dispararon, y las granadas no disponían de detonador. Resulta paradójico constatar que los «granaderos» belgas no dispusieron de «granadas» con las que repeler el ataque…

Ya antes del ataque alemán, en el curso de unas maniobras realizadas en Lombartzijde en abril de 1940, sólo 3 fusiles de un total de 26 funcionaron normalmente; las ametralladoras dejaron de funcionar tras haber disparado algunas ráfagas; las granadas no disponían de detonadores, y éstos se encontraban ilocalizables. Esta circunstancia no era ignorada por el comandante de la compañía, el teniente Lombaers, antes de la llegada del nuevo comandante, Jammaers. A los jefes de grupo se les había prometido la verificación de las armas, pero ésta no llegó. Así que todos los hombres, desde el soldado raso hasta el comandante de la compañía, sabían de sobra que estaban en primera línea defensiva con armas inservibles. Nuevas, sí, pero que no habían sido probadas ni testadas adecuadamente (sólo un 10% funcionaban sin problemas)[60]. Algo que corrobora Vandevelde:

«*Fuimos entrenados en 1934 con el Mauser de 1898. Y todo ello, para ser de nuevo equipados en 1940 con un nuevo fusil. Éste tenía un montaje del cerrojo diferente (…). Por mi parte, fui movilizado el 1 de septiembre de 1939, y realicé un ejercicio de tiro el día 15 del mismo mes. Hasta el día del ataque del 10 de mayo, no volví a realizar otro. Esto habla de la falta de preparación con la que nos enfrentamos a los alemanes.*»

La desbandada en las filas belgas se desató durante el ataque. Algunos oficiales gritaban a sus soldados que dispararan, pero en la mayoría de los casos no se disponía de cartuchos. Las municiones se encontraban almacenadas en un camión, lejos de las trincheras, y los belgas, aterrados, se precipitaron al suelo de las trincheras sin otra preocupación que proteger a los heridos y a ellos mismos.

Pero ni con las mejores armas se podría haber contestado el ataque sorpresa alemán, puesto que sobre la «nada flexible» cadena de mando belga pesaba otra extraña consigna: la de no abrir fuego contra Holanda. Por ejemplo, en las filas del grupo Neirinck, del pelotón Bossaert, en el lado SO del puente, en los momentos previos al ataque se oyó la siguiente recomendación: «*¡No tengáis miedo! Seguramente respetarán nuestra neutralidad. Además, vuelan alto y por territorio holandés*»[61]. De idéntica manera,

[60] Oebser (2009), pág. 102.
[61] Schaumans (2004), pp. 81 y 91. Bikkar (1995), pp. 137 y 184.

Cañones antitanque de 47 mm capturados a los belgas en Veldwezelt. (Archivo Thomas Steinke)

Reinhold Susdorf junto a otros paracaidistas y soldados del *Heer*. A su lado, una bandera del *Reich*, señal convenida para comunicarse con la *Luftwaffe*. (Archivo Thomas Steinke)

Tumbas de Carabineros belgas en el cementerio civil de Veldwezelt. (Foto Óscar González)

tal y como se tratado anteriormente, pensaron los soldados del 18º Regimiento en el *Kip van Hees*. Y, desde luego, había lógica en su razonamiento. La confianza en el «peso de la neutralidad belga», aparte de ser ingenua, provocó lentitud y errores en la reacción belga.

El 14 de abril de 1940, casi un mes antes del ataque, el *major* Jottrand, comandante del fuerte Eben Emael, «piedra angular» del sistema defensivo del Canal Alberto, fue visitado por varios oficiales del Estado Mayor del I y III Cuerpos (el fuerte se encontraba en la zona del I, pero dependía administrativamente del III) que le entregaron una nota «personal y secreta». Según ésta, la entrada de tropas extranjeras en Holanda no entrañaría *ipso facto* para las tropas belgas la autorización de penetrar en territorio holandés, ni de abrir fuego, aunque esa invasión de suelo holandés amenazara directamente las fronteras belgas. Ni siquiera se entraría en Holanda a petición de los holandeses. Sólo se actuaría en Holanda en caso de que lo autorizara el comandante en jefe belga, el general Michiels. Tan secreto era el documento, que Jottrand no recibió una copia después de firmarlo. Así las cosas, los poderosos cañones de 120 mm del fuerte no pudieron disparar, a pesar de solicitarlo a las 9:00 h, porque el *major* Jottrand no tenía «*orden de disparar contra Holanda*». Esto supuso una indiscutible ayuda para el rápido avance alemán. Ni un solo obús belga fue disparado contra las columnas alemanas atascadas en Maastricht.

Pero volviendo a las armas, no sólo éstas estaban defectuosas, también las trincheras e instalaciones acusaron la falta de cuidado y el deterioro causado por la lluvia y el frío. Nada se hizo por reparar estas deficiencias.

Unidades de artillería atraviesan Maastricht en dirección a Vroenhoven. (Archivo Thomas Steinke)

Placa colocada en el puente Servaasbrug que recuerda la resistencia holandesa a la invasión alemana. (Foto Óscar González)

El puente de Servaasbrug en Maastricht en 2005. Junto con el de Wilhelmina y el del Ferrocarril, fue el tercer puente volado por los holandeses. (Foto Óscar González)

En cuanto a la artillería, los cañones anticarro belgas, todos ellos de 47 mm, habían sido camuflados y colocados en las cercanías del puente. Las primeras bombas de la «artillería aérea» alemana, desplegada por bombarderos en picado, fueron destinadas a estas piezas. El resultado fue decisivo, y en este sentido fue precisa la información aportada por la inteligencia alemana, puesto que el camuflaje no les sirvió de nada. Así las cosas, cuando los carros de combate alemanes entraron en Veldwezelt, no encontraron resistencia. Los observadores para la artillería se encontraban en posiciones más retrasadas y conectados mediante teléfono con las piezas. Aquéllos fueron objetivo prioritario de los *Fallschirmjäger* durante los primeros instantes del ataque. La gran mayoría de ellos resultaron muertos. Sin observadores, la artillería belga careció de precisión y no constituyó una amenaza ni para los paracaidistas ni para el puente.

Que Alemania iba a atacar, era sabido por los belgas. Pero jamás se imaginaron que llegarían tan rápido, ni «cayendo» del aire sobre sus «espaldas». En diez minutos, los alemanes habían conseguido anular las defensas belgas y establecerse un perímetro defensivo a 150 metros del puente. Por radio, Altmann anunció a Koch que el objetivo

Tropas alemanas cruzando el puente Servaasbrug. (Hoffmann)

Cualquier medio es válido
para atravesar el Mosa a
su paso por Maastricht.
El tiempo apremia.
(Bundesarchiv)

estaba tomado. Los paracaidistas aumentaron su zona de control y esperaron el relevo, llevado a cabo a las 14:20 h. Los paracaidistas abandonaron la zona y se dirigieron a Maastricht a eso de las 21:30 h. Así lo corrobora Susdorf, recordando hasta el último detalle:

«Hacia primeras horas de la tarde llegaron los ingenieros del Heer y nos relevaron. Fuimos a Maastricht y allí tratamos de descansar. A mí, en concreto, me tocó dormir junto a un montón de carbón que estaba apilado en un sótano».

Por lo que respecta al botín hecho por el *Sturmgruppe Stahl,* consistió en 4 cañones antitanque, 15 ametralladoras pesadas, 20 ametralladoras ligeras, 11 morteros ligeros y alrededor de 150 fusiles.

Problemas en Maastricht

Mientras se combatía en el canal Alberto, el ejército alemán cruzó la frontera a las 5:35 h. Previamente, un comando de unos 85 hombres en uniforme de policías holandeses se había dirigido a Maastricht con la intención de impedir la voladura de los puentes sobre el río Mosa. El grupo fue interceptado cuando había penetrado 10 Km. en territorio holandés, sufriendo fuertes pérdidas. Por otra parte, otro pequeño grupo con idéntica misión, que ya había llegado a las puertas de la ciudad, falló en el objetivo. El jefe del comando, un *Unteroffizier* alemán, fue herido junto al puente, su segundo huyó. El resto del grupo, 5 nazis holandeses, estaban tan borrachos que nada pudieron hacer. Así, entre las 7:40 y las 8:00 h fueron volados los puentes, cuando las primeras unidades regulares alemanas alcanzaban la ciudad.

En Maastricht, los alemanes se pusieron manos a la obra para pasar rápidamente tropas y material a la otra orilla del Mosa. Pontones, pasarelas, botes neumáticos sirvieron de medios eficaces para pasar, primero, infantería, y después, vehículos y

Soldados alemanes en Maastricht. (Bundesarchiv)

material, así como armas. Para el combate se necesitaba continuamente gran cantidad de vehículos. Los puentes para los carros de combate no estuvieron listos hasta el 11 de mayo a las 5:30 h.

La guarnición holandesa de Maastricht capituló el día 10 poco después de las 11:00 h. Pero las consecuencias de su principal acción en el breve tiempo de combate, a saber, la voladura de los puentes, tuvieron gran alcance. La principal, provocar un retraso de 20 horas a dos divisiones acorazadas, responsables del empuje alemán. Indudablemente, algo que alteró significativamente las expectativas iniciales alemanas.

El 10 de mayo alrededor de las 10:00 h llegaron los refuerzos de las baterías del *Flak-Abteilung* Aldinger a los cuatro grupos de asalto paracaidistas. Su apoyo artillero fue de gran eficacia. Así mismo, en ayuda de Vroenhoven y Veldwezelt, fueron llegando desde las 13:00 h dos unidades pertenecientes al 103º Regimiento de Artillería. El *Schützen Regiment 33* lo hizo en Veldwezelt entre las 12:00 y las 13:00 h, al igual que comandos del *Bataillon zbV 100*, esta vez en uniforme alemán. Estos soldados fueron rápidamente «empleados» por los paracaidistas. Lo mismo ocurrió en el puente de Vroenhoven, en este caso con soldados del *Schützen Regiment 12* y –también- del *Bataillon zbV 100*. Después del mediodía del 10 de mayo ambos puentes estarían ocupados por un gran número de tropas alemanas.

EL ASALTO A VROENHOVEN

El grupo Hormigón (Beton)

El puente de Vroenhoven era uno de los más impresionantes que jalonaban el Canal Alberto. Había sido construido utilizando hormigón armado, y su estructura era idéntica a la de los puentes de Lanaken y Gellik, siendo supervisados los tres proyectos por la misma persona, el ingeniero Lambermont, que no era otro que el ingeniero en jefe encargado de la construcción del resto de puentes (65) sobre el canal. Estos tres puentes cruzaban el canal en el tramo formado por una trinchera larga y profunda (con una sección de más de 5.000 m²). La presencia de esta enorme zanja se había hecho necesaria con el fin de que el curso del canal no penetrara en territorio holandés.

La obra de Vroenhoven fue la primera en construirse[62], con tres bóvedas de hormigón (en tres articulaciones), con un tramo central y dos tramos laterales. Su longitud era de 117 m y su anchura de 9 m. Su construcción fue realizada por la empresa *«A. Monnoyer et E. Fricero»*, según diseño de los ingenieros Santilman y De Clercq.

La misión de tomar este puente intacto se le había encomendado al grupo *Beton* (hormigón). Según sus órdenes, capturarían el objetivo y resistirían, formando una cabeza de puente. Así mismo, debería destruir el búnker situado al oeste del mismo y poner fuera de combate los dos que servían para proteger los flancos norte y sur. Los *Fallschirmjäger* se concentrarían también en la destrucción de las fuerzas enemigas, presumiblemente situadas en las casas al oeste del puente. Deberían impedir la voladura del puente por parte del enemigo, neutralizando las mechas y dispositivos de detonación. Así mismo, se vaciarían las cámaras con explosivos y se destruiría la línea de teléfono. Las trincheras situadas al oeste del puente serían también atacadas. Después de silenciar la resistencia de los belgas, se consolidaría una cabeza de puente, eliminando obstáculos y barricadas con el fin de facilitar el paso del grueso de las fuerzas alemanas hasta el oeste.

---

[62] El puente de Vroenhoven, junto con los de Lanaken y Kompveldstraat, en Gellik, eran tres construcciones del mismo tipo (hormigón), que atravesaban el canal en zonas donde la trinchera de éste era larga y profunda. El primero en comenzar a ser construido fue el de Vroenhoven, en 1933, según Delmer (1939), pp. 149 y 150, y Declerq y Santilman, *Le nouveau pont de Vroenhoven sur le canal Albert, en Annales de Travaux publics de Belgique,* août 1934, pp. 597-612.

Theodor Hofmann, segundo al mando del grupo «Hormigón». Al resultar herido el líder, Schacht, Hofmann tomó el mando de la operación. (Archivo Thomas Steinke)

El área del ataque comprendía dos «sectores», el primero del cual comenzaba 200 m al norte del puente, delimitado por el talud del Canal Alberto -al este-. Desde aquí se extendían las trincheras belgas paralelas al mismo, hacia el oeste y el sur, acabando en la quinta casa al norte de la carretera Maastricht-Tongeren, que ejercía la función de «eje de simetría» separando los dos sectores. El segundo comenzaba al cruzar la carretera. Las trincheras belgas se desplegaban desde aquí hacia el sur y hacia el este, cerrando el sector de nuevo en el talud del canal, al sur del puente.

El sector norte sería «coordinado» por el *Oberfeldwebel* Hofmann (grupo n° 4) (que también ejercería de segundo del *Leutnant* Schacht), contando con las siguientes fuerzas, comenzando por el norte: grupo Giese (6), bien pegado al canal, grupo Lange (7), ocupándose de las trincheras al oeste paralelas al canal[63], el *Fallschirmjäger* Wummel, de la plana *(Stab)*, sirviendo una ametralladora y los paracaidistas Wendelken (9) y Klug (8), con sendos fusiles anticarro *(Panzerbüchse)*.

El sector sur, a su vez, estaría al mando del *Obj.* Walter Röhrich (grupo n° 5). Sus fuerzas serían las siguientes (comenzando por el norte del sector): fuego de ametralladora del grupo Gahno (3), fuego de ametralladora del grupo Kempa (2), fuego de mortero del grupo Stolzewski (8) y, por último, el grupo de Röhrich.

El puesto de mando dependería, obviamente, del *Leutnant* Schacht, concentrado en las trincheras cercanas al búnker M. Coordinaría directamente la labor de los ingenieros –del grupo 3 de Gahno- en el puente, desactivando explosivos y limpiándolo de obstáculos en las dos orillas. Este grupo estaría a disposición de Schacht en caso de necesidad.

El medio pelotón de ametralladoras, formado por 24/25 hombres, *sMG Halbzug*, dirigido por Sprengart saltaría sobre la orilla este en apoyo de los hombres de *Beton*, 40 minutos después de iniciado el ataque. Así mismo, serían guiados por el *Obj.* Schmitt en la eliminación de explosivos. El grupo se «repartiría» entre los dos jefes de sector.

Por último, el apoyo de la *Luftwaffe* en la defensa de la cabeza de puente sería constante, especialmente desde la hora H+15 hasta la H+80 minutos. El contacto por radio

---

[63] Este grupo vio alterada su misión.

El puente de Vroenhoven visto desde el norte. A la derecha, el búnker Abri M (Archivo Thomas Steinke)

entre los señalizadores, los aviones y el puesto de mando aseguraría una perfecta coordinación de las fuerzas. A partir de la hora H+90 minutos se dispondría de *Flakartillerie* del «Destacamento Aldinger». Al frente del despliegue artillero (especialmente de la «artillería aérea», término con el que los alemanes designaban el bombardeo aéreo), estaría el *Oblt.* Kiess.

Respecto al armamento, contarían con 8 ametralladoras MG 34 (más dos ametralladoras pesadas), 1 mortero, 2 fusiles anticarro *(Panzerbüchse 38),* 22 pistolas ametralladoras MP 38, 6 fusiles con mira telescópica, 48 fusiles *Kar 98k,* granadas de mano, pistolas (todos los *Fallschirmjäger* iban armados con una) y cargas explosivas.

A igual que el grupo *Stahl*, el *Sturmgruppe Beton* (Grupo de Asalto Hormigón –pues el puente de Vroenhoven estaba construido con este material-) fue reforzado con un grupo *(Trupp)* dos días antes del ataque, el día 8 de mayo. Además, junto a ellos viajarían también el *Hauptmann* Koch y su plana *(Stab).*

Pero veamos cuál era la misión de cada grupo una vez aterrizados sobre Vroenhoven:

Grupo 1/*Trupp* **Hauptmann Walther Koch** (1 oficial/ 8 soldados y suboficiales). Era el planeador del *Hauptmann* Koch. Debían participar en la ruptura de la resistencia del lugar, para dedicarse a tareas de dirección del ataque cuanto antes. El aterrizaje se efectuaría entre la segunda y la tercera casas al oeste del puente, al norte de la carretera. Así mismo, volarían las tres casas cercanas, asegurarían la posición con ametralladoras y montarían el puesto de mando.

Grupo 2/*Trupp* **Werner Kempa** (1/8). Era el grupo de ingenieros (*Pioniere*), que debían concentrar sus esfuerzos en desactivar cargas del puente. Su aterrizaje se realizaría junto a la primera casa al sur de la carretera junto al puente. Debían volar las casas cercanas, pues se presuponía que en ellas se encontraba el sistema de detonación del puente.

Grupo 3/*Trupp* **Willi Gahno** (1/8). Debían tomar tierra al sur del puente y acto seguido cortar la línea de teléfono. Su labor se centraría también en el corte de cables de detonación del puente y de las cámaras de explosivos de los pilares. De hecho, trabajarían en colaboración con el grupo Kempa.

Grupo 4/*Trupp* **Theodor Hofmann** (1/8) Aterrizarían al norte del búnker M. El

Vista del puente de Vroenhoven y de la orilla este. (Archivo
Thomas Steinke)

Oberjäger Theo Schmitt[64] y el resto de los servidores de la ametralladora deberían cruzar el puente hacia la orilla este y destruir, allí, la caseta aduanera junto a la frontera holandesa (a 500 m al este del puente, en el lado norte de la carretera)[65]. También desactivarían cargas. Por su parte, Hofmann concentraría todos sus esfuerzos en el puente. El resto del grupo volarían la 3ª y 4ª casas al sur de la carretera.

Grupo 5/*Trupp* **Walter Röhrich** (1/8). El aterrizaje de este grupo tendría lugar al sur del puente, en las cercanías del búnker A encargado de proteger este flanco del puente. Acto seguido lo destruirían, para retirarse, a continuación, hacia la cabeza de puente defendida por los paracaidistas.

Grupo 6/ *Trupp* **Heinz Giese** (1/8). Aterrizaje al norte del puente, junto al búnker B, que protegía uno de sus flancos. Debían volarlo. Una vez cumplida la misión, regresarían a la cabeza de puente, acordonando, de paso, las trincheras belgas situadas entre el búnker atacado y el puente.

Grupo 7/ *Trupp* **Rudolf Lange** (1/8). Debían aterrizar a 150 m al noroeste del puente, arrollar las trincheras situadas al norte de la carretera y asegurar la retirada del grupo Giese[66].

Grupo 8/ *Trupp* **Alfred Stolzewski** (1/8). El aterrizaje de este grupo se llevaría a cabo en el gran «embudo» situado al sur del puente. Una vez allí, situarían el mortero para poder hostigar las líneas y trincheras belgas al noreste de Vroenhoven. El

---

[64] Theo Schmitt fue capturado en la batalla de El Alamein, en noviembre de 1942. Murió en 1996. Indudablemente, fue uno de los *Fallschirmjäger* que más mereció la Cruz de Caballero durante el ataque de Vroenhoven. Pero a pesar de sus «méritos», fue uno de los grandes «ausentes» en la ceremonia de condecoración de tan preciada insignia.

[65] El puesto aduanero holandés estaba situado en la localidad de Wilre, en realidad, un barrio de Maastricht que fue renombrado Wolder después de la guerra.

[66] Este es el plan original que nunca se llevó a cabo. Y todo ello porque el líder del *Beton,* el *Leutnant* Schacht, recibió nuevas órdenes del *Hauptmann* Koch el día 8 de mayo de 1940. Tendría que llevar a cabo una misión especial a unos 1.200 m al oeste del puente, por lo que pasó del grupo n° 4 al grupo n° 7. Éste, inicialmente a las órdenes de Rudolf Lange, quedó, así, supeditado a Schacht.

Fallschirmjäger Klug, encargado del *Panzerbüchse* (fusil anticarro) se colocaría-una vez volada- en la quinta casa al sur de la carretera, oteando y protegiendo el flanco oeste.

Grupo 9/ *Trupp* **Fritz Borchardt** (1/8). Su planeador aterrizarían entre la cuarta y quinta casas al norte de la carretera. Deberían volarlas tratando de que los cascotes cayeran sobre la carretera. Acto seguido, arrollarían las trincheras situadas desde la quinta casa hasta el primer cruce al oeste del Canal Alberto. Una vez allí, también destruirían la granja situada en el lugar. Se constituirían en grupo de reserva en caso necesario. Por último, el paracaidista Heinz Wendelken, manejando un fusil anticarro, se colocaría en la quinta casa al norte de la carretera, asegurando el flanco oeste y noroeste del puente.

Grupo 10/ Transmisiones (1/7). Aterrizarían en la zona de trincheras al norte de la carretera cerca del planeador de Koch y su plana. Serían los encargados de las transmisiones y colaborarían en el establecimiento del puesto de mando. El material lo componían un equipo de radiotransmisiones *Tornisterfunkgerät B* (idéntico a los de los grupos de Veldwezelt y Kanne), con el que se realizarían las comunicaciones con el apoyo artillero del comandante Aldinger, y otra radio más potente para comunicarse con el VIII Cuerpo Aéreo, que contaría a su vez, con un carro de combate encargado de las comunicaciones con Koch, en la punta de lanza de la 4ª División Panzer.

Grupo 11. Este grupo de refuerzo fue añadido a *Beton* el día 8 de mayo.

Con ellos llevarían un potente arsenal, consistente en 8 ametralladoras ligeras MG 34, dos ametralladoras pesadas (montadas sobre afuste), 1 mortero, 2 fusiles antitanque *Panzerbüchsen 38*, 22 subfusiles MP 38, 6 fusiles con mira telescópica, pistolas, granadas y las temibles cargas huecas con las que pensaban neutralizar los búnkeres alrededor del puente.

El grupo de asalto *Beton* fue puesto en estado de alarma el día 9. Primeramente viajaron a bordo de aviones Ju 52 desde Hildesheim hasta el aeródromo de Colonia-Ostheim, donde aterrizaron a las 18:00 h. Los paracaidistas fueron alojados en barracones provisionales, bajo el nombre en clave de *Pelztierfarm* (Granja de Peletería). Poco duró su descanso, pues fueron despertados a las 3:00 h del día 10. Tras tomar café, los paracaidistas fumaron algunos cigarrillos. Theo Schmitt, miembro del grupo nº 4, recuerda la atmósfera previa al despegue:

«Debo reconocer que me impresionó el comportamiento de mis camaradas y el mío propio. Ninguno de nosotros estaba nervioso o alterado. Se respiraba calma; todo el mundo trataba de trasmitirse confianza mutuamente. Se esperaba de nosotros que lucháramos por nuestra patria hasta el fin de nuestras fuerzas. Sabíamos que la lucha sería dura, a vida o muerte. Cada uno de nosotros debería comportarse y cumplir las órdenes. A pesar de las lógicas preocupaciones y temores, teníamos una confianza ilimitada en nuestras posibilidades y en nuestra fuerza. Estábamos convencidos de que ganaríamos la batalla. Todos sabíamos que al menos un regimiento belga con cañones y armamento pesado caería sobre nuestras cabezas a no ser que el grupo de asalto «Granit» neutralizara los cañones de Eben Emael. Y, a su vez, este grupo sería borrado del mapa si nosotros no afianzábamos las cabezas de puente.

·Estaba en esos y otros pensamientos cuando fuimos avisados por última vez. Revisamos mutuamente nuestro equipo y armamento antes de recibir la orden de dirigirnos a nuestros planeadores. Mis compañeros y yo formábamos el «grupo Hofmann». Cuando íbamos al encuentro de nuestro aparato, pudimos ver cómo el resto de los planeadores también se encontraba alineado y unido a los Ju 52 que nos remolcarían hasta ganar altura. No podíamos fallar. Seguimos un letrero que indicaba «B4» (Beton grupo 4) y fue entonces cuando vimos nuestro planeador. Por supuesto éste –y el resto- carecía de números de identificación (sic). Nuestro piloto, Stern, ya se encontraba allí, con todo bajo control. Todos comentábamos lo importante que era nuestra misión. Nos sentíamos insustituibles…»

Los soldados belgas del 18º Regimiento de Línea

La guardia belga encargada de la vigilancia del puente pertenecía a la 1ª compañía del 18º Regimiento de Línea, a las órdenes del capitán Van Beneden. Cuando se dio la alarma, alrededor de la 1:30 h, se activaron las cargas. Por su parte, el sargento Rousseau y 6 soldados, todos ellos pertenecientes al pelotón dirigido por Van Male de Ghorain, se situaron en un puesto avanzado, más allá del puente, junto a la frontera. Dos centinelas vigilaban el acceso al puente, tarea que compartían con los dos policías allí destinados. La barrera y los elementos Cointet fueron emplazados, de tal manera que fuera imposible el acceso a vehículos. La presencia de tres cañones antitanque de 47 mm, así como varias ametralladoras, protegiendo el puente, daban confianza a los soldados, aunque sólo podrían realizar tiro frontal, debido a la presencia de edificios civiles alrededor del puente.

La tumba del soldado belga André Coddens, caído en combate el 10 de mayo de 1940. (Foto Óscar González)

Todos estaban en sus puestos, pero creían que se trataba de la enésima falsa alarma, de tal modo que las quejas por la anulación de permisos se hicieron oír. Los soldados no sabían o no querían interpretar aquellos movimientos previos como un preludio de la guerra. Martin Dreesen, soldado belga destacado en el Abri M lo recuerda así[67]:

«La víspera del ataque, el día 9, fue una jornada larga y pesada, pues todo el mundo estaba esperando como agua de mayo los días de permiso que se avecinaban. Pero a las 00:30 h, el sargento Crauwels nos dio la triste noticia de que se había decretado la alerta. Comenzaron a tomarse las medidas contempladas para tal situación: se cerró el puente, se pidió a los habitantes de las casas situadas en un radio de 200 m que evacuaran la zona, se prepararon armas y municiones para su uso inmediato…

A las 4:45 h, Dreesen relevó al soldado Degryse, miembro también de la dotación del búnker M, y comenzó su guardia en el extremo oeste del puente

---

[67] Su testimonio se encuentra recogido en Huijsmans, J.; Guyvers, M.: *Grensfietserseenheid Lanaken 1934-1940*. Deel 1, 1981, pp. 24-27.

Irené Dekens, soldado belga del 18º Regimiento caído durante los combates del 10 de mayo. (Archivo Óscar González)

Jeroom Provenier, del 18º Regimiento de Línea, muerto el 10 de mayo de 1940. (Archivo Óscar González)

André René Coddens, caído en los alrededores de Hees, durante los combates con los paracaidistas. (Archivo Óscar González)

Jozef de Weber, soldado del 18º Regimiento de Línea, caído el 10 de mayo. (Archivo Öscar González)

Vista del puente desde la orilla oeste en 2006. El puente fue definitivamente volado en enero de 2009, para concluir la construcción de uno nuevo. (Óscar González)

De repente comenzamos a oír motores de aviones que sobrevolaban el espacio aéreo holandés, pero nadie pensó que se podría tratar de aviones alemanes, ni mucho menos de un ataque. Pero por la radio pública escuchamos la confirmación de la noticia: los alemanes estaban atacando.

Poco se imaginaban los belgas que su vulnerabilidad era total. Al igual que había ocurrido con el puente de Veldwezelt, también el espionaje alemán investigó a conciencia el puente de Vroenhoven y sus alrededores. Así, el informe redactado en noviembre de 1939 y relativo a Vroenhoven decía literalmente:

«Poco después de la frontera, hay una trinchera en la misma carretera. Alrededor de 70 m detrás, se levanta una barricada de piedras. Y después de otros 70 m, de nuevo otra trinchera. Se nota que la barricada de piedras se ha formado con lo obtenido de las trincheras excavadas. Debido a los obstáculos sólo se puede circular con bicicleta, o moto –como mucho- con sidecar.

El puente se encuentra tras estos obstáculos, protegido y cerrado en su entrada y salida por sendas puertas de acero que van de lado a lado. Junto a las trincheras delanteras y a ambas puertas se encuentra una guardia doble. Detrás del canal, la zona se encuentra llena de alambre de espino. Es imposible andar alrededor de estos obstáculos.

En el lado oeste del canal, junto a la carretera, se encuentra un búnker. Además, en la ribera oeste, en el camino que sale del puente, se encuentran dos búnkeres para ametralladoras, situados a unos 100 m a cada lado del aquél. Baten perfectamente el canal.

Las líneas telefónica y eléctrica discurren por postes situados al oeste de la carretera[68].

El espionaje alemán siguió trabajando para averiguar todo lo relativo a la defensa del puente. Meses más tarde, el 4 de marzo de 1940, en otro informe relativo al *«búnker para el cañón antitanque del Regimiento de Ciclistas de Frontera»*[69], se decía lo siguiente:

[68] BA/MA RH 24-27/135. *Geländeerkundung Belgien und Holland. Nachtrag zu Nest Köln Nr. 3468/Ig vom 17.11.1939.*
[69] *Armeeoberkommando 4. Ic. Nr. 486/4b geh.*

«En todos los búnkeres hay una radio que puede emitir y recibir mensajes. En época de paz se ha pensado que esté en los barracones cercanos. El aparato puede emitir en Morse y dispone de una especie de teclado sobre el que hay cuatro puntos. Un de ellos significa «gas», el otro «avión enemigo»y el tercero «ataque». Por lo que respecta al cuarto, nos ha sido imposible identificarlo. El aparato receptor tiene un altavoz, que permite compartir/recibir las órdenes con el cuartel. Estas órdenes pueden ser del estilo de «preparen la destrucción» o «destrucción». Si se recibe esta última orden, la dotación del búnker debe cortar el puente y alejar a todos los civiles que vivan en un radio de 400 m.

El comandante del batallón –o quizás compañía- del Regimiento de Ciclistas de Frontera probablemente dispone de 4 vehículos ligeros que pueden circular a una velocidad de 40/50 km/h, armados cada uno con 2 ametralladoras».

Rumbo al puente de Vroenhoven

Los alemanes habían podido alcanzar el objetivo y se disponían a aterrizar en medio de los hombres del 18° Regimiento de Línea. Pero, ¿cómo fue su trayecto? ¿Salió todo según lo planeado?

A las 4:30 h despegó el grupo de asalto *Beton* a bordo de 11 planeadores desde el aeródromo de Colonia-Ostheim. Once aparatos de transporte Ju 52, a las órdenes del *Leutnant* Seide, los remolcarían hasta el lugar previsto para el desenganche. El vuelo se desarrolló inicialmente sin alteraciones ni mayores problemas. Del mismo modo que los planeadores rumbo a los puentes de Kanne y Vroenhoven y al fuerte de Eben Emael, los pilotos que se dirigían a Vroenhoven pudieron reconocer fácilmente los reflectores preparados en tierra para guiar al grupo. En este sentido, la ruta marcada fue cumplida con precisión. Otto Zierach, uno de los oficiales de la plana del SA Koch, viajaba a bordo del planeador del grupo n° 1, el de Walther Koch. Su descripción del viaje[70] es interesante y precisa:

Werner Kempa, líder del grupo n° 2, cuyo planeador se soltó antes de tiempo, aterrizando en Hottorf, al norte de Düren, en Alemania. (Archivo Thomas Steinke)

«A las 4:30 h, conforme a lo planeado y a intervalos de 30 segundos, comenzaron los despegues. Los intervalos aumentaban a 1 minuto cuando se trataba de grupos diferentes. Todos nos dirigimos hacia el este, y después, tras un largo giro a la derecha, modificamos el rumbo hacia nuestro objetivo. Los aviones ganaron altura mientras en tierra los proyectores iluminaban la ruta a seguir. En vez de alcanzar la altitud de 2.600 m prevista para comenzar a planear, lo hicimos cuando estábamos a tan sólo 2.000 m. Bajo nosotros brillaban una ciudad, que a juzgar por el tiempo y la altitud, parecía ser Aachen, pero se trataba de Maastricht».

---

[70] En *Einsatz der Fallschirm-und LS (Kampf und Lastensegler) Truppe. Der Einsatz Eben-Emael und Albert Kanal* BA/MA RL 2 IV/108, pp. 10-13.

Vista actual de Hottorf, en cuyos alrededores aterrizó el grupo nº 2 de Kempa (Óscar González)

Kurt Stern, piloto del grupo 4 de *Beton*. (Archivo Thomas Steinke)

Theo Schmitt también detalla los pormenores del viaje:

«Estando delante de nuestro planeador, oímos la orden: «¡suban a bordo!». Todos nos la pasamos unos a otros. Subimos con precaución a nuestro planeador y nos abrochamos el cinturón de seguridad que nos unía al banco central sobre el que nos sentaríamos. Eran las 4:15 h de la mañana del 10 de mayo de 1940. Los motores del Ju 52, hasta ese momento funcionando a poca potencia, fueron acelerados, lo cual causó una alteración considerable del ruido. Un mecánico permanecía fuera de nuestro planeador y del avión remolcador, realizando las últimas comprobaciones en éste. Movió su ametralladora MG 15 y disparó una ráfaga de prueba, de tal modo que estuviera lista para ser disparada. Aunque, en caso de ataque de cazas, el planeador no era, que digamos, el «compañero ideal» para un Ju 52 que intentara defenderse. Según mi reloj, eran las 4:19 h. Treinta segundos más tarde, se dio luz verde al despegue. Los motores del Junkers rugían a todo gas y comenzamos a rodar por la pista. Tras una primera aceleración, y habiendo conseguido los 90 km/h, nos elevamos y nuestro piloto soltó las ruedas. Sí, era cierto, nos dirigíamos a Vroenhoven.

Yo iba sentado, mirando en dirección contraria al vuelo. Por la ventanilla pude ver la catedral de Colonia justo debajo de nosotros. Parecía como si estuviera inclinada. Después, cruzamos el río Rhin. Está claro que el hecho de ver la catedral «inclinada» era debido a que volábamos en formación, intentando seguir la ruta iluminada ex profeso (asegurando, así, que nadie se despistaría en caso de mal tiempo, oscuridad o, incluso, nerviosismo). Esta parte del vuelo era delicada, porque la cuerda que nos unía con el Ju 52 podía romperse en cualquier momento».

Y a Schmitt no le falta razón, porque tal y como se ha comentado anteriormente, poco duró la estabilidad de la formación, al desengancharse el cable del planeador del grupo nº 2, al mando del *Oberjäger* Kempa, se rompió, quedando éste fuera del ataque. A su vez, el resto de planeadores (10 DFS 230), se desenganchó de los *Junkers* al sobrevolar Holanda, al no haber alcanzado una altitud prevista de 2.600 m en la frontera (momento

Aviones de transporte Ju 52 horas antes de remolcar los planeadores del SA Koch, el 9 de mayo de 1940. (Archivo Ian Tannahill)

Así volaron los planeadores hacia Vroenhoven, remolcados por Ju 52. La imagen corresponde a uno de tantos entrenamientos previos, realizados en Hildesheim en febrero de 1940. (Archivo Ian Tannahill)

en el que volarían por sus propios medios), sino tan sólo de 2.000 / 2.200 m. La formación, volando a 1.800 m, fue disparada por los antiaéreos de Maastricht sin consecuencias, aunque los disparos avisaron a los belgas del inminente e sorprendente ataque. Schmitt lo recuerda de esta manera:

«Haas, Wohlgemuth, Ahn y yo íbamos mirando en dirección opuesta al vuelo, de tal modo que no podíamos ver lo que ocurría delante. Pero, por el contrario, podíamos ver las luces de los pueblos que sobrevolábamos. Ahn me lo iba comentando. De repente, fogonazos rojos aparecieron a cada lado del planeador, cerca de mí. Eran disparos antiaéreos holandeses. Pude ver el puente a unos 2.000 m de nosotros.»

Aterrizaje en Vroenhoven

El ataque por sorpresa se concentró en la neutralización de los puntos defensivos de la 1ª compañía del 18º Regimiento de Línea, situados a ambos lados de la carretera de Maastricht a Tongeren. Del mismo modo, fueron atacadas posiciones de la 2ª compañía y una posición de ametralladoras antiaéreas, localizadas al sur de la ruta. Los resultados, como analizaremos, fueron idénticos a los del ataque en Veldwezelt. Y del mismo modo que también ocurriera en este último lugar, el aterrizaje no se realizó conforme a lo planeado. Aun así, el entrenamiento y la preparación de los paracaidistas para resolver de manera rápida, coordinada y eficaz situaciones imprevistas, minimizó este inconveniente inicial.

El grupo de asalto *Beton* aterrizó antes de lo previsto, a las 5:10 h, en los alrededores del puente de Vroenhoven, sin perderlo en ningún momento de vista. Eran conscientes de que su mejor arma, la sorpresa, estaba en peligro. A 100 m de altura pudieron reconocer claramente las posiciones, trincheras y búnkeres belgas, que daban la «bienvenida» a

Esta foto (y el resto de la secuencia) fue sacada por un paracaidista del medio pelotón de ametralladoras desde una trinchera belga ocupada al norte del puente. Al fondo se distingue el planeador del grupo n° 7. (Archivo Thomas Steinke)

Una vista más del planeador n° 7, que aterrizó al oeste del puente (Archivo Thomas Steinke)

El planeador del grupo n° 4 en primer plano y el del grupo n° 9, al fondo. (Archivo Thomas Steinke)

Paracaidistas en las trincheras belgas junto al fuselaje del planeador n° 4. (Archivo Heidi Christiansen via Steinke)

los alemanes con disparos de ametralladora. Desde sus silenciosos aparatos, los alemanes no dejaban de mirar al puente, temiendo que los belgas lo volaran en cualquier momento. Seguimos el relato de Schmitt:

«Al acercarnos al objetivo, nuestro piloto, Stern giró hacia la izquierda, comenzando a descender. Estábamos a unos 1.200 m de altitud, cuando en realidad deberían haber sido 400 m según lo planeado para la maniobra de aproximación. Este desfase con el plan provocó que descendiéramos casi en picado. Uno puede imaginarse fácilmente a 11 planeadores girando y maniobrando silenciosamente y volando uno junto a otro en una zona no muy extensa. Éramos totalmente vulnerables».

Trágico fue el destino del grupo n° 7, con la misión especial de tomar un edificio presuntamente utilizado por el ejército belga, situado cerca del cruce con la carretera de Veldwezelt-Lanaken, a unos 500 m al oeste del puente. Aparte de que la información sobre el objetivo en cuestión no era correcta, pues el edificio no era ni más ni menos que… una establo de caballos, el planeador tuvo un aterrizaje

El planeador del grupo nº 7, a la izquierda, y el del grupo nº 9, a la derecha. (Archivo Thomas Steinke)

Otra vista del lado noroeste del puente. El planeador del grupo nº 4, días después del ataque. Al fondo, el del grupo nº 7. (Archivo Ian Tannahill)

Paracaidistas servidores de una ametralladora MG 34 al norte del puente. (Archivo Heidi Christiansen via Steinke)

Paracaidistas alemanes en las trincheras al norte del puente, mirando hacia Kesselt. (Archivo Heidi Christiansen via Steinke)

complicado tras desengancharse de su avión. Una de las cargas que transportaban fue alcanzada o quizás se activó de manera fortuita. El caso es que la consiguiente explosión mató a cuatro paracaidistas e hirió de diversa consideración al resto, que probablemente ya se encontraban fuera del planeador. Los supervivientes -entre ellos el propio Schacht y Rudolf Lange, inicial jefe del grupo, herido en un brazo- se movieron como pudieron hasta alcanzar una posición defensiva segura y posteriormente, alrededor del mediodía –no se pudo establecer contacto con ellos durante algunas horas- fueron rescatados por una patrulla que se acercó a bordo de un vehículo.

El planeador del grupo nº 8, al mando del *Oberjäger* Alfred Stolzewski fue alcanzado de lleno por los disparos de un cañón antitanque, a consecuencia de lo cual se rompió el cable de su timón. El aparato se precipitó en picado desde una altura de 12 m. Tres *Fallschirmjäger* resultaron heridos, de tal modo que no pudieron participar en el combate. El resto de los planeadores aterrizaron con bastante precisión en los lugares previstos.

Martin Klug, miembro del grupo n° 8 y servidor de un fúsil anticarro durante los combates en Vroenhoven. (Archivo Thomas Steinke)

Heinrich Keller, uno de los dos radiotelegrafistas que viajaban con el grupo n° 10. Murió de un disparo en la cabeza al poco de aterrizar. (Archivo Thomas Steinke)

Heinrich Orth, miembro del grupo n° 10. Fue condecorado con la Cruz de Caballero de manera póstuma el 18 de marzo de 1942. (Archivo Thomas Steinke)

Por su parte, el planeador que transportaba a Koch y a la plana de la unidad, grupo n° 1, tuvo que aterrizar a unos 150 m al oeste del puente, en plena zona de trincheras belgas, a eso de las 5:20h. Otto Zierach relata así el aterrizaje:

«Volando sobre Maastricht comenzamos a recibir fuego antiaéreo de 20 mm. Nos desenganchamos del avión de transporte, y nos dirigimos hacia el puente. Pudimos verlo enseguida, a una distancia de unos 8 km. Sobrevolamos el Canal Alberto a una altitud de 2.000 m, dirigiéndonos hacia Tongeren. Todo permanecía en calma debajo de nosotros; parecía que no nos habían descubierto. Cuando nos quedaban unos 3 ó 4 km para llegar a Tongeren, nuestro piloto giró hacia la derecha, descendiendo a unos 1.200 m. Luego, inclinó el morro hacia delante, iniciando un acusado descenso a gran velocidad, colocándose encima de la carretera. El piloto logró posar nuestro planeador a una velocidad de 120 kim/h, a algo menos de 6 metros de unas trincheras belgas».

Desde aquí se les hostigó con fuego de ametralladora y fusil. A pesar de esta lluvia de disparos, los paracaidistas pudieron abandonar rápidamente el aparato y saltar a las trincheras enemigas sin sufrir bajas. El grupo se dividió en dos. Por una parte, Koch, junto con el teniente Kieß y el *Obj.* Orth se dedicaron a asegurar las trincheras tomadas a los belgas, avanzando y coordinando el asalto del puente. El resto de los paracaidistas, 5 soldados y suboficiales al mando del teniente Zierach, armados con una ametralladora, un subfusil y cuatro fusiles, formaron una pequeña cabeza de puente, «girándose» para controlar cualquier movimiento enemigo que proviniera de Kesselt, Lafelt y del mismo Vroenhoven. Según Zierach:

«Cuando nos dividimos, se demostró el poder destructivo que podía desplegar un reducido grupo de no más de 3 paracaidistas. El duro entrenamiento al que nos habíamos sometido comenzaba a dar frutos. Teníamos la sensación de que nos movíamos por un terreno que conocíamos

Alfred Stolzewski, líder del grupo nº 8. (Archivo Thomas Steinke)

Bernard Hoffmann, miembro del grupo nº 6. (Archivo Thomas Steinke)

Fritz Borchardt, líder del grupo nº 9. (Archivo Thomas Steinke)

El Dr. Rolf Jäger era el oficial médico presente en el SA Koch. Provenía de una unidad antiaérea -el *Flak Abteilung 84*- y su inclusión en la misión tuvo lugar en fecha relativamente tardía, el 21 de abril de 1940. Aterrizó sobre Vroenhoven con el grupo nº 10. (Archivo Thomas Steinke)

Hans-Joachim Richter, uno de los sanitarios ayudantes del Dr. Jäger en el grupo nº 10. (Archivo Thomas Steinke)

El *Leutnant* Gerhard Schacht resultó gravemente herido durante el combate de Vroenhoven. No estuvo presente días después, el 15 de mayo, cuando Adolf Hitler condecoró con la Cruz de Caballero a los oficiales del SA Koch en Felsennest. Esta foto de Schacht, de su época en la *Große Kampffliegerschule 2,* fue retocada, mostrando la condecoración que aún no había recibido. (Archivo Ian Tannahill)

de sobra. (…) Cuando el búnker cayó, nos dedicamos a limpiar de enemigos las trincheras. No perdíamos tiempo: lanzábamos granadas y vaciábamos cargadores».

Tampoco el planeador con el grupo encargado de las transmisiones, el grupo nº 10, aterrizó según el plan previsto. Realmente lo hizo en una hondonada, excesivamente alejado del centro de gravedad del ataque paracaidista, quedando a medio camino entre

Otto Zierach, en el centro, oficial de la plana de Koch, que aterrizó con él y el grupo nº 1 en Vroenhoven. La foto, sacada después de la invasión de Bélgica, aparece junto al sargento mayor Friedrich y el teniente Kleinschmidt. (Archivo Ian Tannahill).

Rudolf Lange (derecha), líder del grupo nº 7, junto a Fritz Borchardt, líder del grupo nº 9, tras finalizar los combates de Vroenhoven. (Archivo Óscar González)

El combate en el lado sur prosigue. Tres paracaidistas se protegen junto al cuerpo sin vida de un compañero. Nótese cómo cada parte del planeador está numerada (57) a fin de facilitar su ensamblaje y desmontaje. (Archivo Heidi Christiansen via Steinke)

Vista aérea del puente y el búnker Abri M en 2005. (Bernadette Driesmans)

Vroenhoven y Kesselt, a unos 500 m al noroeste del puente. El *Oberzarzt* Dr. Jäger era uno de los oficiales que viajaban con estos paracaidistas[71]. Abandonar el planeador no fue tarea fácil, pues fueron inmediatamente disparados por los belgas. Uno de los radiotelegrafistas, Heinrich Keller, murió al recibir un disparo en la cabeza. Otro, llamado Mohr, fue herido. A pesar de estos contratiempos, el *Feldwebel* Rudolf Urban, al frente de las transmisiones, pudo comenzar a transmitir a partir de las 5:30 h. De este modo, se pudo establecer comunicación con el resto de puentes, con el grupo *Granit* en Eben Emael, con las baterías del *Major* Aldinger y con el *VIII. Fliegerkorps*[72]. El mensaje no podía ser

[71] Se unió al SA Koch el 21 de abril de 1940. Provenía de una unidad antiaérea: el I./Flak-Abt. 84.

[72] Aunque con el *VIII. Fliegerkops* –y a pesar de intentarlo desde las 7:20 h- sólo se pudo contactar a partir de las 11:20 h. Lo mismo le sucedió en Veldwezelt a Altmann, quien a las 8:20 h, comunicó que no había contactado aún con el *VIII. Fliegerkorps*.

más optimista: «*De Beton a todos: objetivo tomado, Bunker destruido, el puente se mantiene en pie. Las trincheras están siendo sistemáticamente arrolladas y la cabeza de puente comienza a formarse. Se desplegará la señal convenida «¡lo hemos conseguido!» para que los aviones estén al corriente*».

El asalto paracaidista al búnker M

Al decretarse la alarma, el búnker M, junto al puente, recibió desde Lanaken la orden de activar las cargas explosivas. En ausencia del oficial al mando, el jefe de pelotón conde Roger de Lichtervelde, quien se encontraba en el acuartelamiento de Lanaken, el sargento Crauwels era el encargado de la defensa del puente desde el búnker[73]. Ante la situación confusa que se estaba viviendo, dejó aplazado el cumplimiento de la orden recibida. Está claro que sobre sus hombros recaía excesiva responsabilidad, pero supo mantener la calma, al igual que el resto de sus hombres. Había que asegurar el puente y esperar órdenes. Mientras todos estaban en sus puestos, Crauwels escrutaba el cielo fuera del búnker, tratando de descifrar qué era lo que estaba a punto de ocurrir.

Hacia las 5:00 h, aparecieron los primeros planeadores sobre el cielo de Vroenhoven, aunque la presencia de aparatos enemigos ya se sabía con anterioridad por el fuego anti-aéreo de las baterías holandesas de Maastricht. El soldado Dreesen, que se encontraba de guardia en el puente, dio la alarma y acto seguido el resto de los ocupantes salieron fuera de la posición de hormigón armado. El cabo Penneman, miembro de la dotación del búnker, recuerda estos momentos:

El búnker Abri M, que defendía la zona oeste del puente –el lado belga-. Nótese la verja que cerraba el paso al tráfico ante una eventual emergencia. (Archivo Óscar González)

«*Instantes antes del ataque, todo el mundo se encontraba en su puesto de combate, y los obstáculos se habían colocado en el puente. Alrededor de las 5:00 h, a la vista de la gran cantidad de aviones que nos sobrevolaban, tuve la certeza de que había estallado la guerra. Al ver los aviones comenzamos a disparar. De repente, un avión cayó y pensé que lo habíamos alcanzado*»

Eran, exactamente, las 5:20 h y se disparó, en efecto, a los planeadores, siete de los cuales aterrizaron en las posiciones de la 1ª compañía belga. Uno de los policías, el *maréchal de logis* Ignoul[74], se dirigió

---

[73] La dotación la componían el sargento Crauwels, al mando, los cabos Nys y Penneman, y los soldados Baete, Meers (MEERES, según Lhoest), Cramer, Degryse, Dreesen, Despiegelaere, Deklerck, Tallemans y Goesmans.

[74] Jean-Hubert Ignoul, natural de Ophoven, acababa de cumplir 33 años el 9 de mayo. Adscrito a la brigada policial de Tongeren desde 1932, estaba casado y tenía tres hijos. Murió durante el asalto al búnker. Jozef Monard, Leo Mertens, Louis Vossen eran los otros tres policías en el puente. Según Penneman El otro gendarme que custodiaba el puente, el *maréchal des logis* Jacobs, se refugió en el sótano del café regentado por un tal Menges. Este gendarme fue el único que se salvó –siguiendo el testimonio de Penneman-, pues los otros dos que se encontraban al otro lado del puente, también murieron durante el ataque.

Las huellas de la carga explosiva colocada por Schmitt en el búnker Abri M son visibles en esta foto. (Archivo Ian Tannahill)

El búnker Abri M en 2005. Se pueden distinguir los orificios lanzagranadas y los respiraderos. Las obras de construcción del nuevo puente también han afectado al búnker, que tendrá una nueva ubicación en 2011. (Foto Óscar González)

de inmediato hacia el «aparato abatido por los disparos belgas», situado a unos 80 m al norte del puente, (se trataba probablemente del planeador del grupo nº 11), con la intención de apresar a los ocupantes, creyendo erróneamente que se trataba de un avión derribado. La maniobra de aterrizaje fue observada por los belgas, sin saber realmente si el aparato en cuestión era holandés o alemán. Lo que parece fuera de dudas, es que los aviones «silenciosos» carecían de señales que indicaran su nacionalidad[75]. Dreesen lo recuerda perfectamente:

«De repente vi un avión extraño que venía de Maastricht y que se dirigía hacia nosotros, volando por encima de nuestras cabezas a una altura de unos 20 m. Giró y se estrelló junto al camino cercano al búnker y al puente, [a unos 120 m]*».*

A pesar de su amenazante figura, otro de los planeadores que aterrizaron en las inmediaciones del puente, el del grupo nº 4, tuvo un accidentado aterrizaje que puso en peligro el éxito de la misión. Según Schmitt:

«En lugar de aterrizar a una velocidad de 50 km/h, tal y como estaba previsto, lo hicimos a 120 km/h. Y en lugar de parar a 40 m de nuestro objetivo, el búnker M, nos detuvimos a unos 120 m. De todos modos, tuvimos mucha suerte porque pudimos aterrizar, dadas nuestras circunstancias. En esta tarea, el freno de emergencia del planeador, y el alambre de espino con el que fue recubierto su patín, fueron providenciales, de lo contrario, habríamos ido directos al Canal Alberto.

Tras el primer contacto con tierra, fuimos a parar junto a una especie de acequia. El planeador estuvo a punto de capotar a consecuencia del fuerte impacto, pero la habilidad de nuestro piloto hizo que aquél mantuviera el equilibrio. Todo ocurrió en 4 segundos, pero debido al brusco movimiento, la cuerda con la que habíamos atado las cajas de munición se rompió.

---

[75] Lhoest (1964), pág. 116.

La misma vista en 2006. Nótense las huellas de los disparos aún presentes en el hormigón.(Foto Óscar González)

El lado este del búnker Abri M. (Archivo Thomas Steinke)

Éstas me golpearon, pero aún así, pude desatarme el cinturón sin dificultades y, acto seguido, comprobar que no estaba herido. También durante esta maniobra, Ahn y Wohlgemuth recibieron fuertes golpes, especialmente el segundo, que se rompió las rodillas y un brazo. Ahn aún tuvo fuerzas para repetirme varias veces que saliera hacia el puente. Tras tres intentos, y con la ayuda de Ahn y Wohlgemuth, conseguí que la puerta se abriera. Una vez en tierra, me había convertido de nuevo en un soldado…Cuatro o cinco soldados belgas vinieron hacia mí desde las trincheras cercanas».

Lejos de pensar en entregarse, Schmitt y el resto de los *Fallschirmjäger* se lanzaron rápidamente al ataque, gritando y sin dejar de disparar, a consecuencia de lo cual el policía resultó herido en una pierna. Éste, al igual que el resto de la dotación del búnker M y de 6 soldados de la 1ª compañía (estos últimos morirán durante el ataque), se refugiaron en el interior de la posición, sin tiempo para otra reacción. A todas luces, el planeador del grupo n° 4 debió de ser uno de los primeros en aterrizar, porque Penneman constató que *«en ese momento, el resto de los planeadores descendieron a la altura del talud que rodeaba al canal»*. Algo que también corrobora Dreesen, al afirmar que *«en ese momento me di cuenta de lo realmente estaba sucediendo, máxime cuando más planeadores se habían posado en las cercanías y las balas comenzaron a silbar»*.

El pánico se apoderó de los belgas. Impotentes, y sin saber reaccionar, nada pudieron hacer con los alemanes que merodeaban cerca del búnker y del puente. Dreesen recuerda que:

«Desde los visores del búnker pudimos observar a un oficial alemán, armado sólo con una

pistola, que trataba de cubrirse en la balaustrada del puente[76]. Intentamos utilizar todos los medios a nuestro alcance para eliminar al paracaidista, pero fue inútil. Las granadas Mills que le arrojábamos por los orificios preparados a tal efecto eran totalmente previsibles e inofensivas para él».

Aunque el accidentado aterrizaje había dejado fuera de combate a tres paracaidistas del grupo nº 4 del *Ofw.* Hofmann[77], el resto se dirigió como un solo hombre hacia el búnker. De camino tendrían que anular la resistencia en las trincheras belgas. No había tiempo que perder. Schmitt saltó a una trinchera. Su subfusil no disparaba, así que utilizó su pistola contra los primeros belgas que se le acercaron. Además, dos fusiles más fueron dañados y sin opciones de ser utilizados. Todo sucedió tan rápidamente, que, por momentos, hasta los paracaidistas se «enfrentaron» entre ellos:

«Ahn, que estaba echado junto a la puerta me gritó con todas sus fuerzas: «¡cuidado!» Al oírle, salté y vi a un soldado luciendo sus condecoraciones que estaba de pie delante de mí. Disparé y le alcancé en el brazo derecho, haciendo volar por los aires su arma. El belga, herido, cayó al suelo. Nadie más estaba a mi alrededor. Grité con todas mis fuerzas que necesitaba un arma. Wohlgemuth me dio su ametralladora, que yo empleé de inmediato contra los belgas, desbaratando sus intentos de disparar a mis compañeros. De nuevo se hizo el silencio. Pero, de repente, un soldado que estaba agazapado tras una esquina de la trinchera, vino por detrás y me golpeó en la cabeza con su arma. Vi las estrellas, pero tuve tiempo de reaccionar y darle una patada en la espinilla. Mientras se retorcía de dolor, le increpé, diciéndole que cómo había sido tan ingenuo de darme en el casco. Inmediatamente me di cuenta de que era mi camarada, Jupp Klose, del grupo nº 11[78]. En ese mismo momento también me percaté de que Pelz estaba luchando en la trinchera paralela a la mía. Agitó su mano, indicándome que todo estaba bajo control y que había hecho 5 prisioneros. Por mi parte también le señalé con las manos si necesitaba ayuda. Los gritos de los belgas y nuestros disparos hacían imposible cualquier conversación…»

Mientras todo esto ocurría en el exterior, en el búnker M el cabo Pennemann llamaba por teléfono al cuartel de Lanaken, comunicando que «tres aviones habían aterrizado en las inmediaciones del puente» y esperando órdenes. Al otro lado de la línea, el teniente Boijen trató de alertar al Búnker N de Veldwezelt, sin obtener respuesta. Sí pudo contactar con el Búnker C, cuyos aterrorizados ocupantes le confirmaron el ataque alemán y su intención de rendirse. Acto seguido la línea cayó. En palabras de uno de los belgas presentes, el soldado Dreesen:

«El sargento Crauwels trató de comunicar con Lanaken solicitando instrucciones. Apenas pudo comunicarse con el cuartel, porque, de repente, la línea se cortó. Sólo se oían crujidos y nada más. Se intentó varias veces contactar con Lanaken, pero fue imposible».

Lejos estaban de imaginar que en ese mismo instante, el cuartel de Lanaken

---

[76] Aunque en el interrogatorio de 1941, Dreesen afirmó que eran tres paracaidistas alemanes los que se encontraban ya en el puente en ese momento (Cf. *La 7DI sur le Canal Albert*).

[77] Hofmann era el segundo de Schacht y había tomado el mando del *Sturmgruppe* Beton después de que aquél y su grupo quedaran fuera de combate.

[78] A pesar del testimonio de Schmitt, Klose no aparece en ninguna lista oficial (Cf. *Kriegstagebuch der Sturmabteilung Koch* BA/MA RL 33/97). Cabe suponer que fuera incluido en el grupo nº 11, formado tan sólo dos días antes del ataque.

(*Kazerne de Caritat de Peruzzis*) estaba siendo atacado por cuatro bombarderos *Stukas* que lanzaron sus bombas a baja altura, destruyendo el cuerpo de guardia y la centralita telefónica, y matando a 21 soldados. Entre ellos se encontraba el capitán comandante Giddelo, responsable de la destrucción de los puentes. Con esta acción los alemanes acababan de «decapitar» la cadena de mando belga. Esto generó una indecisión que paralizó literalmente a los belgas y jugó a favor de la sorpresa alemana… Así recuerda Penneman lo sucedido:

«No disponíamos de sistema de activación eléctrico de las cargas explosivas, de tal modo que con la activación por mecha, disponíamos de alrededor de 2 minutos para hacer saltar el puente. En el momento de la alerta, yo mismo fijé la mecha al dispositivo que activaba las cargas. Todos teníamos presente que deberíamos saltar el puente en caso de ataque, ya fuera mediante carros de combate o por otros medios. De ninguna manera activaríamos las cargas en caso de que un puente vecino explotara».

Ante la falta de comunicación con Lanaken y de acuerdo con las instrucciones, Crauwels decidió hacer saltar el puente y encendió con un mechero la mecha para la activación de los explosivos. Después, cerró la puerta y todos los ocupantes bajaron hacia la planta baja para esperar la voladura. Estando allí es donde se originó una fuerte discusión entre ellos, pues algunos, entre los que se encontraban los seis soldados del 18º Regimiento de Línea y el cabo Nys, no estaban de acuerdo en que se activaran las cargas sólo por culpa de *«unos pocos soldados alemanes».* Es más, muchos de ellos creían que podría incluso tratarse de aviones holandeses abatidos. Ante el cariz que tomaban los acontecimientos, Crauwels perdió los nervios y casi fuera de sí, golpeó a uno de los partidarios de la voladura y con ayuda de dos soldados regresó a la planta superior para apagar la mecha.

Tras el feroz ataque desplegado por los paracaidistas en las trincheras belgas, el *Oberjäger* Bading se dirigió con una carga hueca de 12,5 Kg. hacia el búnker M, pero fue herido en el brazo por disparos provenientes de allí. Su compañero, el *Oberjäger* Schmitt, cogió la carga, atravesó el alambre de espino y llegó finalmente a un ángulo muerto. Fue un momento donde se puso a prueba el entrenamiento como «equipo cohesionado» de los paracaidistas: el hombre asignado había caído, y en cuestión de segundos otro debería continuar con su misión, tomando la decisión sin titubear y contando con el apoyo de todos, incluso del piloto. No supuso ningún problema para Schmitt:

«Después de haberme comunicado con Pelz en las trincheras, oí la voz de Stenzel gritándome desesperado que me apresurara, que Bading había sido gravemente herido. Stenzel gritó de tal manera que hasta parecía que, por un instante, los belgas también habían parado de disparar para escucharle. Stern, nuestro piloto, que se había quedado tras el planeador con la importante misión de cuidar a los heridos y vigilar la munición, me dijo que corriera, que él se encargaría de cubrir a Pelz.

Corrí hacia el planeador con la intención de hacerme con un arma con la que defenderme en mi aproximación al búnker, pero todas las que vi estaban inservibles. En ese momento pensé para mis adentros: «Stern, habrás sido un genio como piloto en tiempos de paz, pero una misión de guerra está claro que no es lo tuyo». Ahn y Wohlgemuth estaban echados a 20 m detrás del planeador, empuñando sus pistolas con la mano izquierda, cubriéndonos a los que permanecíamos activos peleando. Ellos fueron los que me indicaron dónde estaba Bading. Estaba herido de gravedad. Cogí la carga hueca que estaba junto a él, mientras me recordaba que sólo dispondría de 10 segundos antes de que explotara (se había acortado la mecha de 15 a 10 segundos). Asentí y me dirigí hacia el búnker, mientras me decía a mí mismo que debería estar tranquilo.

Como Bading había sido herido por disparos provenientes del búnker, traté de correr con todas mis fuerzas los 10 m que me separaban del alambre de espino, evitando sus disparos. Después, como si fuese un equilibrista, tuve que vérmelas con 6 m de obstáculos y alambre de espino. Mi mono de salto acabó despedazado por las púas. Justo cuando me encontraba en la mitad del recorrido por el alambre de espino, la puerta del búnker se abrió, porque dos soldados belgas querían acceder a su interior. Simultáneamente, oí gritar al jefe de mi grupo, Hofmann, y también noté una ráfaga de ametralladora junto a mí, disparada por Haas. Por mi parte, mi mano izquierda empuñaba la pistola P 08 que no me había abandonado desde que aterricé.

La puerta exterior del búnker permaneció abierta. La otra, la interior, fue cerrada tras los belgas que accedieron dentro. El búnker me preparó, pues, una «grata recepción».

En esto, aparte de sus compañeros del grupo nº 3, también los del nº 4 le cubrían con su fuego. Schmitt entró en el búnker a través de la puerta acorazada, donde colocó la carga de 12.5 kg adosada a la puerta acorazada interior, asegurándose así, que el búnker quedara fuera de control. Fue entonces cuando vio humear en una caja metálica la mecha belga de 60 cm. Schmitt se acercó de rodillas hacia la salida de donde provenía la mecha y golpeó con los pies la puerta interior, pero no sirvió de nada.

«*Trate de pensar con calma —recuerda el propio Schmitt-. De rodillas, coloqué la carga hueca que llevaba conmigo. En ese momento que, de explotar, lo haría junto a las cargas belgas junto al puente. Pero debía asumir ese riesgo. ¿O quizás disponía de otra opción? Sí. Los paracaidistas de mi grupo que me cubrían, Hofman, Stenzel y Haas, eran mi baza. Uno de ellos, el Gefreiter Stenzel, se acercó; en sólo cuatro segundos estaba junto a mí. Le pregunté qué era lo que se suponía que yo debía hacer. Él me señaló hacia el puente: ya estaba en nuestras manos. Me sugirió que tiráramos tierra sobre la mecha, pero le respondí que sería absurdo, porque existía riesgo de explosión. Así que Stenzel cogió mi navaja y cortó de manera angular la mecha, tirándola delante de la puerta. Hofmann y Haas observaban todos nuestros movimientos. Stenzel salió y yo conté hasta 300. Eso significaba que Gahno y sus ingenieros del grupo nº 3 sólo tendrían 5 minutos de margen. Cuando acabé de contar, activé la carga*».

Al tiempo que todo esto sucedía a un ritmo vertiginoso, en el interior del búnker se vivían terribles momentos de angustia y confusión. Mientras que Schmitt y Stenzel cortaban la mecha y activaban la carga, al otro lado de la puerta, Crauwels intentaba también «parar» la explosión del puente. Según Schmitt, los belgas fueron conminados a rendirse, pero rechazaron la propuesta. El alemán insistió durante los 5 minutos previos a la explosión de la carga hueca. Sus avisos fueron precisos: «*¡salid, de lo contrario estaréis muertos en 20 segundos!*». Es fácil imaginar que estas presuntas advertencias apenas fueran oídas, ahogadas por la tensión, la angustia, los gritos, los disparos, y —en suma- el estado de shock de los belgas.

Del mismo modo que en Veldwezelt, la puerta interior del búnker era blindada, pero la exterior, la de entrada, sólo era de zinc, que además se cerraba desde el exterior. Es decir, se podía acceder al búnker mientras la dotación se escondía en la parte interior, ésta sí, con acceso blindado. El fortín se convirtió en una ratonera y con las explosiones de las cargas huecas, en la tumba de la mayoría de sus ocupantes. Crauwels fue uno de los primeros en morir, alcanzado de lleno por la primera explosión. La segunda explosión, que sucedió segundos más tarde, mató e hirió a más soldados, entre los últimos, Penneman, que fue lanzado contra un muro por la honda expansiva. Como colofón, las granadas alemanas callaron cualquier intento de resistencia belga. Así lo recuerda aquél:

«Gravemente herido, pude asomarme a una de las mirillas y comprobé que el puente seguía en pie. Todavía no había visto a ningún alemán y el búnker estaba en llamas. Jérôme Degryse estaba conmigo mientras yo trataba de pensar cómo hacer saltar el puente. No nos quedó más remedio que salir de la parte interior del búnker. La puerta exterior estaba abierta y había 4 alemanes con pistolas y subfusiles. Nos dispararon. Una nueva explosión en el interior del búnker me tumbó a mí y a Degryse le hirió en el cuello. Trate de acercarme a un respiradero para poder tomar aire. Incluso intenté disparar el cañón de 47 mm, pero la caja con los obuses estaba ardiendo. Estaba exhausto y salí al exterior, donde perdí el conocimiento».

Uno de los que cayeron a causa de los disparos de los paracaidistas mientras intentaba salvarse de morir abrasado, fue el gendarme Ignoul, al igual que otro soldado del 18º Regimiento. Otros, como los soldados Cramer y Dreesen, pudieron aguantar en el interior gracias a que utilizaron la máscara antigás. Poco después, todos los supervivientes serían hechos prisioneros.

Indudablemente, en Vroenhoven las cosas fueron más sencillas para los paracaidistas que en Veldwezelt. Aún así, la precipitación en el ataque al búnker M le pasó factura a Schmitt, quien no contó con tiempo suficiente para ponerse a salvo (tal y como Bading le había recordado, sólo disponía de 10 segundos desde la activación hasta el estallido de la carga) y resultó herido por la onda expansiva. Intentó cerrar la puerta exterior del búnker, con el fin de incrementar el efecto de la explosión, pero no pudo (como tampoco lo hicieron los belgas, instantes antes de que Schmitt se acercara al búnker) y perdió un tiempo precioso en la maniobra. Así que la onda le alcanzó cuando estaba cruzando la zona exterior cubierta por alambre de espino. Escuchamos el relato del paracaidista:

«La onda me levantó como si fuera un pajarito y caí al suelo. A su vez, la puerta exterior del búnker, que yo había tratado de cerrar, fue arrancada de cuajo y voló por los aires dirigiéndose a mí. Y sólo gracias a que encima de mí había restos de un pequeña construcción de madera que también había saltado por los aires, no me alcanzó de lleno. Aún así, quede ligeramente inconsciente. Me di cuenta de que Heinz Haas me despertó. Él estaba nervioso, insistiéndome para que saliera, porque no podían aguantar el peso de la puerta. Yo sólo pensaba que me dejaran en paz, que estaba caliente y seco. Finalmente me sacaron como pudieron y me llevaron al búnker, de modo que estuviera protegido».

El búnker M había caído y el puente, intacto, estaba en manos alemanas. Esto fue lo que Schmitt pudo comprobar una vez a cubierto. Era obvio que el resto de las posiciones belgas caerían una tras otra sin apenas ofrecer resistencia.

Combate en el lado norte: el pelotón del alférez Stevens

El aterrizaje de los planeadores alemanes no fue apenas respondido. En esto tuvo mucho que ver que el jefe de la 1ª compañía del 18º de Línea, encargada de la defensa del puente, el capitán Joseph van Beneden, fuera uno de los primeros en morir en su puesto de mando. También lo hizo el observador artillero; esto dejó «ciego» al teniente Janot y a sus piezas del 20º Regimiento de artillería. Nada ni nadie podría proteger a los belgas del feroz ataque alemán.

El alférez Stevens había situado dos grupos de combate al sur de la ruta y otros dos al norte del puente (y de la carretera Tongeren-Maastricht, que lo atravesaba). Él se encontraba junto a la posición ocupada por los morteros.

Uno de los planeadores aterrizó en las cercanías del grupo que ocupaba posiciones más extremas en el lado norte de la carretera. El sargento Haeck, al mando de este grupo, dirigió el fuego del fusil ametrallador emplazado en sus trincheras, pero tanto el tirador como él fueron abatidos por los paracaidistas alemanes. Éstos se lanzaron al asalto de las trincheras, lanzando granadas y disparando a todo lo que se moviera. Al observar el ataque, Stevens ordenó a los morteros que dispararan. Pero no sirvió de nada. Además, al igual que sucedió en Veldwezelt, las granadas de las que disponían los belgas, carecían de detonador.

Mientras esto ocurría al norte de la carretera, al sur, los ocupantes de otro planeador que había aterrizado delante del grupo situado más al sur. Los paracaidistas no tuvieron ningún problema en hacerse con el control de estas trincheras, atrapando en su interior a los belgas de los dos grupos que defendían este sector. Apenas hubo resistencia. Más al sur, las posiciones antiaéreas (al mando de Willems) y una posición de la 2ª compañía (a cargo de Goedert), tuvieron idéntico destino.

El pelotón Stevens había sido reducido en algo menos de media hora. En todo este tiempo, sus hombres fueron incapaces de acudir en ayuda del búnker M.

Un hecho que habla por sí solo de la nula resistencia belga en Vroenhoven tiene que ver con lo que le ocurrió al gendarme destacado junto a Ignoul en el lado oeste del puente, el sargento Jacobs. Éste corrió a refugiarse en el sótano del Café Mengels, apenas a 50 m del puente, al norte de la carretera. Según sus palabras:

«Los soldados que estaban en los alrededores sólo efectuaron algunos disparos antes de refugiarse en el mismo sótano donde yo me encontraba. En total éramos 35. A las 8:15 h, fuimos hechos prisioneros».

Combate en el pelotón del alférez Van Male de Ghorain

Apenas hubo resistencia en las trincheras al mando de Van Male, al norte de la carretera, más allá de los dos grupos de Stevens. Tan sólo algunos soldados dispararon al comienzo del asalto alemán. Pero tampoco los alemanes «dedicaron especiales esfuerzos» a este punto, de menor importancia que las posiciones situadas en las inmediaciones del puente. La resistencia en estas trincheras fue totalmente aniquilada con la colaboración de los Stukas.

Los cañones de 47 mm con los que había sido reforzado el pelotón, no pudieron abrir fuego, a falta de objetivos claros sobre los que disparar. Y ni Van Male, ni los servidores de las ametralladoras pudieron levantar la cabeza en sus trincheras, protegiéndose de los disparos alemanes. Sin más opciones, todos fueron hechos prisioneros sin ofrecer resistencia, algo que le parecerá «lamentable» a Van Male. Armado de valor, éste huirá de sus captores, dirigiéndose al puesto de mando de su compañía. Su decepción fue en aumento cuando lo único que encontró fueron alemanes, uno de los cuales le lanzó una granada, aunque sin lograr herirle. Fue capturado por segunda vez.

Combate en el pelotón retrasado del teniente De Poortere

La misma pauta de comportamiento siguieron los hombres al mando de De Poortere, situados a ambos lados de la carretera, pero en posición más retrasada que Stevens. Los soldados carecieron de respuesta y murieron o fueron hechos prisioneros del fulminante ataque alemán.

La muerte al inicio del ataque del capitán Van Beneden, al mando de la compañía, junto a muchos miembros de la plana, condenó al fracaso cualquier intento defensivo belga. Sometidos a los disparos de los paracaidistas y de los Stukas, el pelotón de De Poortere sucumbirá a las 6:30 h. La 1ª compañía del 18º Regimiento había dejado de existir en tan sólo 85 minutos.

La conquista del puente

El puente estaba a salvo media hora después de iniciarse el ataque. Los ingenieros paracaidistas del grupo nº 3 del *Oberjäger* Willi Gahno[79] se encargaron de desactivar el resto de cargas (y posteriormente vaciar los depósitos donde se encontraban). Como hemos visto anteriormente, Theo Schmitt esperó y activó la carga hueca que había transportado. Los 10 segundos de retardo no fue tiempo suficiente para que se pusiera totalmente a cubierto y fue lanzado por la onda expansiva contra el alambre de espino que rodeaba una pequeña garita. Allí se quedó aturdido.

Esta explosión fue la que mató al *Sergent* Crauwels y a los dos soldados que le acompañaban (Despiegelaere[80] y Nys). Un agujero de 50 cm. de profundidad apareció en el

---

[79] Willi Gahno, nacido el 4 de octubre de 1913, dirigió otro grupo en el ataque a Creta, el 20 de mayo de 1941, encuadrado en la 4./*Luftlande Sturm Regiment* (de acuerdo con los archivos del *Bundesarchiv* de Freiburg). Concretamente, comandó el grupo (*Trupp* 4) en el ataque al aeródromo de Maleme (colina 107) llevado a cabo con 12 planeadores al mando del *Hauptmann* Sarrazin. Para entonces ya era *Feldwebel*. Posteriormente fue condecorado con la Cruz Alemana en Oro (DKiG) el 24 de febrero de 1942. Murió el 17 de febrero de 1944, formando parte del FJR 12.

[80] Aunque según el informe belga redactado tras la guerra («*Declaration des survivants de l'abri M de Vroenhoven*»), siguiendo el testimonio del soldado Degryse, Despiegelaere fue uno de los que murió al intentar abandonar el búnker por la aspillera de la ametralladora. Haciendo caso omiso de los gritos de «alto» alemanes, falleció en el acto al ser alcanzado en la espalda por disparos de los paracaidistas. A pesar de la precisión de este relato, el propio informe en su *Annexe I*, reconoce que exis-

Alfred Bergmann, paracaidista miembro del grupo n° 3, a las órdenes de Gahno. Tuvieron un papel protagonista en la captura del puente y en la desactivación de las cargas. (Archivo Thomas Steinke)

Heinrich Haas, *Fallschirmjäger* del grupo n° 4, formó parte de la avanzadilla dirigida por Theo Schmitt asegurando la orilla este del puente. (Archivo Thomas Steinke).

Willi Gahno, líder del grupo n° 3. (Archivo Óscar González)

hormigón del fortín. Tal y como corroboran los testimonios belgas –también anteriormente vistos- se arrojaron más cargas y granadas de mano al interior del búnker tras lo cual, comenzó a arder. De los 12 hombres de la dotación, 6 murieron, bien a consecuencia de la explosión, bien cuando intentaban abandonar el búnker. Tampoco sobrevivieron ni el policía ni los seis soldados de la 1ª compañía.

La labor de «limpieza final» del puente también recayó sobre los paracaidistas del grupo n° 4. Todo estaba controlado, de tal modo que se pudo transmitir a Eben Emael y al resto de puentes la siguiente información a las 5:30 h:

«Objetivo tomado, búnker volado, puente en pie. Se están ocupando sistemáticamente las trincheras y formando una cabeza de puente. La señal prevista para los aviones indicándoles que tenemos todo bajo control ha sido colocada».

Saber que había tenido éxito en la neutralización del búnker, calmó a Schmitt de sus dolores y magulladuras. No había duda de que podía seguir combatiendo. Hofmann, no sólo jefe del grupo de Schmitt, sino también de todos los paracaidistas en Vroenhoven ante la falta de noticias de Schacht, le encargó cruzar el puente y formar un pequeño grupo de combate con Haas, Stenzel y Ruthsatz. La misión del denominado «*Kampfgruppe Ost*» consistiría en asegurar la parte este del puente, junto a la frontera con Holanda. Sin interrupción de ningún tipo, avanzaron por el puente. Haas y Stenzel lanzaron granadas, mientras Ruthsatz y Schmitt disparaban y gritaban. No tuvieron problema en capturar a

---

ten «inexactitudes flagrantes» en ciertas declaraciones de los supervivientes del Abri M. No obstante, recogemos ambas posibilidades, aunque es más que probable que tras la discusión mantenida con Crauwels, Nys y Despigelaere murieran al alcanzarles de lleno la carga hueca colocada por Schmitt.

Paracaidista junto a uno de los pilares del puente de Vroenhoven. Nótese la escalera utilizada por los ingenieros en su labor de desactivación de las cargas adosadas al puente. (Archivo Thomas Steinke)

Paracaidista –probablemente del grupo de Gahno– junto al puente de Vroenhoven. (Archivo Thomas Steinke)

los pocos belgas que se encontraban en el acceso del puente. Comprobaron que no había más mechas ni cargas que supusieran una amenaza de voladura. El puente estaba libre y sin cargas, así que Schmitt informó que todo estaba bajo su control. Podían darse un respiro por fin. Eran las 5:23 h. Sólo habían transcurrido 9 minutos desde el aterrizaje, pero a Schmitt le parecieron siglos.

Heinz Haas, que hacía las veces de sanitario del grupo, preguntó al resto de sus compañeros si estaban heridos. Schmitt fue el único que requirió atención, aunque tan sólo un vendaje alrededor de la cabeza fue la señal que indicaba que había estado a punto de morir delante del búnker M. Mientras descansaban, Schmitt y sus hombres pudieron contactar con el *Oberjäger* Alfred Stolzewski, jefe del grupo nº 8, que había tenido un accidentado aterrizaje, alcanzado por disparos belgas. Aun así, *Stolli* –que así era apodado por sus compañeros- pudo aterrizar al sur de la carretera, al otro lado de donde se posó el grupo de Schmitt.

Los paracaidistas limpiaron el puente de obstáculos con la ayuda de los prisioneros belgas capturados en la «incursión» realizada por el grupo de Schmitt. El botín no fue nada desdeñable: una ametralladora y alrededor de 14 fusiles[81].

La captura de los búnkeres/casamatas de flanqueo: la cabeza de puente se consolida

Poco tiempo después del aterrizaje de los planeadores, los búnkeres A y B fueron también atacados.

---

[81] Algo que Theo Schmitt comenta en su diario es el uso de munición explosiva «Dum-Dum». Según sus palabras , tanto Rudolf Bading como él comprobaron los efectos del gran poder de estas balas (prohibidas por la Convención de Ginebra tras la Primera Guerra Mundial), el primero en su brazo izquierdo y el segundo en su derecho, sufrieron rotura de cúbito y radio.

Josef Lammerding, miembro del grupo nº 5 (Archivo Thomas Steinke)

Erwin Rongstock, paracaidista del grupo nº 5. (Archivo Thomas Steinke)

Arno Hielscher, paracaidista del grupo nº 5, a las órdenes de Röhrich. (Archivo Thomas Steinke)

Jakob Wechsler, *Fallschirmjäger* del grupo nº 6. (Archivo Thomas Steinke)

Walter Röhrich, líder del grupo nº 5, encargado de la neutralización del búnker A. (Archivo Thomas Steinke)

Heinrich Schlaghecke, paracaidista del grupo nº 6. (Archivo Thomas Steinke)

El **búnker A** estaba situado al sur del puente, en la parte baja del talud de 25 m que daba al canal, a algo menos de 500 m del puente. La posición disponía de dos ametralladoras pesadas en la planta baja, de dos ligeras en la planta superior y de un fusil ametrallador frontal. Estaba ocupado por 19 hombres de la 4ª compañía del 18º Regimiento de Línea, bajo el mando del alférez Bertrand. Éste y otros soldados de guardia contemplaron el aterrizaje de los aparatos, uno de los cuales (el del grupo nº 5) aterrizó justo al borde del canal, de tal manera que un ala se apoyó en del talud que caía hacía él. Los belgas pensaron que se trataba de un aterrizaje de emergencia efectuado por un avión, pero

Helmut Hansen, miembro del grupo n° 6. (Archivo Thomas Steinke)

Hermann Ehrke, paracaidista del grupo n° 6, a las órdenes de Giese. (Archivo Thomas Steinke)

Walter Heitkämper, miembro del grupo n° 5. (Archivo Thomas Steinke)

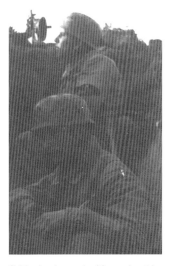

Erich Mayer, piloto del grupo n° 6. (Archivo Ian Tannahill)

Rudolf Gaudeck, paracaidista del grupo n° 6. (Archivo Thomas Steinke)

Schlaghecke protegido en las trincheras de Vroenhoven. (Archivo Thomas Steinke)

como prevención, todos entraron de inmediato en el búnker. Poco tardaron en constatar lo que se les avecinaba, pues uno de ellos gritó desesperado: «¡alemanes!».

Los *Fallschirmjäger*, dirigidos por el *Oberjäger* Walter Röhrich, abandonaron inmediatamente el planeador y atacaron su objetivo: el búnker A. Todo esto ocurrió mientras los belgas aún estaban entrando en su interior, resultando herido en la maniobra Bertrand, que tuvo tiempo de disparar con su pistola al grupo de alemanes, que atacaban como un solo hombre. Los belgas pudieron contactar por teléfono con el fuerte Eben Emael,

El grupo n° 6 antes de partir hacia Vroenhoven. Estos paracaidistas se encargaron de neutralizar el búnker B, situado al norte del puente. De izquierda a derecha: Schlaghecke, Hansen, Hoffmann, Giese, Meyer (piloto del planeador), Ehrke y Gaudeck. A la derecha, sentado junto a la tripulación del Ju 52, Wechsler. (Archivo Thomas Steinke)

Heinz Giese, líder del grupo n° 6, a la izquierda de la fotografía, junto a Bernhard Hoffmann (grupo n° 6) y Alfred Rothenhöfer. (Archivo Thomas Steinke)

Trincheras belgas situadas al sur del puente, entre la iglesia y el canal. Fue la zona de aterrizaje de los grupos n° 5 y n° 8. (Archivo Ian Tannahill)

pero éste tenía otras preocupaciones en ese momento: su propia defensa. Ante la falta de soluciones y de instrucciones, Bertrand intentó ponerse en comunicación también con Lanaken. Cuál fue su sorpresa cuando respondieron a sus peticiones en alemán: «¿*Was müssen Sie haben?* (*¿Qué quiere?*)». Aterrado, el alférez Bertrand se aseguró de que sus hombres estuvieran en sus puestos. Su desesperación fue en aumento cuando comprobó por la mirilla de la planta superior que las bombas estaban cayendo junto al búnker «hermano» del suyo, el B.

Los alemanes, sin perder un segundo, comenzaron a atacar la posición mediante pequeñas cargas huecas. Los defensores, por su parte, se esforzaron en impedir que las cargas quedaran fijadas al búnker, cosa que consiguieron con hierros preparados a tal efecto, pero no pudieron impedir la explosión de las mismas. La ametralladora de la parte superior del búnker fue desplazada a consecuencia de una de las deflagraciones, con el resultado de varios miembros de la dotación heridos con quemaduras. Lo mismo ocurrió en la cámara / planta superior del lado sur del búnker, no teniendo otra opción sus ocupantes que retirarse a la parte inferior. Los paracaidistas atacaban simultáneamente todos los flancos del búnker, volando también la puerta acorazada. A continuación, pusieron fuera de combate la ametralladora inferior de la cámara sur del búnker, lo cual provocó varios heridos entre los belgas. Finalmente, volaron la puerta acorazada interior, al mismo tiempo que lanzaban granadas sobre la tronera / aspillera del lado sur, hiriendo a Bertrand, al suboficial Otten en el hombro, y provocando quemaduras a otros belgas.

Afortunadamente para la dotación de la posición, la *Luftwaffe* comenzó a atacar y a los paracaidistas alemanes no les quedó

En primer plano la cúpula blindada de observación del búnker A, situado al sur del puente (en segundo plano). La foto nos permite entender la función que ejercía este búnker en caso de que el puente fuera atacado. (Archivo Ian Tannahill)

otro remedio que ponerse a cubierto para evitar ser heridos por fuego amigo. El bombardeo de los aviones fue certero y dejó tocado seriamente al búnker. Los soldados belgas, aturdidos por los gases de las primeras explosiones y presas del pánico lo abandonaron. La suerte quiso que no fueran hostigados durante su retirada, alcanzando un nido de ametralladoras de la 2ª compañía del 18º Regimiento de Línea, y desde allí, la retaguardia belga.

El **búnker B** estaba situado al norte de la zona defendida por la 1ª compañía y, como el A, alejado unos 400 m del puente. 18 hombres de la 13ª compañía conformaban su dotación, al frente de la cual estaba el alférez De Mol. Éste era el oficial de guardia la noche del 10 de mayo y regresó al búnker a eso de las 5:00 h. Sus hombres y él estaban en el interior de la posición cuando se produjo el ataque

La posición fue atacada por el grupo nº 6, que se dirigió a su objetivo nada más aterrizar en las proximidades. Al frente se encontraba el *Oberjäger* Heinz Giese y entre los paracaidistas se encontraba Heinz Schlaghecke. Tal y como recuerda éste, el rápido movimiento paracaidista neutralizó de inmediato a los belgas, que, en algunos casos, ni tuvieron tiempo de darse cuenta de que estaban siendo atacados:

«Cuando saltamos del planeador, nos lanzamos al ataque del búnker. De camino, arrollamos las trincheras belgas. Cuál fue mi sorpresa cuando me percaté de que los soldados belgas que me encontré dormían en sus trincheras. Dudé si disparar o no. Al final no lo hice —no era un asesino a sangre fría— y seguí avanzando...»

Una vez en el búnker, los paracaidistas de Giese atacaron con cargas huecas y granadas, dejando fuera de combate las cuatro cámaras para las ametralladoras. Dos muertos y 5 heridos belgas fue el sangriento balance del ataque. Los supervivientes se rindieron.

El **búnker B'** se encontraba casi a 2.000 m al noroeste del puente de Vroenhoven, bastante alejado del centro del ataque alemán. Aquí tenía el mando el teniente Piron, al frente de 18 soldados de la 12ª compañía. Apenas serían molestados y tampoco pudo tomar parte activa en el combate. A media noche del 10, dispararon contra el puente de

Veldwezelt, tratando de impedir la llegada de refuerzos alemanes. La artillería alemana, por su parte, respondió, destruyendo los cañones que apuntaban hacia el norte. Tropas alemanas del «*Schutzen Regiment 12*» (o quizás del 33) se acercaron durante la noche a las inmediaciones del búnker, disparando y provocando que su dotación, rodeada y aislada, se rindiera el día 11 hacia el mediodía.

Las posiciones belgas más inquietantes estaban siendo neutralizadas rápidamente. No obstante, la amenaza de un contraataque seguía preocupando a los paracaidistas. Este temor venía reforzado por la situación de algunos grupos, en serias dificultades. Que el propio *Leutnant* Schacht hubiera quedado aislado, en la colina Laeffelter, a 1.200 m al oeste del puente y con parte de sus hombres heridos o muertos, ya era un serio problema. Tuvieron que pasar varias horas antes de que se organizara una «operación de rescate» de los supervivientes. Este grupo fue uno de los peor parados, con cuatro muertos y seis hombres heridos de diversa consideración. Tal era su delicada situación, que a las 9:55 h, al no saber qué había pasado con ellos, se envió un mensaje por radio al resto de puentes para saber si alguien había podido contactar con ellos.

El caso de Schacht y su grupo n° 7 no era el único problemático. Así, tal y como hemos analizado anteriormente, el planeador en el que viajaba el grupo de transmisiones (grupo n° 10) también quedó malparado y cortado del resto de los *Fallschirmjäger*.

Nuevos ataques dirigidos por los *Oberjäger* Fritz Borchardt (grupo n° 9) y Grottke (grupo n° 11) aseguraron el terreno situado al oeste del puente. La cabeza de puente se ampliaba y se consolidaba sin que la débil resistencia belga inquietara a los paracaidistas. Al final de la mañana, los paracaidistas dominaban una zona de 1.000 m de largo por 600 de profundidad.

La orilla este es asegurada y la «artillería aérea» echa una mano a los paracaidistas

Tal y como su jefe, Hofmann, ordenó, una patrulla del grupo n° 4 se encargó de asegurar la orilla este del puente. Tras el breve descanso que siguió a la captura de los belgas que resistían en la entrada este del puente, la patrulla de 4 *Fallschirmjäger* (*Gefreiter* Stenzel, *Oberjäger* Schmitt, y los paracaidistas Haas y Ruthsatz) se dispuso a anular cualquier resistencia en el lado este del puente.

Doce minutos después de iniciado el ataque, los disparos de una ametralladora belga batiendo el puente hostigaron a los paracaidistas. Al poco, granadas de mortero también comenzaron a caer. Aunque dueños y señores del puente, éste no estaba libre de ser reconquistado e, incluso, destruido. Estaba claro que las granadas y obuses belgas tenían ese claro objetivo. El puente acusaba los impactos de gran calibre, aunque la mayoría de los disparos belgas caían sobre las aguas del canal. Los paracaidistas tenían que trabajar duro todavía para que su preciado objetivo aguantara.

Obviamente, y sin restarles méritos a los *Fallschirmjäger*, la mejor ayuda de los paracaidistas provenía del cielo. Tras el ruido de las granadas belgas, los cazas alemanes Me 109 y los bombarderos en picado Ju 87 *Stuka* hicieron su aparición, disparando y volando sobre las cabezas de los hombres de Schmitt y del resto de los paracaidistas que trataban de consolidar la cabeza de puente. Los aviones atacantes, a su vez, estaban protegidos por otros Me 109 que volaban a más altura. Esto les permitía picar y ametrallar o bombardear a placer los emplazamientos de la artillería belga. Los paracaidistas eran testigos privilegiados de este machaque continuo de las posiciones belgas. Tras los *Stukas*, aparecieron los robustos y versátiles bombarderos de asalto *Henschel 123*. La sincronización entre paracaidistas y «artillería aérea» se puso de manifiesto también en Vroenhoven. Indudablemente, éste era uno de los pilares del éxito del ataque relámpago incontestable desplegado sobre los puentes del Canal Alberto. En pequeños intervalos, y describiendo cículos, uno o dos cazas siempre estaban presentes sobre los paracaidistas. Así lo recuerda Theo Schmitt:

«Durante el ataque de los aviones, tuvimos que permanecer agachados y usar nuestros binoculares para poder ver sin riesgo qué estaba pasando. De este modo, ningún disparo nos alcanzaría. Los prisioneros belgas, por el contrario, permanecieron tumbados con la cara pegada al suelo y las manos tapando sus oídos. No querían ver nada. El ruido de las bombas tenía un efecto demoledor en ellos.

Tan pronto como los Stukas finalizaron su ataque, pudimos comprobar que habían tocado de lleno varios pelotones belgas. La destrucción era grande. Los aviones lanzaban pequeñas bombas que alcanzaban la retaguardia de las trincheras. Ésta era la zona que no podíamos alcanzar con nuestro armamento ligero. Los Stukas atacaban picando y haciendo sonar sus sirenas, pero a los Henschel 123 sólo les hacía falta el ruido de su potente motor para provocar miedo. Llegaban, atacaban, partían y volvían a atacar de nuevo. Su ataque era demoledor. Incluso nosotros, que no estábamos acostumbrados a tener a los Henschel sobre nuestras cabezas, sentíamos como si algo fuese a estallar a 20 m sobre nosotros. Lo que era un bálsamo para nuestros oídos se convirtió en una angustia insoportable y en un pánico indescriptible para los belgas».

La llegada de refuerzos paracaidistas alemanes: el medio pelotón de ametralladoras (sMg Halbzug Sprengart)

Siguiendo idéntico esquema que en Veldwezelt, 40 minutos después del aterrizaje de los planeadores, dos aviones de transporte sobrevolaron Vroenhoven. Ambos aparatos formaban el 2º grupo *(Rotte)* de los paracaidistas al mando del *Leutnant* Helmut Ringler (presente en Veldwezelt).

A bordo de los dos *Junkers* viajaba el medio pelotón de ametralladoras *(sMG Halbzug)*, al mando de Johan Sprengart, con la misión de apoyar al grupo de asalto de Schacht. Sus órdenes eran las siguientes:

«A la hora h+40, saltarán sobre la orilla este. Allí serán guiados por el Uffz. [Theo] Schmitt para colaborar en la eliminación de las cargas sitas en los pilares del puente. Es previsible que pongan una ametralladora a disposición del jefe del sector»

Aproximadamente a las 6:05 h, tuvo lugar el salto de este medio pelotón, pero no donde se había previsto. El aparato en el que viajaba la sección del *Obj.* Rudolf Dräger

El puesto de mando de Koch en Vroenhoven, en el lado norte del puente, junto a la carretera. Son visibles las antenas de los dos radiotransmisores usados por sus radiotelegrafistas. (Archivo Thomas Steinke)

no pudo soltar a sus hombres en el lugar planeado, pues comprobaron que estaba literalmente «surcado de trincheras». Finalmente, pudieron lanzarse en la orilla este, junto al puesto aduanero de Wilre. Por lo que respecta a la otra sección, la del *Obj.* Alfred Wuttig, también tuvo problemas. La bocina de salto sonó demasiado tarde y esto provocó la dispersión de los paracaidistas. Aterrizaron a pocos metros al sur del puente, la mayoría en la orilla oeste del canal y otros, en la este. Uno de los paracaidistas, el soldado primero Karl Scherr, que había cumplido 20 años cinco días antes del ataque, cayó sobre el Canal Alberto y sin posibilidades de flotar debido al peso de su equipo, se ahogó; otro, el soldado primero Werner Grimm, apareció muerto por disparos belgas.

Los dos Ju 52 soltaron su carga humana desde una altitud de 100 m (señalizados en el altímetro de precisión del *Junkers* como 180 m). Al igual que ocurrió en Veldwezelt, estos soldados fueron esenciales para reforzar la cabeza de puente de Vroenhoven.

Tal y como rezaban las órdenes, Schmitt se encargaría de «recibir» a los paracaidistas una vez que tocaran tierra. Así recuerda los instantes previos al salto:

«Según mi reloj, habían pasado 30 minutos desde la hora «h». Los integrantes del medio pelotón de ametralladoras al mando de Sprengart saltarían cerca de nosotros 10 minutos más tarde, en la orilla este del canal. Para mí y para el resto de mis camaradas iba a ser un gran honor cubrir a nuestros camaradas. También Ahn, Wohlgemuth y Bading seguían cubriéndonos con sus pistolas, lejos de nosotros…

Nos pusimos a cubierto para esperarles. Desde luego, no iban a llegar en el mejor momento, porque los belgas comenzaron a disparar con ametralladoras. Estábamos en el puesto aduanero holandés, en la frontera con Bélgica, cerca de Wilre. Decidimos «limpiar de resistencia» la zona donde los paracaidistas iban a saltar diez minutos más tarde.»

Schmitt y sus tres hombres utilizaron una táctica ingeniosa y «paracaidista»: moverse y cambiar de posición, emboscándose y esperando al enemigo para atacarle haciendo uso de una considerable potencia de fuego. De este modo, hicieron creer al enemigo que en vez de 4 hombres, había 100. Prosigue Schmitt:

Uno de los hombres de Sprengart en las trincheras de Vroenhoven. (Archivo Thomas Steinke)

El material belga incautado, como esta ametralladora, fue bienvenido por los alemanes. (Archivo Heidi Christiansen via Steinke)

«Nos distribuimos de la siguiente manera: Haas iría por la izquierda, portando una ametralladora; Ruthsatz, armado con un Kar 98, iría tras él. Yo marcharía por la derecha de la carretera, más adelantado que Haas, y detrás de mí iría Stenzel. Todos llevábamos, al menos, un arma de las capturadas a los belgas, sí como una caja de munición. Al poco de comenzar nuestra incursión, tuvimos una escaramuza con soldados belgas aislados (o quizás escondidos). Nos lanzamos al ataque de manera conjunta y decidida, lanzando sobre los paralizados belgas varias granadas de huevo (que llevábamos en la funda de tela para la máscara de gas que colgaba de nuestro cuello). No tuvieron opciones frente a nosotros durante los pocos segundos que duró el ataque y la metralla hizo estragos en ellos. Los prisioneros que hicimos fueron enviados a la retaguardia, donde Stolzewski y sus hombres se encontraban ya. Lo que no sabíamos era que este grupo de Stolli era el único activo detrás de nosotros.

Cuando llegamos al puesto aduanero holandés, el oficial al mando me dijo, al tiempo que me apuntaba con su arma, que no avanzara porque estaba en territorio holandés. Noté que había valentía en sus palabras, pero me acerqué a él y encañonándole con mi fusil belga le conminé a que se rindiera. Hablaba despacio para que me entendiera. Cuando comprobé que había captado mi mensaje, me di cuenta de que el holandés estaba, ciertamente, nervioso. De nuevo, continué hablando, pero esta vez en voz alta, para que sus hombres me oyeran. Les dije así:

- Vuestro deber es defender en tiempo de paz vuestras fronteras, pero a las 5:15 h ha estallado la guerra. Somos soldados alemanes, actuando conforme a las leyes alemanas y estamos aquí para ocupar esta posición. De acuerdo a esto, todos estáis relevados de vuestra función. Vaciad los cargadores de vuestras armas. Si hacéis así, os permitiremos conservar vuestras pistolas.

Hicieron tal y como les ordené. Después les condujimos a una habitación con teléfono, amenazándolos de que dispararíamos a aquél que lo utilizara. Ruthsatz se encargó de vigilarlos.

El oficial holandés al mando me dijo que había una guarnición de 100 soldados en Wilre, en cuya zona periférica nos encontrábamos, a las afueras de Maastricht. Yo desconocía esta información, pero tampoco le hice mucho caso.

Tras ser lanzados sobre el puente, los hombres de Sprengart reforzaron a sus compañeros en las trincheras belgas. En la imagen, un *Gefreiter* del medio pelotón de ametralladoras. (Archivo Thomas Steinke)

Un paracaidista del medio pelotón de ametralladoras al mando de Sprengart. (Archivo Thomas Steinke)

Rudolf Jaschke, paracaidista del medio pelotón que saltó sobre Vroenhoven. (Archivo Thomas Steinke).

Así las cosas, Stenzel cubrió la zona norte de esta posición, y el resto, la sur, mirando hacia el puente y esperando a los paracaidistas. Los Ju 52 aparecieron puntuales, a la hora «h+40», lanzando a los paracaidistas a intervalos de 10 m. Contacté con Sprengart[82] y le mostré que las cavidades de los pilares del puente estaban libres de cargas. Le insistí que una vez sobre el puente, debían protegerse de los disparos belgas y correr tan rápido como les fuera posible para alcanzar las trincheras en nuestro poder. Me dio las gracias y le dije que marcharan cuanto antes. Minutos más tarde comprobé que habían llegado cuando oí que sus ametralladoras comenzaron a disparar ráfagas de 50 disparos».

En efecto, paracaidistas de la sección de Wuttig, primero con dos y después con cuatro ametralladoras recuperadas de los contenedores de munición, abrieron fuego contra los belgas.

Los mismos aviones que habían lanzado a los paracaidistas regresaron minutos más tarde para lanzar contenedores con armas y avituallamiento. Los primeros cayeron en manos de los paracaidistas, cosa que no ocurrió con los segundos. Las dos ametralladoras pesadas lanzadas fueron emplazadas de inmediato y utilizadas para asegurar la cabeza de puente. Se cuenta, a modo de anécdota, que Koch asistió al lanzamiento desde su puesto de mando tocado con una gorra de plato con funda blanca[83].

[82] En su diario, Schmitt afirma que, aunque esperaba a Sprengart, se encontró con que el medio pelotón de ametralladoras que saltó sobre Vroenhoven estaba dirigido por el mismo *Leutnant* Heltmut Ringler. Según las palabras de Schmitt, su sorpresa fue total cuando le vio. Ringler le dijo que había habido un cambio de planes. Este es el único testimonio divergente que hemos encontrado al respecto. Nos inclinamos a mantener la versión oficial defendida por las principales fuentes, máxime cuando hay testimonio gráfico que muestra a Ringler junto a Altmann y al resto de suboficiales que formaron parte del grupo «Stahl».

[83] Lhoest (1964), pág. 132.

Paracaidistas del medio pelotón de ametralladoras en las trincheras de Vroenhoven. La tensión se observa en el rostro del *Fallschirmjäger.* (Archivo Thomas Steinke)

Paracaidista servidor de una ametralladora MG 34. (Archivo Thomas Steinke)

Con los refuerzos, la situación quedó como sigue: al oeste del puente, al norte de la carretera, se encontraban los grupos nº 9 y 6 de Borchardt, Giese y el de Grottke (nº 11). Werner Wummel, servidor de ametralladora y perteneciente a la plana de Koch (grupo nº 1), colaboraba con ellos. A unos 80 m del puente, el mismo capitán Koch, junto con los tenientes Zierach y Kieß, organizaba la defensa de la cabeza de puente. El último, estaba teniendo un papel importantísimo al ejercer de oficial de «artillería», encargado del enlace con la artillería aérea proporcionada por los aviones de apoyo. Para una mejor comunicación con éstos, ya se habían colocado las señales convenidas que indicaban a cazas, bombarderos en picado y de asalto si el enemigo se había entregado ya o si debía ser «perseguido y cazado». El lado sur de la carretera lo controlaban los grupos de Röhrich (grupo nº 5), Gahno (grupo nº 3) y Stolzewski (grupo nº 8).

A eso de las 6:45 h, los supervivientes del grupo de transmisiones, bajo el mando del Dr. Jäger, al comprobar que la presión belga se desvanecía, cambiaron su situación tras haberlo comunicado a Veldwezelt, Kanne y Eben Emael. Así, un cuarto de hora más tarde, contactaron con el grueso del grupo paracaidista. Todo estaba en orden y las bajas no eran excesivas. En cuanto a los heridos, el *Feldwebel* Richter había establecido el puesto de primeros auxilios en una casa situada a 50 m del puente.

Frente a unos paracaidistas reforzados e impecablemente coordinados, la situación se complicaba para los belgas, que se retiraban dejando el armamento inutilizado tras de sí[84].

---

[84] El número total de armas incautadas a los belgas fue de 2 cañones anticarro, amén de 21 cañones de infantería, 13 ametralladoras pesadas, 11 ametralladoras ligeras, 16 morteros, alrededor de 350 fusiles e incontable munición. Los paracaidistas no dudaron en utilizar las armas incautadas cuando las suyas se tornaban inservibles. Desde luego, el trofeo de guerra más valorado por los alemanes fueron las pistolas belgas, consideradas como las mejores del mundo en aquella época.

La «diplomacia» de Schmitt

El plan inicial contemplaba la incursión de, por lo menos, 25 ó 30 paracaidistas combatiendo en la parte este del puente. Pero las cosas no salieron según lo planeado, y a Schmidt no le quedó otro remedio que convertir a su reducida patrulla en una temible fuerza de combate, gritando, disparando e incluso marcándose algún que otro farol frente a un enemigo paralizado.

Schmitt pudo, por fin, disponer de un arma alemana en condiciones: el subfusil de Bading, quien, herido, no lo necesitaría. Junto con el arma también iban algunos dulces de su bolsa de provisiones, algo que agradeció enormemente Schmitt. Fue el *Gefreiter* Pelz el que le hizo llegar tan preciado cargamento. Con un arma automática y repuesto del cansancio, Theo Schmitt podía seguir manteniendo el control sobre el lado este del puente. Éste fue el mensaje que le transmitió a través de Pelz a su superior, el sargento primero Hofmann. Wilre había sido tomado a los holandeses, ni más ni menos.

Pero los miembros del *Kampfgruppe Ost* deberían enfrentarse a un nuevo reto: capturar a una compañía holandesa que se encontraba delante de ellos. Sin órdenes, ni planes previos, Schmitt y su equipo plantaron cara de manera audaz a un enemigo potencialmente superior. Fue la enésima muestra del entrenamiento del paracaidista alemán, capaz de tomar decisiones y diseñar golpes de mano de manera eficaz y autónoma. Y esta vez, la persuasión, más que los disparos, sería el punto de apoyo de la estrategia de Schmitt. Éste lo relata así:

«Me acerqué a Stenzel y le dije que teníamos que planear el ataque. Ante nosotros se encontraba, bien posicionada, una unidad holandesa, ante la cual no tendríamos –a priori– ninguna posibilidad. Por lo tanto –le dije– había llegado el tiempo de la diplomacia, tratando de convencer a su comandante para que se rinda. Stenzel iba a ser el paracaidista encargado de acercarse hasta ellos.

Cargó su fusil, miro alrededor para comprobar que no había peligro, y, cuerpo a tierra, comenzó a acercarse hasta los holandeses. Estaba claro que el uniforme de paracaidista era perfecto para camuflarse en el terreno por el que Stenzel estaba pasando. Éste también iba provisto con una venda blanca que agitaría en caso de necesidad. Todos nosotros –el ‹ejército de tres hombres› detrás de él– esperábamos con ansiedad la llegada de Stenzel a las líneas holandesas. Si le habíamos elegido a él para que se arrastrara hasta las posiciones enemigas, era por ser el tercero al mando. Stenzel encontraría sin dudas argumentos convincentes. Era un tío con labia. Vamos, la persona ideal para una labor ‹diplomática›.

Amenazar a los holandeses con un bombardeo de los Stukas iba a ser uno de los argumentos a utilizar. La amenaza de los carros de combate y del uso de la artillería también estaba entre las ‹razones› que esgrimiría Stenzel para conminar a los holandeses a rendirse. Todo esto, bien empleado, sería suficiente para amedrentar y poner en estado de shock a un inexperto oficial enemigo. Queríamos una rendición rápida, en suma, sin correr riesgos innecesarios…»

Habían pasado ya una hora y veinte minutos desde el inicio del ataque, y las unidades antiaéreas del *Major* Aldinger comenzaron a abrir fuego de cobertura, desde sus posiciones al otro lado del río Mosa. Este ruido fue música celestial para los paracaidistas. El «campeón del mundo en artillería antiaérea» –en palabras de Schmitt- estaba, por fin, apoyándoles, disparando los proyectiles a 900 m/s. Indudablemente, éste sería otro «argumento» listo para ser utilizado por Stenzel… No obstante, Schmitt desconocía que Koch estaba intentando comunicarse por radio –sin éxito- con Aldinger. Así las cosas, nuevas «sorpresas» les esperaban a la «expedición paracaidista» en zona holandesa. Prosigue Schmitt:

«Alrededor de las 8:30 h, vimos cómo dos coches de lujo se acercaba a toda velocidad desde Maastricht. Le dije a Haas que se apartara y yo me coloque de pie en mitad de la carretera. Al verme, el primer conductor frenó con tal contundencia, que el morro del vehículo estuvo a punto de impactar con el pavimento. Estaba totalmente confundido al verme aparecer. En cuanto al segundo coche, trató de esquivar al primero, evitando colisionar con él. Les di el alto, pero trataron de girar y de volver por donde habían venido, haciendo caso omiso de mis indicaciones. Así las cosas, disparé una ráfaga con mi subfusil por encima de los techos de los coches. A continuación, los conductores frenaron sin vacilación. Mi pretensión era alejar a los ocupantes de la zona de combate.

Dos hombres elegantes se apearon del coche. El primero se presentó a sí mismo como un alto funcionario holandés. El otro, como un diplomático norteamericano. Viajaban hacia Bélgica con sus mujeres, con la intención de atravesar el puente de Vroenhoven. Pero lo que no sabían, es que el puente era ahora «mi puente». Les expliqué que no podían seguir avanzando ni dar marcha atrás, pues se encontraban en plena zona de combate. El ruido de las tropas alemanas que nos relevarían, combatiendo en Maastricht, corroboraba mis palabras.

Hechas las presentaciones y dichas las advertencias oportunas, fui cortés y educado con mis «invitados». El funcionario me confesó que un alto cargo del Limburgo –región en la que nos encontrábamos- le había dicho que el puente de Vroenhoven estaba libre. No fue difícil convencerle de lo contrario. Al funcionario no se le ocurrió otra idea que informar a su superior».

Fue en este momento cuando Schmitt aprovechó su baza y se marcó un farol. No era esta una estrategia ajena a los *Fallschirmjäger*, pues tan sólo un mes antes, durante la invasión de Noruega, otro oficial paracaidista había utilizado la misma estratagema para abrirse paso a pesar de su obvia inferioridad numérica[85].

«Nos pusimos a cubierto en una casa cercana que ofrecía ciertas garantías de seguridad y le dije al funcionario holandés lo siguiente:

–Somos paracaidistas que hemos llegado en masa, formando la punta de lanza del 8° Ejército alemán, que, a su vez, atacará Roermond y Kesseln, en Bélgica, desde el área comprendida entre

---

[85] El día 10 de abril de 1940, después del fallido intento de capturar a la familia real en Elverum, tras las líneas noruegas, y de regreso a Oslo, los paracaidistas sufrieron un «parón», resuelto con extraordinaria habilidad por el capitán Erich Walther. A eso de las 11:30 h, a unos 30 km al sur de Minnesund, fueron detenidos en un puente. Los defensores noruegos disponían de buen equipo y armas para reducir rápidamente y sin problemas a los alemanes. Un oficial noruego, que estaba al corriente de la composición del grupo de paracaidistas, acudió a parlamentar e informó a Walther de que enfrente de él se encontraban 3 regimientos y era inútil, por tanto, resistir. Walther, sorprendentemente, respondió al oficial noruego utilizando un «farol», haciéndole creer que detrás de él habían saltado 3 regimientos de *Fallschirmjäger*, que atacarían en caso de que a él no se le dejara vía libre. Ante esta amenaza, los noruegos dejaron pasar sin oposición a la columna de 50 camiones de Walther, prisioneros noruegos incluidos. [Cf. González (2008), pág. 74]

Krefeld-Viersen-Mönchengladblach. Maastrich, por lo tanto, va a ser atacada por la retaguardia. El ataque va a ser realizado con toda la potencia de fuego posible, de tal modo que la destrucción puede ser total en cuestión de horas. Pero esto no ocurrirá –proseguí- si usted le informa a su superior de la situación, puesto que parece que no está al corriente de lo sucedido aquí. Si es razonable, se rendirá al comprobar que no tiene manera de resistir nuestro ataque. Sólo así podrá preservar esta zona de la destrucción».

Exagerando desorbitadamente el número de *Fallschirmjäger* que ocupaban la zona (hablaron de miles de paracaidistas presentes en los alrededores…), las palabras de Schmitt fulminaron al funcionario holandés. Éste quedó tan convencido de lo que se le había dicho que, al comprobar que al otro lado del aparato no se encontraba realmente el comandante de la guarnición holandesa, exigió furioso la presencia del oficial al mando pues, *«junto a él se encontraba el jefe de la avanzadilla alemana»*, o lo que es lo mismo, cuatro hombres frente a todo un ejército paralizado.

Un «ejército de 4 hombres» acaba con la resistencia al este del puente

Con la situación controlada en la parte holandesa, aún quedaban focos de resistencia en la zona belga, al este del puente. De Stenzel y del éxito de su diplomática misión tampoco se sabía nada.

Los belgas trataban de crear una posición defensiva desde la que lanzar un contraataque a la cabeza de puente alemana. No le fue difícil a Schmitt, constatar esto cuando observó con sus binoculares que cinco belgas estaban tratando de emplazar una ametralladora, amén de otros soldados ocupando posiciones en las casas próximas. Por su parte, Haas, subido en una escalera y observando los movimientos belgas apoyado en el tejado de una casa, también pudo notar que algo «gordo» se preparaba contra ellos. Los pilotos alemanes también se habían percatado de esos movimientos, de ahí que comenzaran a volar en círculos cada vez más pequeños. A modo de señal convenida y adoptada por los hombres del SA Koch, Schmitt y sus tres compañeros también habían colocado la bandera de la cruz gamada para indicar a los pilotos qué zonas estaban bajo su control. Pero había un problema: otra bandera estaba presente en el coche del diplomático yanqui, la bandera de las «barras y estrellas» norteamericana. Y es que, lo que menos se imaginaban los paracaidistas era toparse con norteamericanos en Vroenhoven. Schmitt no tuvo ningún reparo en indicarle al diplomático que le acompañara para quitar la bandera del coche. Una vez hecho esto, la eliminación de la ametralladora belga pasó a ser prioridad del grupo alemán:

«Haas me cubriría desde una posición elevada, a la izquierda de la calle. Ruthsatz haría lo mismo desde la izquierda. Yo me las apañé para coger una bicicleta de nuestro botín, de manera que pudiera aprovechar al máximo tanto la velocidad en el ataque, como el factor sorpresa. Una vez con mi peculiar vehículo, pedaleé todo lo rápido que pude y me dirigí directo a la posición belga. Los 5 servidores de la ametralladora no daban crédito a lo que estaban viendo y ni me dispararon. Cuando sólo me encontraba a unos 20 m de ellos, traté de saltar de la bici hacia el jardín de una casa, pero los frenos de la bici y la «acrobacia» me fallaron, dañándome 6 dedos y una rodilla a consecuencia de la caída (mi cabeza estaba protegida por el casco). Sin pensar en mis heridas, corrí rápidamente hacia la casa y me lancé a su jardín. La distancia entre los belgas y yo era de 10 m.

Sin parar un instante, disparé varias ráfagas de mi subfusil sobre ellos, obligándole a ponerse a cubierto. Mi ventaja era que estaba fuera de su campo de tiro, protegido tras una esquina. Pude desarmarlos y mandarlos de vuelta a nuestras líneas. A pesar de que al principio rehusaron obedecer mi orden, disparé un par de ráfagas ante sus pies y comenzaron a andar. Por mi parte, oí voces de soldados holandeses y me dirigí de nuevo hacia dónde estaban mis hombres».

La ausencia del prometido relevo hacía peligrar el control alemán del lado este del puente. Además, para complicar las cosas, justo cuando se reunía con sus tres compañeros, Schmitt fue herido en el brazo derecho. Aunque la bala le había rozado una arteria, Haas y Ruthsatz se las apañaron para parar la hemorragia, vendando y colocándole el brazo en cabestrillo aprovechando… los palos de una valla cercana[86]. Schmitt fue puesto a cubierto de posibles disparos. A pesar de todo, y tras beber algo de limonada que le suministraron sus compañeros, pudo ponerse de pie y continuar con su misión.

Haas y Ruthsatz trajeron una ametralladora con munición. Se esperaba un inminente ataque proveniente de Wilre. Habían recibido órdenes de Hofmann y debían retrasar sus posiciones y cubrir la zona situada 100 m delante de ellos, volando, así mismo, varias casas para evitar ser disparados de nuevo. Pero Schmitt se opuso a esto último. El destino de alrededor de 100 personas escondidas en sus sótanos estaría fatalmente sellado si volaban las casas. Finalmente, el temido contraataque holandés no tuvo lugar. Y de repente, llegó Stenzel con buenas noticias y con soldados holandeses. Los cazas, bombarderos en picado y de asalto les habían demostrado que cualquier resistencia era inútil. La moral y el escaso espíritu de resistencia de los holandeses hicieron el resto, y la unidad de vigilancia fronteriza acabó por rendirse poco después de las 10:00 h.

«Oímos la voz de Stenzel gritándonos que no le disparáramos. Apareció por una calle lateral, agitando su pañuelo blanco y gris a modo de saludo. Nos guiñó el ojo con complicidad, porque tras él apareció un grupo de soldados. ¡Había cumplido su misión! Estamos pletóricos, porque los holandeses ni se imaginaban que se estaban rindiendo ante un «ejército de 4 hombres». Quién sabe lo que pensaron nuestros prisioneros, reunidos junto al puesto aduanero, cuando se despojaron de sus armas e impedimenta. Nuestro engaño había funcionado.

El teléfono sonó en el puesto aduanero. Lo descolgué. El holandés al otro lado del teléfono quería hablar con el funcionario con el que había mantenido la conversación anteriormente. Éste vino de inmediato. El otro engaño también había funcionado pues estaban comunicándole que la zona sur del Limburgo holandés se rendiría en una hora. Traté de controlar mi alegría para no mostrar la verdad: que nosotros cuatro habíamos sido capaces de mantener controlada la zona este del puente durante todo el tiempo de más que duró la espera de nuestro relevo».

Vigilar a los prisioneros fue todo un problema para el «ejército de 4 hombres» en el lado este del puente. Sin los aviones de la *Luftwaffe*, sobrevolando y vigilando incesantemente la zona, disuadiendo a los prisioneros de cualquier intento de fuga, los paracaidistas habrían tenido serios problemas en su custodia. En este sentido, 6 *Henschel 123*

---

[86] Al ser reconocido por el médico del SA Koch, el *Oberärzt* Dr. Jäger, éste comentó al respecto con ironía: «*¡al menos le han quitado los clavos oxidados a la tabla!*»

sobrevolaban continuamente el área: 2 entre Kanne y Eben Emael, otra pareja sobre Vroenhoven y dos más viniendo de Alemania. Se puede afirmar que holandeses y belgas aceptaron tácitamente la situación en la que se encontraban. A su vez, el comportamiento de los paracaidistas fue, en líneas generales, acorde a la Convención de Ginebra.

A medida que pasaron las horas, esta inicial preocupación por la custodia y vigilancia de la gran cantidad de prisioneros hecha por los paracaidistas (tarea que debía ser realizada por un puñado de soldados), desapareció una vez que la guarnición de Maastricht se rindió, hacia las 11:00 h. A la luz de esto último, muchos «participantes en la negociación» con los alemanes valoraron más la rendición sin derramamiento de sangre que una lucha infructuosa.

Contraataques inexistentes y errores belgas: la suerte de Vroenhoven está decidida

Los combates entre los paracaidistas y los belgas del 18° Regimiento continuaron de manera desigual. Éstos nada podían hacer frente a un enemigo mejor preparado y que había atacado sus trincheras del revés. Después de la muerte del capitán Van Beneden, la 1ª compañía belga fue dispersada y la cabeza de puente alemana comenzó a extenderse. No obstante, dos contraataques belgas tuvieron cierta entidad: el de la 3ª compañía, del teniente Pirlot, y el de la 2ª compañía, al mando del capitán De Leu de Cecil, quien dirigió su ataque desde Hees, al noroeste de Vroenhoven, a eso de las 10:20 h. Esta última unidad, recibió órdenes de conquistar la escuela y dirigirse, después, hacia el puente, pero sus soldados fracasaron en el intento,al ser duramente hostigados por los paracaidistas, atrincherados en las casas cercanas al puente y desde la rivera este del canal.

El ataque belga también fue apoyado por fuego de artillería. Koch pasó ciertos momentos de apuro, comunicando a las 10:20 h, que «el enemigo se estaba agrupando con la intención de efectuar un contraataque». Fue en vano, pues la *Luftwaffe* y la artillería alemana de Aldinger abortaron cualquier contraataque. Así, quince minutos más tarde, una nueva comunicación informaba que el ataque había cesado. La zona desde la que había

El cruce de la carretera Vroenhoven-Lanaken, N 79, donde los alemanes desbarataron el intento del alférez Vasselot. Esta casa es el último edificio a la izquierda de la foto de 1940. (Óscar González)

Al amanecer del 11 de mayo, dos blindados franceses del 12º Regimiento de Coraceros trataron de alcanzar, sin éxito, la cabeza de puente alemana en Vroenhoven. En la imagen el vehículo acorazado *Panhard 178*, llamado «Ardente», «montura» del alférez Armand de Vasselot, inmovilizado en el cruce . (Archivo Thomas Steinke)

La misma vista en 2010. (Foto Óscar González)

partido el contraataque belga continuó batida por las baterías de Aldinger, especialmente el «objetivo 66», o lo que es lo mismo, la pequeña aldea de Kesselt, junto a Hees.

La única resistencia de entidad fue protagonizada por los soldados del puesto de mando del batallón. A eso de las 11:25 h, tuvieron que retrasar sus posiciones a una trinchera cercana, desde continuaron defendiéndose con uñas y dientes, lanzando granadas a los atacantes alemanes. Su resistencia continuó hasta las 18:50 h, cuando aislados y rodeados vieron como sus municiones se habían agotado.

Pero en general, los soldados belgas que debieron acudir en ayuda de la 1º compañía, barrida del puente, optaron por no reforzar a sus compañeros de armas. Se vivieron casos de amotinamiento y deserción, a duras penas abortados por los oficiales belgas. Así, la un pelotón de la 7ª compañía que formaba parte del pelotón norte del denominado «punto de apoyo» *(point d'appui)*, evitó por todos los medios salir a combatir. Un grupo amenazó incluso con la deserción. Cuando el jefe del pelotón decidió que había que avanzar hacia las trincheras junto al puente, sus hombres se esfumaron hacia Tongeren. Lo mismo ocurrió con otro grupo de la misma compañía, al que a duras penas se le pudo mantener en sus posiciones hasta las 18:30 h, cuando se retiró a la mínima oportunidad. Idénticas escenas se vivieron en el pelotón del centro del «punto de apoyo» belga, donde un grupo abandonó sus posiciones inmediatamente. Tan sólo los soldados del pelotón sur permanecieron en sus puestos.

Las trincheras belgas de Vroenhoven situadas al noroeste del búnker Abri M. (Archivo Ian Tannahill)

Es evidente que la reacción de los defensores belgas en Vroenhoven poco tuvo que ver con la de los de Veldwezelt. Los que no cayeron ante el primer «golpe» paracaidista, o carecieron de espíritu defensivo, evitando la lucha y desapareciendo, sin más, del campo de batalla, o llegaron mal y a destiempo, cometiendo errores. Tal fue el caso de la 3ª compañía del 18º Regimiento, a las órdenes del teniente Pirlot, oficial anteriormente citado. Al pie de la letra, hemos de admitir que su unidad no contraatacó a los paracaidistas, pero pudo realizar ciertos movimientos sin ser «molestada» por los alemanes presentes en las cercanías. Tenía desplegada su unidad en un pequeño cerro de 20 m de altitud y a 1.100 m al sur del puente, llamado Montenaken. Habiendo sido bombardeados por los *Stukas,* las posiciones de esta compañía no habían podido combatir con los paracaidistas. Únicamente fueron disparados por los *Fallschirmjäger* del grupo n° 5 (al mando de Röhrich), en su camino hacia el búnker A.

No obstante, a eso de las 18:00 h, ante la imposibilidad de contactar con la 2ª compañía –que sí había sido atacada por los alemanes-, Pirlot, acompañado del también teniente Housiaux, quien dirigía dos secciones de ametralladoras, decidió moverse y acudir en su auxilio. De camino se toparon con el grupo ciclista del pelotón de exploradores, ordenándole que regresara a las posiciones de la compañía en el cerro. Fue este el momento en el que aparecieron en las cercanías del puente de Vroenhoven numerosos belgas tocados con la boina típica de los Cazadores de las Ardenas, cruzando el puente camino de Maastricht.

Ante esta visión, el jefe de la 3ª compañía, Pirlot, creyó inequívocamente que estos belgas no eran sino miembros de una unidad que había contraatacado y conseguido recapturar el puente. No podía ser de otro modo a juicio de este oficial belga, pues estos

Vista aérea del puente de Vroenhoven y del búnker Abri N. También son visibles el entramado de trincheras belgas y los efectos del bombardeo. (Archivo Ian Tannahill)

belgas, dueños y señores del puente, se habían quitado el casco y puesto la boina. El pobre Pirlot lejos estaba de pensar que lo que realmente veía era una columna de prisioneros del 20º Regimiento de artillería de camino hacia la retaguardia alemana.

A las 19:00 h, el teniente Housiaux fue enviado hacia las posiciones de la 2ª compañía. Allí pudo localizar al teniente Vergeynst, quien le informó que el jefe de la compañía, Goedert, estaba herido o había sido hecho prisionero. Los bombardeos aéreos habían hecho estragos sobre sus hombres. Así las cosas, acordaron que lo que quedaba de la compañía se retirara hacia el cerro Montenaken, hecho que se materializó a las 22:00 h.

Horas más tarde, a las 9:00 h del día 11, Pirlot decidió que lo más razonable era retirarse, para lo cual organizó dos columnas que tratarían de alcanzar, campo a través, la retaguardia belga. La primera fue capturada al poco de moverse, mientras que la segunda lo fue el día 12 por la mañana, cerca de Tongeren, tras un breve combate. Por lo que respecta al pelotón de la 2ª compañía del teniente Vergeynst, permaneció en las posiciones del cerro, siendo rodeado y capturado por los alemanes a las 12:30 h del día 11 de mayo.

En realidad, y en la línea de lo que comentábamos al principio, la única acción que merece ser calificada de «contraataque brillante» fue la protagonizada por el alférez Ansquer, responsable del «punto de apoyo» norte de la 6ª compañía, al mando del capitán De Leu de Cécil. Éste defendía la periferia de Hees, un pueblo situado a medio camino entre Vroenhoven y Veldwezelt, habiendo desplegado su compañía en seis puntos de apoyo. El alférez Ansquer se encontraba precisamente en la carretera asfaltada que iba hacia Veldwezelt. A las 7:15 h pudo comprobar que los paracaidistas alemanes se encontraban a unos 600 m de donde sus hombres estaban.

Posiciones belgas en Vroenhoven situadas al sur del puente, entre la iglesia y el canal. En primer plano, junto al canal, el Búnker A. (Archivo Ian Tannahill)

El capitán de la 6ª compañía comprobó que, efectivamente, los paracaidistas alemanes controlaban la ruta desde Hees a Veldwezelt, ante lo cual ordenó contraatacar. Ansquer se presentó voluntario, junto con el resto de su pelotón, obligando a los alemanes a retirarse unos 200 m. Tras el contraataque, el sector permaneció en calma hasta las 10:00 h, momento en el que los asaltantes alemanes atacaron contundentemente. Junto a esta mayor agresividad paracaidista, la falta de municiones comenzó a ahogar a los defensores belgas. El colmo de sus males consistió en el machacón bombardeo de los *Stukas*, que puso fuera de combate tres cañones de 47 mm. Los bombarderos en picado alemanes siguieron centrándose en la zona de Kesselt-Hees, a petición del teniente Kieß, ejerciendo de enlace «artillero», durante toda la mañana y parte de la tarde del día 10. Así, a las 14:10 h y a las 16:30 h, se solicitó apoyo aéreo

Así las cosas, casi todos los «puntos de apoyo» de la 6º compañía cayeron en manos alemanas o fueron abandonados por los belgas, como ocurrió en uno de ellos, donde sus defensores huyeron cuando el oficial al mando fue a por municiones. Al caer la noche del día 10, la defensa de de la compañía se concentraba tan sólo en dos puntos: el ocupado por el puesto de mando del capitán De Leu de Cécil, y en el de Ansquer. Mientras, los alemanes preparaban el ataque al amanecer, algo que presentía el capitán belga. No tuvo más remedio que preparar la defensa con los escasos recursos que tenía a mano. Reagrupó a los hombres aún válidos para la lucha en las trincheras que rodeaban su puesto de mando, e indicó a Ansquer que debería mantener la posición a toda costa, en un desesperado intento de conseguir que llegaran refuerzos.

A las 6:00 h del día 11, soldados de infantería del 12º Regimiento comenzaron el ataque contra los restos de la 6ª compañía belga. Gracias a las dos ametralladoras emplazadas en el puesto de mando y al fuego certero del pelotón de Ansquer, los belgas pudieron resistir hasta las 8:15 h. Pero no pudieron aguantar más. Al comprobar que sus hombres y él estaban rodeados, Ansquer se abrió paso a través de la trinchera, y empuñando un fusil ametrallador comenzó a disparar contra los alemanes antes de caer muerto bajo una lluvia de balas. Al salir de la trinchera les había dicho a sus hombres: «¡os voy a mostrar cómo se defiende un oficial belga!».

Los supervivientes del pelotón Ansquer fueron capturados, pero la defensa en el puesto de mando de De Leu de Cécil continuó hasta las 9:30 h. Sin cartuchos ni granadas, el capitán ordenó a sus hombres calar las bayonetas en sus fusiles. Sin embargo, sus hombres optaron por rendirse, puesto que carecía de sentido ya cualquier resistencia.

El relevo de los Fallschirmjäger

Todos los acontecimientos vividos en Vroenhoven se desarrollaron de modo similar a Veldwezelt. A las 18:30 h, con los alemanes totalmente asentados en Vroenhoven, las baterías belgas de 21 cm dispararon contra el puente, pero todo intento de contraataque chocaba con la «muralla defensiva» alemana. A pesar del duro cañoneo, nadie resultó herido. A este respecto, el *Flakabteilung* Aldinger añadió una considerable potencia de fuego una vez en el puente.

Con los primeros refuerzos alemanes a las 12:50 h, *«parte de una compañía de infantería»*, según lo que se transmitió por radio desde Vroenhoven, llegaron también –para sorpresa de los *Fallschirmjäger* de *Beton*- los miembros del grupo nº 2, que no habían participado inicialmente en el ataque al haber aterrizado de emergencia en los alrededores de Hottdorf, al norte de Düren, en Alemania. No había nada que temer; aunque con retraso, el relevo se estaba produciendo. La noticia de que Koch había ganado la Cruz de Caballero tampoco se hizo esperar. El *Oberst*. Seidemann, desde el puesto de mando del *VIII. Fliegerkorps,* así se lo hizo saber a las 13:00 h.

Finalmente, después de que un batallón al completo les reforzara –los refuerzos fueron continuos desde las 18:00 h en adelante, especialmente a las 19:50 h-, los para-

El relevo se ha consumado: en su puesto de mando de Vroenhoven, el capitán Koch charla distendidamente con dos oficiales del *Heer*. (Archivo Ian Tannahill)

Tropas del *Heer* entrando en Bélgica. Los paracaidistas aseguraron la rápida penetración de la *Wehrmacht*.

caidistas se retiraron a Maastricht hacia las 21:40 h, donde coincidieron con los hombres del grupo de asalto *Stahl*, reunidos todos en la fábrica de tabaco de Maastricht a eso de las 23:30 h. Tras ellos, en Vroenhoven, habían quedado sus 7 muertos y un botín nada desdeñable: 2 cañones antitanque, 21 cañones de infantería, 24 ametralladoras, 16 morteros y alrededor de 350 fusiles.

Las cabezas de puente de Veldwezelt y Vroenhoven fueron rápidamente ampliadas el día 11 de mayo. Delante de los alemanes sólo se encontraba un enemigo desmoralizado. Así, los carros de combate de las 3ª y 4ª Divisiones acorazadas rodaron sin dificultad hacia el interior de Bélgica.

Una de las frases clave que definen lo sucedido en los puentes es la siguiente, pronunciada por un historiador militar norteamericano: «*La guerra del futuro pasó aquí por encima de la guerra del pasado*».

Las víctimas civiles en Vroenhoven.

Los errores y la negligencia presidieron también la evacuación de civiles de Vroenhoven. Como recordará Penneman, antes de las 5:00 h, cuando estaba a punto de producirse el ataque alemán, éste llamó por teléfono repetidamente al comandante Giddelo en Lanaken, solicitando instrucciones. El comandante belga le indicó que «*tranquilizara a los civiles, pues se trataba de un simple ejercicio de entrenamiento*». No obstante, en Vroenhoven no murieron, ni con mucho, tantas personas como en Veldwezelt.

El puente de Vroenhoven y el búnker Abri M tras el fin de los combates. Las viviendas civiles estaban próximas a las posiciones defensivas belgas. (Archivo Thomas Steinke)

La casa situada enfrente del Abri M aún estaba en pie en 2005. Fue derribada para construir el nuevo puente. (Foto Óscar González)

El drama de la guerra: Hendrik Schiepers, su mujer, Cornelia Herten y la hija de ambos, Joanna Schiepers, murieron durante la batalla. (Óscar González)

Los efectos de la batalla: casas de civiles dañadas y derruidas en los alrededores del puente. (Archivo Thomas Steinke)

El caso más trágico fue el de la familia Schiepers-Herten. Sus tres miembros, padre, madre e hija –además del marido de ésta-, murieron a consecuencia de los combates. Así, Hendrik Schiepers, de 73 años de edad, Cornelia Herten, de 70, su hija Joanna, y su yerno, Lambert Nelissen, de 36 años, fueron víctimas de los ataques aéreos alemanes.

Otros fallecieron días más tarde debido a las graves heridas. Tal fue el caso de Jan Peeters, de 25 años de edad, que murió el día 16 de mayo. Y del mismo modo que ocurrió en Veldwezelt, los niños tampoco se libraron de la tragedia: la pequeña Mariette Mertens, de 6 años de edad, e hija de Louise Dirix y de Willem Mertens, fue una de las víctimas inocentes del ataque alemán.

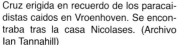

Cruz erigida en recuerdo de los paracaidistas caidos en Vroenhoven. Se encontraba tras la casa Nicolases. (Archivo Ian Tannahill)

La tumba de Walter Daum, el único piloto de planeador que murió en Vroenhoven, junto a los restos de su aparato y otras dos tumbas de paracaidistas. (Archivo Thomas Steinke)

Las bajas paracaidistas en los dos puentes y las «dificultades belgas» en Vroenhoven

La toma del puente de Vroenhoven no entrañó dificultades especiales para los paracaidistas, que apenas encontraron resistencia en a guarnición belga. Del mismo modo que sucediera en Veldwezelt, no se creía en un ataque alemán de la manera en la que fue realizado. La excesiva confianza en su neutralidad y la falta de preparación psicológica para encarar lo inevitable, a saber, una más que segura invasión, jugaron en contra de los belgas.

También en Vroenhoven se vivieron situaciones parecidas a las de Veldwezelt. La distribución de las municiones entre los soldados fue insuficiente y las granadas estaban inservibles al no haber sido preparadas para detonar. Así, Stevens, al mando de uno de los pelotones situados junto al puente, intentó distribuir una caja de granadas entre sus hombres, pero éstas carecían de detonador. Esta falta de armamento eficaz provocó que sus hombres cayeran fácilmente en manos alemanas.

La cifra de prisioneros belgas (alrededor de 300, entre ellos 49 oficiales) habla por sí sola de la contundencia del ataque alemán sobre una guarnición que no estaba preparada para la guerra. Sencillamente, la resistencia belga fue literalmente barrida de Vroenhoven.

Por parte alemana, 8 paracaidistas del grupo de asalto *Stahl* perecieron y 30 resultaron heridos de diversa consideración. En *Beton*, el número de muertos ascendió a 7 y el de heridos a 24. Pérdidas que, desde el punto de vista estadístico, pueden ser consideradas como insignificantes, principalmente cuando las comparamos con las belgas (e incluso si las comparamos con las bajas alemanas en el puente de Kanne, tal y como veremos posteriormente).

Tras ser enterrados en tumbas provisionales, en los mismos campos de batalla, los restos de los paracaidistas caídos fueron trasladados al cementerio de Maastricht entre el 28 de mayo y el 8 de junio de 1940. Todos, excepto Hubert von der Ruhr, paracaidista del grupo de Ringler, en Veldwezelt, que cayó en Hees y fue trasladado desde este cementerio al de Maastricht el 7 de julio de 1941. El último traslado, al cementerio militar de Ysselsteyn, en Holanda, tuvo lugar tras la guerra, a partir de 1946. Allí es donde actualmente reposan casi todos los caídos del SA Koch, porque Berthold Seele (caído en Kanne) fue trasladado a su lugar de origen el 30 de marzo de 1960.

Llegados a este punto, y a pesar de no haber analizado aún el ataque a Kanne, conviene reparar en un detalle relativo a las bajas alemanas. Porque, pese a lo que a primera vista pueda parecer, teniendo en cuenta el carácter alemán, organizado y metódico, el registro de los caídos no estuvo exento de errores. Así, si un cadáver era encontrado en el límite del término municipal de Vroenhoven, se supuso que había muerto en los combates que tuvieron lugar en los alrededores de ese puente. Lo mismo sucedió con Veldwezelt y Kanne. Pero lo cierto es que esta suposición condujo a errores. El caso más llamativo es el ocurrido con las bajas de Kanne. Los archivos holandeses y alemanes pensaron que no había término municipal de Kanne al sudoeste del Canal Alberto. Pero estaban equivocados. De ahí las divergencias en los informes:

	Veldwezelt	Vroenhoven	Kanne	Eben Emael
Archivos Holandeses	8	26	3	5
Archivos Alemanes	7	5	19	6
Reales	8	7	22	6 *(incluido un muerto en Kanne)*

Las bajas belgas (en los registros oficiales menores que en las crónicas de cada regimiento) fueron las siguientes: Del 2º Regimiento de Carabineros perdieron la vida 115 hombres (91 oficialmente), el 18º Regimiento de Línea tuvo 159 muertos (oficialmente 134). En total, la 7º División de Infantería tuvo 550 muertos, y 7.200 soldados fueron hechos prisioneros, según informes alemanes. La tragedia mostrada en estas cifras puede verse también en el siguiente dato: ¡de los 3.641 soldados del 2º Regimiento de Carabineros, sólo quedaban 500 el día 14 de mayo!

El búnker Abri O, situado en la ladera de la colina media de Opkanne, coronado por el monumento a los Granaderos belgas. (Foto Óscar González)

EL ASALTO A KANNE

Kanne: un objetivo complicado

La captura del puente de Kanne se convirtió en la parte más delicada y problemática de la misión encomendada al «*Sturmabteilung Koch*». El riesgo de fracaso en este objetivo era obvio. Además, era el menos importante de los tres puentes asignados a los paracaidistas.

El puente de Kanne, al igual que el de Veldwezelt, era metálico, con una estructura de acero de 236 toneladas. Su longitud era de 48,5 m. y su anchura de 9.05 m. Su construcción había sido realizada por la «*Société anonyme du Nord de Liége*», en 1933. Lo que le diferenciaba de los de Veldwezelt y Vroenhoven, era que estaba situado en un terreno «impracticable», al encontrarse sólo 4 metros por encima del nivel del Canal Alberto, con una ribera oeste que no daba opciones al aterrizaje de planeadores. Ya de por sí, el canal constituía un obstáculo considerable, que al llegar a Kanne se convertía en formidable. Antes de Kanne, en Lanaye, el canal

Martin Schächter, lider de los paracaidistas en Kanne. Fue gravemente herido al inicio de los combates, mientras asaltaba las trincheras belgas. Las huellas del balazo que recibió se pueden apreciar en su mandíbula. (Archivo Thomas Steinke)

discurría por la trinchera de Caster, de 1.300 m de longitud y 60 m de altura, que cortaba los valles del Mosa y del Jeker/Geer. Esta trinchera también reforzaba la «impenetrabilidad» del fuerte Eben Emael, dado que las potentes piezas de éste se erigían en la cima de esta trinchera, convirtiéndose en barrera natural defensiva. El puente de Kanne suponía una separación entre dos trincheras, pues tras él, el canal discurría de nuevo hasta Vroenhoven por una nueva trinchera, la de Vroenhoven, que seccionaba literalmente la meseta de Hesbaye. Indudablemente, un magnífico campo de tiro. El éxito defensivo belga, habida cuenta de las características de la zona, dependía del control de los puentes.

Ya que la captura de este puente debía ser realizada «costara lo que costara», quedaba claro que había que aumentar el número de planeadores. Pero para colmo de males,

Postal propagandística de Kanne editada antes de la guerra. Se puede ver cómo era el puente antes de su voladura (imagen inferior derecha). (Archivo Óscar González)

esto quedó desechado: problemas durante la proyectada maniobra de despegue de los aeródromos de Colonia desaconsejaban esta medida. Lo más viable era que los 10 planeadores que iban a transportar a los paracaidistas del grupo *Eisen* (hierro) salieran del aeródromo Butzweilerhof.

Así las cosas, un aterrizaje de precisión sobre el objetivo se hacía impensable. Sólo cabía posar los planeadores en las colinas de Opkanne (Kanne *de arriba*, en flamenco), tres alturas que nacían en la ribera oeste del canal (colinas norte, central y sur). La dificultad insalvable -y los alemanes sabían que suponía una seria desventaja- era la considerable distancia que existía entre la proyectada zona de aterrizaje de los planeadores y el puente. Estaba claro que esto avisaría a los belgas del ataque y provocaría la voladura del puente. Aún así, la moral de los paracaidistas era alta y todo el mundo, empezando por el propio Koch, estaba convencido del éxito de la misión. Sólo había que explotar las ventajas de un ataque rápido y por sorpresa.

El día 4 de marzo, la operación sobre los puentes y Eben Emael fue revisada. La principal causa tenía que ver con el refuerzo defensivo que los belgas estaban realizando por aquellas fechas en la zona. Entre los cambios que se produjeron, figuraba la disolución del grupo de asalto que se estaba entrenando para atacar el puente de Kanne. Las dificultades de este asalto, unidas a la necesidad de reforzar los otros dos grupos (el de Veldwezelt y el de Vroenhoven), hicieron que los paracaidistas pensados para atacar Kanne fueran redistribuidos. Además, Koch propuso, entre otros cambios, que se suprimiera el previsto bombardeo de los búnkeres belgas en Vroenhoven y Veldwezelt, previo al aterrizaje de los paracaidistas. Su propuesta contemplaba que los *Stukas* y cazas del *VIII. Fliegerkorps* estuvieran activos y protegiendo a los *Fallschirmjäger*, 15 minutos después de que éstos aterrizaran.

Pero aunque el grupo inicial pensado para atacar Kanne fue disuelto, el Führer ordenó que se formara otro *«con 90 ingenieros provenientes del Heer, mandados y entrenados por oficiales del grupo de asalto de Koch»*. De esta manera no se debilitaría a la 7ª División Aérea, necesitada de efectivos para atacar el día 10 de mayo, no sólo a Bélgica, sino también a Holanda. El «nuevo» grupo para Kanne también sería reforzado por un «medio pelotón de ametralladoras» más, que se uniría a los ya pensados para Veldwezelt y Vroenhoven. Esta última decisión fue adoptada por el general Student.

Todo este cambio reorientó la estrategia paracaidista en el Canal Alberto, de tal modo que Kanne fue considerado un objetivo a tomar en la medida que reforzaba y apoyaba a los hombres de Rudolf Witzig en su ataque a Eben Emael. Esta nueva cabeza de puente permitiría, pues, un rápido relevo de los paracaidistas de «Granito» y también de los otros dos puentes. Las unidades del *Heer* que enlazarían con los 4 objetivos cruzarían el canal a través del puente de Kanne.

Los planeadores del grupo «Hierro» (89 hombres dirigidos por el *Leutnant* Martin Schächter) despegaron puntualmente, pero fueron soltados demasiado pronto por los Junkers. Mientras que en Veldwezelt y Vroenhoven los aterrizajes tuvieron lugar alrededor de las 5:20 y 5:15 h, respectivamente, en Kanne ocurrieron 15 minutos más tarde.

Las órdenes del grupo «Eisen» (Hierro)

«Captura del puente, destrucción de los tres búnkeres de hormigón situados junto a aquél y eliminación de las fuerzas enemigas, que se encontrarán cerca del puente y en las casas situadas al oeste. Se cortarán todas las mechas y cables telefónicos. Se asaltaran las trincheras enemigas en las colinas al oeste del canal, se destruirán todos los obstáculos situados sobre la carretera a ambos lados del puente y, por último, se formará una cabeza de puente posibilitando, así, que las unidades de vanguardia puedan atravesar el canal.»

De idéntica manera que en Veldwezelt y Vroenhoven, las órdenes para los paracaidistas del grupo «Hierro», se centrarían en el asalto y captura del puente de Kanne. Conquistarlo intacto y formar una cabeza de puente en la que resistir los contraataques belgas hasta la llegada de refuerzos (tropas de infantería del 151º Regimiento junto con el 51º Batallón motorizado de ingenieros) eran el resto de tareas derivadas de la primera. Para conseguir todo esto, los *Fallschirmjäger* de Schächter se distribuirían de la siguiente manera:

Grupo 1/*Obj.* Hugo Czerwinski (1/9): Deberían aterrizar en la colina central, para ocupar, posteriormente, el puente, cortar las mechas de las cargas explosivas y los cables telefónicos, alejar las cargas del puente y eliminar los obstáculos presentes sobre éste.

Grupo 2/*Obj.*. Karl Hentschel (1/8): Estos paracaidistas también aterrizarían en la colina central. Deberían poner fuera de combate el pequeño búnker/casamata de

flanqueo (*Abri E*) situado a 80 m al sur del puente. Finalmente, deberían limpiar de soldados belgas 4 casas situadas en los aledaños.

Grupo 3/*Obj.* Walter Oskar Gleitsmann (1/8): El lugar de aterrizaje del planeador que transportaría a estos paracaidistas sería la colina norte. Tras tomar tierra, atacarían el *Abri F,* situado a 80 m al norte del puente, eliminando la posible resistencia proveniente de 2 casas cercanas.

Grupo 4/*Obj.* Brandis (1/8): Tras aterrizar en la colina central, se encargarían de atacar el principal búnker belga, el *Abri O,* situado en la ladera de la colina. Su prioridad consistiría en destruir el centro de activación de las cargas del puente. Tras el ataque al búnker, tomarían las casas situadas debajo del búnker.

Grupo 5/*Lt.* Joachim Meißner (1/8): Estos paracaidistas aterrizarían en la colina central. Se encargarían del asalto de las trincheras belgas y de la colocación del puesto de mando alemán.

Grupo 6/*Obj.* Karl Schmidt (1/8): Aterrizarían en la colina norte. Posteriormente, atacarían las trincheras belgas situadas en la zona este de esta altura y las posiciones localizadas más abajo.

Grupo 7/*Obj.* Burre (1/8): Después de que su planeador se posase en la parte sur de la colina norte, asaltarían las trincheras belgas. Posteriormente, los encargados de los morteros, a las órdenes del *Obj.* David, dispararían sobre los principales objetivos.

Grupo 8/*Obj.* Wilhelm Herr (1/8): Aterrizarían en la colina central. Así mismo,

Helmut Kirsten, otro de los ex miembros del *Heer*, reconvertido en paracaidista que combatió en Kanne. (Archivo Thomas Steinke)

Hermann Angelkort, se alistó como voluntario en el SA Koch tan sólo dos semanas antes del ataque. Procedía del 11° Regimiento de ingenieros del *Heer* (tal y como delatan sus hombreras). (Archivo Thomas Steinke)

Johannes Müller, otro de los ingenieros/zapadores del ejército que combatió en Kanne como paracaidista. (Archivo Thomas Steinke)

Eddi Hexkes, procedente del 18° Regimiento de ingenieros, luce orgulloso su distintivo de paracaidista de la *Luftwaffe*, al igual que la cinta de la EK II y la EK I, tras el combate de Kanne. (Archivo Thomas Steinke)

ocuparían las casas situadas en la parte baja de la colina. Por último, se encargarían de proteger con su ametralladora el grupo cercano combatiendo más al sur.

Grupo 9/*Obj.* Alfred Dudda (1/8): Su lugar de aterrizaje estaría situado en la zona boscosa situada a 250 m al norte del puente, ocupando las posiciones belgas (ametralladoras y defensas antitanques). Finalmente, atacarían la colina norte.

Grupo 10: Formado el 8 de mayo

Tras estos movimientos iniciales, los diferentes grupos colaborarían en la consecución del resto de objetivos. A tal efecto, quedarían desplegados de la siguiente manera:

- El **grupo 1** aseguraría la parte este y oeste del puente, eliminando cualquier vehículo acorazado enemigo, así como obstáculos tales como alambradas de espino, etc. En caso de que se aproximaran desde Maastricht las tropas de relevo, atacarían y asegurarían el pueblo de Kanne.
- Los **grupos 2, 4, 5 y 8** ocuparían las trincheras de la colina central, erigiéndose como grupo de apoyo para los paracaidistas que atacaran Eben Emael, disparando hacia este lugar, así como controlando con su fuego el pueblo de Kanne y la zona boscosa al norte del puente.
- Los **grupos 3, 6, 7 y 10** ocuparían las trincheras situadas en la colina norte. Tras ello, su misión consistiría en controlar el oeste, el puente, Kanne y la zona norte del puente.
- El **grupo 9** ocuparía la parte norte de la colina sur, dirigiendo su fuego hacia el sur (Eben Emael), hacia el puente y hacia la zona boscosa del norte del puente.

Cuarenta minutos tras el inicio del ataque, **medio pelotón de ametralladoras** saltaría como refuerzo. Los 24 hombres al mando del *Obj.* Nollau se lanzarían sobre la colina central. Tras ellos, recuperarían los contenedores de armas, se reunirían en las trincheras ocupadas por sus compañeros y se pondrían a disposición del teniente Schächter.

Armados hasta los dientes, los *Fallschirmjäger* tratarían de suplir la falta de efecto sorpresa, al ser Kanne un objetivo sensiblemente más complicado que los otros dos puentes, desplegando una gran potencia de fuego. Así, 8 ametralladoras ligeras MG 34 y 2 pesadas, montadas sobre afuste, 1 mortero, 1 lanzallamas, 28 subfusiles MP 38, 6 fusiles *Kar 98* con mira telescópica, otros 45 Kar 98, granadas, pistolas y cargas huecas constituirían los «argumentos incontestables» con los que los 2 oficiales y los 45 suboficiales y tropa tratarían de defender sus pretensiones sobre el puente de Kanne.

Por último, al igual que con el resto de puentes y Eben Emael, los aviones de la *Luftwaffe* les apoyarían con su fuego a partir de un cuarto de hora después de aterrizar sobre las colinas de Opkanne. El apoyo sería constante durante 80 minutos. En esta labor sería indispensable la comunicación por radio con el puesto de mando de Koch en Vroenhoven y el uso de señales (banderas) que indicaran a los pilotos si era o no necesario atacar. La artillería también apoyaría a los hombres de Schächter. Noventa minutos tras iniciar el ataque, las baterías del «Destacamento Aldinger» estarían disponibles. El *Leutnant* Meißner se encargaría de dirigir el fuego de estas piezas.

Los defensores de Kanne: el 2º Regimiento de Granaderos belgas

El 1 de septiembre de 1939, cuando se decretó la movilización del ejército belga, el 2º Regimiento de Granaderos, dependiente de la 7ª División (primero al mando del *Major General* Michiels, y posteriormente del *Major General* Vantrooyen) se constituyó como regimiento de reserva, acantonado en el cuartel «Príncipe Alberto» de Bruselas. Esta situación duró poco, pues ya en el mismo mes, los granaderos fueron transferidos a la región de las Ardenas, primero, y la de Lovaina, después. El destino último de esta unidad iba a ser la defensa del Canal Alberto.

El 1 de abril de 1940, el regimiento de granaderos fue trasladado de nuevo, esta vez a las costas del mar del Norte, cerca de Ostende y Zeebrugge. Diez días después, fueron destinados a la zona de Gante. Las órdenes para su traslado al Canal Alberto llegaron, por fin, a finales del mismo mes. Así las cosas, el 26 de abril, los granaderos comenzaron su viaje hacia su nuevo destino, llegando a él la noche del 29 al 30 de abril. Su misión era clara: deberían defender el sector del canal que comprendía los puentes de Kanne y Lanaye, así como la exclusa situada en este último lugar. Junto con el 18º Regimiento de Línea constituirían la fuerza de infantería de la 7ª División belga.

El regimiento en cuestión estaba a las órdenes del coronel Herbiet y estaba formada por la plana, un pelotón de infantería ciclista, un batallón de armamento pesado –formado por 17 oficiales y 541 suboficiales y tropa- y 3 de infantería. Por su parte, cada batallón de infantería disponía de una fuerza de 22 oficiales y 939 suboficiales y tropa. En total, una fuerza teórica de 96 oficiales y 3.532 suboficiales y soldados componían la

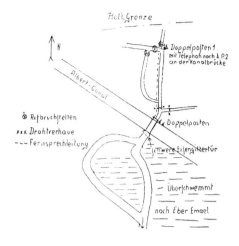

Los espías desplegados sobre el terreno realizaron este detallado croquis sobre las defensas belgas en el puente de Kanne. La información era sorprendentemente precisa.

unidad. Pero la realidad distaba bastante de la teoría, pues el día del ataque alemán la fuerza del regimiento era sensiblemente menor, con aproximadamente 2.600 hombres (de ellos, entre 300 y 400 oficiales y suboficiales).

¿Cómo se habían situado estos soldados, recién llegados a una zona diferente sus anteriores destinos? El día 10 de mayo, los soldados belgas del 2º Regimiento de Granaderos ocupaban posiciones junto al canal. En sus trincheras, esperaban entre malhumorados y desmotivados, persuadidos de que se encontrarían ante la enésima falsa alarma de ataque. La unidad había llegado a la zona hacía nueve días, el 1 de mayo, acantonándose en Bassenge, a unos 8 km al oeste de Kanne. Su falta de motivación se veía agravada por la asuencia de muchos hombres que estaban de permiso o agregados a centros de adiestramiento, algo que también ocurrió con las unidades destinadas en los puentes de Veldwezelt y Vroenhoven.

El frente que les habían asignado, de unos 9 km de longitud, se extendía desde el río Mosa hasta la población de Lixhe, a poca distancia de Kanne. Al norte de los granaderos

Vista de la exclusa de Lanaye. A la izquierda, el Canal Alberto, y Eben Emael. A la derecha se encontraba el puente de Lanaye, cuya defensa era competencia de los granaderos belgas. (Foto Óscar González)

En esta foto anterior a 1940 se puede observar parte del casco urbano de Kanne. En primer plano, la capilla del Conde o *Grafkapel*, situada junto a la ruta de Maastricht. (Archivo Óscar González)

se encontraba el 18° Regimiento de Línea (en Vroenhoven) y al sur, el 2° Regimiento de Ciclistas de Frontera. El regimiento de granaderos se había dispuesto en dos líneas, con una profundidad que oscilaba entre los 2 y los 4 km. La primera la formaban dos batallones: el 2° en la región de Opkanne-Kanne-Emael, y el tercer Batallón en la región de Loen-Lixhe, aunque también ocupaba posiciones, con no demasiados efectivos, eso sí, en la orilla este del canal, cerca del río Mosa. La segunda línea la constituía el Primer Batallón situado en el sector Fall-Meer-Wonck, o lo que es lo mismo, desde Zussen en el sur hacia Riemst. El 4° Batallón también quedaría situado en la segunda línea defensiva, desplegándose al sur de Emael hasta el oeste de Lixhe. Por último, en labores de apoyo artillero se encontraba el 5° Grupo, con 12 cañones de 155 mm pertenecientes al 20° Regimiento de Artillería motorizada, situado en Sichem[87].

El objetivo de los paracaidistas alemanes, a saber, el puente de Kanne, estaba dentro de la zona asignada al 2° Batallón. Un sistema de trincheras cerca del puente y, sobre todo, en las alturas de Opkanne, era la barrera que los belgas pensaban oponer al hipotético ataque alemán. El armamento «pesado» del que disponían eran cañones antitanque de 47 mm y ametralladoras.

Aunque la principal acción defensiva de los belgas se apoyaría en la voladura de los puentes de Kanne y de Lanaye, también se pensó actuar sobre otros objetivos menores, de tal manera que fueran destruidos o dañados para dificultar una hipotética invasión alemana. Concretamente, las carreteras y caminos que conducían a Maastricht y a Lanaye,

---

[87] Sin olvidarnos, claro está, del apoyo artillero del fuerte Eben Emael, con 2 cañones de 120 mm y 16 de 75 mm, de los cuales 8 podían estar a disposición de los granaderos.

Las tumbas de 120 granaderos que defendieron valerosamente el puente y las colinas de Kanne, y que reposan hoy en Opkanne. (Foto Óscar González López)

los puentes sobre el río Jeker/Geer cerca del puesto aduanero de Statieplein, y cerca de la iglesia de san Huberto y el puente sobre el Canal Alberto a la altura de Petit Lanaye, justo en la frontera con Holanda, deberían ser destruidos en caso de alerta. Como el puente de Kanne era el punto defensivo más sensible, estas destrucciones tenían especial importancia para retrasar la llegada de unidades mecanizadas alemanas. Esta misión quedaría en manos de los ingenieros de la 3ª compañía del 21º Batallón de Ingenieros, al mando del teniente Bruyère. Los obstáculos desplegados en el lado este del puente apoyarían las demoliciones efecutuadas por los ingenieros belgas. La principal baza en este sentido la constituirían los elementos Cointet, junto con las minas y el alambre de espino, que tratarían de formar una barrera infranqueable en caso de penetración enemiga. El agua, por último, también sería de utilidad en las labores defensivas. El valle del Jeker/Geer había sido inundado entre el río Jeker y el fuerte Eben Emael, así como la carretera entre Kanne y Emael, al sudoeste del canal. Y aunque también se planeó bloquear la exclusa de Lanaye para mantener un nivel de agua en el canal que favoreciera estas acciones defensivas y dilatorias, fue algo que no se pudo conseguir al cien por cien. Lo mismo sucedió con el plan para destruir o trasladar tierra adentro toda embarcación presente en Kanne.

Por increíble que parezca, todas estas acciones ya eran conocidas por los alemanes desde noviembre de 1939. Al igual que ocurrió con Veldwezelt y Vroenhoven, el espionaje alemán había desplegado una eficaz red de agentes e informadores en Holanda y Bélgica. El 17 de noviembre de 1939, se pudo disponer de un informe preciso de la situación en Kanne (el gráfico de la situación está en la pág. 215):

«La carretera que conduce al puente está cortada al tráfico, y al oeste del canal está inundada, llegando las aguas a una altura de 1,50 m. Aunque esta inundación ocurre junto al canal, éste no

influye ni hace aumentar la zona anegada. Aun así, se puede observar una frenética actividad en el lado belga, tratando de reforzar el dique oeste situado al sur del puente, pues en caso de que la inundación se descontrole, podría anegar totalmente el pueblo de Kanne. En este mismo sentido, conviene señalar que la apertura o destrucción de las exclusas entre Briegden y Neerhaven podría dejar vacío el Canal Alberto desde Lanaye hasta Hasselt. La inundación que se ha observado, anega la zona que está al oeste de Kanne.

Además de todo esto, hemos observado varios puestos con centinela. El que está junto a la capilla del Conde [a la entrada del pueblo desde Maastricht] tiene doble centinela. Además, están conectados mediante un cable de teléfono que cruza todo el pueblo, con el puesto de centinelas junto al puente. Detrás de la iglesia se nota que las carreteras y caminos han sido dañados. Delante del puente hay alambradas y un puesto con dos centinelas. El acceso al puente se puede cerrar mediante una puerta de acero [Elemento C, Cointet]. En la parte del canal al norte del puente hay una posición para ametralladora, con posibilidad de batir el canal. También hay un búnker para ametralladora en una colina al oeste del canal».

La alerta

La primera llamada de atención, por así decirlo, tuvo lugar el día 7 de mayo a las 18:00 h. Ese día, el Estado Mayor belga recomendó que todos los soldados situados a lo largo del Canal Alberto estuvieran preparados y «especialmente atentos» previendo acontecimientos durante la noche del día 7 al 8.

Pero fue el día 9 de mayo cuando la inquietud se apoderó realmente de los defensores belgas. A primeras horas del día 10, a las 00:35 h, el Estado Mayor decretó la alerta general. Hora y media más tarde, a las 2:00 h, el teniente Perau, el oficial de inteligencia del regimiento, transmitió la orden al teniente Bruyère, el oficial al mando de los equipos encargados de la destrucción de los puentes en el sector de Kanne-Eben Emael, al alférez Bassin, el oficial de guardia en el búnker O, y al capitán Levaque, al mando del 2º batallón. Todos los hombres fueron puestos en estado de alarma en cuestión de minutos y las unidades se dispusieron a recoger pertrechos y municiones para situarse en sus puestos de combate antes de tres horas, a las 5:00 h. Las posiciones defensivas más importantes y sensibles (los puentes, especialmente) se aseguraron trasladando tropas de otras zonas más vulnerables y menos defendibles. Así, una hora después de recibir la orden de alerta, la entrada y salida del puente de Kanne fue reforzada con soldados. Una pequeña sección de 12 hombres al mando de un suboficial fue enviada al castillo de Caestert, sobre el monte Saint-Pierre, con el propósito de proteger con su fuego la zona aledaña al puente de Petit Lanaye.

Era necesario y prioritario ocupar posiciones, reforzar las más sensibles, aprovisionarse de munición y llevar a cabo las demoliciones en los puntos clave, pero fallaba algo esencial: el transporte. Los granaderos sólo disponían de tres camiones para sus necesidades de transporte. Este dato habla por sí solo de la deficiente mecanización de los belgas. Ni siquiera los caballos del regimiento estaban disponibles, ya que muchos de ellos estaban «alojados» en granjas de la zona, convirtiendo su reagrupación en tarea imposible para el poco tiempo del que disponían. A pesar de todos estos inconvenientes, el regimiento pudo «mover» hombres, equipos y municiones con relativa facilidad y rapidez, pero sin ocupar completamente todas las posiciones asignadas ni en la primera línea ni en la segunda.

Los civiles también quedaron afectados por la alerta del día 9. Tras conocer que se había decretado la «alerta real», el alcalde de Kanne fue advertido de que la población debía ser evacuada, algo que se empezó a llevar a cabo a las 3:15 h. Los habitantes del pueblo trataban de abrirse paso a través de los obstáculos que los soldados habían puesto en el puente, elementos Cointet y alambre de espino, principalmente, con lo cual la operación se convirtió en algo extremadamente lento y penoso. Pero el puente siguió cerrado al tráfico, de tal manera que el alcalde quiso atravesarlo con un automóvil repleto de documentos del ayuntamiento y le fue del todo imposible. Las órdenes eran las órdenes.

Las demoliciones de los objetivos secundarios comenzaron, aunque no se puede asegurar a ciencia cierta que en todos los casos se realizaran. Sí que se llevaron a cabo las acciones de destrucción previstas para la carretera a Maastricht, y el cruce junto a la capilla «del Conde», en la salida hacia Maastricht. También el puente de Petit Lanaye fue volado con éxito, pero nada se hizo con los que estaban sobre el río Jeker/Geer en Kanne, ni tampoco se realizaron las destrucciones previstas sobre la carretera a Eben Emael y Lanaye.

Una hora más tarde, a las 4:15 h, dos camiones llegaron a las inmediaciones del puente, transportando a los ingenieros del teniente Bruyére que se iban a encargar de colocar las cargas explosivas para su voladura. Junto con un pelotón de «ciclistas», cruzaron el puente en dirección a Kanne.

El despliegue del 2° Batallón de Granaderos sobre las colinas de Opkanne

Las colinas de Opkanne –sin olvidarnos del cercano fuerte de Eben Emael- constituían un inmejorable bastión desde el que defender el puente de un eventual ataque. Tanto es así, que, si el tiempo era bueno, la visibilidad alcanzaba hasta la frontera alemana, situada a más de 30 km. Las trincheras sembraban las colinas del barrio de Opkanne (que podríamos traducir como Kanne de arriba), aunque los puntos defensivos más importantes los formaban el búnker O, literalmente colgado de la colina central, y las casamatas de flanqueo, E y F, junto al puente. Quedaba claro que en caso de invasión, el ataque vendría

Vista en la actualidad del nuevo puente de Kanne y de las tres colinas de Opkanne: de derecha a izquierda, norte, media y sur. (Foto Óscar González)

Uniforme de granadero belga de 1940. (Colección Fuerte Eben Emael)

desde la cercana Maastricht. Conviene recordar una y otra vez que también en Kanne la concepción defensiva belga era eminentemente estática, apoyando todo su plan en la premisa de una ataque alemán por tierra y proveniente del este. Por lo tanto, una férrea defensa de la orilla belga del Canal Alberto, frenaría cualquier intento de penetración terrestre alemana. Pero los belgas se olvidaron de vigilar el «cielo»…

Desde luego, es innegable que los granaderos belgas habían organizado sus trincheras, agrupándolas en lo que ellos denominaban **«puntos de apoyo»** *(point d'appui)*. Estos «puntos» estaban ocupados por un pelotón de fusileros o por algunas secciones de un pelotón o de varios, armados con fusiles, fusiles ametralladores y granadas de mano. En el mejor de los casos, también contaban con ametralladoras y morteros. Algunos puntos de apoyo contaban con la ayuda adicional de una ametralladora pesada de 12 mm o con un cañón antitanque de 47 mm, manejado por hombres del 4º batallón del regimiento. Las trincheras estaban comunicadas entre sí, lo cual favorecía la movilidad y la rapidez a la hora de acudir a reforzar flancos sensiblemente más desprotegidos del punto de apoyo. El perímetro de estas agrupaciones de trincheras estaba protegido por alambradas de espino. A pesar de constituir un sistema defensivo de cierta entidad, los puntos de apoyo estaban ocupados por una mezcla de unidades, sin mando orgánico claro, y esto no era una ventaja.

El apoyo artillero de los granaderos vendría de la mano del 4º Grupo del 20º Regimiento de artillería, majo mando del comandante Carron. Este grupo disponía de tres secciones de baterías motorizadas (10ª, 11ª y 12ª), cada una de ellas con 4 piezas de 155 mm, situadas en Zichen, tras las líneas del 2º Batallón en Opkanne. Los defensores del puente de Kanne también contarían con apoyo de 8 de los 16 cañones de 75 mm del cercano fuerte Eben Emael.

Pero, pasando al detalle, ¿cómo estaban desplegados los soldados del 2º Batallón aquella mañana del 10 de mayo de 1940?

El capitán Levaque, al mando del batallón, había situado su puesto de mando cerca de cruce entre la carretera de Opkanne a Zussen y la de Vroenhoven a Emael. Sus hombres ocuparían las posiciones más avanzadas en la defensa del puente de Kanne, mirando al Canal Alberto. Seis «puntos de apoyo» constituían la primera línea defensiva, situada sobre el vértice de las tres colinas (norte, central y sur) que servían de atalaya desde la que controlar cualquier movimiento proveniente del este. Otros seis puntos de apoyo más se situaban en la segunda línea defensiva, a unos 300-900 m tras la primera, en la meseta

Vista del Canal Alberto a su paso por Kanne (derecha) y Opkanne (izquierda). Las alturas situadas a la derecha fueron el lugar de aterrizaje de los planeadores alemanes. (Archivo Óscar González)

que coronaba las colinas de Opkanne. Los 12 puntos de apoyo estaban dispuestos de tal manera que se pudieran apoyar unos a otros con fuego de flanqueo. Así mismo, y en lo que a su organización se refiere, se agrupaban en 4 grupos (3 puntos por grupo), a las órdenes de un jefe de compañía. Concretamente, éste era el despliegue (de sur a norte):

G R U P O 1 (a las órdenes del teniente Génicot, de la 6ª Compañía).

1ª Línea:
- **Punto de apoyo B**, formado por el pelotón del alférez Thomas, de la 6ª Compañía, menos una sección, situados en las colinas mirando hacia el río Jeker/Geer cerca de Emael y a 200 m al noroeste del punto de apoyo A.
- **Punto de apoyo A**, con el pelotón del alférez Neirinckx (6ª Compañía), menos dos secciones, pero con una sección de ametralladoras de la 8ª Compañía y un cañón de 47 mm de la 14ª Compañía del 4º Batallón. Estaba situado a ambos lados de la carretera que conducía de Kanne a Emael, en el punto kilométrico 2,4.

2º Línea:
- **Punto de apoyo H**, dirigido por el brigada Marlaine, de la 6ª Compañía, con dos secciones del pelotón del alférez Neirinckx, y situado a ambos lados de la carretera de Kanne a Emael, a 300 m al sur del punto de apoyo A.
- **Punto de apoyo I**, a las órdenes del alférez Bleyenheuft, de la 13ª Compañía del 4º Batallón, con dos secciónes y una dotación de morteros del pelotón del alférez Henrard, de la 6ª Compañía, y una sección más de ametralladoras de 12 mm proveniente de la propia compañía de Bleyenheuft. Se situaban sobre la meseta sobre la colina sur, a 400 m al oeste del punto de apoyo H.
- **Punto de apoyo G**, compuesto por el pelotón del alférez Henrard, de la 6ª Compañía, menos dos secciones, dos dotaciones, una de morteros y otro para un cañón de 47 mm, ambas provenientes de la 14ª Compañía del 4º Batallón.

Este punto de apoyo se situaba en Emael, donde la carretera a Vroenhoven se separaba de la que iba de Kanne a Eben.

G R U P O 2 (bajo mando del capitán Gregoire, jefe de la 5ª Compañía)

1ª Línea:
- **Punto de apoyo D**, formado por el pelotón del alférez Massin, de la 5ª Compañía, con una sección de ametralladoras de la 8ª y un cañón de 47 mm de la 14ª compañía. Se situaban al norte del punto de apoyo C, controlando el canal y la subida a la colina norte a través de la carretera a Zissen.
- **Punto de apoyo C**, formado por el pelotón del teniente Boutemy, de la 5ª Compañía, con un pelotón de ametralladoras provenientes de la 8ª Compañía, a las órdenes del alférez Desmedt, y una dotación de la 14ª Compañía para un cañón de 47 mm. Se encontraban sobre la meseta que coronaba la colina central, Tiendeberg, situada al oeste del puente de Kanne. Enfrente de este punto de apoyo se encontraba la casamata de flanqueo E y el búnker O.

2ª Línea:
- **Punto de apoyo J**, a las órdenes del alférez Mormal, de la 13ª Compañía, y compuesto por dos secciones del pelotón del alférez Gillieaux, de la 5ª Compañía, más un pelotón de ametralladoras de 12 mm –menos una sección- de la 13ª Compañía. Sus posiciones se encontraban sobre la meseta, tras el punto de apoyo C y aproximadamente a 800 m al oeste del puente de Kanne.

G R U P O 3 (al mando del teniente Braibant, jefe de la 8ª Compañía)

1ª Línea:
- **Punto de apoyo E**, al mando del teniente Berlaimont, de la 8ª Compañía, dirigiendo un grupo que comprendía el pelotón del alférez Gernaerts, de la 7ª Compañía, más un pelotón de ametralladoras de la unidad del teniente Berlaimont y un cañón de 47 mm de la 14ª Compañía. Ocupaba posiciones al norte del puente, sobre la meseta situada en la colina norte.

2ª Línea:
- **- Punto de apoyo K,** con hombres de la 5ª Compañía, menos dos secciones, y una sección de ametralladoras de 12 mm del alférez Mormal. Se encontraban atrincherados a ambos lados de la carretera que discurría de Opkanne a Zussen, inmediatamente al este del puesto de mando del Grupo 3.

G R U P O 4 (a las órdenes del capitán conde de Robiano, jefe de la 7ª Compañía)

1ª Línea:
- **Punto de apoyo F**, compuesto por el pelotón del alférez Holvoet, de la 7ª Compañía, situado en el extremo noreste del sector este de los granaderos, en el límite con Vroenhoven, a 400 m del punto de apoyo E.

2ª Línea:
- **Punto de apoyo L**, formado por el pelotón del teniente Olivier, de la 7ª Compañía, más una sección de ametralladoras del alférez Bleyenheuft y un cañón antitanque de la 14ª Compañía. Sus posiciones se encontraban sobre la meseta al norte y al este del cruce de caminos del «árbol solitario», el lugar donde las carreteras de Vroenhoven-Emael y Heukelam-Opkanne se encontraban.

Por lo que respecta al resto de unidades del 2º Regimiento, el 1º y 3º Batallones se situaron en posiciones defensivas a lo largo del Canal Alberto. El 1º se encargaría de proteger la retaguardia del 2º Batallón en caso de ataque por Vroenhoven, y el 3º protegería el puente de Lanaye y otras posiciones cerca de Lixhe. El 4º Batallón controlaría el valle que formaba el río Jeker/Geer al sur de Eben, a la par que controlaría la zona al oeste de Heukelom y Zussen.

Este, en apariencia, bien pensado sistema defensivo tenía, no obstante, importantes debilidades. Las unidades presentes en los puntos de apoyo, por ejemplo, carecían de simplicidad y cohesión, dos características que, de haber existido, habrían doblado la capacidad de combate de los belgas. Los grupos estaban descentralizados, fraccionados, y se componían de compañías mezcladas, no dirigidas por sus jefes orgánicos. Además, la defensa belga no dejaba de ser un sistema estático, impidiendo la movilidad entre unidades. Esta carencia era inherente a la estrategia belga de la época. Ésta también se apoyaba en la fiabilidad de las unidades de reserva, que ni contaba con efectividad, ni con potencia de fuego suficiente para contraatacar con eficacia. Si a estos fallos de «diseño» se les une la pérdida de comunicaciones entre los diferentes puntos de apoyo y puestos de mando –tal y como ocurrirá a consecuencia del ataque alemán-, se entenderán las enormes dificultades que tuvo el coronel Herbiet, al frente del 2º Regimiento de granaderos, para que las órdenes llegaran a sus hombres.

Rumbo a Kanne

Mientras los soldados belgas se afanaban en dejarlo todo preparado para una hipotética voladura del puente, los paracaidistas alemanes se dirigían concentrados hacia su objetivo. El despegue de los 10 planeadores había tenido lugar desde el aeródromo Butzweilerhof de Colonia a las 4:30 h. Volando en formación, remolcados por aparatos Ju 52 de la 4ª escuadrilla al mando del teniente Steinweg y siguiendo el rastro de focos, trataron de acercarse al punto de desenganche previsto. Pero, de idéntica manera que sucedió en el resto de formaciones, también los planeadores del grupo «Hierro» se desengancharon a destiempo de los *Junkers* remolcadores. Cuando se soltaron, no se había alcanzado la altura prevista para hacerlo, 2.600 m, y se había sobrepasado con creces el punto donde se realizaría la maniobra, la frontera con Holanda, más allá de Aachen.

Uno de los planeadores más perjudicados por este hecho fue el del grupo nº 1, a las órdenes del *Obj.* Czerwinski. El Ju 52 al que iba enganchado se desorientó y soltó el enganche al sur y lejos del punto previsto y señalado por los focos. Czerwinski y su piloto se percataron del error cuando vieron aparecer las luces que señalizaban el lugar de comienzo del planeo. Sólo había alcanzado una altura de 2.000 m, lejos de la altitud inicialmente planeada de 2.600 m. Este imprevisto exigió al piloto del planeador la mejor de las técnicas para poder continuar rumbo a Kanne por sus propios medios.

Así las cosas, los antiaéreos holandeses no dudaron en abrir fuego cuando oyeron los motores de los Ju 52. Una vez sueltos, los planeadores alemanes tuvieron que abrirse camino hacia su objetivo entre las detonaciones y los disparos. Todas estas dificultades provocaron un retraso de unos quince minutos, tiempo suficiente para que los belgas reaccionaran, especialmente cuando fueron conscientes de que un ataque a gran escala se había iniciado en el canal. El aterrizaje del grupo «Hierro» no se realizó a las 5:20 h, sino a las 5:35 h, cuando el resto de grupos ya estaban atacando los demás objetivos sobre el Canal Alberto.

Justo a esa hora, amanecía, y en el horizonte comenzaron a aparecer unos inquietantes puntos negros… ¡Todavía creían los belgas que se trataba de un simulacro rutinario! Inmediatamente se empezaron a escuchar disparos en el fuerte Eben Emael. Desde sus trincheras todavía tuvieron tiempo de ver cómo de entre esas oleadas de aviones, unos 10 se desviaban y volando raso aterrizaban tras sus posiciones. En cuestión de segundos, los belgas entendieron que su país estaba en guerra.

Aterrizaje en las colinas de Opkanne

La reacción al aterrizaje no se hizo esperar. En un primer momento, creyeron que se trataba de aviones ingleses (los planeadores apenas mostraban distintivos), pero al oír los disparos de sus ocupantes comprendieron que estaban equivocados. Cuando Schächter y sus hombres estaban a punto de aterrizar, a las 5:35 h, los granaderos hicieron saltar por los aires el puente con cuatro detonaciones.

Por extraño que parezca, la decisión de volar el puente no era competencia de ningún oficial en Opkanne o Kanne. De igual manera que en Veldwezelt o Vroenhoven, el responsable directo de la explosión del puente se encontraba lejos de él. En este caso, en el fuerte Eben Emael. El destacamento directamente encargado de la demolición del puente se alojaba en los barracones situados a la entrada del fuerte Eben Emael. A través de un cable telefónico que discurría bajo tierra, estaba previsto que, en caso necesario, comunicaran la orden de activación de las cargas a los equipos de voladura situados junto al puente. En Kanne, la labor de colocación y preparación de los explosivos fue responsabilidad del teniente Maes, de la 3ª compañía del I Batallón, apoyado por el alférez Brille, de la 4º compañía del mismo batallón. Los encargados directos de activarlas, serían 6 artilleros a las órdenes del sargento Pirenne[88], todos ellos, personal del fuerte Eben Emael. Los belgas no dudaron ni un instante, y a pesar de la compleja línea que debían seguir las órdenes, pudieron activar las cargas. El suboficial Pirenne, quien a su vez recibió la orden de comandante del fuerte Eben Emael, el *major* Jottrand, voló el puente.

Sin duda, fueron unos breves, pero interminables y tensos instantes para Pirenne. Éste había observado previamente la maniobra de los planeadores que atacaban Eben

---

[88] Junto a Pirenne, de la quinta de 1929, se encontraban los soldados Florent, Dantine, Massin, Gilard, Duchesne y Hamende. Éste murió durante el ataque alemán, mientras que Duchesne, resultó herido. [Coenen (1990), pág. 23].

Puente de Kanne tras los combates. (Archivo Thomas Steinke)

El puente de Kanne desde la colina media de Opkanne. En el lado inferior derecho se ven las casas de Opkanne. Junto a la carretera principal, en la mitad de la foto, se distingue el refugio de hormigón desde el que se activaron las cargas de demolición. Estaba conectado telefónicamente con el Abri O. Fue aquí donde estuvo refugiado Pirenne durante los combates. (Archivo Thomas Steinke)

Tras los combates, paracaidistas y soldados del Heer se congregan junto a uno de los planeadores del grupo «Hierro». (Archivo Thomas Steinke)

Emael, así como la de los que desde Kanne buscaban aterrizar en Opkanne. Desde el fuerte, recibió órdenes de efectuar la voladura del puente. Justo en ese momento, el alférez Bruyère, del 21° Batallón de ingenieros, quiso cruzarlo para transmitir órdenes y supervisar la activación de las cargas explosivas colocadas en diferentes puntos de Kanne. Pirenne esperó a que regresaran, pero Bruyère y sus hombres no aparecieron. A todo esto, el comandante del fuerte Eben Emael le transmitió de nuevo la orden de voladura del puente. Así, con el fin de no exponer innecesariamente a sus hombres, los mandó al *Abri* (búnker) O, que dominaba la carretera de Eben Emael, y desde una garita cercana al cuerpo de guardia y al puente, encendió la mecha que activó las cargas explosivas. De este modo, la voladura del puente y las trazadoras de las ametralladoras de los soldados belgas del 2° Batallón del 2° Regimiento de Granaderos, que ocupaban las posiciones alrededor del puente y en las alturas que lo rodeaban, dieron la «bienvenida» a los alemanes.

Tras la voladura del puente, los ingenieros de Bruyère se encontraron aislados en la orilla este y decidieron pasar el canal mediante una barcaza amarrada a unos 200 m al norte del puente. De nada les sirvió. La guerra acabó para ellos al poner el pie en el lado oeste y ser capturados por los primeros paracaidistas que se acercaron al canal.

Sin factor sorpresa del que aprovecharse y enfilados por cañones de la posición *Canal Nord* del fuerte Eben Emael, los *Fallschirmjäger* sufrieron importantes bajas (22 muertos y 26 heridos). Aún así, era necesario formar una cabeza de puente y tomar los «restos» del puente, de tal modo que los ingenieros alemanes que relevaran a los paracaidistas tuvieran más facilidades para construir una pasarela. A los cinco minutos de tomar tierra, en el primer mensaje que Schächter transmitió a Koch, en Vroenhoven, no había lugar a dudas: «*Sturmgruppe Kanne a Sturmabteilung Koch. Objetivo alcanzado. Fuerte resistencia. Puente volado por el enemigo antes de nuestro aterrizaje. Posible utilización después de trabajo de ingenieros*».

Los primeros movimientos alemanes

Aunque los pilotos del grupo «Hierro» eran conscientes de la dificultad que entrañaba el aterrizaje en la explanada de las colinas, todos habían sido entrenados para posar sus planeadores a no más de 20 m del objetivo. La lluvia de disparos belgas complicó extremadamente esta maniobra. A esto había que unir la poca visibilidad a esas horas de la mañana, cuando aún no había salido del todo el sol. Algunos planeadores consi-

Karl Hentschel, paracaidista al mando del grupo n° 2, aunque su unidad original era el 30° Regimiento de ingenieros del *Heer*. (Archivo Thomas Steinke)

Walter Gleitsmann, líder del grupo n° 3, procedía de una unidad de ingenieros del ejército. En la foto luce parches de cuello de alférez. (Archivo Thomas Steinke)

Joachim Meißner, segundo de Schächter, se puso al frente de la operación cuando éste fue herido.

guieron aterrizar accidentalmente sobre las laderas de las colinas, en lugar de posarse sobre la meseta que las coronaba. Muchos grupos tuvieron muertos y heridos aun antes de aterrizar. Parecía como si los belgas hubieran estado esperando a los alemanes sobre el puente de Kanne.

Uno de los primeros aparatos en posarse fue el aparato del grupo n° 1, a las órdenes del *Obj.* Czerwinski, precisamente el que había comenzado a tener problemas de orientación ya en el espacio aéreo alemán, al perderse del resto de la formación. A pesar de este grave

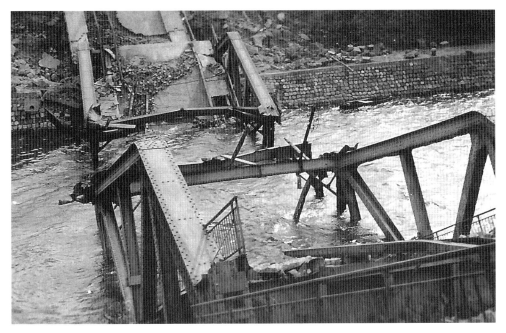

El puente de Kanne volado. Aun así, permitió el paso a través del amasijo de hierros. (Archivo Thomas Steinke)

contratiempo, alcanzó como pudo los alrededores del puente[89]. Si en condiciones ideales, el aterrizaje suponía una operación arriesgada, no es exagerado concluir que hacerlo perdiendo altitud y bajo una lluvia de disparos fue toda una proeza. El mérito, indudablemente, fue del piloto, que había posado el planeador a poca distancia del lugar planeado, al sudoeste del puente, en la denominada colina sur. Los ocupantes demostraron en las colinas de Opkanne que su entrenamiento y preparación eran, sencillamente, excepcionales.

El planeador del grupo n° 9 se desvió tanto, que aterrizó 2.000 m al sur del puente, en el casco urbano de Eben Emael, quedando excesivamente alejado de los combates. Los aparatos de los grupos n° 6, al mando del *Obj.* Schmidt, y n° 7, al mando del *Obj.* Burre, no aterrizaron sobre la colina norte, sino sobre la central, viendo alterados, así, sus órdenes iniciales. A su vez, durante la maniobra de aproximación, las cargas explosivas del planeador n° 3 fueron alcanzadas de lleno por fuego antiaéreo cuando todavía se encontraba a 30/35 m de altura. A pesar de este contratiempo, el piloto, Berthold Seele, mortalmente herido, pudo arreglárselas para aterrizar con su aparato en llamas sobre la colina norte, dando tiempo a 6 paracaidistas ilesos a que salieran a combatir. También el grupo n° 2 –sobre la colina sur- se puso manos a la obra tras tomar tierra, atacando y destruyendo con sus granadas varios nidos de ametralladoras de la primera línea defensiva de los granaderos belgas.

Era evidente que las posiciones belgas, especialmente el búnker O (sin posibilidad de ponerse en contacto con el fuerte Eben Emael, al cortarse la comunicación) no servían

---

[89] Según Oebser (2009), pág. 187, lo hizo en la colina sur, junto al punto de apoyo I.

para contener un ataque que provenía del sitio menos esperado: de la retaguardia. Y es que el principal grupo de planeadores aterrizaron tras los puntos de apoyo C y D, así como a ambos lados del K, en las proximidades del puesto de mando del 2° Batallón de granaderos. Una vez fuera de sus máquinas silenciosas, los *Fallschirmjäger* se lanzaron al asalto de las trincheras, buscando arrolarlas para dirigirse, a continuación, ladera abajo hacia el puente. El principal ataque tuvo lugar en los puntos de apoyo belgas situados entre las dos líneas de las colinas de Opkanne.

Aún así, la balanza no se inclinó de manera clara e inmediata del lado alemán. Un serio contratiempo vino a complicar aún más las cosas: el mismo Schächter, jefe del grupo «Hierro», fue herido[90] cuando intentaba tomar con sus hombres una trinchera belga a eso de las 6:00 h. Tuvo que tomar el mando su segundo, el *Leutnant* Meißner, quien, al darse cuenta de que sus dos operadores de radio estaban fuera de combate (el que viajaba a bordo del planeador n° 3 murió[91] y el otro fue herido de gravedad), envió como pudo el siguiente mensaje a Koch en Vroenhoven: «*La resistencia será vencida. Schächter herido de gravedad. Meißner toma el mando del grupo*».

Pero analicemos cómo se desarrollaron los combates en los diferentes puntos de apoyo de los granaderos belgas.

Los combates en la zona del GRUPO 1 de granaderos

Los puntos de apoyo A, B y G.(colina sur y Emael)

Los puntos de apoyo A y B constituían la primera línea defensiva de este grupo, mientras que los G, H e I, más retrasados, formarían la segunda línea.

Varios planeadores alemanes aterrizaron tras el **punto de apoyo B**, ocupado por el pelotón del alférez Thomas, de la 6ª compañía. Este pelotón no contaba con todos sus efectivos al haber sido destinada una sección, la del sargento Otterheim, al puente de Lanaye. Thomas y otro granadero fueron los únicos supervivientes en los combates con los alemanes. El planeador del grupo n° 8, del *Obj.* Herr, por ejemplo, se había posado literalmente encima de ellos, sorprendiendo a los belgas con un rápido y organizado ataque. Junto a estos paracaidistas, los de los grupos n° 5 y 2 –éste último, aunque en las proximidades, aterrizó en la zona del Grupo II- reforzaron con su potencia de fuego el letal ataque de los hombres de Herr.

---

[90] Una bala le hirió en la mandíbula, atravesándole la cara (entró por el lado derecho inferior y salió por el lado izquierdo superior). Muchas fuentes [Ellis (2002) y Quarrie (1983), entre otros] señalan erróneamente que Schächter murió en el ataque. Nada más lejos de la realidad. Se recuperó de sus graves heridas (que, por otra parte, le desfiguraron el rostro) y participó en el salto sobre Creta, para volver a ser herido de nuevo.
Según comentaba Theo Schmitt, participante en el asalto de Vroenhoven, Schächter era uno de los oficiales preferidos por los paracaidistas. Solía entender y excusar fácilmente el olvido de los paracaidistas en lo que a rangos y formalismos para con los oficiales respecta. A este respecto, Schmitt afirma que los soldados se referían a los *Oberjäger* como *Roberjäger*, una forma abreviada de decir *Herr Oberjäger*. Existían varias: *Roberfeld, Roberleutnant, Roberhauptmann*, etc. La necesidad agudiza el ingenio, especialmente cuando no se puede desperdiciar el tiempo durante el combate. Martin Schächter falleció en una residencia de ancianos el 19 de agosto de 2007.

[91] Se trataba de Reinhold Brestrich, nacido en 1919, y que provenía de la compañía de transmisiones *Ln.Kp. 7*, con base en Stendal.

Las posiciones de los granaderos belgas al pie de la colina sur. (Archivo Thomas Steinke)

Thomas cambió rápidamente el emplazamiento de dos de sus fusiles ametralladores, haciendo fuego inmediatamente contra los paracaidistas. Mientras tanto, uno de sus hombres cogió el tercer fusil ametrallador y bajó por el talud situado delante de las trincheras para poder flanquear y disparar a los *Fallschirmjäger*. Los esfuerzos de Thomas consiguieron frenar los repetidos asaltos alemanes, aunque su resistencia sólo duró hasta las 9:00 h, cuando los bombardeos de los *Stuka* y el asalto de un grupo de paracaidistas que había logrado desbordar y penetrar a través del punto de apoyo C, acabó con todas las opciones belgas en la zona. A Thomas no le quedó otra opción que retirarse hacia el sur, bajando a Eben y esquivando, incluso, los disparos que los hombres de Witzig realizaban desde el lado norte del fuerte Eben Emael.

Al llegar a Emael, Thomas había perdido muchos hombres. Su primera decisión fue dar municiones a los supervivientes para poder, después, alcanzar el punto de apoyo B. Antes, decidió pasar por el puesto de mando del Grupo 1, en un obstinado intento de recibir órdenes claras de sus superiores, pero al llegar, sólo encontró los cadáveres de cuatro granaderos. Evitando los disparos alemanes, pudieron, por fin, alcanzar el punto de apoyo B a eso de las 12:30 h. Pero su estabilidad no duró demasiado, pues para esa hora, los paracaidistas alemanes eran dueños y señores de la situación. Atacados por todos los lados, a los belgas no les quedó otra opción que rendirse. Los paracaidistas siguieron avanzando hacia el **punto de apoyo A**. Éste estaba siendo defendido por soldados de la 6ª compañía a las órdenes del alférez Nerinckx, a tan sólo 200 m del punto de apoyo B.

A la par que los paracaidistas atacaban, los *Stukas* y bombarderos de asalto alemanes hostigaban a los hombres de Nerinckx, especialmente a la sección que protegía el flanco oeste, matando al sargento Munster, de la 6ª compañía. Definitivamente, el punto de apoyo A no podía aguantar más y sus ocupantes se retiraron hacia posiciones de retaguardia en el punto de apoyo H. Pero una vez allí, comprobaron que ya no quedaba nadie, por lo que no les quedó más remedio que seguir retirándose siguiendo la carretera a Emael hacia el **punto de apoyo G**, evitando el cada vez más intenso fuego alemán. Aquél, mandado por el alférez Henrard, sólo estaba ocupado en su parte oeste por los hombres del alférez Van Dijck, de la 1ª compañía del primer Batallón. Neirinckx, que sólo contaba con 12 hombres, cogió municiones y se dirigió de nuevo a reocupar sus posiciones. Su intentó fue en vano, pues, rodeados, se rindieron alrededor de las 16:00 h. A esa hora, el destino del punto de apoyo G también quedó sellado, cuando los paracaidistas lo arrollaron. La sección belga a cargo del flanco este ya se había retirado por la mañana y pudo evitar la captura, al igual que ocurrió con el punto de apoyo H.

El punto de apoyo I (colina sur)

Con la carretera de Eben tomada por los alemanes, el cerco se cerró sobre el punto de apoyo I. Éste había sido asignado originalmente al pelotón del alférez Bleyenheuft, de la 13ª compañía, pero sus hombres y él se habían visto envueltos en duros combates en otra zona, en el puesto de mando del 2° Batallón. Con Bleyenheuft gravemente herido, sus hombres fueron incapaces de regresar a sus posiciones en el punto de apoyo I. Así las cosas, tan sólo dos secciones de la 6ª compañía, sin refuerzos de ningún tipo y al mando del sargento Matagne, defendieron las trincheras del punto I. Esta zona quedó fuera de la línea de movimientos paracaidistas hacia el canal y hacia el puente, con lo cual la resistencia belga pudo organizarse mínimamente a pesar de la debilidad de los efectivos.

Y el ataque alemán llegó. Varios grupos de paracaidistas se infiltraron por Emael, al este de las posiciones de Matagne, pero éste pudo contener su avance durante varias horas. Los belgas recibieron refuerzos por hombres de la 6ª compañía del teniente Génicot, que había tenido que abandonar el puesto de mando al comprobar que la situación era insostenible, y por granaderos del pelotón del alférez Henrard, una vez abandonadas sus trincheras en el punto de apoyo G.

Los combates en la zona del GRUPO 2 de granaderos

Los puntos de apoyo defendidos por este Grupo 2 fueron los C, D –en la primera línea defensiva- y el J, en la segunda. El aterrizaje de la mayoría de los planeadores alemanes se dio entre ambas líneas. Dentro del Grupo 2 también se encontraban las casamatas de flanqueo del puente y el búnker O, únicas posiciones de hormigón en la zona de Opkanne[92].

Las casamatas de flanqueo E y F

Al poco de aterrizar, grupos de paracaidistas alemanes rodearon de inmediato las **casamatas de flanqueo E y F** *(Abri E y F),* situadas en la orilla oeste del canal a ambos lados del puente, y ocupadas por granaderos belgas. La gran desventaja de estas casamatas era que sólo disparaban en una dirección, o hacia el norte o hacia el sur del puente, de tal modo que ofrecieron una nula ayuda a los granaderos en su combate con los *Fallschirmjäger.* La otra posición, el **búnker O,** tal y como hemos visto anteriormente, se encontraba en la ladera de la colina central y apuntaba hacia el este con su ametralladora de 12 mm y su cañón antitanque de 47 mm. La posición estaba ocupada por personal de artillería del fuerte Eben Emael, con el cual estaban conectados telefónicamente (algo de

---

[92] La inteligencia alemana sobreestimó la presencia de posiciones fortificadas en la zona. Es algo que se comprueba al leer los objetivos asignados al apoyo artillero del comandante Aldinger. Concretamente, el objetivo 41, «búnker en la salida norte de Emael», en pleno casco urbano de Eben Emael, o el objetivo 44, «búnker en la carretera de Emael a Vroenhoven», designaban posiciones fortificadas que no eran sino carreteras o trincheras de los puntos de apoyo. *(Kriegstagebuch der Sturmabteilung Koch* BA/MA RL 33/97, *«Bezeichnung der Ziele»).*

La casamata de flanqueo F semanas después del ataque alemán. Varios paracaidistas de viaje a París aprovechan para fotografiarse junto al que fue su objetivo. (Archivo MVV)

Vista del puente de Kanne desde la colina norte. Son fácilmente distinguibles las dos casamatas de flanqueo: la F, a la izquierda, y la E, a la derecha. (Archivo Thomas Steinke)

lo que se ocupaban directamente dos granaderos).

Tanto el búnker O como los puntos de apoyo C y D, controlaban cualquier movimiento sobre el puente de Kanne, así que los tres se convirtieron en objetivo prioritario de los *Fallschirmjäger* una vez en tierra. No obstante, lo primero que atacaron los paracaidistas fue el puesto de mando del Grupo 2. De hecho, unos 5 planeadores alemanes aterrizaron en sus proximidades (grupos 2, 5, 6, 7 y 8). Los granaderos belgas trataron de defenderse haciendo fuego con sus fusiles, pero nada pudieron hacer contra los subfusiles alemanes y la determinación del ataque paracaidista. Cuando horas más tarde, el alférez Menu, un suboficial adscrito al 2° Batallón, pudo acercarse al puesto de mando, no encontró a nadie con vida.

La iniciativa para bajar al canal a tomar las casamatas de flanqueo partió del planeador n° 3, al mando del *Obj.* Gleitsmann, el que había aterrizado en llamas, precisamente sobre la colina norte, en el límite entre los grupos belgas II y III. Tras posarse, 6 paracai-

Vista aérea del puente destruido de Kanne. A la derecha de
la imagen se observa el sendero que conducía a las colinas
media y norte. Las trincheras
de ésta son reconocibles en la
esquina superior derecha de la
foto. En la base de la colina también se observan las posiciones
del «punto de apoyo D». Por
último, a la derecha del puente,
la casamata de flanqueo F, y a
la izquierda, la E. En el sendero
que asciende hacia la izquierda
de la foto se situaba el Búnker
O. (Archivo Ian Tannahill)

El nuevo puente de Kanne desde la posible situación de la casamata F. (Foto Óscar González)

distas –milagrosamente, sin heridas de gravedad– salieron de él, lanzando granadas a las trincheras belgas situadas al borde de la colina. Una vez consumado el ataque, bajaron hacia el puente, volando tres casas y capturando a las dotaciones de las casamatas de flanqueo situados a ambos lados de la salida oeste del puente. Ayudados por los paracai-distas del grupo nº 8, del *Obj.* Herr, pusieron fuera de juego el cañón de 47 mm de esta posición (sus ocupantes se rindieron horas más tarde, a las 19:00 h), volaron tres casas junto al canal y, por último, los dos pequeños búnkeres que defendían el puente. Fue el fin de las casamatas de flanqueo, cuyas dotacioens se rindieron hacia las 11:00 h.

Como consecuencia del rápido movimiento alemán, un oficial y 25 soldados belgas

Vista actual de la colina media y de las posiciones del «punto de apoyo C» desde la colina sur. A la derecha se distingue el canal Alberto. (Foto Óscar González)

Semanas después del ataque, un paracaidista del pelotón de ametralladoras que saltó sobre Veldwezelt es foto-
grafiado en Opkanne junto a una fosa común con caídos belgas, entre las denominadas «colinas centro y sur»,
en la zona del «punto de apoyo C». Al fondo a la derecha, el Canal Alberto. (Archivo MVV)

Esta foto muestra el mismo emplazamiento en 2010. (Foto Óscar González)

que se encontraban atrincherados junto a la colina (según el informe alemán, «escondidos en las cuevas»), cerca de las casas de Opkanne, fueron hechos prisioneros. Los hombres de Gleitsmann, en definitiva, habían cumplido su misión y «con nota», si se nos permite la expresión, realizando algo impensable para cualquier soldado estándar, teniendo en cuenta que antes de aterrizar, su planeador estaba ardiendo.

Los combates en los puntos de apoyo C y D (colina media y orilla oeste del canal)

El **punto de apoyo C**, ocupado por el pelotón del teniente Boutemy, de la 5ª compañía, había sido reforzado por el pelotón de ametralladora al mando del alférez Desmedt, de la 8ª compañía, y por un cañón antitanque de 47 mm. Todos ellos fueron atacados casi al mismo tiempo que lo era el puesto de mando del Grupo 2. Además, también de inmediato, los defensores de la parte norte de la posición, comenzaron a ser bombardeados por *Stukas*. Estos hombres, incapaces de rechazar a los paracaidistas que les asaltaban por la retaguardia, sucumbieron de inmediato. La mayoría de los belgas resultaron muertos o heridos, encontrándose entre estos los alféreces Desmedt y Donnea. Los que quedaron vivos fueron hechos prisioneros.

En las trincheras del lado sur del punto de apoyo C, separadas del resto de la posición por un profundo barranco, se encontraba el teniente Boutemy, quien observó impotente cómo los alemanes eliminaban la resistencia de sus hombres en el lado norte. No le quedó más remedio que retirarse hacia el punto de apoyo A junto a 10 de sus hombres. Poco aguantaría en esta última posición, pues siguió con su movimiento de retirada siguiendo la carretera en dirección al cruce de carreteras de Eben, donde se parapetó y combatió hasta el día siguiente.

Por lo que respecta al **punto de apoyo D**, el otro de la primera línea defensiva del Grupo 2, estaba defendido por un pelotón al mando del alférez Massin, de la 5ª compañía. A espaldas de sus trincheras aterrizaron la mayoría de los planeadores del grupo «Hierro». Poco antes de la llegada de los alemanes, el propio Massin había visitado sus posiciones, siempre preocupado por el previsto ataque alemán desde el este. Había incluso adelantado su puesto de mando hasta el vértice de la colina norte, la zona donde se encontraba el grueso de sus hombres.

Cuando los planeadores alemanes comenzaron a llegar, Massin todavía no se había formado una idea exacta de lo que estaba ocurriendo. Al contrario, pensó que uno de ellos, recién posado en las cercanías (el del grupo nº 3), era un avión accidentado. Al acercarse, comprobó que los hombres que avanzaban desde el aparato eran alemanes. Uno de ellos disparó sin vacilar, y Massin sólo tuvo tiempo de contestar con su pistola y agacharse en una trinchera cercana ocupada por algunos de sus hombres, servidores de un mortero.

El ataque alemán en este sector fue tan contundente, que tras los primeros instantes de combate sólo quedaron grupos aislados de granaderos que resistían. La mayoría de ellos se encontraban al oeste del punto de apoyo D, y los *Fallschirmjäger* de Schächter tampoco tuvieron mayores problemas en eliminarlos. Una de estas pequeñas «bolsas», situada al sur del punto de apoyo, y dirigida por el sargento Buntinx, fue rápidamente arrollada, pero la sección situada al norte, bajo las órdenes del sargento Felleman, pudo retirar sus morteros de 50 mm y dirigirse a cubierto hacia el puesto de mando del 2º Batallón. La última de las secciones «aisladas», la del sargento Vermeiren, fue prácticamente aniquilada por el bombardeo machacón de los *Stukas* y *Henschel*, y por el asalto de los paracaidistas. Vermeiren recibió órdenes de Massin y agrupó a los supervivientes con el fin de retirarse y organizar una nueva posición defensiva, pero fracasó en el intento.

Toda resistencia fue inútil. Massin y los supervivientes fueron hechos prisioneros. De este punto de apoyo, tan sólo resistió un grupo de granaderos aislados, al mando del sargento Gäbele. Pudieron resistir los continuos ataques y bombardeos alemanes hasta la noche del día 10, apoyando con su fuego a los hombres del punto de apoyo E, al mando del teniente Berlaimont, de la 8ª compañía, e impidiendo así que el Canal Alberto fuera cruzado.

Los combates en el punto de apoyo J (colina media)

Una sección de paracaidistas había conseguido situarse tras los puntos de apoyo C y D al inicio del ataque, moviéndose hacia el punto de apoyo J, en el oeste, donde el sargento Van Zurpele, quien había reemplazado al alférez Mormal de la 13ª compañía, herido durante el primer intercambio de disparos, había reorganizado a los desorientados belgas. La defensa de éstos en esta posición hizo desistir a los alemanes, que decidieron cambiar la dirección del ataque y apoyar la toma del puente y la neutralización de las casamatas y búnkeres cercanos. Sólo después de que los puntos de apoyo C y D hubieran caído, un buen número de *Fallschirmjäger* subieron de nuevo a la explanada de la colina media –altura denominada Tiendeberg- con el fin de estrangular la resistencia en el solitario y débil punto de apoyo J. El sargento Van Zurpele y los supervivientes belgas nada pudieron hacer contra este ataque, rindiéndose a las 10:30 h.

Los paracaidistas, una vez tomado el punto de apoyo J, vieron consolidado su control de gran parte de las colinas de Opkanne. Renunciaron a seguir presionando hacia el oeste y se reagruparon para formar un grupo más cohesionado, controlando un frente común aunque de profundidad desigual. En el fondo, no dejaban de ser coherentes con las órdenes recibidas, ya que su misión consistía en asegurar el control sobre la región de Kanne una vez eliminados los núcleos de resistencia, especialmente en Opkanne. Los paracaidistas habían concentrado su ataque en este punto, en la colina norte y media, sabiendo que constituían la salida hacia el puente y las casamatas de flanqueo. Y aunque la captura del puente se les había escapado, las casamatas y el resto de posiciones belgas no tardaron en caer en sus manos. Además, la consolidación de la cabeza de puente de Vroenhoven, al norte, y la neutralización del fuerte Eben Emael, cercaría a los granaderos, proporcionando un plus de seguridad a los decididos paracaidistas de «Hierro». A partir de las 17:00 h, los disparos cesaron y los gritos de victoria de los alemanes, acompañados de la agitación de banderas, confirmaron que la resistencia belga en este punto, se había quebrado.

Los combates en la zona del GRUPO 3 de granaderos

Tan sólo dos puntos de apoyo consituían las posiciones defendidas por este grupo: el **punto de apoyo E,** en la primera línea defensiva, **y el K**, en la segunda.

Vista del puente de Kanne desde la colina norte. A la derecha se distingue la casamata de flanqueo E. (Archivo Thomas Steinke)

La colina norte de Opkanne fotografiada desde las posiciones del punto de apoyo E.(Foto Óscar González)

Trincheras belgas en la colina norte. Al fondo, a la izquierda, se adivinan las casas de Kanne, junto al Canal Alberto.

Los combates en el punto de apoyo E (orilla oeste del canal, junto a colina norte)

Una vez decretada la alerta, antes de la llegada de los planeadores alemanes, el pelotón de ametralladoras en posición en el punto de apoyo E estaba al mando del teniente Berlaimont, de la 8ª compañía. Esta jefatura era provisional, en ausencia del oficial al mando, el teniente Braibent, trasladado provisionalmente a Vlijtingen en calidad de instructor. Aunque el pelotón no estaba al 100% de sus efectivos, su armamento era considerable, disponiendo de dos fusiles ametralladores, cuatro ametralladoras de 12 mm y un cañón de 47 mm. El pelotón de Berlaimont estaba articulado en dos secciones, al mando del alférez Donnéa de Hamoir y del sargento primero Van Welkenhuizen. Los primeros instantes del ataque pillaron a los hombres del punto de apoyo E acudiendo a sus posiciones (entre ellos, al pelotón de Lagasse de Locht), lo cual perjudicó la potencia y eficacia belgas.

Los fuertes combates que se vivieron sobre la colina norte no amenazaron de manera inmediata la posicicion de Berlaimont, junto a la ribera oeste del canal y alejado de las

Subida hacia la colina norte de Opkanne en las proximidades del «punto de apoyo K». (Foto Óscar González)

colinas. En las alturas, el puesto de mando del 2º batallón belga fue envestido por un planeador, el del grupo nº 4. Los otros dos planeadores que aterrizaron en esta cota (el nº 10 y nº 4) se lanzaron al asalto de las trincheras. Transcurridos los primeros minutos del ataque alemán, los belgas estaban consiguiendo, por momentos, llevar la iniciativa y pasar al contraataque, reocupando con éxito algunas trincheras, Con el puente destruido y ante la defensa belga, a los paracaidistas no les quedaba otra solución que reorganizarse sobre las colinas.

Sin embargo, el punto de apoyo pudo resistir hasta las 6:00 h. A esta hora, los paracaidistas avanzando desde la colina norte, cuyas posiciones habían caído en su poder, hasta las posiciones del teniente Berlaimont, atacándolas del revés. Los *Fallschirmjäger* arrollaron sin dificultad las trincheras del puesto de mando del Grupo 3 belga, destruyendo el cañón antitanque y capturando a su dotación. Acto seguido regresaron de nuevo a la colina norte. Este golpe de mano debilitó considerablemente al punto de apoyo E. Si los paracaidistas hubieran avanzado sólo 50 m más, habrían arrollado y eliminado sin problemas todas las ametralladoras del Berlaimont. Y este golpe sí que habría sido definitivo para los intereses defensivos belgas, porque así no se habría frenado a lo largo de la tarde del día 10 los intentos de la 151ª División alemana de cruzar el canal. En esta labor, la sección del sargento Gägele, que había huído a tiempo del punto de apoyo D, se reveló muy eficaz.

Berlaimont paró a los alemanes en orilla este, y no fue especialmente molestado por los paracaidistas que campaban a sus anchas al sur de donde él se encontraba. Una vez agotada toda su munición, se retiró al caer la noche, ocupando una nueva posición defensiva en el flanco norte, cerca de la colina norte, hasta la mañana del día 11.

Los combates en el punto de apoyo K (colina norte)

Las posiciones del punto de apoyo K estaban al mando del sargento Xavier de Theux de Meylandt et Montjardin, sustituyendo al alférez Gillieaux. Fue aquí donde se vivieron fuertes enfrentamientos desde el inicio del ataque de los paracaidistas, a pesar de que estas trincheras se encontraban a unos 900 m del puente de Kanne.

Algunos planeadores alemanes habían aterrizado al este de la cota 120, 500 m al oeste del punto de apoyo K. Una vez en tierra, atacaron sin dilación el puesto de mando del 2º Batallón, situado a 200 m de aquél, que también fue asaltado simultáneamente por los

Fallschirmjäger. Así, de manera inesperada (tal y como analizaremos posteriormente), el mismísimo puesto de mando del batallón se había convertido en línea de frente, totalmente vulnerable al ataque «por la espalda» al que le sometieron los paracaidistas de «Hierro».

A pesar de la potencia del ataque paracaidista en este sector, el punto de apoyo K resistirá todos los asaltos paracaidistas. Aun así, el precio que tuvieron que pagar los belgas fue alto. La sección de la izquierda, por ejemplo, al mando del sargento Woelmont, de la 5ª compañía, fue pronto eliminada. Por su parte, el sargento De Theux, miembro de una familia noble belga, murió mientras disparaba una ametralladora, después de que su servidor también hubiera muerto.

El pelotón de ametralladoras del alférez Mormal/13ª Compañía (colina norte y media)

A estos soldados se les había encomendado inicialmente la demolición del puente de Kanne, habiendo dejado alguna de sus ametralladoras con algunos efectivos en posición sobre la meseta, a unos 300 m al este del punto de apoyo K. En caso de ataque aéreo, las ametralladoras servirían de defensa.

Una vez terminadas las tareas de destrucción del puente, los hombres de Mormal acudirían junto a una sección de ametralladoras del alférez Bleyenheuft a ocupar posiciones en la retaguardia del punto de apoyo I. El disponer de una potencia de fuego nada desdeñable les permitiría, a priori, poder retrasarse hasta la segunda línea defensiva, apoyando una sección al punto J y otra, al K.

Fue precisamente realizando esta última maniobra, cuando los soldados belgas fueron testigos del aterrizaje de un planeador alemán a 200 m (probablemente, el del grupo nº 4).

Mormal, ante lo que estaba sucediendo, abrió fuego, pero esto no impidió que los paracaidistas abandonaran el planeador rápidamente y se ocultaran entre los árboles y la vegetación. Los belgas decidieron continuar con la aproximación al **punto de apoyo K**, pero las ametralladoras alemanas comenzaron a disparar sobre ellos. Ante la gravedad de la situación, Mormal trató de dirigir a sus hombres hacia un camino situado en desnivel, tratando de cubrirse del fuego alemán. Fue inútil todo movimiento, porque antes de llegar al cruce de caminos cerca del puesto de mando del batallón, un nuevo grupo de paracaidistas les disparó, flanqueándoles. A pesar de que los granaderos trataron de repeler el ataque, fueron hechos prisioneros. Tan sólo siete soldados evitaron la captura, alcanzando poco más tarde el puesto de mando y siendo enviados a reforzar el punto de apoyo K, ayudando a la sección del cabo De Bolster. Por lo que respecta a Mormal, al comprobar que estaba herido, fue abandonado por los alemanes. No obstante, se las apañó para arrastrarse hasta el puesto de mando del batallón.

También el puesto de las **ametralladoras antiaéreas** situadas sobre la colina norte fueron atacadas de inmediato, con un resultado demoledor: cerca de 15 soldados belgas resultaron muertos. Los supervivientes, la mayoría heridos fueron hechos prisioneros. Su custodia planteó serios problemas a los alemanes, pues en plena batalla, el único lugar del que disponían para agruparlos eran las trincheras belgas. Además, la defensa del puesto de mando de batallón situaba a los prisioneros directamente en el campo de tiro de sus compañeros.

En la labor de contención de la presión alemana, el punto de **apoyo L** proporcionó fuego de cobertura. Esta colaboración dio sus frutos, porque un planeador alemán fue destruido y sus ocupantes tuvieron que abrirse camino ladera abajo hacia el canal. Durante su retirada se toparon con el puesto de comunicaciones del 14º Regimiento de artillería, unidad que proporcionaba apoyo a los granaderos. Sus cuatro ocupantes fueron presa fácil para los *Fallschirmjäger*. Nada mejor que los recuerdos de un superviviente belga de este pequeño grupo, para poder imaginar lo ocurrido durante los primeros instantes del ataque alemán:

«En aquel día, yo era observador de artillería colaborando junto a los Granaderos. En mi parapeto, de unos cuatro metros cuadrados, nos encontrábamos 4 soldados (3 soldados «telefonistas ametralladores» y yo). El ataque por sorpresa nos superó a todos, y tras el bombardeo al que fuimos sometidos, la línea telefónica con el puesto de mando quedó interrumpida. Antes de esto, tuve tiempo suficiente de advertir a mi comandante que las tropas alemanas habían llegado ya a Kanne, en la orilla opuesta (este). De hecho, instalaron ametralladoras pesadas y cañones en la casa en la que yo residía. Las bombas también alcanzaron a los civiles. De este modo, una casa que se levantaba a los pies de la colina norte, habitada por un gendarme y su mujer, fue volada. Yo mismo vi cómo explotaba a escasos 40 m de donde me encontraba.

Al caer las primeras bombas sobre nuestras trincheras, seis o siete soldados quedaron heridos o muertos, de un total de veinte. El ruido de los aviones al caer en picado sobre nosotros nos aterraba de tal manera, que pensamos que íbamos a morir en cualquier momento. Aunque los granaderos debían protegerme –teóricamente- cogí un fusil y descargué nueve cartuchos apuntando a un paracaidista alemán que se encontraba agazapado detrás de un árbol y que había cortado las líneas telefónicas. Él me respondió con una ráfaga de su subfusil, haciendo saltar las piedras y la tierra que me rodeaban. Todavía disparé los cartuchos que me quedaban, pero entendí que la lucha era desigual, pues nuestro armamento nada tenía que ver con el suyo.

Pude observar que un planeador había aterrizado cerca de un grupo de 5 ó 6 soldados belgas aislados, que estaban sirviendo una ametralladora antiaérea[93]. Éstos se rindieron de inmediato. Los alemanes se introdujeron en las trincheras avanzando detrás de ellos, usándolos como «escudos humanos». Intentamos huir al vernos atacados por la izquierda y por la derecha y tratamos de alcanzar el camino que descendía hasta el puente, por donde estaban escapando los granaderos. Al salir de la trinchera, los alemanes –a sólo 15 m de nosotros- nos lanzaron una granada. Tuve tiempo de cogerla y arrojarla lejos de mí. Pero no pude hacer lo mismo con la segunda. Ésta mató inmediatamente al soldado que me precedía, hirió en un pie a otro y en el muslo al tercero. A mí me desgarró el pantalón. Ayudé a los heridos y seguimos en dirección al camino.

El espectáculo era sobrecogedor: muertos y heridos gritando de dolor, rabia y desesperación por doquier. De repente, tres alemanes que se encontraban a 30 m delante de nosotros comenzaron a dispararnos con una ametralladora. Tuve los reflejos suficientes como para arrojarme al suelo con los dos heridos, pero el resto de los que iban con nosotros murieron. Desde las 8:00 hasta las 12:00

---

[93] En las proximidades de las ametralladoras antiaéreas belgas sobre la colina norte, y a escasos metros del puesto de mando del 2º Batallón belga, se posó el planeador del grupo nº 4, a las órdenes del *Obj.* Brandis. Más alejados se encontraban el del grupo nº 3, junto a la cresta de la colina, y el del grupo nº 10, junto al denominado cruce del «árbol solitario», al norte del puesto de mando belga. [Cfr. Oebser (2009), pág. 187]

Anton Clavora, primero por la derecha, durante la invasión de Polonia, en 1939. Arpke, protagonista destacado de la toma de Veldwezelt, está en el medio. (Archivo Thomas Steinke)

Anton Clavora, paracaidista y miembro del *sMG Halbzug* que saltó sobre Opkanne. De este grupo compuesto por 24 hombres, 14 murieron antes de tocar tierra. (Archivo Thomas Steinke)

Vista de la colina norte (derecha) desde las inmediaciones del puente. La cruz en honor a los caídos paracaidistas fue erigida en el punto donde más bajas se produjeron: el lugar de lanzamiento del medio pelotón de ametralladoras. (Archivo Ian Tannahill)

Alois Kainz, era miembro del *sMG Halbzug* a las órdenes de Nollau. Fue abatido por disparos belgas al saltar sobre Opkanne. (Archivo Familia Kainz, vía Thomas Steinke y Óscar González)

Joseph Geukens, uno de los granaderos que murió combatiendo a los paracaidistas en Kanne. (Archivo Óscar González)

h, permanecí inmóvil en aquel lugar. Los alema-nes pasaron delante de nosotros y luego se diri-gieron hacia el puente, sin reparar en nosotros. Por fin, a unos 100 m de mí, vi una patrulla de doce belgas. Regresé con mis dos compañeros heridos y ellos a una trinchera belga situada a 700 m tras el canal e informé a mis superiores de lo sucedido[94]».

La llegada de refuerzos: el trágico destino del medio pelotón de ametralladoras de Nollau

Lo peor para el grupo *Eisen* estaba por llegar. A las 06:10 h, dos Ju 52 lanzaron a 24 paracaidistas de refuerzo, a las órdenes del *Obj.* Nollau. Los *Fallschirmjäger* se lanzaron desde una altitud de 100-80 m, (señalizados en el altímetro de precisión del *Junkers* como 200 m), sobre la colina norte, 500 m al oeste de donde lo tenían planeado. Sin cobertura posible dada la lejanía de las posiciones conquistadas por sus compañeros, y a merced del fuego belga, 14 paracaidistas murie-ron prácticamente antes de tocar tierra. Otros 8 fueron heridos[95]. Tan sólo tres hombres pudieron servir como refuerzo.

Un grupo de paracaidistas fue eliminado por los pelotones del sargento mayor De Wespin y del teniente Olivier, ambos de la 7ª compañía, dirigida por el capitán conde de Robiano. Mientras avanzaban hacia sus posiciones en los **puntos de apoyo F y E**, respectivamente, se toparon con los *Fallschirmjäger* de Nollau. Los belgas abrieron fuego sin pensarlo dos veces, siendo apoyados en la maniobra por los ocupantes del punto de apoyo L. Lo mismo le ocurrió a otro grupo que descendió no lejos del punto de apoyo K. Varios belgas de esta posición, dirigidos por el cabo De Bolster, tuvieron tiempo de sobra para localizarlos y eliminarlos antes, incluso, de que los alemanes hubieran tocado tierra.

También fueron lanzados contenedores con munición; uno de ellos se posó encima del búnker O. Los alemanes utilizaron prisioneros belgas para transportarlo a la cima de la colina central, que ya para entonces estaba en su poder. Pirenne, granadero belga al frente del equipo de demolición del puente, lo recuerda:

[94] Testimonio recogido en Lhoest (1964), pp. 170-180.

[95] Uno de los heridos fue hecho prisionero por los belgas y liberado por los británicos en Dunkerque. Fue el único paracai-dista capturado durante la batalla. Por otra parte, bastantes soldados belgas se hicieron con partes del equipo –ceñidores, especialmente- de los paracaidistas muertos. Una vez hechos prisioneros, estando en Maastricht, pasaron un mal rato cuando sus «trofeos» fueron descubiertos por los alemanes. Afortunadamente para los belgas, este hecho no provocó mayores consecuencias…

«Refugiado junto al puente y al terreno inundado, pude ver el reflejo en el agua de muchos paracaídas. Uno de ellos aterrizó junto al búnker O. De las cuerdas colgaba un contenedor con forma de bomba, pintado con marcas grises y rojas. Una vez que los paracaidistas lo recogieron, obligaron a los prisioneros a llevarlo hasta lo alto de la colina».

Los combates en la zona del GRUPO 4 de granaderos

Los puntos de apoyo F y L (colina norte)

Dos puntos de apoyo conformaban el Grupo 4 de granaderos, el F situado en primera línea y el L, en la segunda.

Josef Kuhlmann, paracaidista so-bre Kanne, procedía del 11° Regi-miento de ingenieros del ejército. (Archivo Thomas Steinke)

Por lo que respecta al **punto de apoyo F**, estaba ocupa-do en el momento del ataque por el alférez Holvoet, de la 7ª compañía, quien sólo contaba con un reducido grupo de soldados y dos ametralladoras. No tardaron en perca-tarse de que un planeador había aterrizado a sus espal-das. Los disparos de las ametralladoras dispersaron a los paracadistas, que corrieron a protegerse sorprendidos de la contundente respuesta belga. No intentaron tomar las trincheras de Holvoet, quien, además, había sido reforza-do por un pelotón a las órdenes del sargento De Wespin, de la 7ª compañía. Durante el transcurso de la jornada, el punto de apoyo de Holvoet sólo tuvo algunas escaramu-zas con paracaidistas al sudoeste de las trincheras belgas. Del mismo modo, tampoco los *Stukas* se centraron en ata-car sus posiciones, lo cual facilitó considerablemente la comunicación permanente entre el punto de apoyo F y el puesto de mando del 2° Batallón belga, así como con el 18° Regimiento de Línea, situado al norte, en Vroenhoven. Holvoet pudo observar con claridad la evolución de las operaciones en las cercanías del puente y del canal.

Las trincheras del **punto de apoyo L** estaban ocupadas por el pelotón del tenien-te Olivier, de la 7ª compañía, quien a pesar del insistente bombardeo de los *Stukas* y *Henschel*, permaneció en sus posiciones, frenando también los intentos paracaidistas de traspasar el perímetro defensivo de alambre de espino. También, tal y como se ha visto anteriormente, este punto de apoyo reforzó con sus disparos la defensa del punto de apoyo K. Pero la factura en bajas que Olivier tuvo que pagar fue elevada.

De la unidad de Olivier se habían desplazado al pueblo 6 granaderos junto al sargen-to De Mot. Esta sección tenía bajo su responsabilidad colocar las cargas en el puente sobre el río Jeker/Geer en la calle Brugstraat. Una vez cumplida su misión trataron de cruzar el canal y regresar junto al resto de sus compañeros, pero se vieron sorprendidos por el ataque paracaidista y ante la lluvia de fuego, decidieron refugiarse en una de las nume-rosas cuevas excavadas en la piedra caliza, presentes en Kanne. Allí se encontraron con civiles, que no habían querido –o no habían podido- evacuar la población. Los hombres del sargento De Mot no se atrevieron a salir a combatir, de modo que sólo aquél salió de la cueva y se dirigió al canal. Lo cruzó a nado y pudo contactar con los granaderos del punto de apoyo E.

Los combates en el sector de la 7ª compañía belga/2º Batallón (colina norte)

El ataque les sorprendió cuando se dirigían a sus posiciones desde Zussen. Sin haber llegado al cruce de caminos, denominado por los lugareños del «árbol solitario», en la explanada de la colina Tiendeberg, a unos 650 m del canal, vieron sobre sus cabezas los planeadores del grupo «Hierro» preparando la maniobra de aterrizaje.

Josef Heinen, natural de Bütgenbach, en Bélgica, se unió al SA Koch porque se sentía alemán de nacimiento. Murió durante el ataque a Kanne. Tal y como rezaba en su esquela, «murió por la liberación de su patria». (Archivo Thomas Steinke)

Acto seguido, el pelotón del alférez Holvoet, siguiendo órdenes del sargento mayor de Wespin, corrió a auxiliar al grupo que ocupaba los puntos de apoyo F y L. El pelotón del teniente Olivier también se dirigió hacia estas posiciones. Otros movimientos belgas se sucedieron con rapidez. Así, el pelotón dirigido por el sargento Lagasse de Locht, corrió hacia el punto de apoyo E. A todas luces, la reacción belga en este sector sorprendió a los alemanes. Finalmente, los **puntos de apoyo F y L** fueron reforzados con éxito por los pelotones de De Robiano.

Lo más curioso es que antes del ataque, Robiano y sus hombres se encontraban sin munición. Y es que casi todos los belgas pensaban que el ataque no tendría lugar. De este modo tan paradójico, la mayoría de los granaderos habían ocupado sus trincheras sin granadas. Ciertamente, algo imperdonable. Los hombres de Robiano abandonaron su posición, para regresar tras conseguir munición, cayendo sobre los *Fallschirmjäger* que ocupaban sus trincheras

Pero, ¿qué ocurrió con el pelotón de Lagasse de Locht? Éste trató de aproximarse hacia el punto de apoyo E a través del vértice de la explanada, pero fue sorprendido por varios paracaidistas del grupo nº 10 desde el barranco que se abría a pocos metros de aquélla. En esta zona habían aterrizado bastantes planeadores del grupo de Schächter, de tal modo que Lagasse fue recibido con una auténtica lluvia de disparos. Los hombres de Lagasse se dividieron en varios grupos. Unos intentaron alcanzar las posiciones donde se habían colocado los morteros de 76 mm, a unos 100 m junto al «árbol solitario»; otros buscaron alcanzar el puesto de mando del batallón, donde se encontraba el comandante Levaque; por último, Lagasse, acompañado por más hombres de su grupo, intentó alcanzar el punto de apoyo E. En el camino fue disparado otra vez por los ocupantes de dos planeadores. Intentando escapar de la trampa, Lagasse fue herido, al igual que muchos de sus hombres. Dos únicos soldados, servidores de ametralladoras, pudieron alcanzar las posiciones del punto de apoyo E.

El pelotón de ametralladoras del alférez Patout/4ª compañía (colina norte)

Dada su potencia de fuego, este pelotón fue requerido por el capitán Genachte, al mando de la 4ª compañía, para ocupar posiciones a 100 m del cruce llamado del «árbol solitario». Posteriormente, retrasarían su posición hasta Zussen. En su labor estaría reforzado por una sección de ametralladoras del alférez Bleyenheuft (13ª compañía).

Pero las cosas no salieron según lo planeado y el pelotón de Patout alcanzó su primera posición a eso de las 6:00 h. Y es que no pudieron disponer inmediatamente de sus caballos al haber sido «cedidos» a una granja cercana. A pesar de todo, cumplieron parte del plan, pero no sirvió de nada: incapaces de moverse de esa primera posición, debido a la presencia cada vez más numerosa de alemanes, no pudieron reforzar a sus compañeros en Zussen.

El pelotón de ametralladoras del alférez Bleyenheuft/13ª compañía (colina norte)

Según el plan previsto, el pelotón se separaría en dos secciones, dirigiéndose al vital cruce del «árbol solitario». La misión de una de ellas consistiría en apoyar a las ametralladoras del alférez Patout. Pero los acontecimientos que se estaban viviendo sobre las colinas desbordaron esta previsión, obligándola a regresar al **punto de apoyo L**. Desde

Vista del puesto de mando belga (que estaba situado a la derecha) y de la colina norte desde el Árbol solitario. (Foto Óscar González)

Vista del Cruce del árbol solitario en la actualidad (al fondo a la izquierda). A la derecha de él se extendía el «punto de apoyo L». El puesto de mando del 2º batallón belga estaba situado en el lugar desde el ha sido tomada la foto. (Foto Óscar González)

aquí trató de defenderse de manera más eficaz, colaborando con el 18º Regimiento de Línea, en el cercano Vroenhoven.

La otra sección, que según el plan tendría que haberse dirigido al punto de apoyo I, llegó al puesto de mando del batallón en el momento en el que los hombres de «Hierro» aterrizaban sobre las colinas. Los disparos alemanes hirieron a Bleyenheuft, quien a pesar de ello, pudo emplazar su sección y abrir fuego. Pero sus hombres quedaron clavados sobre el terreno, sin poder acudir en auxilio **del punto I**.

El pelotón de morteros de 76 mm del teniente Dubuc/15ª compañía (colina norte)

Esta unidad no pudo ni siquiera acercarse al punto asignado, **el cruce del «árbol solitario»**. Las ametralladoras de los paracadistas y los bombarderos en picado Ju 87 provocaron la desbandada de los soldados, además de la pérdida de sus caballos y de gran parte de su munición. Alcanzaron a duras penas las posiciones de Zussen sin tomar parte en la defensa de las colinas de Opkanne.

Los combates en los puestos de mando del 2º Batallón y del Regimiento (colina norte)

El puesto de mando del batallón, tal y como hemos analizado anteriormente, se vio envuelto en la batalla con la misma intensidad que el resto de los puntos de apoyo de la vanguardia belga. Los soldados y oficiales que lo defendían fueron testigos del aterrizaje de los planeadores alemanes al este de la cota 120, pocos metros al oeste del puesto de mando, y a 1.400 m del puente, en la zona asignada al Grupo 3 belga. Entre otros, el planeador del grupo nº 4, dirigido por el *Obj.* Brandis, se posó casi encima del puesto de mando. También el planeador del grupo nº 10 aterrizó entre el puesto del mando del batallón y el cruce del «árbol solitario». El aterrizaje de casi todos los grupos paracadistas tuvo lugar en las proximidades de esta zona, de manera que el puesto de mando belga quedó inmediatamente aislado del resto de los puntos de apoyo.

Cuando los paracadistas salieron a tierra y se lanzaron al ataque, los belgas, dirigidos por el capitán Levaque, trataron de defenderse como pudieron de las acometidas alemanas, hasta que, apoyados por los disparos de los hombres del alférez Holvoet, desde el punto de apoyo F, y de los de De Wespin, desde el L, más al norte, pudieron frenar el asalto alemán. No obstante, a pesar de haber impedido el ataque paracadista al norte y oeste, la presión sobre el puesto de mando continuó por parte de los aviones de la *Luftwaffe* y los francotiradores paracadistas. La posición era conocida de sobra por la inteligencia alemana. Así, entre los objetivos asignados al apoyo artillero de los paracadistas, figuraba (marcado con el número 45) el cruce de caminos junto al que se encontraba el puesto de mando belga: *«cruce y alrededores situado a 900 m al oeste de Opkanne»*.

La situación empeoró para Levaque cuando los *Stukas* bombardearon los postes telefónicos, cortando las comunicaciones. El capitán belga quedó, así, sin saber cuál era la situación exacta en los puntos de apoyo dependientes de él. Este fallo en las comunicaciones fue sin duda uno de los principales problemas para los belgas. Así, a estos sólo les quedaba protegerse y rezar para que ni los paracaidistas ni los bombarderos de asalto acabaran con ellos.

En el otro puesto de mando, la situación del coronel Herbiet, comandante del 2º Regimiento, no era, desde luego, mejor que la de su subordinado Levaque. Sin posibilidad de comunicarse con el fuerte Eben Emael, careció de un apoyo artillero, a priori envidiable. De todos modos, los hombres de «Granito» ya habían inutilizado y «cegado» el fuerte, lo cual hacía casi imposible cualquier «colaboración» de los artilleros de Eben Emael. Herbiet tampoco pudo comunicarse con los comandantes de sus batallones –Levaque en Opkanne, por ejemplo- con lo cual tampoco dispuso de objetivos claramente identificados sobre los que hacer fuego. No pudo saber cuál era la situación real de los combates ni en la primera, ni en la segunda línea defensiva. Los *Fallschirmjäger* estaban presentes entre ellas y también entre el puesto de mando del batallón y el de Herbiet.

Sin otras opciones, la batalla se convirtió en una serie de combates aislados y centrados en los puntos de apoyo, atacados por sorpresa y del revés por los alemanes y sumidos en un continuo bombardeo aéreo. Los soldados belgas fueron arrollados por los paracaidistas, esto es, muertos o capturados. Los supervivientes trataron de replegarse continuamente, sin rumbo claro, para continuar la resistencia en otro punto de apoyo vecino que estuviera aún en manos «amigas». Y a pesar de todo esto y de las carencias belgas, en muchos casos, el coraje y valor de los jefes de pelotón o de grupo fueron determinantes para que las líneas defensivas belgas en Opkanne no se vinieran abajo de manera inmediata como un castillo de naipes.

En total, durante el primer día de combates, se perdieron 7 puntos de apoyo de un total de 12; 4 de la prímera línea defensiva (A, B, C y D) y otros 3 de la segunda (G, H y J).

El apoyo de la «artillería aérea» frena los contraataques belgas

El entrenamiento y la organización de los *Fallschirmjäger* fueron evidentes a lo largo de los combates de Kanne. Apoyados por aviones de la *Luftwaffe* desbarataron todo intento defensivo belga, siempre indeciso y descoordinado, perdiendo intensidad a medida que pasaban las horas. Los contraataques comenzaron a ser caóticos, desordenados y sin el necesario empuje como para quebrar la firme voluntad alemana de hacerse con las colinas de Opkanne. En este sentido, un grupo de la 11ª compañía del 11º Regimiento de Línea, enviado a reconquistar unas trincheras, se topó sin saberlo con granaderos belgas, suplicándoles que no dispararan… Desbordados, con continuas infiltraciones en sus líneas, los supervivientes del 2º de Granaderos no tenían alternativa. Tan sólo el *major* Lecome acertó a dirigir el último contraataque con hombres del 11º batallón del regimiento y con restos de la 14ª compañía, quienes disponían de una ametralladora y de un cañón de 47 mm. Fusil en mano, Lecome se puso al frente de su compañía y atacó. Pero sus esfuerzos no sirvieron de nada, porque los paracaidistas no sólo rechazaron a los belgas, sino que también les rodearon. Lecome pudo eludir el cerco y alcanzó el puesto de mando del regimiento a las 16:15 h, para, acto seguido, ser hecho prisionero por los alemanes.

El ataque alemán tampoco estuvo exento de cierta desorganización, especialmente en lo relativo al apoyo aéreo. La ausencia de comunicación por radio con los hombres de Schächter estaba provocando imprecisión en el ataque aéreo. Así, varias trincheras ya ocupadas por los paracaidistas fueron atacadas por los bombarderos de asalto *Henschel* 123. Estos errores no impidieron que la *Luftwaffe* fuera dueña y señora del cielo sobre Kanne. Así con todo, los belgas impidieron el relevo de los paracaidistas: el puente fue objeto de tal concentración artillera proveniente del fuerte Eben Emael y de las colinas vecinas, que fue imposible conectar con las tropas paracaidistas durante el día.

Entre las 10:00 y las 10:30 h, los contraataques belgas presionaron con fuerza sobre la cabeza de puente alemana. Los paracaidistas notaron el empuje belga, pues a eso de las 10:00 h, mandaron un mensaje a Koch solicitando apoyo aéreo *«que atacara el sector sudoeste, donde el contraataque enemigo parecía progresar»*. Diez minutos más tarde, los *Stukas* estaban de camino a Kanne. Este ataque aéreo no acertó a acabar con la artillería belga, que a las 11:00 h, volvía a disparar sobre los paracadistas de Schächter. Los disparos de la artillería belga no pararon de caer sobre los paracaidistas, sobre todo, a partir de las 12:30 h. A esa hora, Meißner mandó un mensaje solicitando insistentemente un nuevo apoyo aéreo. Quizás fue este el momento más dramático para los intereses alemanes, pues el oficial paracaidista reconocía que el *«objetivo estaba en peligro»*. No sería el único momento de la jornada en el que se constatara esto. Aún así, los *Fallschirmjäger* pudieron organizarse y concentrar su fuego sobre los belgas, evitando que se infiltraran.

De nuevo, a las 15:00 h y a las 18:00 h, los belgas atacaron desde el oeste y el sudoeste. A las 17:00 h, la presión belga amenazó a los paracaidistas. Koch urgía al *VIII. Fliegerkorps* a que los bombarderos en picado y de asalto atacaran los emplazamientos artilleros belgas, pues el *«objetivo de Eisen estaba en serio peligro»*. Esta vez, la acción de la *Luftwaffe,* así como el apoyo de las baterías del «Destacamento Aldinger», fue determinante a la hora de frenar estos intentos. Por lo respecta al apoyo del *Major* Aldinger, el haber podido establecer contacto por radio con él, dotó de precisión y eficacia a sus baterías. Con los aviones, la comunicación se realizó básicamente a traves de señales visuales: banderas y sábanas que indicaban qué objetivos habían sido ya tomados.

A partir de primeras horas de la tarde, y una vez eliminada toda resistencia en las colinas de Opkanne, los paracaidistas de «Hierro» pudieron bajar hacia las casas de Eben Emael, controlando la carretera que unía esta localidad con Kanne. La oscuridad iba a permitir el enlace y posterior relevo de los *Fallschirmäger*. Pero aún había que resistir.

Al final del día, los hombres del grupo «Hierro» habían creado un cabeza de puente sobre las colinas y las laderas al oeste del puente. Así mismo, 8 de los 12 puntos de apoyo belgas habían sido eliminados. Tan sólo resistían el F en la primera línea defensiva y los L, K e I, en la segunda línea, junto a dos bolsas de resistencia en los puntos E y D. Y es que no hay que olvidar que aunque la resistencia belga fue mayor en Veldwezelt que en Vroenhoven, donde realmente tuvieron dificultades los alemanes fue en el puente de Kanne.

Vista actual del búnker Abri O, en Opkanne. Esta posición no constituyó una amenaza para los paracaidistas. (Foto Óscar González)

El cementerio de los granaderos, junto a una de las casas dañadas durante los combates. (Archivo Thomas Steinke)

Todavía son visibles las huellas de la batalla en Opkanne, como la casa junto al cementerio, cuya mitad fue reconstruida con ladrillo al quedar afectada por las bombas de la *Luftwaffe*. (Foto Óscar González)

Hacia las 16:00 h llegaron las primeras unidades del 151º Regimiento de Infantería [tropas del 51º Batallón de Ingenieros *(Pioniere)* lo habían hecho antes que ellos]. Hasta que el sol se puso, todo intento de enlazar y relevar a los grupos *Eisen* y *Granit* fracasó. Y aunque la noche fue larga sobre el fuerte Eben Emael, los *Fallschirmjäger* de Witzig tenían la situación bajo control.

Walter Bednarz, que combatió en Opkanne, luce orgulloso su insignia de paracaidista, su distintivo de herido en negro y dos cruces de hierro (de primera y segunda clase). (Archivo Thomas Steinke)

Los belgas dirigieron otra vez su artillería contra los alemanes alrededor de las 20:00 h. Durante dos horas, sus baterías pondrán las cosas difíciles a los alemanes. Así, a las 20:45 h, Meißner solitaba apoyo aéreo urgente para eliminar la artillería belga. A éstos les quedaba claro que era el preludio de un nuevo contraataque, previsto para las 00:30 h.

El fin del Búnker O

La principal fortificación belga en la zona fue presa fácil para los paracaidistas. Pirenne, refugiado junto al puente, y el resto de sus hombres (refugiados en el **búnker O**) carecieron en todo momento de opciones contra los alemanes. Aquél sólo pudo comunicarse por teléfono con el jefe del búnker, el *maréchal des logis* Sauveur, para informarle de la presencia de paracaidistas sobre su posición. El mismo Pirenne lo narra:

«El ruido de disparos se fue ralentizando a partir de las 6:00 h. Ahora les tocaba el turno a los bombarderos alemanes, que picaban sobre nuestras trincheras haciendo sonar sus terroríficas sirenas (…). Sobre la colina, enfrente de mí [colina media] no veía nada. Tan sólo oía gritos y voces en alemán. Poco después vi sobre el flanco de la colina dos o tres paracaidistas alemanes –los primeros que distinguí perfectamente desde el comienzo del ataque- acompañados de una docena de soldados belgas desarmados.

Poco a poco me percaté de que los alemanes comenzaban a rodearme. Mi posición comenzaba a ser precaria e incómoda. Debía esperar a la noche y marchar hacia el fuerte Eben Emael. De cuando en cuando, telefoneaba al búnker O para informar de lo que veía detrás de mí.

Pirenne, Sauveur y el resto de belgas se rindieron por la tarde del día 10, hacia las 19:00 h, cuando Kanne y Opkanne se encontraban totalmente controlados por los alemanes. Su ametralladora había disparado algunas ráfagas y el cañón antitanque había efectuado sólo dos disparos. Los belgas tenían dos opciones: o morir por las cargas huecas que los paracaidistas utilizarían contra ellos, o rendirse. Así recuerda Pirenne los dramáticos momentos de la rendición, tras pasar varias horas escondido, sin haber podido disparar ningún proyectil ni haber tenido nunca a los alemanes en su punto de mira:

«¡Fuera!, ¡Fuera! –oí que me gritaban–. Instintivamente cogí mi fusil y traté de tomar una decisión. Pero ya era demasiado tarde. Vi como el alemán me apuntaba con su fusil y seguía repitiendo que saliera de mi refugio, de lo contrario me dispararía. Obedecí y me preguntó si había alguien más. Le contesté que no. Acto seguido me hizo tirar mi arma al canal y, tras eso, caminé seguido por él. También me hizo quitar el casco mientras nos dirigíamos a la granja situada al pie de la ladera. Allí, otro paracaidista me recibió, pistola en mano. Fui consciente de la superioridad de su armamento: un subufusil en su otra mano, granadas de una clase desconocida por mí, una cartuchera alrededor del cuello. Me dijo que me quitara todo el equipo y comenzó a interrogarme en alemán, pero yo no le entendía. La granjera salió de la granja con dos tarrinas de sirope que había preparado para los paracaidistas; yo también tomé una, aunque no estaba hambriento. Los aviones alemanes no paraban de sobrevolar nuestras cabezas y de lanzar bombas, así que nos refugiamos en cuevas naturales que estaban junto a la granja. (…) Una vez que pasó el peligro, salimos y fue entonces cuando una ráfaga de ametralladora impactó ante nuestros pies. Un alemán, al que yo ayudaba llevándole dos cajas de munición, señaló primero una casa de Opkanne, para luego indicar que los disparos habían salido del Búnker O. Un cañonazo impactó en el canal, a 20 m de nosotros, seguido de otro que no fue mucho más lejos. Regresamos de nuevo a las cuevas. Cuando la calma regresó, me condujeron a la colina de Tiendeberg. Allí vi un grupo de unos 300 prisioneros belgas. Un médico alemán operaba a algunos heridos in situ. Más aviones sobrevolaron nuestra posición. De repente, cayeron sus bombas provocando el caos y el pánico entre los prisioneros…»[96]

El relevo de los paracaidistas

En la planificación del ataque sobre Kanne y Eben Emael, se había pensado que las tropas de infantería del 151° Regimiento, a las órdenes del teniente coronel Melzer, en colaboración con el 51° Batallón motorizado de ingenieros, al mando del teniente coronel Mikosch, se encargaran de relevar a los paracaidistas. A éstos no les competía realmente la toma definitiva de Kanne o del fuerte Eben Emael, sino la neutralización de las defensas belgas, facilitando a las tropas de infantería el rápido avance sobre Bélgica.

Mikosch había dispuesto sus tropas en tres grupos de asalto. El primero de ellos se encargaría de extender la cabeza de puente sobre Kanne, mientras que los otros dos, penetrarían en el fuerte Eben Emael bajo la protección del primer grupo.

Así las cosas, al primer grupo se le imponía la delicada tarea de contactar rápidamente con los paracaidistas y explotar la posición ventajosa en el lado oeste del canal., formado por la 6ª compañía del 2° batallón del 151° Regimiento de infantería, la 2ª compañía del 51° Batallón de ingenieros y un pelotón de ametralladoras de la 8ª compañía, también, del batallón de ingenieros.

Pero el deseado relevo se hizo esperar. La voladura de los puentes de Maastricht había dado al traste con el rápido enlace entre los paracadistas en los puentes y Eben Emael, y la vanguardia de las tropas del *Heer*. Sólo tras construir un puente provisional

---

[96] El testimonio de Pirenne está recogido en : Pirenne, G, *La destruction du Pont de Canne le 10 Mai 1940, en Ceux du Fort d'Eben-Emael*, 1995, pág. 147.

Miembros del grupo *Granit*, que atacó Eben Emael, ante la tumba del líder del grupo 2, Max Maier, abatido junto al puente de Kanne. El sexto por la derecha (sin gorro cuartelero) es el otro Maier del grupo, Walther Maier. (Archivo Thomas Steinke)

a la altura del destruido de St Servaas, los hombres de Mikosch pudieron pasar. La vanguardia del relevo alemán llegó a Kanne a eso de las 15:30 h. Media hora más tarde, todos sus intentos se concentraron en poder cruzar a la orilla oeste del canal, incluso reptando a través de los restos del puente, pero las ametralladoras belgas, bien emplazadas en el punto de apoyo E, al mando del teniente Berlaimont, lo impidieron.

Los hombres de Schächter corrían el riesgo de no poder encarar con garantías un contraataque belga, con lo cual el relevo se hacía necesario. La situación, tal y como hemos visto, fue especialmente delicada a partir de las 17:00 h. Conscientes de esto, los hombres de Mikosch intentaron cruzar el canal tres veces, pero fueron rechazados, de nuevo, por las ametralladoras de Berlaimont. A las 21:00 h, los alemanes intentaron cruzar el canal, apoyados por piezas antiaéreas recién llegadas a Kanne. También esta vez fueron rechazados por el efectivo fuego belga. Ni el posterior ataque de la *Luftwaffe* ni los ingenieros alemanes pudieron destuir las ametralladoras belgas. Un teniente y dos servidores de ametralladora, junto a un sargento y otros seis servidores más estaban parando a todo un batallón de infantería. Además, el fuego de una de las posiciones de Eben Emael aún activas, *Canal Nord*, enfilaba el destruido puente de Kanne, teniendo así a tiro a los alemanes que intentaban enlazar con los paracaidistas.

En Opkanne, los hombres de Schächter seguían sin poder pasar a la otra orilla. Soldados del grupo n° 1, del *Obj.* Czerwinski, y del grupo n° 3, a las órdenes del *Obj.* Gleitsmann, dos de los grupos más activos durante los combates, habían tratado de contactar en vano con tropas de asalto e ingenieros alemanes, todos ellos situados en la orilla este del canal, en Kanne. Pero cruzar el puente se convirtió en una tarea poco menos que imposible mientras las ametralladoras belgas siguieran disparando. Sólo los *Fallschirmjäger* del grupo n° 2 del *Obj.* Hentschel consiguieron cruzar a nado el canal durante la tarde, guiando a las tropas que se encontraban en Kanne.

El grupo nº 2 tras aterrizar en Soller. De izq. a dcha.: Bredenbeck, Max Meier, Pi Meier, Bader, Gehlich, Iskra, Ölmann. Otro miembro, Comdühr, hizo la foto. (Archivo Engelmann)

Walter Meier (conocido entre sus compañeros como Pi Meier, por ser *Pionier*, ingeniero/zapador). Pudo enlazar con los hombres de Witzig tras una azarosa travesía. (Archivo Ian Tannahill)

La aventura de Walter Meier

Llegados a este punto, conviene sacar a colación lo ocurrido con otros paracaidistas, los del grupo nº 2 de «Granito», especialmente uno de sus integrantes, el zapador paracaidista Walter Meier, audaz protagonista de los combates en Kanne.

La misión de este grupo[97] nada tenía que ver con Kanne, sino con Eben Emael. Todo cambió cuando, de camino al objetivo, sólo diez minutos después del despegue, el piloto de su planeador, el *Obj.* Bredenbeck, tuvo que realizar un aterrizaje de emergencia en Soller, en las proximidades de Düren. Su maniobra evitó una colsión con el avión remolcador, pero al piloto no le quedó otra opción que buscar un descampado donde aterrizar. Una vez que el planeador se posó, se apresuraron a buscar la manera de viajar a Eben Emael, sabiendo que sólo cabía hacerlo por tierra. Gracias a la mediación de un teniente de infantería, del 22º Regimiento de zapadores, pudieron montar a bordo de dos automóviles civiles («*Adler* 2,5 litros» cabrio). ¡El dato curioso es que ninguno de ellos sabía conducir! Pero tal era la motivación de estos paracaidistas, que lucharían contra viento y marea para llegar a Eben Emael. Con la ayuda de dos conductores de la organización Todt, emprendieron la marcha hacia su objetivo. Tan sólo Bredenbeck, el piloto, se quedó custodiando el planeador.

A bordo de los automóviles, los paracaidistas del grupo nº 2 se dirigieron a Maastricht. No fue un viaje fácil, porque la carretera estaba atestada de camiones y transportes de las columnas alemanas que habían iniciado la invasión de Holanda y Bélgica. Aun así, con

---

[97] Mandado por el sargento Max Maier y junto a su segundo, el también sargento, Walter Meier, los cabos Iskra, Ölmann, Gehlich y los soldados primeros Bader y Comdühr. El piloto del planeador era el sargento Fritz Bredenbeck.

Fosa común provisional de 20 paracaidistas, situada en las alturas de Opkanne. Los cascos sobre el terreno llevan aplicado el camuflaje propio del SA Koch. (Archivo Thomas Steinke)

Fragmento del puente de Kanne, encontrado en el canal en 2006, mientras se realizaban las obras del nuevo puente. Se conserva en el Fuerte Eben Emael. (Foto Óscar González)

Los restos del puente de Kanne, a través de los cuales Walter Meier pasó a duras penas hacia Opkanne. (Archivo Ian Tannahill)

habilidad, pudieron sortear vehículos y tomar ventaja, llegando a Maastricht a tiempo de cruzar el Mosa en botes neumáticos. Los hombres de Meier pasaron junto a los primeros soldados de infantería que cruzaban el río tras la voladura de los puentes de Maastricht. Una vez en la otra orilla del Mosa, en la plaza del mercado, tomaron otro vehículo, esta vez un camión holandés «liberado», con el recorrieron los escasos kilómetros que quedaban para llegar a Kanne.

Se puede decir que los hombres de Meier fueron de los primeros soldados en acudir al relevo de los paracaidistas en Kanne. Su incursión rápida cogió por la espalda a los defensores belgas, que sin demasiada convicción trataban de hacer frente a los paracaidistas que habían aterrizado sobre las colinas de Opkanne. Al poco de entrar en el casco urbano, Meier y sus hombres capturaron entre 30 y 40 soldados enemigos. Tras ello, se acercaron al canal para comprobar que las dificultades aún no habían terminado: el puente había sido volado y esto complicaba el enlace con el resto de sus compañeros que se batían en la cima del fuerte Eben Emael, a menos de dos kilómetros al sur de la otra orilla.

El fuego de las ametralladoras belgas de los puntos de apoyo D y E, así como de las casamatas de flanqueo, barrían la orilla donde los hombres de Max Meier se encontraban. Éste murió al ser alcanzado en la cabeza por ráfagas de ametralladora disparadas desde las posiciones del teniente Berlaimont. Cuando otro paracaidista, Gehlich, se acercó a auxiliar a Maier, ya era demasiado tarde. A la vista de los acontecimientos, Walter Maier tomo la decisión de cruzar a la otra orilla. El puente había sido volado, sí,

Fosa común provisional de Fallschirmjäger. (Archivo Thomas Steinke)

El sargento Portsteffen, perteneciente a la 1./Pi 51, cruzó con éxito el canal Alberto al mando de 16 hombres de su pelotón a bordo de dos botes neumáticos, todo ello bajo fuego de la posición *Canal Nord* de Eben Emael. Por esta acción fue condecorado el 21 de mayo de 1940 con la Cruz de Caballero. (Archivo Óscar González)

pero la anchura del canal en Kanne no era exagerada, y los restos del puente permitían que pudiera ser atravesado sin tener que zambullirse. Había que decidirse, y mientras el resto de los supervivientes del grupo se ponían a cubierto, Walter Meier (apodado Pi Meier, por proceder de los zapadores, «*Pioniere*») pasó a la orilla oeste del Canal Alberto evitando los disparos.

Una vez a cubierto, y tras orientarse, evitó al enemigo (cosa fácil, porque nadie conocía el uniforme paracaidista alemán) y se acercó al casco urbano de Emael, y de ahí a los alrededores de la entrada del fuerte. Pero no era éste el punto donde quería contactar con sus compañeros. Así que se dirigió al Bloque II, a unos 300 m a la izquierda de la entrada. Los ataques de los *Stukas* ya eran una constante, y Meier tuvo que ponerse a cubierto para que las bombas no le alcanzaran. Al llegar al Bloque II, comprobó que no había peligro: parecía sin ocupación.

Su intención era regresar a Kanne para dirigir al grupo nº 2 hacia Eben Emael, pero al acercarse de nuevo a la orilla, el fuego desde los puntos de apoyo belgas más activos (D y E), así como desde la posición *Canal Nord,* junto al canal, le hicieron desistir. Regresó a la posición anterior, junto al Bloque II, y esta vez sí, pudo hablar con el sargento Harlos, al frente del grupo nº 6 de Eben Emael. Seguía siendo imposible, no obstante, cualquier otro contacto con ellos. Se puso a cubierto y esperó a que se hiciera de noche.

Con la oscuridad se acercó de nuevo a la orilla oeste y pudo comprobar con sus prismáticos que soldados alemanes de infantería ocupaban ya la orilla este. Para su sorpresa, también le disparaban. Era normal: nunca habían visto un uniforme de paracaidista. Trató de hacerles ver que él también era alemán y les indicó que podía guiarles por una ruta segura hacia el fuerte. Fue inútil: el puente destruido y los disparos belgas servían como «excusa» para que los soldados se opusieran a los planes de Meier de cruzar el canal. Enfadado, el paracaidista cruzó de nuevo el puente bajo la lluvia de disparos belgas, y contactó con un teniente y un alférez de infantería para explicarles la situación. A

Cruz que preside el cementerio de los Granaderos belgas en Opkanne. (Foto Óscar González)

La cruz en honor de los paracaidistas muertos en Kanne fue derribada por los habitantes de Kanne al día siguiente de la entrada de los norteamericanos, el 10 de septiembre de 1944. No obstante, aún se conserva la base y algo del pie. (Foto Óscar González)

pesar de lo complicado de la situación, el relevo, al menos el relevo había llegado para los paracaidistas[98].

El cruce del Canal Alberto

Antes de que los esperados soldados de infantería llegaran a Kanne, las tres baterías de 88 mm del «Destacamento de Aldinger» pudieron apoyar con su fuego la acción de los paracaidistas tan pronto como pudieron acercarse por la orilla este del Mosa hasta Maastricht. Una vez alcanzadas las colinas situadas a media distancia entre el fuerte Sint Pieter (una anticuada posición defensiva holandesa sin valor estratégico situada a las afueras de Maastricht) y el Canal Alberto, sus disparos pudieron ser precisos, algo que agradecieron sobre manera los *Fallschirmjäger*. Desde esta posición no sólo pudieron apoyar el ataque de los puentes, sino también dar cobertura a los hombres de «Granito», aún aislados y en situación crítica sobre el fuerte Eben Emael.

[98] En la narración de lo sucedido con el grupo n° 2 de Granito, seguimos el informe escrito por Meier 6 días después del ataque: *Erfahrungsbericht des Trupp 2 über den Einsatz am 10.5.1940, Hildesheim, 16.5.1940*. Aunque la referencia básica es el escrito de Meier -vivo actualmente (2011)- hemos completado su informe con Blum (2007), pp. 135-139. Y aunque articulamos nuestra narración sobre estas referencias escritas, no podemos por menos de reconocer el –interesantísimo- valor de otros testimonios «no escritos».
Así, tras contactar con Harlos, durante su intento de aproximación al puente, Walter Meier entró en un sótano de Opkanne; su subfusil MP 38 se disparó y, cuál fue su sorpresa cuando vio que seis paracaidistas alemanes –del grupo *Eisen*-, que estaban escondidos y muertos de miedo, salieron con las manos en alto… Sin decir nada, Meier salió de la casa. Esto no quedó reflejado en ningún informe oficial (testimonio recogido por Jo Fiévez de boca del mismo Walter Meier).
Walter Meier fue siempre considerado como un tipo «especial», una especie de «intelectual» entre sus compañeros paracaidistas. Sus críticas solapadas a los soldados de relevo en Kanne, que hicieron caso omiso de sus recomendaciones, hablan mucho de esta personalidad «diferente». En 1941, por ejemplo, llevó a Creta… ¡sus libros!, guardados en cajas que había «liberado» en Eben Emael. Años después, fue convocado para realizar un curso de oficiales, pero sus superiores, al comprobar que las respuestas de Meier en los exámenes eran «divergentes y extrañísimas», le enviaron de vuelta a su unidad.

Una cruz que recordaba a los 22 paracaidistas caídos durante la batalla de Kanne fue erigida cerca de la colina sur, en el lugar en el que fueron abatidos los paracaidistas del medio pelotón de ametralladoras (*sMG Halbzug*). (Archivo Thomas Steinke)

Por fin, a las 23:30 h, la cabeza de puente, formada con mucho esfuerzo por los paracaidistas, contactó con los hombres de Mikosch. En una última maniobra arriesgada, las 6ª y 7ª compañías del 2º Batallón del 151º Regimiento, reforzados respectivamente por la 2º y 3º compañías del 51º de Ingenieros y un pelotón de ametralladoras, pudieron cruzar el canal a bordo de botes neumáticos. Antes fue necesario eliminar las ametralladoras que estaban bien camufladas en posiciones fuera de Kanne. También el cese del fuego de la artillería belga permitió este enlace. A las 3:00 h, el en refuerzo y relevo de los paracaidistas era un hecho.

Mientras esto ocurría, la actividad frenética de Walter Meier no cesaba, tratando de encontrar a sus compañeros en Kanne:

«No encontré a nadie, porque un oficial de infantería les había ordenado trasladarse a Maastricht. Les relevó en reconocimiento de su actuación en Kanne. Poco después me entere de que el cabo Bader, por ejemplo, había capturado 121 belgas. (…) El que sí se quedó, y al que encontré confundido y cansado, fue al cabo Ölmann. Había pasado toda la noche batiendo con su ametralladora la orilla oeste del canal. Aunque insistió en acompañarme, le mandé al puesto de primeros auxilios. Poco más tarde, me dirigí al Bloque II. Así, finalmente, pude contactar con mi superior, Rudolf Witzig. Al poco, se presentaron las unidades de infantería para relevarnos».

A primeras horas de la madrugada del día 11 de mayo, más grupos de paracaidistas, todos ellos dirigidos por el *Leutnant* Meißner, pudieron cruzar a la orilla este del canal. El resto de los hombres de «Hierro» fueron relevados durante la mañana, cuando tropas de relevo cruzaron el canal en botes neumáticos. Sólo quedaba evacuar a los heridos hacia la orilla este. Con los prisioneros belgas se hizo lo mismo. Los últimos paracaidistas del grupo «Hierro» en abandonar Kanne se reunieron con el resto de supervivientes en Maastricht a eso de las 15:00 h. Juntos pasaron la noche del 11 al 12 de mayo alojados en una escuela. El día 12, a las 18:00 h, llegaron

Vista de la cruz en honor de los paracaidistas caídos, desde el inicio del camino hacia la colina norte. (Archivo Thomas Steinke)

finalmente a los cuarteles de Colonia-Dellbrück. El viaje en camiones había sido interrumpido repetidamente, en Maastricht a causa del bombardeo británico, y a lo largo de la ruta por tener que circular por una carretera saturada de tropas alemanas que se dirigían a Holanda y Bélgica.

Las bajas alemanas y belgas: algunas consideraciones

Las bajas en las filas de los *Fallschirmjäger* fueron cuantiosas en Kanne: 22 hombres perdieron la vida durante el ataque, la mayor parte de ellos, miembros del medio pelotón de ametralladoras. Conviene recordar que sobre las colinas de Opkanne combatieron muchos paracaidistas que en gran cantidad de casos provenían de unidades de infantería sin experiencia previa como tropas aerotransportadas. Si su inclusión en el grupo «Eisen» fue posible, ello fue debido, en gran medida, a su excelente entrenamiento como zapadores. La formación de los hombres de Schächter fue problemática y escasa. Conviene subrayar que el grupo fue reformado en marzo. Así, el diario de operaciones comenta con fecha 11 de marzo de 1940:

«El 6° Ejército aportará [al grupo de asalto de Schächter] voluntarios y experimentados ingenieros e infantería de asalto, que se han destacado en su mayor parte durante la campaña Polaca. Deberán presentarse el día 12, a las 14:00 h, para ser trasladados mediante avión a Hildesheim»

Uno de estos ingenieros del *Heer* era Hermann Angelkort, nacido en 1916, que provenía de la 1ª compañía del 11° Regimiento de ingenieros. Sus recuerdos nos aportan bastantes pistas:

«Recuerdo que cuando preguntaron por voluntarios para una operación especial, algunos compañeros y yo nos presentamos sin dudarlo. Esto sucedió dos semanas antes del ataque. Nuestra intención era conseguir cuanto antes la tan preciada Cruz de Hierro (de primera y segunda clase),

Cruz de Caballero que perteneció a Martin Schächter.
(Fort Eben Emael, vía Jo Fiévez)

pues estábamos convencidos de que la guerra acabaría en unos meses y no queríamos quedarnos sin el reconocimiento a nuestro valor. Posteriormente, sobre las colinas de Opkanne, comprobé que aquello era más duro de lo que en un principio imaginé. Saltar sobre el enemigo y verte envuelto en un abrir y cerrar de ojos en un combate a vida o muerte no estaba hecho para mí, así que regresé a mi unidad original en cuanto el grupo de asalto de Koch se disolvió. Evidentemente, todos mis compañeros de ingenieros se querían fotografiar conmigo, un soldado que había conseguido dos condecoraciones en un mismo día. Me trataron como a un héroe.»

El caso de Angelkordt fue común. Así, tras comprobar la lista de hombres que participaron en el grupo *Eisen,* observamos que no hay rastro de bastantes paracaidistas que sobrevivieron a la batalla de Opkanne. Simplemente dejaron de ser paracaidistas y, como Angelkordt, regresaron a sus unidades del *Heer.* Esto debió de ocurrir incluso con jefes de grupo, como Burre, líder del grupo nº 7, que provenía del 348º Regimiento de infantería.

Aunque las cifras de las bajas paracaidistas en Kanne fueron significativamente mayores que en los otros puentes, nada tenían que ver con lo que había sucedido en las filas belgas: En total hubo 216 muertos, entre ellos 11 oficiales, 50 heridos y 190 prisioneros. El 2º Regimiento de Granaderos tuvo 157 muertos; 67 pertenecían al II Batallón (su 5ª compañía, por ejemplo, tuvo 37 muertos, entre ellos su comandante, mientras combatían desplegados en los puntos de apoyo C y D). Los prisioneros belgas fueron confiados a un comandante de artillería alemán y comenzaron el largo camino hacia la cautividad. Así lo recuerda Pirenne:

«Pasó una hora antes de que cruzáramos el canal. Cuando lo hicimos, todavía eran notorios los disparos en Eben Emael. Los aviones no paraban de sobrevolarnos. En la espera, se nos unieron otros camaradas que tras haber sido capturados, habían pasado la noche, muertos de hambre, en una de las muchas cuevas (Mergelgrotten) de Kanne. Fueron ellos los que me comunicaron la muerte del Hamende, el último soldado con el que estuve antes de hacer saltar por los aires el puente.

Una ambulancia de la Cruz Roja pasó junto a nosotros con un herido grave alemán. Era el primer enemigo al que veíamos «tocado» por la lucha. Nos quedó claro que no éramos los únicos que sufríamos. Hacia las 10:30 h, nuestra columna de prisioneros, en formación de a tres y escoltada por alemanes, comenzó a cruzar Kanne. El pueblo había sido parcialmente evacuado de civiles. En sus casas, cafeterías y restaurantes, los alemanes estaban requisando todas las cosas buenas que encontraban en Bélgica: galletas, cigarrillos…

A pesar de nuestra penosa situación, nuestros captores fueron bastante amables, y nos ofrecían cigarrillos. Más allá de la capilla de Kanne, en la ruta de Maastricht, habían sido retirados los obstáculos colocados por nuestros ingenieros. Así mismo, los alemanes habían improvisado un camino por los prados y fincas que rodeaban la carretera. Al poco, nos mandaron parar: los heridos nos colocamos en un lado y los que no los estaban, en otro. (…) Las columnas de soldados alemanes no paraban de pasar; ellos mismos tiraban de sus cañones antitanques.

Un cuarto de hora más tarde, llegó un doctor holandés, fácilmente distinguible por su bata blanca. Me examinó y me evacuaron en un camión, también holandés, puesto a disposición de los alemanes por la Cruz Roja. Subí en él, y al dejar Kanne, vi que algunos habitantes salían a las puertas de sus casas y nos miraban en silencio».

Aparte de prisioneros, los paracaidistas también «liberaron» una importante cantidad de armas belgas durante los combates en Opkanne: 1 cañón antitanque, 2 cañones ligeros de infantería, 16 ametralladoras, 16 morteros, alrededor de 153 fusiles y dos tractores[99].

La batalla de Kanne, que había comenzado con el aterrizaje de los planeadores alemanes a las 5:35 h del 10 de mayo, terminó 32 horas y 25 minutos más tarde, alrededor de las 13:00 h del día 11, cuando el 151º Regimiento de infantería alemán eliminó los últimos núcleos de resistencia belgas, especialmente **los puntos de apoyo I –en el sur- y F, L y K –en el norte-.** La gran mayoría de las posiciones defensivas belgas carecieron de opciones. Al ser atacadas por la espalda, su destino estuvo decidido desde los primeros instantes del ataque.

Kanne siempre fue un objetivo «menor», pensado tanto para proteger a los hombres de Witzig en el cercano fuerte de Eben Emael, como para facilitar a los ingenieros del 151º Batallón el relevo de los paracaidistas. El fracaso del grupo de asalto «Hierro», hace pensar que mejor habría sido atacar los puentes de Maastricht, tal y como también se había planeado para los hombres de Koch, al menos hasta mediados de noviembre. Pero las tensiones entre ejército (*Heer*) y *Luftwaffe*, así como entre los generales «expertos pero inmovilistas» y los «innovadores», provocaron un importante error de planificación y de estrategia, al ser vetado Maastricht para los *Fallschirmjäger*[100].

Con la voladura del puente, Kanne se convirtió en un problema (previsto y casi inevitable), pero el auténtico escollo para el resto de los objetivos paracaidistas en el Canal Alberto fue el retraso provocado por la voladura de los puentes de Maastricht, algo que dejó en evidencia al *Heer*, que tanto se había obstinado en controlarlos.

---

[99] Es más que probable que se tratase de dos unidades del tractor de artillería VCL (*Vickers-Carden-Loyd*), pequeño vehículo de cadenas utilizado para remolcar el cañón contracarro de 47 mm. Estaba construido por *Familleheureux. Ca.*, bajo licencia *Vickers*, en dos variantes, uno para artillería y otro para el arma de caballería. El ejército belga había solicitado dos partidas de 276 ejemplares cada uno, la primera en 1935 y la segunda, al año siguiente. Los tractores capturados fueron utilizados por la *Wehrmacht* con la denominación *Artillerie Schlepper VA 601(b)*.

[100] Cf. Nota nº 15.

LOS ATAQUES AÉREOS ALIADOS CONTRA LOS PUENTES EL 11 DE MAYO

Con los alemanes dueños y señores de los puente, los intentos de reconquista belgas quedaron condenados al fracaso. El camino quedaba abierto para que la gran masa de unidades motorizadas del *Reich* penetrara sin dificultad en el interior de Bélgica. No obstante, los antiaéreos alemanes se apresuraron a defender los puentes de un eventual ataque aéreo belga, y eso que el dominio de la *Luftwaffe* sobre los cielos de Veldwezelt, Vroenhoven y Kanne era total. Las intenciones belgas no pasaron inadvertidas en el lado alemán. Así, la 4ª División Acorazada recibió una comunicación pasada la media noche del día 10, que rezaba así: «*se advierte a la 4ª División que, según un mensaje enemigo interceptado, se espera un ataque aéreo en la zona de Maastricht a primeras horas del día 11.*»

Tras la guerra, Ludwig Franzisket se doctoró en biología, llegando a ser un experto a nivel mundial en plantas coralinas. A su vez, fue nombrado director del Museo de Ciencias Naturales de Münster. Esta foto pertenece a esa época. Franzisket, que había nacido el 26 de junio de 1917, falleció el 23 de noviembre de 1988. (Archivo Óscar González)

El mismo día 10 de mayo, el gobierno belga había solicitado a los Aliados su colaboración para realizar un ataque conjunto contra los puentes de Veldwezelt y Vroenhoven, ya en manos alemanas. Lo mismo se pedía para el puente de Briegden, más al norte de Veldwezelt. Éste, a pesar de que todavía no había sido conquistado por el enemigo, debía ser destruido, porque era inminente su captura. Tan sólo se debía esperar a que el Batallón Ciclista belga situado más al norte, regresara. Al sur de Briegden se situaba la 5ª compañía del 2º de Carabineros, al mando del capitán Louis. A pesar del proyecto de ataque aéreo, fue el comandante Tilot, ayudado del brigada Brasseur (que pereció en la misión), ambos ingenieros de la 7ª División belga, los que lo volaron a las 9:00 h del día 11.

Ludwig Franzisket, piloto de caza a los mandos de un Me 109, pertenecía al escuadrón 1./JG 1 y participó activamente en los combates contra la aviación aliada sobre los cielos belgas. Fue condecorado con la Cruz de Caballero el 23 de julio de 1941. (Archivo familia Franzisket)

La petición belga no pudo ser atendida, porque los franceses y británicos ya se encontraban comprometidos, bombardeando columnas alemanas, con lo que la misión quedó a cargo exclusivamente de los belgas. Fue la 5ª Escuadrilla *«Faucon Egyptien»*, perteneciente al *II. Gruppe* del Tercer Regimiento Aeronáutico, la que recibió, la tarde del día 10, la orden de volar los puentes. Para tal cometido, se utilizarían bombarderos del tipo *Fairey Battle* –anticuados y lentos para la época-, tripulados por miembros tanto de la 5ª como de la 9ª escuadrillas. Los aparatos habían tenido que viajar al aeródromo de Aalter (aeródromo nº 26), pues los de Evere y Belcele, sede de estas escuadrillas, habían sido ya bombardeados. Todos los aparatos (15), excepto uno, destruido durante el bombardeo de Belcele, pudieron aterrizar en Aalter.

Se planeó que cada puente fuera bombardeado por tres aviones, cargados cada uno con 8 bombas de 50 kg, que podían ser soltadas mediante un mecanismo electromecánico. Los *Fairey Battle* podían ir armados con bombas de 125 Kg, pero no se encontraban disponibles en el momento en el que se decidió atacar los puentes. Por último, los bombarderos irían escoltados por 6 aviones *Gloster Gladiator* de la 1ª Escuadrilla, *La Comète*, que volarían desde el aeródromo de Culot, en Beauvechain. La misión se previó para primeras horas de la mañana del día 11, pues la oscuridad imposibilitaba la precisión de tan arriesgado bombardeo. Órdenes y contraórdenes se sucedieron sin aparente lógica y con alguna que otra contradicción[101], una muestra más del desconcierto que reinó en el ejército belga tras el rápido ataque alemán.

Así las cosas, los 9 bombarderos *Fairey Battle*, despegaron a las 6:45 (el grupo de Veldwezelt), 6:50 h (el grupo de Vroenhoven) y las 7:00 h (el grupo de Briegden), en tres oleadas, de acuerdo a su objetivo:

- **Primera oleada (a excepción de un hombre, todos de la 5ª esc.); despegue a las 7:00 h hacia el puente de Briegden:**

    o T-62: brigada Jordens/sargento De Ribaucourt.

    o T-68: sargento primero Wieseler/brigada Deconinck.

    o T-71: brigada Vandevelde (9ª)/capitán Bergmans.

- **Segunda oleada (todos ellos de la 5ª escuadrilla); despegue a las 6:50 h hacia el puente de Vroenhoven:**

    o T-70: capitán Glorie/alférez Vandenbosch.

    o T-64: brigada Binon/capitán Legand.

    o T-61: brigada Delvigne/sargento Moens.

---

[101] Gahide (1980), pág. 47.

El Fairey Battle era un bombardero ligero monoplano de un solo motor. Había sido diseñado el 1936, pero cuatro años más tarde, en 1940, estaba totalmente desfasado.

- **Tercera oleada; despegue a las 6:45h hacia el puente de Veldwezelt:**

   o   T-73: capitán Pierre (9ª)/teniente Cloquette (5ª).

   o   T-60: brigada Verbraeck (9ª)/brigada Dome (5ª).

   o   T-58: brigada Timmermans (9ª)/sargento primero Rolin-Hymans (5ª).

Con los bombarderos en el aire, la escolta de *Gloster Gladiators* se haría efectiva a partir de las 7:00 h. Algo, a todas luces, mal planificado y que afectará al desarrollo de la misión, pues los cazas alemanes *Messerschmitt* Me 109 se despacharán a gusto con los cazas belgas.

Los cazas de escolta no escaparon del certero ataque alemán. Al sudeste de Tongeren, en las proximidades del objetivo, fueron atacados por una formación de 8 Me 109 de la 1./JG 1, con base en Gymnich. Primero fue atacado el grupo del sargento Rolin. Un caza Me 109, probablemente el pilotado por el *Uffz.* Emil Clade, se situó detrás del *Gloster* pilotado por el sargento Pirlot (G 19) y le disparó. El avión belga cayó a tierra de inmediato. El sargento Denis Rolin (G 22), mientras, alcanzó con sus disparos un *Messerschmitt*, antes de que, a su vez, fuera disparado y derribado por otro caza alemán pilotado por el alférez Ludwig Franzisket. Rolin pudo saltar en paracaídas, tras lo cual fue apresado y pasó el resto de la guerra en un campo de prisioneros. Así lo recordará tras la guerra:

«Los disparos del avión alemán inutilizaron los mandos de mi avión. Al comprobar que no podía hacer nada, salté sobre Heukelom. Vi que mi avión se estrellaba y me dirigí hacia la carretera Tongeren-Maastricht. No había andado unos metros, cuando un soldado que no iba armado, me gritó en francés que no me moviera. Le respondí que era piloto y que quería alcanzar mi unidad. Era belga. Me condujo a una granja [en las cercanías de Vroenhoven]. Poco después, me refugié junto

a otros soldados belgas en una cueva de caliza que había en la granja. Allí nos capturaron los alemanes, tras lanzarnos dos granadas: una no explotó y la otra lo hizo a un metre de mí sin herirme»[102].

El tercer *Gladiator* del grupo también fue alcanzado, pero el piloto, sargento Vandebroeck, fue regresar a la base. El combate había durado sólo un par de minutos.

El segundo grupo de cazas belgas no tuvo mejor suerte. El *Gladiator* G 25 (o el G 34) fue derribado sobre la localidad de Fexhe-Slins, muriendo su piloto, el sargento Clinquart. El aparato del capitán Guisgands fue herido al ser alcanzado por disparos de los cazas alemanes. A duras penas pudo controlar su maltrecha aeronave y realizar un aterrizaje de emergencia sobre la carretera de Celles a Waremme. El sargento Winand, por su parte, alcanzó y daño un Me 109, antes de que él también fuera alcanzado y tuviera que abandonar el combate, pudiendo, al fin, regresar a su base.

Sin su ya de por sí exigua escolta, los *Fairey Battle* quedaban a merced de un enemigo superior con más velocidad y potencia de fuego. Los bombarderos belgas trataron de dirigirse a toda velocidad y volando bajo, con la intención de evitar a los cazas de la *Luftwaffe*. Pero no les sirvió de nada.

Los que estuvieron implicados en el **ataque a Briegden**, fueron disparados de inmediato por baterías belgas al poco de iniciar el vuelo. A consecuencia de este fuego «amigo», el aparato T-62 se incendió. Los dos tripulantes saltaron en paracaídas, para ser a continuación disparados de nuevo por soldados de infantería belgas, al confundirlos con alemanes. Una vez en tierra, fueron hechos prisioneros por sus propios compañeros de armas, hasta que el oficial que los custodiaba se convenció de que eran belgas. Otro hecho, éste, que nos muestra cuál era el grado de desconcierto.

El bombardero T-71 también fue disparado por baterías belgas. Los disparos hirieron al capitán Bergmanns; esto convenció al piloto Vandevelde, que regresó de inmediato al aeródromo de Aalter. Terribles equivocaciones habían condenado a la primera oleada de *Fairey Battles*. El T-68 se convertía en el único aparato que podría lanzar bombas sobre Briegden. Y lo hizo, pero erró, siendo disparado de inmediato por las baterías antiaéreas alemanas. Sin opciones, el piloto, sargento Wieseler trato de alcanzar las propias líneas con su avión incendiado, cosa que hizo, aterrizando de emergencia, lo que provocó que el otro miembro de la tripulación, el brigada Deconinck, se rompiera una pierna. Tras bajar del avión, Wieseler descubrió que algunas de las bombas no se habían soltado del avión. Lo que no puedo destruir él, lo hicieron –tal y como hemos comentado anteriormente- ingenieros horas después.

El ataque aéreo belga sobre el puente de Veldwezelt

A pesar de volar a baja cota, los aviones belgas fueron interceptados casi de inmediato con aparatos de la *Luftwaffe,* omnipresente sobre los cielos belgas. Los *Fairey Battle* de

---

[102] Carta de Denis Rolin del 23 de mayo de 1977 en Gahide (1980), pág. 61.

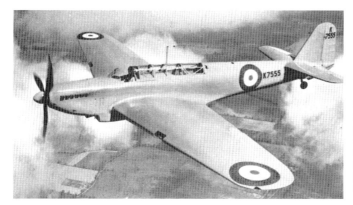

El Fairey Battle, o «pato sentado», como se le denominó con burla, podía transportar hasta 450 kg de bombas, pero su armamento defensivo era escaso: apenas una ametralladora ligera en la parte posterior de la cabina y otra fija en el ala derecha.

Una pieza antiaérea de 20 cm, perteneciente al grupo de Aldinger, protege el puente de Veldwezelt. Al fondo, a la izquierda, la casa Bruggen. (Bundesarchiv)

la tercera oleada fueron atacados por 2 *Dornier* Do 17. Así, el aparato T-60, del brigada Verbraeck, fue derribado, estrellándose en las cercanías de Lebekke y Dendermonde, a 30 kilómetros al noroeste de la capital belga. Los dos miembros de la tripulación resultaron gravemente heridos, pero pudieron salir de la cabina. Verbraeck tenía cuatro impactos de bala en el cuerpo, y el brigada Done, las manos destrozadas. Ambos fueron trasladados al hospital civil de Termonde. El combate había durado sólo veinte minutos.

En las cercanías del objetivo, sobre Hasselt, el aparato T-58 fue atacado por 3 cazas Me 109 de la I./JG 27. A eso de las 7:40 h, el teniente alemán Wolfgang Redlich lo derribó. Los dos miembros de la tripulación murieron al estrellarse en Elderen.

Así las cosas, tan sólo un bombardero de la tercera oleada con destino a Velwezelt, pudo alcanzar su objetivo. Se trató del aparato T-73. El capitán Pierre, a los mandos del aparato, sobrevoló el puente una vez antes de lanzarse al ataque. De inmediato, las baterías antiaéreas situadas junto al puente[103], dispararon sobre el avión. Éste pudo soltar sus bombas, que erraron el blanco, explotando en la carretera y dañándola. Milagrosamente, el bombardero belga pudo virar y regresar al aeródromo de Aalter.

---

[103] Cuando llegaron al puente relevando a los paracaidistas, las unidades de artillería antiaérea *(Flak)* de Aldinger emplazaron sus baterías a lo largo del Canal Alberto. Cada 50 m desde Veldwezelt hasta Vroenhoven, había un cañón, generalmente de 20 mm montado sobre semioruga. El puesto de mando lo habían situado entre el fuerte holandes de Sint Pieter y Eben Emael.

El ataque aéreo belga sobre el puente de Vroenhoven

Desde el inicio, la mala suerte se cebó con los bombarderos belgas que se dirigían volando bajo, a una altitud de 50 m, a Vroenhoven. Recibieron fuego antiaéreo «amigo» al sobrevolar Lovaina, aunque, milagrosamente, ningún aparato fue alcanzado. Una vez sobre Tongeren, cerca del objetivo, fueron disparados por una columna terrestre alemana que se dirigía hacia el norte. El alférez Vandenbosch respondió disparando varias ráfagas de ametralladora. Instantes más tarde, descubrió que un proyectil alemán había atravesado el fuselaje, pasando por entre sus piernas sin ser herido…

Placa situada en el búnker Abri M de Vroenhoven, que recuerda a los tripulantes de los aviones belgas derribados sobre esta localidad. (Foto Óscar González)

Poco después, alcanzaron Vroenhoven, siendo inmediatamente disparados por las baterías antiaéreas emplazadas junto al puente. Aquí los tres bombarderos recibieron varios impactos. Sobre el objetivo, el alférez Vadenbosch, tripulante del *Fairey T-70*, quiso soltar una bomba, pero no pudo hacerlo, debido a problemas con el sistema de desenganche. Lo mismo sucedió con el bombardero T-61 del brigada Delvigne. Por último, el bombardero T-64 del alférez Binon, lanzó sus bombas sobre el puente, pero falló y cayeron sobre el canal. En una nueva pasada, el capitán Glorie (T-70) se dirigió hacia el puente, seguido del aparato de Delvigne. Su intención era lanzar las bombas sobre el puente mediante un vuelo en picado. Así lo hizo Glorie, lanzando sus 8 bombas, pero sólo 3 alcanzaron el puente sin dañarlo. El resto cayeron al canal. Una vez más y a la vista de los pobres resultados, se dirigieron hacia el oeste, desde donde ambos aviones, el T-64 y el T-70, volvieron a atacar el puente.

Fue entonces cuando se produjo el fatal desenlace que hizo que el avión de Glorie fuera derribado entre Lafelt y Vlijtingen, y el del brigada Delvigne lo fuera sobre la altura de *Kip van Hees*, en Veldwezelt[104]. De las tripulaciones, sólo el alférez Vandenbosch se pudo salvar al saltar en paracaídas de su bombardero incendiado. Pero, aun así, resultó gravemente herido, pues saltó desde poca altura y el paracaídas no se abrió a tiempo. Fue hospitalizado en Maastricht con luxación del pie derecho, fractura del pie izquierdo y de tres vértebras, además de lesiones en el tórax y contusiones en la cara.

---

[104] Aunque, cosa curiosa, según el listado de caídos, el brigada Delvigne murió en Veldwezelt y el sargento Moens, en Vroenhoven. Este dato parece indicar que el aparato pudo explotar en el aire [Gahide 1980], pág. 50] No obstante, lo mismo ocurrió con bastantes soldados belgas y paracaidistas caídos durante los combates en los puentes. Fue difícil precisar, incluso por los propios belgas, los límites de las diferentes poblaciones: Veldwezelt, Vroenhoven y Kanne.

De los tres *Fairey Battle* implicados en el ataque, sólo el del brigada Binon pudo regresar a la base, ametrallando todo lo que se encontraron a su paso con pinta de enemigo, y a pesar de los numerosos impactos presentes en su fuselaje. Este aparato, el T 64 aterrizó, finalmente en Aalter a las 8:35 h.

Tanto en Veldwezelt y Vroenhoven como en Briegden[105], la operación fue un auténtico desastre. Ninguno de los aparatos destruyó ni daño los objetivos. Sus pérdidas, por el contrario, fueron enormes. De los seis cazas de escolta, tres se perdieron y otros tres quedaron dañados. Dos pilotos murieron. De los nueve bombarderos belgas implicados en la operación, siete se perdieron. Sólo dos pudieron regresar dañados a su base de partida. Por lo que respecta a las tripulaciones, cinco hombres perdieron la vida.

El ataque aéreo británico sobre Maastricht

Tras el fracaso belga, los británicos decidieron lanzar un ataque aéreo contra Maastricht, tomando la iniciativa. Desde el aeródromo de Wattisham, en Gran Bretaña, partieron a media tarde 23 bombarderos *Bristol Blenheim* pertenecientes al 110º Escuadrón Hyderabad. A pesar de sus expectativas, no lograron destruir ninguno de los puentes sobre el canal. Además, dos bombarderos fueron derribados: uno de ellos, el N6208, sobre Fouquières-les-Béthune, y el otro, L9175, cerca de Kaggevinne, a 2 km al sudoeste de Diese.

Un nuevo escuadrón británico, el 21º, continuó con el bombardeo. Despegó de Watton. Una vez en vuelo, y a una altura de 5.500 m, la formación fue disparada por fuego anti-aéreo amigo, aunque sin consecuencias graves. Alcanzaron Maastricht alrededor de las 18:00 h, donde recibieron intenso fuego de la baterías *Flak* alemanas, que derribaron uno de los bombarderos, el P6806, muriendo toda la tripulación. Otros ocho aparatos fueron seriamente dañados. También esta vez fallaron los británicos.

El ataque aéreo francés

También los franceses intentaron destruir los puentes mediante un formación de 12 bombarderos *Lioré et Olivier* LeO 451, equipados con bombas de 100 kg. Partieron a última hora de la tarde, hacia las 19:45 h, volando a baja altura. Esta decisión fue una temeridad, porque quedaron a merced de las baterías antiaéreas alemanas, que dispararon a placer a los aparatos franceses.

Los franceses apenas dañaron los puentes, a costa de perder dos aviones, derribados por cazas Me 109 de la 1./ JG 1. Los aviones alemanes podrían haber derribado sin problemas todos los bombarderos franceses, de no haber sido por la escolta que éstos llevaban.

---

[105] Sólo un aparato, el T 68, pudo bombardear este puente, pero sin destruirlo. El bombardero tuvo que realizar un aterrizaje de emergencia en las cercanías de Herk de Stadt, en Schakkenbroeck, al ser acribillado por los disparos alemanes. Otro aparato, el T 62, fue alcanzado por disparos belgas. Su tripulación, el brigada Jordens y el sargento De Ribeaucourt, fue confundida con paracaidistas alemanes y capturada. La psicosis y la desorientación eran totales en las filas belgas. [Gahide (1980), pág. 51].

Tumba del canadiense J. A. Campbell, piloto de un *Hurricane* perteneciente al 87º Escuadrilla de la RAF, derribado por Galland a las 10:10
h del 12 de mayo de 1940. (Foto Óscar González)

NUEVOS ATAQUES AÉREOS ALIADOS

Los Aliados eran conscientes de que, a medida que pasaban las horas, más difícil les
sería bombardear los puentes. Pero parar a los alemanes era de vital importancia,
así que, a las 16:30 h y 17:30 h del día 11, decidieron lanzar bombarderos (*Blenheim*
del 110ª Escuadrilla) que destruyeran los puentes intactos y atacaran a las columnas de
soldados que avanzaban hacia el interior de Bélgica (*Blenheim* de la 21ª Escuadrilla). A
pesar de su valiente decisión, el desastre fue absoluto.

En Maastricht reposan los restos de Bassett, Cavanagh y Middlemass, tripulación de un *Bristol Blenheim* de la
15ª Escuadrilla derribado en Borgharen por la *Flak* alemana el 11 de mayo. (Fotos Óscar González)

Por parte británica, con las primeras luces del día 12 despegaron 9 bombarderos
Bristol Blenheim del 139ª Escuadrilla del *Advanced Air Striking Force*, con la misiónde bombardear Maastricht y Tongeren. A pesar de que volaron a una altitud que les pusiera a
salvo de los antiaéreos alemanes, la misión constituyó otro desastre, al ser derribados 7
de los 9 aparatos por cazas Me 109.

Entre las 10 y las 11:00 h, nuevas oleadas de bombarderos británicos, del 15ª y 107ª
escuadrillas, despegaron hacia Bélgica. Así, 24 *Bristol Blenheim* se dirigieron a destruir los

puentes de Maastricht y del Canal Alberto. Su escolta estaba compuesta por cazas *Hawker Hurricane* del 87º Escuadron con sede en Senon, en las proximidades de la localidad francesa de Verdún. El encuentro entre bombarderos y cazas británicos debería realizarse sobre el objetivo. Pero sobre Lieja, encontraron otra «desagradable» compañía: alrededor de 40 cazas Me 109 del JG 27. A consecuencia del combate, dos cazas británicos fueron derribados (por el as alemán Adolf Galland).

Los bombarderos, por su parte, pagaron un elevado precio, pues las baterías antiaéreas alemanas derribaron casi la mitad: 10 de los 24 aparatos no regresaron. Y aunque lograron lanzar 96 bombas, ninguna dio en el objetivo.

Un nuevo ataque áereo británico: el trágico destino de los hombres de la 12ª Escuadrilla

Tras todos los intentos fallidos, quedaba claro que una nueva misión, aunque necesaria, debería ser realizada con voluntarios. El mariscal del aire A. S. Barratt así lo estimó. La oferta se lanzó a los hombres de la 12ª Escuadrilla, «*The Dirty Dozen*», y todos se presentaron voluntarios. De nuevo serían empleados seis bombarderos *Fairey Battle*, que marcharían hacia el objetivo en dos oleadas. Los pilotos recibieron idénticas órdenes

El sargento observador Thomas Gray, observador del *Fairey Battle* derribado sobre Veldwezelt.

Lawrence Royston Reynolds, ametrallador, murió junto al resto de la tripulación, Garland y Gray, al ser derribados sobre Veldwezelt.

Donald Garland, piloto del Fairey Battle abatido en Veldwezelt.

que el resto de las tripulaciones belgas y británicas que habían fracasado en anteriores intentos: lanzar bombas de 100 kg sobre los puentes.

A eso de las 9:30 h todos los bombarderos, excepto uno (con problemas mecánicos), despegaron del aeródromo francés de Amifontaine, encontrándose con su escolta de 8 cazas *Hurricane* al tiempo que los bombarderos de las 15ª y 107ª Escuadrillas atacaban los puentes. Los cazas británicos, que despegaron del aeródromo de Wassincourt, entablaron combate con aviones de la *Luftwaffe* en las cercanías de Lieja. Los Me 109 del JG 27 alcanzaron a dos *Hurricane*, cuyos pilotos pudieron salvar la vida. Mientras todo esto ocurría, los bombarderos británicos llegaron a las proximidades de los puentes del Canal

Monumento erigido en Veldwezelt en memoria de los pilotos británicos que perecieron en su intento de bombardear el puente, el 12 de mayo de 1940. (Foto Óscar González)

Alberto. Sólo unas pocas nubes cubrían el cielo, de tal manera que no tardaron en sonar los disparos de 20 mm la *Flak* alemana.

El *Flying Officer* Thomas dirigió los aparatos (el suyo, P2332 PH-F, y el L5241 PH-G, pilotado por Davy) de la segunda oleada hacia el puente de Vroenhoven. Una vez sobre él, y desde una altura de alrededor de 1.800 m, picó hacia el objetivo. El fuego antiaéreo alemán no se hizo esperar y Thomas se encontró con serias dificultades para lanzar sus bombas sobre el objetivo. Y aunque, una vez arrojadas, una de ellas estalló en el lado oeste, muy cerca del puente, los daños fueron mínimos. Alcanzado en uno de sus motores, Thomas tuvo que realizar un aterrizaje de emergencia a 3 km del puente, siendo capturado él y toda la tripulación: el sargento Carey y el piloto Campion.

El otro bombardero, pilotado por Davy, fue también alcanzado, incendiándose el ala izquierda. A duras penas soltó sus bombas, sin que alcanzaran el puente de Vroenhoven. Viendo que el aparato corría riesgo de estrellarse, ordenó a los dos hombres de su tripulación que saltaran en paracaídas. La guerra acabó para ellos una vez que tocaron tierra. Uno de ellos, el sargento Mansell, pudo eludir la captura y alcanzó las líneas francesas. El otro, el canadiense Patterson, se rompió un hueso del pie izquierdo y fue hecho prisionero (se convirtió en el primer prisionero canadiense de la guerra[106]). Davy se las apañó para huir con su avión maltrecho, alcanzando la frontera francesa y aterrizando de emergencia en la base de la que había partido.

La primera oleada atacó Veldwezelt cinco minutos después de que lo hiciera la primera sobre el puente de Vroenhoven. Estaba dirigida por el *Flying Officer* Garland. El grupo lo formaban 3 bombarderos, que alcanzaron el objetivo sobrevolándolo a una altura de 300 m. Picaron para atacar el puente tras descender a una altitud de 30 m. El fuego de la *Flak* alemana provocó el desastre, alcanzando e incendiando el aparato pilotado por el australiano McIntosh (L5439 PHN). No obstante, logró soltar sus bombas sobre el puente, aunque sin alcanzarlo, para, posteriormente, realizar un aterrizaje de emergencia junto a Neerharen. Toda la tripulación fue capturada.

El bombardero del sargento Marland (L5227 PH-J) fue también alcanzado, cayendo sin control sobre Veldwezelt. Los tres tripulantes -Marland, Footner y Perrin- murieron. El último aparato británico, el de Garland (P2204 PH-K), fue alcanzado cuando éste dirigía el morro del avión hacia el puente. El avión se estrelló junto a él, dañándolo y matando a los tres tripulantes, Garland, Gray y Reynolds.

El resultado de esta nueva intentona británica no pudo ser más trágico: 5 aparatos fueron derribados y 2 tripulaciones (6 hombres con amplia experiencia) murieron. Y aunque los puentes fueron alcanzados por algunas bombas, los daños fueron mínimos.

En resumidas cuentas, los intentos belgas, franceses y británicos fueron un estrepitoso fracaso que se saldó con la sorprendente cifra de 68 aparatos derribados o dañados[107], llevando los británicos la peor parte. Los alemanes habían cumplido su misión: desplegando un ataque sorpresa imparable y consolidando los puentes, Bélgica caería en cuestión de pocos días.

---

[106] *http://www.vkblog.nl/bericht/169428/RAF-verliezen,_10-15_mei_1940_(1)*. Seguimos la versión documentada de este autor. Existen divergencias con Oebser (2009), pág. 227, pues éste afirma que ambos, Patterson y Mansell, fueron hechos prisioneros.
[107] Gahide (1980), pág. 89.

Adolf Hitler saluda a Helmut Ringler tras hacerle entrega de la Cruz de Caballero, en *Felsennest*, cerca de Euskirchen, el 15 de mayo de 1940. (Archivo Thomas Steinke)

LA ENTREGA DE CONDECORACIONES A LOS HOMBRES DEL SA KOCH

Acto seguido a su entrada triunfal en el aeródromo de Colonia-Ostheim, en la tarde del 12 de mayo de 1940, los hombres del SA Koch viajaron a bordo de camiones al cercano barrio de Dellbrück, también en Colonia. Por fin el capitán Koch comunicaba oficialmente que todos los objetivos se habían cumplido. Era lógico que el acto finalizara con la entrega a todos sus hombres de la Cruz de Hierro de segunda clase (EK II)[108].

Al día siguiente, los paracaidistas viajaron a Münster donde una vez formados por grupos de asalto, recibieron la visita del comandante en jefe de la *Luftflotte 2*, el general Kesselring. Posteriormente, éste impuso sobre sus guerreras la Cruz de Hierro de primera clase (EK I). Solamente un paracaidista, Grechza, miembro del grupo «Granito», se quedó sin tan preciada condecoración. Todo ello a causa de actuar borracho en pleno combate, montándose a horcajadas sobre el cañón de 120 mm sobre la fortaleza de Eben Emael. Además de él, otros hombres de los grupos Beton, Eisen y Stahl, cuyas acciones no habían contribuido materialmente a la formación de las cabezas de puente que aseguraran los objetivos, se quedaron sin la EK I. Un caso claro de esto fue el piloto Hans Hempel, cuyo planeador no llegó a aterrizar en el objetivo, en Vroenhoven. En cualquier caso, raras excepciones aparte, lo que se premiaba con la concesión de ambas cruces de hierro era la acción de toda una «unidad militar», sin tener en cuenta el valor o la cobardía de sus integrantes.

El 27 de mayo de 1940, Victor Lutze, líder y *Stabschef* de las SA, felicita a Joachim Meißner, también *Obersturmführer* de las SA, aunque con uniforme de la *Luftwaffe*, por haber sido condecorado con la Cruz de Caballero. (Archivo Ian Tannahill)

Así mismo, tras conocer que el fuerte Eben Emael había caído, un exultante Adolf Hitler concedió el mismo día 10 de mayo la Cruz de Caballero (RK) al capitán

---

[108] El modelo de EK II entregado tenía la peculiaridad de que el número «3» de la fecha (1939) aparecía redondeado. Hoy día, este tipo de cruz es raro y muy cotizado entre los coleccionistas.

Paracaidistas en formación tras ser condecorados con la EK II. (Archivo Thomas Steinke)

El general Kesselring y los paracaidistas esperan el inicio de la ceremonia de entrega de condecoraciones. (Archivo Thomas Steinke)

Entrega de la cruz de hierro de primera clase al grupo nº 6 de *Stahl*. Altmann presenta al general Kesselring a los paracaidistas. De izquierda a derecha se distingue a Altmann, Pohlmann, piloto de planeador desconocido, Büschen y Lehmann. (Archivo Thomas Steinke)

Primera fila de izquierda a derecha: Altmann, Toschka, Flucke, piloto de planeador desconocido, piloto de planeador desconocido. En la segunda fila, de izquierda a derecha: Ringler, Pohlmann, piloto de planeador y Fulda. Todos eran integrantes del grupo *Stahl*, que asaltó Veldwezelt. (Archivo Thomas Steinke)

Walther Koch y al teniente Rudolf Witzig. Fueron los primeros que recibieron tal condecoración en la campaña del Oeste. Además, como la Cruz de Caballero sólo podía otorgarse a soldados que poseyeran previamente la Cruz de Hierro de primera y segunda clase, los dos paracaidistas fueron también condecorados con ambas cruces.

Se decidió que todos los oficiales del SA Koch que hubieran participado en los combates del 10 de mayo fueran condecorados con la Cruz de Caballero. Así, como curiosidad, se puede observar en las fotografías tomadas el 13 de mayo, el día de la ceremonia de entrega de la EK I, presidida por el general Kesselring, que varios oficiales llevaban colgadas del cuello la RK, antes de haberse celebrado la ceremonia oficial. Ésta tuvo lugar el

Kesselring condecora a los paracaidistas. El primero por la derecha de la primera fila es Lobindzus, y el tercero, Rückriem. (Archivo Thomas Steinke)

Miembros del medio pelotón de ametralladoras que tomó parte en el asalto al puente de Vroenhoven. El tercero por la derecha es Buchbender. (Archivo Thomas Steinke)

Tras la entrega de condecoraciones, es tiempo para la distensión. De izquierda a derecha: desconocido, Schlaghecke, Emrich, desconocido, Ehrke, desconocido, Gaudeck. (Archivo Thomas Steinke)

A la derecha, Heini Orth, del grupo nº 10 de *Beton*. Nótese que su mono de salto es el M 36 con doble cremallera. (Archivo Thomas Steinke)

día 15, dos días después, en el cuartel general de Hitler en Felsennest, junto a la localidad alemana de Rodert, en Euskirchen, donde Koch, Witzig, Altmann, Delica, Kieß, Zierach, Jäger, Ringler y Meissner recibieron de manos del Führer sus condecoraciones. Otros, como Arpke o Schächter, el primero por problemas burocráticos y el segundo por haber sido herido de gravedad, recibieron sus condecoraciones más tarde.

La relativa facilidad con la que la *Wehrmacht* había conquistado Holanda y Bélgica produjo un sentimiento de euforia entre los alemanes y acrecentó la fiebre nacionalista, todo ello alimentado por la prensa, radio y noticiarios, que no paraban de narrar las victorias de Alemania en el Oeste, incluyendo, por supuesto, la conquista de la impenetrable fortaleza de Eben Emael, considerada la más impresionante de su época en Europa. A

Paracaidistas de *Stahl*. El segundo por la izquierda de pie es Oskar Schütz y el 4° por la izquierda es Wiese, ambos del grupo n° 3; el 5°, Alfred Bauer, del grupo n° 1. Sentado a la izquierda, Urban Wissmann, y a la derecha, Schlombs. (Archivo Thomas Steinke)

Varios pilotos de planeador posan tras la entrega de condecoraciones. De izquierda a derecha: desconocido, Fulda, desconocido. Junto a ellos, Schrowange (éste no era piloto). (Archivo Steinke y Tannahill)

Un grupo de paracaidistas posa tras la entrega de condecoraciones. El segundo por la izquierda en la segunda fila es Angelkort, del grupo *Eisen*. (Archivo Thomas Steinke)

Piloto de planeador del SA Koch. (Archivo Thomas Steinke)

pesar de todo el despliegue propagandístico, los medios alemanes se cuidaron mucho de mencionar el uso de planeadores tanto en lo relativo a la toma del fuerte, como a la de los puentes del Canal Alberto.

El día 14 de mayo de 1940, los soldados del SA Koch, habiendo regresado a sus barracones de Hildesheim, fueron premiados con un permiso de seis días. Orgullosos, se dirigieron a sus respectivos hogares, mostrando sus recién estrenadas condecoraciones. Evidentemente, muchos de ellos no eran conscientes de la fama que habían conseguido con su exitosa misión. Otros, al contrario, sí lo eran, y sabían de sobra que muy pocos soldados alemanes habían conseguido la Cruz de Hierro en mayo de 1940, por lo que

De izquierda a derecha: piloto de planeador, Günther, desconocido, desconocido, Hermann Emrich (sentado). (Archivo Thomas Steinke)

El grupo nº 10 de *Stahl*. Sentado, señalado con una equis, Schindele. El 3º por la izquierda, de pie, es el piloto del planeador. (Archivo Thomas Steinke)

Wilhelm Günther, probablemente el único paracaidista con gafas en el SA Koch. Morirá en Creta en 1941. (Archivo Thomas Steinke)

Tras la entregada de las cruces de caballero, Hitler posa junto a los oficiales del SA Koch. De izquierda a derecha, el *Oblt.* Egon Delica, *Oblt.* Rudolf Witzig, *Hpt.* Walter Koch, *Oblt.* Otto Zierach, *Lt.* Helmut Ringler, *Lt.* Joachim Meißner, *Oblt.* Walter Kieß, *Oblt.* Gustav Altmann y el médico, *Oberarzt* Dr. Rolf Jäger. (Archivo Thomas Steinke)

previendo su uso sobre ropas civiles, también llevaron consigo alfileres con las miniaturas de sus condecoraciones.

A modo de ejemplo, podemos mencionar el caso del cabo Emil Born, el primer habitante de Haiger, una pequeña localidad de Hesse, en ser condecorado con la Cruz de Hierro de primera clase. El periódico local informó con orgullo que Adolf Hitler en persona había entregado la condecoración a su insigne conciudadano, tan sólo unos días después de que el mariscal de campo Goering hiciera lo propio con la Cruz de Hierro de segunda clase.

Tras Koch, Rudolf Witzig, líder del grupo de asalto «Granito», recibe la Cruz de Caballero de manos de Adolf Hitler. (Archivo Thomas Steinke)

Paracaidistas tras ser condecorados con la EKII. (Archivo Thomas Steinke)

Hitler saluda a Koch. Junto a éste, Witzig, Altmann y Kieß. (Archivo Thomas Steinke)

Miembros del SA Koch heridos durante la toma de los puentes y del fuerte Eben Emael posan durante su convalecencia en Hannover. De izquierda a derecha: Fastner, Bading *(Beton)*, Windemuth *(Granit)*, desconocido, Gaida *(Stahl)*, Mayr *(Granit)*, desconocido, Hochmuth *(Stahl)*, Stark y desconocido. (Archivo Thomas Steinke)

Walter Koch tras ser condecorado con la Cruz de Caballero. (Archivo Steinke y Tannahill)

Fotografía de Gustav Altmann en junio de 1940. (Archivo Ian Tannahill)

El alférez Gerhard Schacht, herido de gravedad el 10 de mayo de 1940, no estuvo presente en la ceremonia de entrega de la Cruz de Caballero el 15 de mayo. Esta foto, tomada cuando Schacht pertenecía a la Escuela de Vuelo 2 (Große Kampffliegerschule 2), fue alterada por la Agencia de Prensa con el fin de mostrarle con la Cruz de Caballero. (Archivo Ian Tannahill)

Todos los oficiales del SA Koch recibieron la Cruz de Caballero y fueron ascendidos. Esta fotografía de prensa del teniente Gustav Altmann fue tomada el 15 de mayo de 1940, pero fue alterada para poder publicarla y reflejar el nuevo «empleo» de Altmann. Así, el artista ha modificado las hombreras y ha añadido una gaviota más en los parches del cuello. (Archivo Ian Tannahill)

Robert Dittmar y Alfred Gaida (sentado), miembros del grupo de asalto Stahl, resultaron heridos durante el combate. Así lo confirman el distintivo de herido que lucen junto al de paracaidista (el de Gaida es de tela) y la EK I. (Archivo Thomas Steinke)

Alfred Gaida y Robert Dittmar (segundo y primero por la derecha, respectivamente) durante su convalecencia en el hospital de Hannover. A pesar de sus heridas, no dudaron en posar orgullosos luciendo sus condecoraciones. (Archivo Thomas Steinke)

El 26 de junio de 1940, el jefe de las SA del partido NSDAP, Viktor Lutze (en el centro de la mesa), tuvo un encuentro con heridos del Sturmabteilung Koch. Entre ellos, Theo Schmitt, protagonista del ataque al búnker Abri M de Vroenhoven, segundo a la izquierda de Lutze. El paracaidista a la derecha de la foto con el brazo enyesado es Alfred Gaida. (Archivo Thomas Steinke)

Tras la rendición de Francia, a finales de junio de 1940, Hitler organizó un imponente desfile militar en París que al final fue cancelado. Varios miembros del SA Koch se desplazaron a la capital francesa representando a los paracaidistas de Student. La foto muestra de izquierda a derecha a Kujawa, Haas, Hermet, Hahn y Schusster. (Archivo Thomas Steinke)

En los cuarteles de París, los paracaidistas preparan el desfile de la victoria. De izquierda a derecha: Lehmann, Hafermaß, desconocido, desconocido, Lorenz, desconocido, desconocido, desconocido, Edmund Hexkes, Hahn, desconocido y Becker. (Archivo Thomas Steinke)

Otro de los paracaidistas del SA Koch, Walter Meier, miembro del grupo Granit, escribía así a su novia, describiendo cómo le recibieron una vez que llegó a su casa:

«Enseguida se supo que yo iba a llegar y la casa de mis padres se llenó de gente, incluyendo algunos a los que nunca había visto. Todos me abrazaron y felicitaron. A los chavales que también estaban allí les tuve que decir que no podía responder a todas sus preguntas.

Esta mañana he ido de compras con mi madre. Las tiendas estaban llenas de gente y dondequiera que fuera, la gente me dejaba pasar el primero. También he acabado de contar los centros de flores. Doce centros aquí y allí, de tal modo que la casa de mis padres parece un mar de flores».

Pero mientras unos eran adulados y admirados, acrecentando su orgullo, con otros no ocurrió lo mismo. Tal fue el caso de Franz Janowski, miembro del grupo n° 5 de Granit, quien eligió cambiarse su apellido original por Jörgen. Su implicación en el ataque al Canal Alberto no fue algo que le gustara recordar.

¿Y qué ocurrió con los pilotos de los planeadores? En el caso de Rudi Opitz, su regreso a casa no fue tan «glorioso» como el de Walter Meier. Opitz estuvo dándole vueltas a la cabeza durante todo el viaje en tren acerca de lo que diría cuando le vieran con las cruces de hierro, pero sin otro distintivo o cualificación de la *Luftwaffe*. Además, lo que Opitz no sabía era que su padre había recibido un aviso de la policía para que se presentara inmediatamente en la comisaría una vez hubiera llegado. Esto asustó al padre, que creyó que su hijo era buscado por desertor. Lo que ocurría era que Rudi Opitz debía presentarse de nuevo en Hildesheim para recibir órdenes concernientes a la ayuda que se proporcionaría a través de planeadores DFS 230 a las tropas alemanas desplegadas en Narvik.

Preparación del desfile de París. Finalmente, los paracaidistas no tomaron parte en él. (Archivo Thomas Steinke)

Lápida en honor de los caídos del fuerte Eben Emael. (Foto Óscar González.)

«ESTAMOS ABOCADOS A RENDIRNOS»
(A MODO DE CONCLUSIÓN)

«Precipitados a una guerra imprevista y de una violencia inusitada, os habéis batido con valentía por defender, mano con mano, el territorio nacional. Agotados por la lucha interrumpida contra un enemigo muy superior en número y en material, nos encontramos abocados a rendirnos. La historia dirá que el Ejército ha hecho su deber. Nuestro honor está a salvo.

Los fuertes combates y las noches sin sueño no pueden haber sido en vano. Os recomiendo que no os desaniméis, sino que os comportéis con dignidad. Que vuestra actitud y disciplina continúen despertando la estima del extranjero.

No os abandono en este infortunio que nos agobia, y quiero velar por vuestra suerte y la de vuestras familias. Mañana nos pondremos a trabajar con la firme voluntad de levantar a nuestra Patria de sus ruinas».[109]

Dieciocho días después del ataque alemán, el 28 de mayo de 1940, el rey belga firmaba este manifiesto con el que comunicaba a sus ciudadanos que la batalla estaba perdida. Las terribles circunstancias extremas que se estaban viviendo obligaban a Leopoldo III a rendirse. La capitulación no fue resultado de una decisión libre, sino de los sucesos que sumieron a Bélgica en el desastre en algo más de dos semanas. El protocolo firmado el mismo día 28 por el general alemán von Reichenau y su homólogo belga, el general Derousseuax, establecía que los soldados belgas depondrían sus armas de manera incondicional, pasando a ser prisioneros de guerra. A su vez, el territorio belga sería inmediatamente ocupado.

El ejército belga resistió como pudo la superioridad alemana, pero no estaba al alcance de sus posibilidades frenar la imparable maquinaria de guerra del Tercer *Reich*. A pesar de las firmes palabras del rey en el manifiesto del 28 de mayo, el desmoronamiento material belga, también provocó una desmoralización generalizada; esto es, tras la rendición se cuestionó la actuación del ejército, y hasta incluso del rey. En el caso del último, la acusación de tibieza frente a Alemania, a diferencia del rey Haakon VII de Noruega o de la reina Guillermina I de Holanda, quienes resistieron desde el exilio bri-

---

[109] Citado en *Belgique, la relation officielle des événements. 1939-1940*, pp. 55 y 56.

Una columna de prisioneros a bordo de camiones belgas requisados se dirige al cautiverio en Alemania. Para los francófonos (valones) supondría un encierro de 5 años. Los flamencos, mejor vistos por los alemanes, volverían a casa a los pocos meses.

Tropas alemanas entrando en Bélgica.

tánico, provocó la abdicación de Leopoldo III tras la Segunda Guerra Mundial. Se le acusó de *incapacidad para reinar* por haber ordenado la capitulación ante los alemanes, por haberse incluido él mismo como Jefe de Estado en semejante rendición, y por negarse a seguir al gobierno legítimo hacia el exilio estando en condiciones de hacerlo. El «terremoto» causado por el rey, concluyó en 1951, cuando abdicó en su hijo Balduino.

Si su actitud ante la guerra perjudicó considerablement al monarca, el ejército tampoco quedó bien parado. Hasta cierto punto, era lógico el shock que la invasión alemana produjo en los ciudadanos. La inversión destinada a construir un cinturón defensivo, a todas luces impenetrable (Eben Emael era considerado «el fuerte más poderoso del mundo», en palabras de un periodista de la época), produjo una falsa ilusión, que se vino abajo tras la debacle en el Canal Alberto. ¿Había servido para algo tanto dinero invertido? Y, consiguientemente, ¿había sabido aprovecharse el ejército? El ciudadano de a pie, destrozado moralmente, dudaba de ello.

Sólo recientemente ha comenzado lo que podríamos llamar una «rehabilitación» del ejército belga. Así, en los actos celebrados en mayo de 2010 en recuerdo del ataque al fuerte Eben Emael, Alain Pelzer, coronel retirado y responsable de tan emblemática posición, recordó a los presentes que lo que se estaba recordando era *«la violación de la neutralidad belga»*, subrayando por activa y por pasiva la labor defensiva llevada a cabo por los belgas, *«que no permanecieron sin reacción ante el demoledor ataque paracaidista»*. Sin duda la distancia de los acontecimientos nos permite un análisis sereno y crítico, sin dejar de subrayar firme y respetuosamente que a pesar de los errores, en muchos casos increíbles, los que sufrieron semejantes circunstancias difíciles, pagando incluso con su vida, cumplieron con su deber.

A pesar de la enorme ventaja que suponía el conocimiento del terreno (su país) y la presencia de imponentes posiciones defensivas, **los belgas no supieron situarse ante un ataque.** Carecieron de iniciativa, de estrategia y de mando. La excesiva jerarquización del ejército anuló cualquier decisión sobre la marcha mínima consistente. En este sentido, la muerte del comandante Giddelo durante los primeros instantes de la invasión, cortó de raíz la cadena de mando, sumiendo en el caos y paralizando a los belgas apostados junto a los puentes del Canal Alberto. A diferencia de los alemanes, y especialmente de los paracaidistas, nadie estaba entrenado para tomar decisiones en ausencia de los oficiales. Y este detalle marcó el rumbo de los acontecimientos.

Por otra parte, la **situación de la tropa** no era la ideal. Hay que insistir en varios hechos: la existencia de una recluta obligatoria –no eran soldados voluntarios- que provocaba escasos sentimientos de adhesión entre los soldados, que pensaban más en los permisos que en la permanencia en los cuarteles. De hecho, acostumbrados a los «ejercicios de simulacro», nunca se tomaron en serio la amenaza de un ataque alemán. El mismo día 9, quedó restablecido el reparto de permisos. Esto creó un ambiente poco favorable a tomar en serio la grave amenaza que se cernía sobre Bélgica. La mayoría de los soldados que se beneficiaron de estos permisos, partieron hacia sus hogares la tarde del día 9. El resto serán soldados desmotivados y faltos de «tensión» que, de manera sistemática, no opondrán ninguna defensa de entidad ante los paracaidistas. Y si a la falta de motivación le añadimos la problemática tensión que existía entre soldados valones y flamencos –decíamos al incio del libro que era el problema nacional belga-, nos encontraremos con una panorama fácil de vencer, haciendo realidad el aserto «divide y vencerás».

Pero, siguiendo con nuestro análisis, ¿de qué sirve un soldado motivado, incluso entrenado y alerta, si carece de armas o equipo? Y es que la tónica fue ésta: armas que no funcionaban, granadas que carecían de detonador. El ejército belga, a pesar del esfuerzo de modernización acometido diez años antes del ataque alemán, no supo o no pudo organizar adecuadamente ni el reparto ni el adiestramiento de sus soldados. Los soldados no habían recibido nunca del Alto Mando ciertas directivas esenciales, como por ejemplo, saber qué hacer con la munición en caso de alerta. Tampoco se decidió previamente qué hacer con los morteros hipomóviles de 76 mm de las 15ª compañías de cada regimiento de infantería, dejando su emplazamiento a juicio de cada unidad. Así, en el puente de Veldwezelt, ninguno estaba en posición cuando los paracaidistas atacaron, sabiendo que de haber sido utilizados, estos morteros habrían sido la mejor baza para liquidar la cabeza de puente alemana[110]. Y siguiendo con los ejemplos, tampoco se explicó qué hacer (disparar o no) cuando el enemigo se parapeta en escudos humanos. Esta última consideración no era nada trivial. En efecto, según testimonios belgas[111], el **trato hacia los prisioneros** no fue en muchos casos acorde a las convenciones internacionales establecidas al respecto.

En Veldwezelt, por ejemplo, un teniente de la 6ª compañía del 2º Regimiento de Carabineros, fue obligado bajo amenaza a preceder a pie, en la carretera a Eigenbilsen, una columna de carros de combate alemanes. Otros prisioneros capturados en las trincheras junto al puente, fueron utilizados como escudo humano cuando los alemanes atacaron la segunda línea defensiva belga. Sin duda, fue Veldwezelt uno de los puntos más problemáticos a este respecto. En el fragor de la batalla, por ejemplo, algunos soldados belgas fueron disparados en las piernas tras haberse rendido. Esto

---

[110] Bikar (1995), pág. 184.

[111] Lhoest (1964), pág. 151. En este mismo sentido, Schaumans (1995), pp. 88 y 89, menciona que en Veldwezelt ocurrió lo mismo. Un soldado llamado De Trif fue uno de los « escudos humanos» sobre el puente. Más tarde, en Maastricht, le tocaría padecer un ataque aéreo francés.

Una columna de prisioneros belgas abandonan sus posiciones del Canal Alberto rumbo a Alemania. (Archivo Ian Tannahill)

provocó más de una discusión entre los paracaidistas, con increpaciones dirigidas al responsable de estos disparos[112].

Lo que sucedió en Vroenhoven fue que «*los prisioneros belgas, primeramente evacuados a la ribera este del canal, fueron reunidos en torno al Abri M y, posteriormente, obligados a formar en dos filas, a cada lado del puente, mientras la infantería alemana pasaba el canal. [De este modo] Muchos de los nuestros cayeron por nuestras balas procedentes de Kesselt*»[113].

En Kanne, del mismo modo, varios soldados sirvieron de escudo humano en la orilla este del canal. Junto a su orilla, de rodillas y con la cabeza agachada fueron el «parapeto» de los soldados alemanes que trataban de relevar a los paracaidistas. Hay incluso testimonios[114] que cuentan que estos hombres fueron disparados por sus captores una vez que su «misión» terminó. Así mismo, en el asalto final a los últimos reductos belgas en Opkanne y Eben, especialmente a los puntos de apoyo A y J, soldados belgas pertenecientes al pelotón del alférez Thomas sirvieron de escudos humanos tras los cuales avanzaron los paracaidistas de «Hierro»[115]. Por su parte, Pirenne, encargado del equipo de demolición del puente, recuerda que «*pasadas las 6:00 h, sobre la carretera que conducía al puente, vi acercarse a dos alemanes protegidos por prisioneros belgas. Su intención era colocar una bandera con la cruz gamada sobre el puente*".[116]

Parece que los franceses, belgas y holandeses, por su parte, amenazaron con fusilar paracaidistas ya que, «*Alemania se había servido de paracaidistas con uniformes holandeses, belgas y vestidos de paisanos*». Concretamente, los franceses recibieron órdenes de pasar por las armas a los que fueran capturados en Francia. El gobierno alemán no tardó en salir al paso, afirmando que tal medida vulneraría el derecho internacional y les

---

[112] Según testimonio de Alfred Bauer y de Reinhold Susdorf.

[113] Citado en: I CA-7 DI-18 Li. *Relation des événements au cours des journées des 10 et 11 mai 1940 sur la position de Canal Albert, face à Maastricht.*

[114] Pirenne, G., *Le Chemin de la Captivite,* CLHAM, Tome IV - Fascicule 8 - Septembre 1990.

[115] Gardiner (2009), pp. 33 y 36. Calmeyn (1992), pág. 23.

[116] Pirenne, G., *La destruction du pont de Canne le 10 mai 1940,* CLHAM, Tome IV-Fascicule 7 – Marzo 1990, pág. 16.

Monumento erigido junto al puente de Vroenhoven, en honor de 164 caídos belgas del 18º Regimiento de Línea. (Foto Óscar González)

obligaría, por su parte, a pasar por las armas a diez prisioneros franceses por cada paracaidista fusilado:

«Los paracaidistas son formaciones regulares del ejército alemán, constituidas en tiempo de paz y ejercitadas para su especial tarea. Su uniforme es conocido y adaptado a sus especiales tareas. No se pueden tomar por vestidos de campesinos los uniformes del ejército extranjero»[117].

Pero sigamos con las reflexiones acerca de las posibilidades belgas, porque suponiendo que todo, absolutamente todo (cañones, morteros y hombres motivados y bien situados), hubiera estado sobre el terreno, de nada habría servido porque otra disposición absurda habría cortado de raíz la capacidad defensiva belga. Nos estamos refiriendo a la **prohibición de disparar sobre Holanda.** La orden firmada el 14 de abril de 1940 por el comandante en jefe, general Michael (en nombre del rey) era clara:

«La entrada de tropas extranjeras en Holanda no entrañará para nuestras tropas de manera inmediata la autorización de penetrar, de sobrevolar o de abrir fuego sobre territorio holandés, aunque esta invasión amenace directamente nuestras fronteras, y aunque nuestra intervención sea demandada por los holandeses. Estas acciones dependerán de la autorización previa del comandante en jefe».

Esta prohibición de intervención en caso de ataque alemán a Holanda iba en la misma línea que lo decidido días antes, cuando los alemanes invadieron Dinamarca y Noruega. Los gobiernos franceses y británicos solicitaron pasar por Bélgica para poder atacar al Reich, pero el gobierno belga se negó en rotundo, inmóvil en su neutralidad. El caso fue que el ejército fue puesto en estado de alerta, primero las tropas en la frontera sur, y después, las de la frontera este. La frontera con Holanda no preocupaba.

---

[117] ABC, edición de Andalucía, pág. 6. Aunque ni los propios alemanes del *Heer* estaban acostumbrados al uniforme paracaidista. Así, Walter Meier, paracaidista alemán que combatió en Kanne, dejó escrito en su informe tras la batalla, que las ametralladoras de las unidades de infantería que contactaron en Kanne con los paracaidistas, disparaban sobre estos: *«Die Uniform der Fallschirmjäger waren ihnen unbekannt, so daß sie als feindlich angesehen wurden. Ich selbst habe das mehrfach erleben müssen»* (el uniforme paracaidista les era desconocido, de tal manera que fueron tomados por enemigos. Fue algo que también viví en propia carne). *Erfahrungsbericht des Trupp 2 über den Einsatz am 10.5.1940, Hildesheim am 16.5.1940.*

¿Existió un error de redacción? Posiblemente. Si se hubiera indicado que en caso de ataque a Holanda y Bélgica la orden carecería de valor, los alemanes embotellados tras la voladura de los puentes de Maastricht, habrían sido hostigados por la artillería belga. Nada de esto ocurrió.

«Peor que la guerra es el temor de la guerra», dijo Séneca. Aferrarse de manera ciega a la neutralidad provocó errores graves y retrasó de manera irremediable la capacidad de reacción ante un enemigo decidido. Lo extravagante de la disposición quedó puesto de manifiesto en el caso del fuerte Aubin-Neufchâteau. Los alemanes de la 269ª División de Infantería, en su carrera hacia el Mosa, se acercaron a él sin ser inquietados por la artillería belga. Hacia las 11:00 h, los observadores avanzados del fuerte solicitaron permiso para disparar sobre los soldados que se dirigían derechos hacia sus posiciones, justo en la frontera. Pues, pese a lo que el sentido común podría haber dictado, el oficial al mando del II Grupo del Regimiento de Fortalezas de Lieja (RFL), denegó el permiso al capitán d'Ardenne, al mando del fuerte. Como consecuencia de esto, el brigadier Lescrenier, en el puesto de observación, murió… sin poder defenderse[118].

No cabe, pues, hablar de fallos estrepitosos en el sistema defensivo belga, pero sí de disposiciones que nada tenían que ver con un análisis objetivo de la situación prebélica, al igual que de soldados mal equipados y desmotivados. Bélgica no estaba preparada para la guerra ni para encarar un ataque como el que desplegaron los paracaidistas alemanes. En cualquier caso, no fueron sólo los «errores» belgas los que permitieron una rápida victoria a los alemanes.

No debemos olvidar la **influencia que la derrota de la Primera Guerra Mundial** ejerció en la, por decirlo de una manera rápida, «conciencia» alemana. La humillación de Versalles sembró el resentimiento y la venganza, y no es aventurado decir que el ataque a Bélgica tuvo como referencia inmediata también estos sentimientos. Los paracaidistas alemanes, casi todos nacidos entre 1916 y 1918, habrían escuchado y heredado de sus padres, ex combatientes de la Gran Guerra, los terribles recuerdos de la campaña en Flandes, el impacto de la guerra de trincheras y la desmoralización que sucedió al fin de la guerra. Sabían, pues, que el éxito de la operación «Caso Amarillo» (*Fall Gelb*) radicaría en la rapidez, seguridad y firmeza de sus movimientos. Ellos eran los elegidos para iniciar las hostilidades y sembrar el caos en la líneas belgas. El desquite de Versalles, y evitar a toda costa que los belgas frenaran su avance, tuvieron un importante papel en el desarrollo de los acontecimientos.

Pero tras estas primeras consideraciones, debemos buscar las claves «técnicas», por así decirlo, del éxito paracaidista en Bélgica. Indudablemente, el ataque a los puentes del Canal Alberto y al fuerte Eben Emael inauguró un **nuevo modo de concebir la guerra.** El soprendente hecho de que algo más de 400 paracaidistas inmovilizaran y neutralizaran las posiciones defensivas sobre las que pivotaban alrededor de 16.000 belgas, no deja de ser impactante y significativo. El elemento fundamental sobre el que gravitó el ataque fue el factor sorpresa.

[118] Bikar (1995), pp. 137-139.

Los *Fallschirmjäger* de Koch utilizaron una nueva táctica, agresiva y arriesgada, ya que ni siquiera se habían probado las cargas huecas durante el ataque por miedo a romper el secreto. Fue algo que, de manera similar, también ocurrió con otra «novedad» del ataque: el uso de los planeadores. El entrenamiento intenso en despegues y aterrizajes en las más variadas circunstancias (noche, nieve, etc.) y con expertos pilotos[119], condujo a un asalto coordinado y preciso. Nunca antes se habían empleado estos «aviones silenciosos» que cayeron sobre las trincheras belgas del Canal Alberto. Y el secreto continuó tras el ataque, puesto que los planeadores supervivientes de la operación fueron desmontados y transportados de vuelta a Alemania. Nadie debía saber cómo se había llegado al canal. Y no hay duda de que los alemanes lo consiguieron, pues rodearon con un secretismo infranqueable los detalles de la operación del Canal Alberto. Es sorprendente observar el impacto, el miedo y la «desorientación», por así decirlo, desencadenados por el ata-

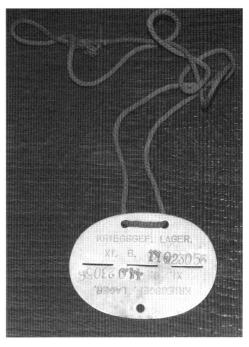

Chapa de identidad de un prisionero belga de la guarnición de Eben Emael durante su estancia en el campo alemán *«Stalag XI B»*, en Fallingbostel. (Fuerte Eben Emael, vía Joost Vaesen)

que. Así, el periódico español ABC afirmaba que los alemanes disponían de un «arma secreta», expresándose en estos increíbles términos:

«Los rumores más fantásticos circulan acerca de este nuevo elemento. Los unos creen que se trata simplemente de aviones de bombardeo, que atacan en picado. Los otros creen que son los «rayos de la muerte». Dicen que los paracaidistas están dotados de un aparato que no abulta más que una mochila, y que con él pueden matar a cualquier persona en un radio de acción de cien metros. Otros creen que se trata de un descubrimiento de la especie del radium que emite radiaciones de tal intensidad que no hay medio técnico para neutralizarlas. Señalan que esa nueva arma ha hecho posible que en dos días hayan roto las líneas fortificadas belgas.»[120]

Un día después, el mismo periódico continuaba con las especulaciones, subrayando la importancia del «nuevo guerrero paracaidista»:

«Los acontecimientos militares que se han producido en estas últimas semanas son, en realidad, sorprendentes. Ha variado con ellos la concepción tradicional de la guerra (…). He aquí las novedades que se nos presentan. En primer término, una superación del poder ofensivo de la

---

[119] *«Tag un Nacht übten die fliegenden Verbände den Start und den Schlepp im Verbandsflug».* (Las unidades aéreas entrenaron el despegue y el remolque en formación día y noche). *Einsatz der Fallschirm-und LS (Kampf und Lastensegler) Truppe. Der Einsatz Eben-Emael und Albert Kanal.* BA/MA RL 2 IV/108, pág. 7.

[120] ABC, edición de Andalucía, 14 de mayo de 1940, pág. 6.

Aviación, que dispersa y casi inmoviliza a la flota más potente del mundo. En segundo lugar, la eficacia plena del nuevo guerrero paracaidista, que se basta a sí mismo y que, merced a los adelantos científicos, puede ir equipado maravillosamente. Tenemos, además, (…) esa nueva arma secreta de Alemania que ha mostrado sus poderosos efectos en el fuerte de Eben Emael de Lieja. ¿En qué consiste esta arma secreta? Se inclinan algunos cronistas de guerra al gas que produce sueño o al gas que inmoviliza durante unas horas. Hay quien cree que esa arma consiste en un gas que muerde y oxida todos los metales, de efectos fulminantes, y que puede impedir, de un modo instantáneo, el funcionamiento de cañones, ametralladoras y fusiles.»[121]

Y el día 17 de mayo, se seguía hablando de tan misteriosa y potente arma secreta:

«A propósito de la nueva y misteriosa arma empleada por los alemanes en la fulminante conquista del fuerte belga de Eben Emael (…) resulta que de repente nadie estaba en condiciones de poder hacer uso de los cañones y ametralladoras. Por otra parte, estas mismas armas, según otros prisioneros, habían dejado de funcionar inesperadamente. Ante estas declaraciones contradictorias (…) el misterio subsiste acerca de si la nueva arma empleada por los paracaidistas alemanes ejerce sus efectos solamente sobre los hombres o solamente sobre las armas o sobre ambas cosas a la vez.»[122]

El sentimiento de vulnerabilidad atemorizó a los Aliados. Gran Bretaña, por ejemplo, se apresuró a crear un cuerpo de «antiparacaidistas» formado por voluntarios civiles, encargados de la defensa local. Eden, ministro de la guerra, así lo explicó tan sólo cuatro días después del ataque a Bélgica y Holanda: «la lucha contra tales elementos ha de ser rápida para ser eficaz». Y en Bruselas, mientras, se veían paracaidistas por doquier: *«se sabe que algunos paracaidistas alemanes han descendido en las proximidades de Bruselas en las últimas jornadas»* [123]; nada más lejos de la realidad.

El entrenamiento de los paracaidistas dio su fruto. Contaron con una excelente y sistemática formación, que propició que a pesar de la ausencia de ciertos grupos o incluso de oficiales al mando, el resto de las unidades llevaran a cabo su misión, supliendo con eficacia las misiones asignadas a los que faltaban[124]. Los líderes confiaban en sus subordinados y se apoyaban en su iniciativa, experiencia y conocimientos, algo básico en la mentalidad militar alemana durante la contienda. Todos los paracaidistas estaban entrenados para asumir las funciones de sus superiores, si las circunstancias les obligaban a ello.

La coordinación y un eficaz trabajo en equipo, como si de una máquina perfectamente engranada se tratara, presidieron cada movimiento paracaidista. El ataque al Canal Alberto fue un ejemplo de flexibilidad táctica, de autonomía en el mando, una caracte-

[121] ABC, edición de Madrid, 15 de mayo de 1940, pág. 9.

[122] Ibíd., 17 de mayo de 1940, pág. 8.

[123] Ibíd., 15 de mayo de 1940, pág. 9.

[124] La *Auftragstaktik* (traducido como táctica de misión) fue una constante en el SA Koch. Kurt Engelmann, veterano paracaidista que participó en la toma de Eben Emael, explicó a los autores que durante el entrenamiento en Hildesheim, Witzig les obligaba a llevar una carga hueca de 25 kg en cada mano siempre que iban al baño. El objetivo era claro: el día del ataque, en caso de que uno de los dos paracaidistas encargados de colocar la carga cayera, el otro podría culminar la misión.

rística que los alemanes mostrarían a lo largo de la guerra. Sólo así, con planteamientos menos rígidos y más imprevisibles, más mortíferos y efectivos, ganaron la batalla a la visión estática defensiva belga, porque, aunque los objetivos de la misión estaban establecidos por los cuarteles generales, los mandos operativos decidían la mejor forma de conseguirlos.

Es necesario subrayar este último aspecto. Otto Zierach, uno de los oficiales paracaidistas presentes durante el asalto al puente de Vroenhoven, destacó la importancia que tuvo el entrenamiento de los paracaidistas del SA Koch. Cuatro años después del ataque, en marzo de 1944, y desde su función de comandante de la academia militar de la *Luftwaffe* en Berlín Gatow, escribiría en un informe, de claro matiz histórico militar, expresándose en los siguientes términos:

«Los grupos tenían una marcada estructura, con un jefe siempre a la cabeza, en caso de que no fuera disparado tras el aterrizaje. A dos o tres hombres del grupo se les había asignado una misión concreta, en la cual no tenía influencia directa el jefe o líder del grupo. En caso de que alguno de estos pequeños grupos de dos o tres hombres cayera, la misión sería llevada a cabo por otro grupo».[125]

Con una voluntad inquebrantable, el entrenamiento de los paracaidistas dio sus frutos. Los alemanes sabían lo que valían aquellos preciados puentes y no estaban dispuestos a fracasar. Prosigue Zierach comentando al respecto:

«Sólo teníamos un objetivo, cumplir las misión asignada, colocar las cargas en los objetivos. Atacábamos a enemigos aterrorizados que corrían de aquí para allá a lo largo de sus trincheras. (…) El pánico fue aprovechado al máximo».

Los *Fallschirmjäger* llevaron siempre la iniciativa, moviéndose con rapidez y decisión, improvisando y engañando al enemigo (el caso de Theo Schmitt en Vroenhoven es paradigmático). Y está claro que el hecho de que todos los paracaidistas fuesen voluntarios influyó significativamente, alimentando la motivación y el «espíritu de cuerpo», configurando, así, una tropa compacta y cohesionada.

En suma, un plan sencillo, con objetivos concretos y perfectamente delimitados, preparado a conciencia, de manera repetida y en secreto, se plasmó en un ataque sorpresa y rápido, ejecutado por soldados que estaban dispuestos a coseguir su objetivo salvando cualquier obstáculo (costara lo que costara)[126].

Pero todas estas sorprendentes características pueden llevar al soldado a bajar la guardia. Dicho de otra manera, creer excesivamente en las propias capacidades, subestimando al enemigo, creer que el enemigo no es superior, puede costar caro. El caso de Creta, un año después del ataque a Bélgica, en mayo de 1941, es ejemplificante al respecto. El aura de imbatibilidad con el que los paracaidistas llegaron a la isla griega, les pasó

---

[125] *Einsatz der Fallschirm-und LS (Kampf und Lastensegler) Truppe. Der Einsatz Eben-Emael und Albert Kanal* BA/MA RL 2 IV/108, pág. 7.

[126] Son las claves básicas de las operaciones especiales, según McRaven (1996), pág. 11.

factura cuando fallaron sus estimaciones sobre las fuerzas enemigas. Y en el mismo orden de cosas, junto a la subestimación general del ejército belga, hubo una sobreestimación de otros factores, como por ejemplo, la amenaza del fuerte Eben Emael, tesis también defendida por el historiador Günter Schalich. Los puentes –y ese ha sido nuestro objetivo en el presente trabajo- tenían mucha más importancia que el fuerte. Cegar el fuerte era sencillo, pero tomar los puentes, supuso un notable ejercicio de precisión y rapidez.

Es obvio, pues, que el ataque a los puentes del Canal Alberto no estuvo exento de errores, pero ante un enemigo débil, no fueron tan decisivos como en Grecia. El despliegue de espías, la deserción de alemanes de nacimiento (y de sentimiento), aunque belgas de nacionalidad, el reconocimiento previo del terreno, no siempre dieron los frutos esperados. Así, sobre las colinas de Opkanne, los paracaidistas no fueron capaces de estimar la disposición o la cantidad de tropas enemigas, y estuvieron contra las cuerdas, incapaces de coordinar esfuerzos durante gran parte del día 10 de mayo. Los casos de paracaidistas heridos abandonados por despiste en la vorágine de la batalla, o de *Fallschirmjäger* aterrorizados en sótanos de Opkanne, por ejemplo, se suman también a estas consideraciones. El optimismo y la ambición son necesarias en toda planificación militar. Esperar hacerlo mejor de lo que a simple vista las circunstancias parecen indicar, es un valor a tener en cuenta. Pero lo grave es que un plan adolezca de incoherencias y errores de cálculo desde el principio, que los implicados se fíen y esperen que los problemas sean fácilmente solucionables. En lo que respecta a Kanne –y a Maastricht- no se definieron objetivos alcanzables y claros de acuerdo a los recursos disponibles (de ahí lo arriesgado del plan: aterrizaje de los planeadores lejos del objetivo, en Kanne, y tomar intactos los puentes haciéndose pasar por soldados holandeses, en Maastricht). No existió una adecuación entre medios y objetivos, de tal modo que la visión estratégica se perdió. Con todo, los errores belgas y su falta de reacción coordinada mitigaron las consecuencias de los fallos de planificación en Kanne.

En el mismo sentido, los errores de estimación también provocaron víctimas civiles. El lado cruel y salvaje de la guerra apareció –¡cómo no!- en el Canal Alberto. Veldwezelt tuvo una auténtica sangría, con cerca de 40 muertos entre hombres, mujeres y niños. Pero, ¿es que se obró con negligencia por parte belga? A todas luces, las autoridades municipales y militares consintieron la presencia de civiles porque nunca creyeron que el ataque sería inminente. Pero, a su vez, el concepto de guerra relámpago desplegado por los alemanes atrapó inevitablemente no sólo a soldados, sino también a civiles. Así, bombardear un puesto de mando en Veldwezelt, segó la vida de varias personas, familias enteras incluidas. Y en algunos casos, también en Veldwezelt, se atacaron presuntos objetivos militares sin la certeza de que lo fueran, aun con presencia de civiles en los alrededores. En suma, el ataque a los puentes se cobró un sangriento tributo en víctimas civiles: unos 150 murieron en la zona de Veldwezelt-Vroenhoven-Kanne-Eben Emael.

La guerra es terrible, es un mal en sí misma. Y ni el soldado más motivado escapa a esta reflexión. Heinrich Schlaghecke, paracaidista que atacó el puente de Vroenhoven, no se atrevió a disparar a belgas que dormían en sus trincheras: «yo no era un criminal», recordaba tras la guerra. Y más de uno, como Hermann Büschen, por ejemplo, confesaba cómo el miedo a la muerte, a ser herido, a las balas enemigas, paralizó su decisión y su capacidad de respuesta.

Pero fueron afortunados, porque no todos los *Fallschirmjäger* vivieron para contarlo. Entre los paracaidistas y pilotos de planeador se contabilizaron 43 muertos, 100 heridos y 1 desaparecido (hecho prisionero en Kanne y liberado, posteriormente, en Dunkerque)[127].

El ataque paracaidista era, no obstante, una pieza –importantísima, eso sí- de una trampa preparada para los franceses y británicos. Como en 1914, los alemanes volvían a atacar por el mismo lugar, atrayendo su atención. La idea de rechazar a las tropas de Hitler en la propia Bélgica, evitando la invasión de Francia, aceleró el avance de los Aliados, provocando que lo más selecto de los ejércitos francés y británico entrara en Bélgica en busca del grueso de la *Wehrmacht*. Pero se metieron en la boca del lobo, porque el día 12 de mayo, los blindados del general Guderian atravesaban las Ardenas, la zona boscosa al sudeste de Bélgica por la que nadie pensaba que podrían avanzar carros de combate. 72 horas después, el dispositivo aliado se había fracturado, con un boquete de 80 kilómetros. Los alemanes avanzaban sin parar y todos los intentos por concentrar efectivos para frenarlos quedaban desbaratados por la acción de la *Luftwaffe*.

El ataque silencioso sirvió de celada. El corte de hoz ejerció de golpe final, rápido, efectivo y desconcertante. La guerra relámpago alemana había triunfado en Bélgica.

---

[127] Del IR 151, murieron 11 soldados, 47 resultaron heridos y 1 desapareció. El 51º Batallón de Ingenieros alemán tuvo 1 muerto, 14 heridos y 1 desaparecido. Por otra parte, todos los paracaidistas del SA Koch fallecidos fueron trasladados al cementerio de Maastricht entre los días 28 de mayo y 8 de junio de 1940. Sólo existió una excepción: Hubert von der Ruhr, del grupo «Stahl», que fue trasladado del cementerio de Hees a Maastricht el 7 de julio de 1941.

Maastricht y el área del Canal Alberto (Netherlands Institute of Military History, vía Jo Fiévez)

La zona de Briedgen, Veldwezelt y Vroenhoven según un mapa militar belga de 1938. (Archivo Óscar González)

Asalto
al puente de Veldwezelt

Posiciones belgas

Zonas de salto del medio pelotón
de ametralladoras de Ringler

Abri D (800 m desde el puente)

Trincheras belgas junto al puente

Movimiento de Altmann (aprox. 500 m)

Movimientos de los paracaidistas del 2º grupo de Ringler

1 Los Fallschirmjäger tratan
de unirse al resto del grupo

2 Primer intento (sin éxito)

3 A las 15:00 reciben refuerzos de la zona de Heserstraat y atacan a los belgas

4 Segundo intento

5 Son rechazados por los hombres de Schaumans
y se refugian tras el depósito

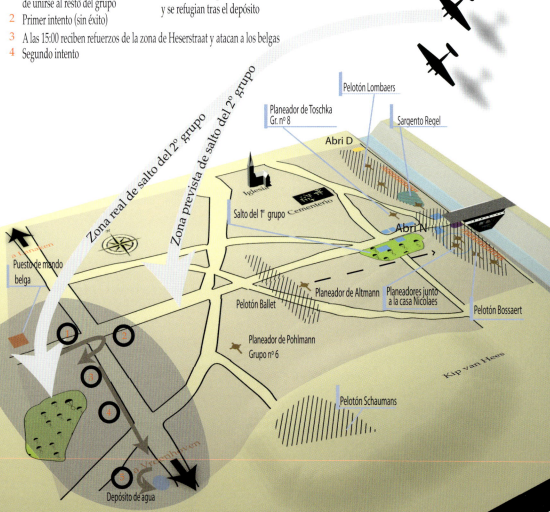

Zona real de salto del 2º grupo

Zona prevista de salto del 2º grupo

a Lanaken

Puesto de mando
belga

Pelotón Lombaers

Planeador de Toschka
Gr. nº 8

Sargento Regel

Abri D

Iglesia

Salto del 1º grupo Cementerio

Abri N

Planeador de Altmann

Planeadores junto
a la casa Nicolaes

Pelotón Bossaert

Pelotón Ballet

Planeador de Pohlmann
Grupo nº 6

Kip van Hees

a Vroenhoven

Pelotón Schaumans

Depósito de agua

Victimas Civiles de Veldwezelt

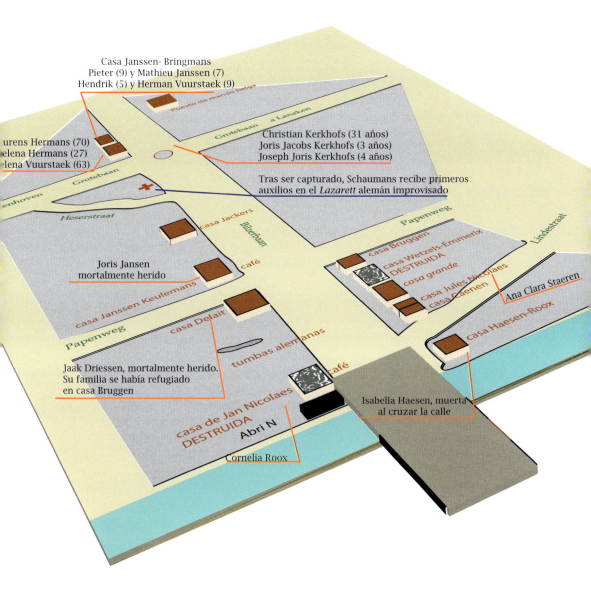

POSICIÓN DE LOS PLANEADORES ALEMANES EN EL LADO NORTE DE VROENHOVEN

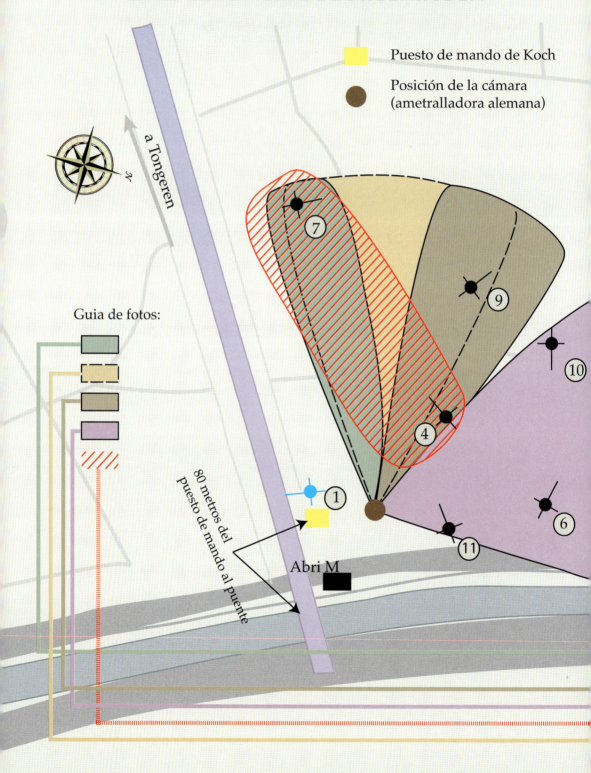

Puesto de mando de Koch

Posición de la cámara
(ametralladora alemana)

a Tongeren

Guia de fotos:

80 metros del
puesto de mando al puente

Abri M

Vroenhoven
10 - 05 -1940

Búnker B

10

6

11
Van Male

9

4

Abri M

1

7
de Poortere

13.00 h

V. Beneden

Búnker A

Willems

17.00 h

21.00 h

Posiciones belgas :

Avance alemán según horas:

| 5:25 | 6:40 | 13:00 | 17:00 | 21:00 |

Trincheras

Paracaidistas del
medio pelotón de
ametralladoras

Planeadores alemanes

0   200   1000

Posiciones belgas y objetivos de la artillería alemana en Kanne

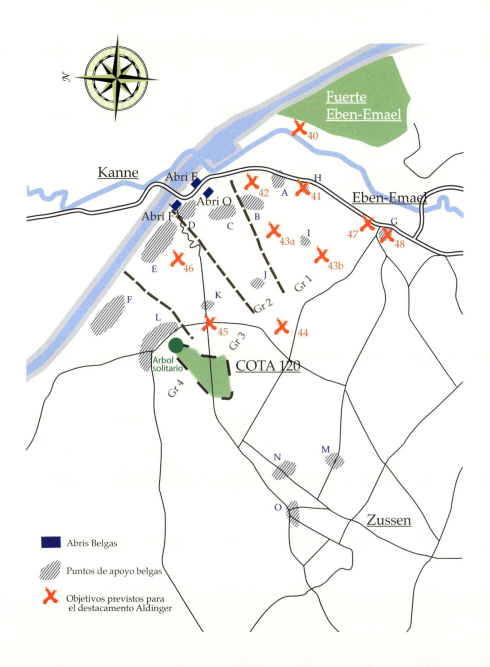

Fuerte Eben-Emael

Kanne

Abri E

Abri O

Abri F

Eben-Emael

40
42
A
H
41
G
47
48
B
43a
I
D
C
E
46
J
Gr 1
F
K
L
Gr 2
45
44
Gr 3
Arbol solitario
COTA 120
Gr 4

M
N
O
Zussen

Abris Belgas

Puntos de apoyo belgas

Objetivos previstos para el destacamento Aldinger

Insignia de paracaidista modelo *Assmann,* Cruz de Caballero y distintivo de herido de Martin Schächter. (Fuerte Eben Emael, vía Jo Fiévez)

Detalle de la Cruz de Caballero de Martin Schächter, concedida por su participación en los combates de Kanne. (Fuerte Eben Emael, vía Jo Fiévez

Sello belga de 1939, mostrando la exclusa de Lanaye y el Canal Alberto. Este material fue estudiado por los alemanes para conseguir información sobre Eben Emael. (Colección Óscar González)

Bruno Heise, de pie a la derecha, que participó en la toma del puente de Veldwezelt. (Archivo Óscar González)

Postal conmemorativa del ataque al Canal Alberto, realizada por Wolfgang Willrich. El paracadista representado es Helmut Hahn, miembro del grupo nº 8 en Veldwezelt. (Archivo Óscar González)

Dos ejemplos del documento que acreditaba la formación paracaidista en la *Luftwaffe*. Bergmann perteneció al grupo nº 3 que atacó Vroenhoven y Rückriem lideró el grupo nº 9 en Veldwezelt. (Archivo Thomas Steinke)

Documento dedicado a uno de los caídos en Veldwezelt, Hubert von der Ruhr, recordando su «heroica muerte por el *Führer,* el pueblo y el *Reich*». Está firmado por Koch. (Archivo Ian Tannahill)

Uniforme paracaidista de 1940: mono de salto M 38, bandoleras de munición, botas de salto con cordones laterales, máscara de gas de tela y casco M 38. (Colección particular)

Insignias provenientes de paracaidistas del SA Koch: cinta bocamanga del Primer Regimiento paracaidista, Cruz de Hierro de primera clase (izq.), cinta y Cruz de Hierro de segunda clase (con el 3 redondeado), distintivo de herido en negro e insignia de paracaidista. (Colección particular)

Insignias provenientes de paracaidistas del SA Koch: caja y Cruz de Hierro de primera clase, caja e insignia de paracaidista, cinta y Cruz de Hierro de segunda clase (con el 3 redondeado) y distintivo de herido en negro. (Colección particular)

Casco paracaidista M 38 con doble calca. Sobre este mismo modelo, los paracaidistas del SA Koch aplicaron su particular esquema de camuflaje. (Colección particular)

Una mezcla de alegría y temor se puede observar en las caras de los dos alumnos que están experimentando su primer vuelo en un planeador DFS 230, en la escuela de la *Luftwaffe* de Braunschweig-Waggum. (Archivo Ian Tannahill)

APÉNDICE 1

EL ENTRENAMIENTO DE LOS PRIMEROS PILOTOS MILITARES DE PLANEADOR

En 1936, Adolfo Hitler, tras haber sido testigo del magistral aterrizaje y despegue de un grupo de pilotos de planeador, preguntó al profesor Georgii si era posible la construcción de un planeador que pudiera transportar a un grupo de soldados. Georgii era en aquel entonces la cabeza del *Deutsche Forschungsanstalt für Segelflug,* DFS, (Instituto alemán para la investigación del vuelo a vela), que se había establecido en Darmstadt en 1939, con el fin de dirigir el desarrollo del vuelo a vela en Alemania. Tras la petición de Hitler, Georgii hizo lo propio con Hans Jacob, el ingeniero jefe en el DFS, preguntándole si podía diseñar un planeador que se adecuara a las necesidades del *Führer.* En este sentido, Jacob recordaría años después:

«La petición me vino de repente y no estaba preparado para ella. Hasta entonces, sólo había-mos desarrollado planeadores con fines deportivos, por lo que fue difícil contestar. Sin embargo, mi opinión era clara al respecto: un planeador, remolcado hasta 1.800-2.700 m, con un ángulo de descenso adecuado, podía volar kilómetros en territorio enemigo, y todo esto con las luces del alba, de tal manera que no fuera visto». (Saunders, «Fort Eben Emael»)

Así las cosas, a comienzos de 1937, Jacobs y su equipo habían producido un modelo de nave, que, en su opinión, sería capaz de transportar a nueve pasajeros, junto con sus armas y equipo. Impresionado por lo que había visto, el *Reichsluftfahrministerium* (RLM) cursó órdenes para la producción de tres prototipos que serían denominados con las siglas DFS 230.

Obviamente, siempre creyendo que el diseño militar de Jacobs sería un éxito, el RLM también cursó órdenes para el entrenamiento de personal de la *Luftwaffe* que pudiera pilotar semejantes aparatos. Así, el 11 de enero de 1937, el alférez Kiess y el suboficial Alois Flucke se presentaron en la sede del DFS, donde durante los siguientes tres meses recibieron instrucción básica en el pilotaje de planeadores. Aunque la intención de fondo era clara: que pudieran pilotar el planeador militar DFS 230. Se esperaba que tanto Kiess como Flucke, colaboraran con el Instituto de investigación en la puesta en marcha y desarrollo del entrenamiento de pilotos de planeador. De conseguir este último objetivo, formarían la base de una estructura de comando para una unidad militar que se centrara en el uso del planeador DFS 230.

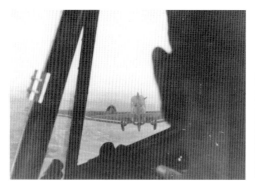

Un atento piloto de planeador vigila los movimientos del Ju 52 que le está remolcando. (Archivo Ian Tannahill)

Formación de planeadores entrenando en Hildesheim en febrero de 1940. (Archivo Ian Tannahill)

Un planeador DFS 230 remolcado por un aparato de transporte JU 52. (Archivo Ian Tannahill)

Planeador de entrenamiento Grunau Bay IIB

Tanto Kiess como Flucke eran expertos paracaidistas. El primero había participado en el primer curso de paracaidistas militares que se había organizado en Stendal, del 4 de mayo de 1936 al 3 de julio del mismo año. Animados por la habilidad que ambos demostraron en el pilotaje de planeadores, el RLM ordenó el 1 de abril de 1937 que se formara una unidad militar para el entrenamiento de pilotos de planeador, denominada *LS Versuchskommando*, o también, *Segelfluglehrgangs (L)*, bajo mando del ya teniente Kiess. Sin embargo, el entrenamiento inicial de los futuros pilotos sería dirigido, no por la *Luftwaffe*, sino por el propio DFS bajo la guía de Hermann «Zappel» Zitter.

Erwin Kraft, en el centro, y Erich Mayer, a la derecha, instructores en la escuela de vuelo a vela de Braunschweig-Waggum. (Archivo Ian Tannahill)

Se previó que en el primer curso participaran de 25 a 30 estudiantes, requiriendo los servicios de tres instructores. En este sentido, Zitter fue hábilmente apoyado por dos de sus más eficaces subalternos: Karl Schieferstein y Rudi «Pitz» Opitz. Este último había

Un alumno de la escuela de vuelo a vela de la *Luftwaffe* de Braunschweig-Waggum comprueba su mapa antes de realizar un vuelo en un planeador de asalto DFS 230. (Archivo Ian Tannahill)

El panel de instrumentos y la palanca de mando de un planeador de asalto DFS 230. (Archivo Ian Tannahill)

Interior de un DFS 230 B visto desde la cola. Este modelo fue construido en 1937/38 como aparato de entrenamiento. Disponía de dos asientos para pilotos, uno detrás de otro, con sus respectivas palancas de mando. Los paracaidistas se sentaban uno detrás de otro en una bancada situada en el centro (los últimos cuatro hombres miraban hacia la cola). (Archivo Ian Tannahill)

sido previamente un instructor y piloto remolcador con la NSFK (*Nationalsozialistisches Fliegerkorps*) en Darmstadt. Esta organización era una suerte de organización paramilitar dentro del partido nazi, que fue fundada en 1930 con la intención de eludir las restricciones impuestas por el Tratado de Versalles, y entrenar, así, a pilotos de pequeños aviones y planeadores. Pero desde el 8 de febrero de 1937, Opitz sólo se dedicaría al entrenamiento de futuros pilotos militares.

Todos los instructores eran unos perfectos pilotos de planeador. Poseían la máxima cualificación al respecto, la *Leistungsabzeichen* en plata, o «*Silver C*», concedida por la Federación Aeronáutica Internacional (FAI), por haber volado a 1.000 m de altitud, haber realizado un vuelo de más de 5 horas de duración, y haber recorrido una distancia en línea recta de, al menos, 50 km. Zitter y Opitz, por ejemplo, eran el 114º y el 116º receptores de tal condecoración, respectivamente. El último la consiguió el 10 de septiembre de 1935.

El 23 de mayo de 1937, Zitter y Opitz fueron también los primeros que probaron el prototipo del planeador DFS 230, aunque el primer vuelo lo realizó la piloto Hanna Reitsch. Sabiendo que el propósito del diseño de Jacobs era el transporte de 10 personas como máximo, Opitz y Zitter forzaron al máximo la máquina, de tal manera que el planeador giró de manera brusca, algo que su diseñador no esperaba.

Antes de 1936 no existían planeadores biplazas, de manera que el entrenamiento se hacía con medios y planeadores rudimentarios, con el instructor corriendo junto al planeador y gritando las instrucciones al piloto. A medida que el entrenamiento de estos

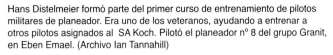

Hans Distelmeier formó parte del primer curso de entrenamiento de pilotos militares de planeador. Era uno de los veteranos, ayudando a entrenar a otros pilotos asignados al SA Koch. Pilotó el planeador n° 8 del grupo Granit, en Eben Emael. (Archivo Ian Tannahill)

progresaba, usaban insignias que señalaban sus logros. Entre estas insignias figuraba la «A», entregada a pilotos que habían realizado o bien un vuelo de 300 m, o de 30 segundos de duración. La insignia de nivel «B» se entregaba a aquellos que hubieran realizado dos vuelos de al menos 45 segundos de duración en línea recta, así como otro de 60 segundos, describiendo una «S» con su planeo. La insignia «C», por último, requería que el candidato hubiera realizado un vuelo de 5 minutos. En este sentido, para que un piloto de planeador pudiera ser remolcado, necesitaba estar en posesión de la insignia «C».

Indudablemente, el acontecimiento que marcó un antes y un después en el vuelo a vela, fue la celebración de las Olimpiadas de Berlín en 1936. El vuelo con planeadores se estrenó como disciplina olímpica entonces. El equipo alemán estaba compuesto por Otto Bräutigam, Ludwig Hofmann, Otto Hirth y Hanna Reitsch, auténticos acróbatas en el aire. La última, llegó a convertirse tras los juegos de Berlín, en una afamada piloto de pruebas, teniendo también el honor de ser nombrada la primera capitana de vuelo de la historia.

Dos planeadores biplaza *Kranich* fueron construidos para las Olimpiadas, con el fin de ponerlos a disposición de los dignatarios venidos a la capital alemana, y así, potenciar el vuelo a vela en otros países. Tras los juegos, los planeadores fueron entregados a la NSFK de Darmstadt Griesheim, donde fueron pilotados varias veces durante su labor de instructor. El otro se entregó al DFS y fue utilizado para entrenar futuros pilotos de planeador.

Rudi Opitz, experto piloto e instructor de futuros pilotos. (Archivo Familia Opitz, via Ian Tannahill)

Los candidatos elegidos para el primer y segundo cursos de entrenamiento, que comenzaron el 12 de abril y el 2 de noviembre de 1937, respectivamente, fueron seleccionados y escogidos de entre varias unidades de la *Luftwaffe*. Así, Hans Distelmeier, pertenecía al ala de cazas *Hindenberg,* mientras que el sargento primero Hans Hempel era mecánico de vuelo en el ala de caza *General*

El piloto Erich Mayer "listo para la acción". Nótese el casco estándar de la *Luftwaffe*, el mono de salto M 38 y la bandolera para munición (primer modelo). (Archivo Ian Tannahill)

Primera página de la licencia oficial de vuelo a vuelo *Luftfahrerschein für Segelflugzeugführer*, perteneciente a Hans Hempel, conseguida el 12 de octubre de 1941. Como otros muchos alumnos que fueron seleccionados para convertirse en pilotos militares, Hempel no poseía experiencia previa de vuelo. Consiguió el Certificado C de Vuelo a Vela «*Segelflieger-C-Prüfung*», el 6 de julio de 1938, entrenando en el *LS Versuchslommando* como alumno del segundo curso de entrenamiento. A diferencia de muchos de sus compañeros, que consiguieron el Certificado Internacional de Vuelo a Vela en Plata mientras se entrenaban como pilotos militares, Hempel no lo hizo hasta el 24 de enero de 1941. Nótese que en la foto lleva la cinta de la Cruz de Hierro de segunda clase, conseguida el 12 de mayo de 1940. No fue condecorado con la de primera clase, distintivo que consiguió en Creta en mayo de 1941. (Archivo Ian Tannahill)

Wever. La mayoría de los estudiantes no tenía experiencia previa de vuelo en planeadores. En cierta manera, haber sido elegidos suponía una especie de premio por todos los servicios prestados en el pasado. En el caso de Kurt Stern y Hans Hempel, por ejemplo, ambos participarían posteriormente en el asalto al puente de Vroenhoven. Es probable que fueran premiados de este modo por su participación en la Legión Cóndor durante la Guerra Civil española (ambos habían sido condecorados con la Cruz de España en 1939)

En el caso del primer curso de entrenamiento, cada instructor era responsable de la instrucción básica de aproximadamente 10 estudiantes. Una vez que éstos hubieran volado en solitario, Stammer y Schieferstein, más que Opitz, eran los responsables de enseñar a los futuros pilotos técnicas y estrategias de vuelo que les permitieran pilotar durante un periodo largo de tiempo y poder, así, cubrir distancias grandes. Para todos los estudiantes, el entrenamiento inicial se realizaba en un aparato *Kranich* biplaza, pilotando junto a su instructor. A este respecto cabe reseñar que durante el primer curso, el DFS sólo disponía de un planeador *Kranich,* de tal manera que debía ser compartido por los tres instructores y sus respectivos alumnos.

Cuando los estudiantes no estaban volando, colaboraban en la tarea de recuperar los planeadores y remolcarlos hasta el lugar inicial de lanzamiento. Además del aparato, había que recuperar también la cuerda de arrastre, que era arrojada por el avión remolcador una vez liberado el planeador. Los instructores insistían una y otra vez en los puntos necesarios a mejorar de cara a sucesivos vuelos. Se puede decir que no se desperdiciaba ni un solo minuto, entregándose de manera intensa y ordenada a todo lo relacionado con el aprendizaje.

Respecto a los vuelos, estos duraban inicialmente 20 minutos. Sin embargo, los sucesivos vuelos tendían a variar su duración. Así, los había de tan sólo 5 minutos, mientras que otros podían ser alargados hasta los treinta y cinco. De todos modos, los vuelos estándar duraban entre 10 y 20 minutos. Debido a los turnos para pilotar el único planeador biplaza disponible, raro era el día en el que los estudiantes volaban más de una

Carnet *(Ausweiss)* NSFK (carnet de identidad), perteneciente al *Unterfeldwebel* Hans Hempel. Lo consiguió en noviembre de 1938, después de que hubiera completado su entrenamiento como piloto militar de planeador, en el *LS Versuchskommando*, y hubiera regresado a su unidad de partida, el *KG General Wever*. Nótese que el carnet identifica a Hempel como *Bordmechaniker*, (mecánico de vuelo). (Archivo Ian Tannahill)

vez, existiendo incluso paréntesis de varios días entre un vuelo y otro. Pero si el tiempo era bueno, los pilotos entrenaban todos los días de la semana.

El entrenamiento era duro, indudablemente, y también para los instructores. Por ejemplo, antes de que los estudiantes alcanzaran el suficiente nivel como para volar solos, Rudi Opitz debía hacer entre 10 y 20 vuelos de entrenamiento cada día, llegando a estar en total unas 4 horas en el aire.

Junto a la rutina de los vuelos y del aprendizaje, también existieron otras iniciativas. Entre ellas, la de fundar una suerte de club, el «*Kegelclub*» (el club de los bolos). Como el propio nombre sugiere, uno de los objetivos de tal asociación fue el de organizar partidas de bolos. El *Kegel*, concretamente, es un juego típico alemán, en el que el jugador debe derribar diez bolos colocados al final de un canal sobre el que se desliza una bola. Y como no podría ser de otro modo, la otra actividad del club consistía en proporcionar un lugar de asueto en el que consumir alcohol. No es de extrañar que las partidas de Kegel se jugaran cada viernes por la tarde, a partir de las 20:00 h, en el *Darmstädter Hof*, en las proximidades de Griessheim. Como casi todos los clubes de estas características, éste contaba con unas peculiares reglas, entre las que se encontraba el hecho de que todo suboficial entrara a formar parte de la asociación el mismo día en el que llegaba a Darmstadt. Además, quedaban estipuladas ciertas sanciones económicas si algún miembro se ausentaba sin excusa de las partidas. Incluso se había acordado un saludo entre los componentes: pronunciar «*Gut Holz*», acompañando la frase con un fuerte golpe en la mesa. Y, por su puesto, si alguien conseguía derribar los nueve bolos, invitaba a una ronda de cervezas al resto de los integrantes del club.

En otro orden de cosas, y siguiendo con el desarrollo de los cursos, el 23 de mayo de 1937, el general Kesselring, jefe del Estado Mayor de la *Luftwaffe* y firme defensor del uso militar del planeador, visitó el DFS. Que quedó gratamente sorprendido por lo que vio queda confirmado por el hecho de ordenar la adquisición de dos planeadores *Kranich* en junio y julio del mismo año. La llegada de estos aparatos facilitó el entrenamiento, permitiendo a los integrantes del curso realizar vuelos cada vez más largos. Tan rápido fue el progreso, que a principios de septiembre, muchos de ellos ya habían conseguido la insignia «*Silver C*». Doce de los estudiantes más avanzados, incluyendo a Kiess, Flucke, Beck, Distelmeier, Fiedler, Nagel, Salomón y Weigelt, fueron elegidos para pilotar avio-

Heinz Bösebeck asistió al segundo curso de entrenamiento para pilotos militares de planeador. Consiguió el distintivo «*Silver C*» el 12 de mayo de 1938. Durante la invasión de Creta, en 1941, fue capturado por los británicos e internado en Australia junto al capitán Gustav Altmann. (Archivo Ian Tannahill)

nes, bajo la instrucción de Fritz Stamer. Del mismo modo, a principios de 1938, fueron también adiestrados por Erich Klockner en el remolque de planeadores. En abril de 1938, los mismos hombres pilotaron aviones que remolcaron a planeadores pilotados por un segundo grupo de estudiantes que había comenzado su aprendizaje el 2 de noviembre de 1937.

Durante todo ese mes de noviembre, mientras los estudiantes del segundo curso estaban recibiendo su formación primaria en aparatos *Kranich*, los pilotos del primer curso fueron entrenados por Zitter, Schieferstein y Opitz en el manejo del planeador de asalto DFS 230. Consiguientemente, otros pilotos salidos del primer curso, como fue el caso de Heinz Schubert y Ludwig Egner, se encargaron de la instrucción básica de los miembros del segundo curso.

El aprendizaje no estuvo exento de accidentes. Tal fue el caso del accidente de un avión remolcador He 46, que se estrelló cuando el planeador que arrastraba se elevó demasiado. Aunque gravemente herido, el piloto, Erwin Sahner, salvó la vida.

El 16 de noviembre de 1937, se realizó un ejercicio práctico en Stendal, con el fin de evaluar el desarrollo como hipotético aparato militar del planeador DFS 230. Ante miembros del Estado Mayor del Ejército, diez planeadores cargados y pilotados por alumnos del primer curso, aterrizaron en formación cerrada sobre un lugar previamente determinado. Posteriormente, todos los ocupantes de los planeadores abandonaron los aparatos rápidamente, armados y listos para el combate. Por el contario, los paracaidistas que fueron también lanzados durante esas maniobras, acabaron desperdigados por el viento. Habiendo aterrizado sobre una amplia zona, el reagruparse les llevó mucho más tiempo a los paracaidistas que a los ocupantes de los planeadores.

El 9 de marzo de 1938 fueron cursadas órdenes (hechas efectivas el 1 de abril de 1938) para el establecimiento en Fürstenwalde/Brandenburg de una unidad de entrenamiento para pilotos de planeadores, conocida como «*Ausbildungskommando für Lastenflug*», al mando del teniente Kiess. No obstante, a pesar del aparente éxito del ejercicio práctico ejecutado en Stendal, y el entusiasta apoyo de los generales Jeschonnek y Kesselring, todavía existían personas que permanecían escépticas acerca del valor militar de los planeadores. En este mismo sentido, muchos oficiales paracaidistas estaban «celosos» de los magníficos resultados alcanzados por los planeadores, y evitaban ser eclipsados por semejante arma. Así las cosas, y debido a la falta de apoyo, se decidió dar por terminado el entrenamiento de los pilotos de planeador en el DFS tras la conclusión del segundo curso. El 19 de julio de 1938, la unidad al mando del teniente Kiess fue disuelta.

Sin embargo, el general Student, jefe de los paracaidistas alemanes desde el 6 de julio de 1938, seguía creyendo firmemente en las posibilidades del planeador DFS 230, especialmente a la hora de atacar fortificaciones situadas en la frontera de Alemania y Checoslovaquia (en la planeada anexión de Checoslovaquia). No tardó mucho en cursar órdenes para el establecimiento del «LS-Kommando Flg. Div. 7» en Prenzlau, bajo mando de Kiess. La unidad estaba completamente operativa el 20 de septiembre de 1938, aunque no tomó parte en ningún ataque contra las fortificaciones fronterizas. Comprendía 2 oficiales y 27 hombres, incluyendo a pilotos tales como Flucke, Distelmeier y Salomón, así como seis *Junkers* 52 y seis planeadores DFS 230.

Mientras todos estos cambios sucedían en Alemania, la Federación Internacional de Vuelo a Vela, creó la insignia denominada «*Gold C*» (Insignia Dorada C), con el fin de reconocer meritos mayores que los necesarios para concesión de la Insignia de Plata C. Así, los pilotos que aspiraran a recibir la Insignia Dorada, deberían volar 300 km, sin que fuese prefijar un destino, alcanzar una altitud de 3.000 m y haber volado continuamente durante más de 5 horas. En este último caso, los pilotos podían «contar» con el mismo vuelo que habían llevado a cabo para conseguir la insignia de plata C.

Una vez que fueron publicados los criterios para la obtención de la insignia «*Gold C*», se produjo un auténtico revuelo entre los pilotos alemanes, tratando de ser los primeros en conseguir tan preciado reconocimiento. Y de este modo, Rudi Opitz y su gran amigo Heini Dittmar, intentaron volar aquel mismo día una distancia de 300 km. Los dos únicos planeadores disponibles eran el *Darmstadt* y el *Grunau Baby* (éste, un planeador de baja gama, por así decirlo). Los dos pilotos echaron a suertes con qué aparato volar: Dittmar se quedó con el mejor, y pudo volar la distancia, convirtiéndose en el primer piloto en conseguir la Insignia Dorada C. Opitz sólo lo consiguió dos semanas después, volando también en un Darmstadt, aunque se tuvo que contentar con ser el sexto hombre en conseguir la preciada «*Gold C*». Otros pilotos que las consiguieron fueron Hermann Zitter (segundo hombre en conseguirlo, volando un *Kranich* D-II-III a lo largo de 315 km, durante 5 horas y 46 minutos, a una altitud de 3.000 m) y Karl Schieferstein (el octavo en conseguirlo), así como otros instructores civiles, como Otto Bräutigam, Erwin Kraft (ambos presentes en el ataque a Eben Emael), Wilhelm Fulda y Heinz Schubert (los dos, pilotos en el asalto a Veldwezelt). En diciembre de 1940, la Insignia Dorada sólo era poseída por 41 personas.

A propósito de los pilotos, no podemos olvidarnos de Heinz Scheidhauer, quien aprendió a volar en el primer curso de entrenamiento. Posteriormente, su pasión por volar planeadores le llevó a colaborar con los hermanos Reimer y Walter Horten, padres del planeador «Ala Volante». En 1938, Scheidhauer fue uno de los cuatro candidatos para pilotar dos alas volantes *Horten III*, desarrollados por los hermanos Horten para el campeonato de Rhön de 1938.

Uno de las pruebas de selección que los hermanos Horten establecieron, fue que los candidatos a pilotar volaran desde Bonn hasta Colonia en contra del viento. Dos de los hipotéticos pilotos argumentaron que la misión era poco menos que imposible, pero Walter Blech, metereólogo, y Scheidhauer pudieron completar la prueba, permaneciendo en el aire durante más de nueve horas. Los hermanos Horten no dudaron en elegirlos como pilotos para volar su aparato durante la competición arriba citada.

Pero la catástrofe se cernió sobre ellos en Rhön, el 6 de agosto de 1938. Varios planeadores, incluyendo los dos *Horten III* pilotados por Blech y Scheidhauer, fueron alcanzados por fuertes tormentas con granizo. La estructura del ala volante que pilotaban estaba recubierta por una delgada capa de celofán, que se tornó quebradiza con las frías temperaturas. Al ser golpeadas por el granizo, comenzaron a romperse, de tal modo que a Blech y a Scheidhauer no les quedó más remedio que abandonar los planeadores.

Desafortunadamente, ninguno de los dos esperó para abrir sus paracaídas. Así, ambos fueron elevados a gran altura por corrientes de aire. Cuando Blech y Scheidhauer aterrizaron parecían carámbanos. El primero no pudo aguantar las temperaturas extremadamente frías padecidas a gran altura y murió. Scheidhauer fue encontrado inconsciente colgando de un árbol y sobrevivió. No obstante, tuvieron que amputarle dos dedos de cada mano y de cada pie. Su barómetro marcaba 7.620 m, una altura que se pensaba inalcanzable para un planeador. Al año siguiente, el 8 de agosto de 1939, también en Rhön, Scheidhauer voló alrededor de 320 km en un *Horten IIIb,* consiguiendo, por fin, la preciada insignia «*Gold C*».

El piloto de planeador Rudi Opitz en una foto fue publicada en la revista Adler, el 11 febrero de 1941.

APÉNDICE 2

LA EXPANSIÓN DEL «*LS.-VERSUCHS-ZUG*» Y EL *STURMABTEILUNG KOCH*

Al mismo tiempo que se formó el *Sturmabteilung Koch,* se decidió crear en octubre de 1939 una unidad de transporte que fuera capaz de llevar a los paracaidistas hasta sus objetivos en el canal Alberto. El núcleo de tal grupo lo conformarían pilotos de planeador comandados por Walter Kiess, denominándose, por razones de seguridad, «*Propaganda Ballonzug*» (algo así como Pelotón de Globos de Propaganda) con base en Hildesheim. En cuanto a sus efectivos, la unidad dispondría de 1 oficial, 29 hombres y 15 aparatos (11 aviones de transporte Ju 52 y 4 planeadores). Es curioso comprobar que su traslado a Hildesheim para preparar el asalto a Eben Emael y a los puentes, tuvo lugar el día 1 de noviembre, antes de que lo hicieran los paracaidistas de Koch.

Una vez activada la formación de la unidad, comenzaron los esfuerzos para reclutar pilotos, principalmente alumnos que habían tomado parte en los dos cursos de adiestramiento celebrados en abril y noviembre de 1937. La gran mayoría de sus integrantes habían regresado a sus unidades de origen una vez concluido el adiestramiento. Así, a modo de ejemplo, el sargento primero Hans Hempel, miembro del segundo curso de entrenamiento, había regresado a su unidad inicial, el Grupo de Caza General Wever. Más tarde, en septiembre de 1939, fue destinada a la plana del KG 3.

Evidentemente, habían pasado muchos meses desde la conclusión de los cursos, y las dificultades para encontrar a todos los «alumnos» arreciaron. Eran muy valiosos para Kiess, porque habían sido adiestrados en volar el planeador de asalto DFS 230, pero también lo eran para los oficiales de sus unidades, que mostraron recelos y no facilitaron el que pasaran a formar parte temporalmente del SA Koch. Para acelerar la formación de la unidad y la búsqueda de pilotos, se decidió reclutar no sólo a militares, sino también a personal civil, pilotos experimentados e instructores que no estaban cumpliendo su servicio de armas. Como consecuencia de esto, varios instructores experimentados, como Rudi Opitz, Heinz Schubert y Ludwig Egner, todos ellos trabajadores a sueldo del DFS, fueron invitados a integrarse en el SA Koch. Una invitación imposible de rechazar.

Rudi Opitz recordaba, en concreto, que fue requerido para un servicio de 6 semanas, algo perfectamente lógico teniendo en cuenta que en los planes iniciales la operación debería haberse realizado el 12 de noviembre de 1939. Opitz llegó a Hildesheim el 9 de noviembre de 1939. Se le suministró un uniforme y quedó asignado como cabo primero.

Ni recibió entrenamiento básico de infantería, ni recibió instrucción de ningún tipo acerca de los rudimentos de la vida militar: ni cuándo ni como ni a quién saludar, por ejemplo. ¡No había tiempo!

Opitz se sorprendió al encontrar que alrededor de 20 de sus antiguos alumnos también se encontraban en Hildesheim. Entre ellos estaban Bredenbeck, Bösebeck, Distelmeier, Flucke, Hempel, Kiess, Krusewitz, Lehmann, Noske, Oltjen, Raschke, Schedalke, Scheidhauer, Schweigmann, Staubach, Stern, Stoffel, Stuhr, Supper y Wienberg. Muchos de los pilotos civiles ya habían conseguido premios y prestigio antes de engrosar las filas del SA Koch, y bastantes trabajaban como instructores en escuelas de vuelo a vela. Entre estos últimos se encontraban Otto Bräutigam, antiguo atleta olímpico, que poseía el récord del mundo y el premio «Adolf Hitler» de 1939 para pilotos de planeador (volando para la escuela *Segelflugschule Laucha*); Erwin Ziller, también en posesión de un récord mundial y del mismo premio que Bräutigam; Erwin Kraft, Wilhelm Fulda y Heiner Lange, cerraban la lista de pilotos de prestigio que habían sido convocados en Hildesheim. El último recordaba detalles de su primer día allí:

«Llegué al anochecer y me presenté en el aeródromo, donde me enviaron a unos barracones. Aquí me encontré con otros tres viejos conocidos, pilotos como yo, Kraft, Bräutigam y Ziller. Se sorprendieron al verme y me contaron algo acerca de la operación, que era, a todas luces, diferente. Después, salí a las pistas y contemplé el DFS 230. Era la primera vez que veía un planeador para diez ocupantes».

Otro de los pilotos era el joven cabo primero Karl Pilz, que había entrado en la *Luftwaffe* en 1936, con la clara intención de convertirse en piloto. Su formación básica a este respecto comenzó el 1 de septiembre de 1936, incluyendo marchas a pie y manejo de armas. Al tiempo de su traslado a la *«Propaganda Ballonzug»*, el 2 de noviembre de 1939, todavía estaba recibiendo instrucción de vuelo. Pilz completó esta formación una vez en Hildesheim (su licencia tenía fecha del 2 de diciembre de 1939), perteneciendo a la 17./Kg zbV 5. Además, su preparación le permitía ser piloto remolcador de planeadores. Y no sólo era capaz de pilotar aviones a motor, sino también planeadores. De hecho, durante su estancia en Hildesheim consiguió la insignia *«Silver C»* (con fecha 12 de diciembre de 1939). Se puede decir que Pilz cumplía de sobra el perfil buscado para los pilotos del SA Koch.

Una vez en Hildesheim, y creyendo que la misión se activaría en cualquier momento, se enseñó a los pilotos el aparato que pilotarían, el DFS 230, y fueron brevemente instruidos por los veteranos, es decir, los antiguos pilotos de planeador pertenecientes al *«LS.-Versuchs-Zug»*. Tras ello, se echaron a volar con sus nuevas máquinas. En el caso de los pilotos más experimentados, no hubo compañía de veteranos en estos vuelos. Éste sí era el caso de los más novatos, quienes viajaban acompañados, por lo general, durante su primer vuelo.

Lo dicho respecto al «rápido» aprendizaje en el manejo del planeador de asalto, queda ilustrado con el caso de Heiner Lange. La misma mañana de su llegada a Hildesheim, se encontró pilotando un DFS 230. Los 9 paracaidistas que viajaban con él no eran conscientes de que estaban viajando con un «novicio» en el tema de pilotar semejante aparato. Efectivamente, Lange jamás había pilotado un planeador tan grande y pesado. Lange

De izquierda a derecha: Fulda, Lange, Scheidhauer y Opitz. El segundo, aún convaleciente de sus heridas, luce orgulloso sobre su pijama la EK I conseguida tras el ataque al Canal Alberto. (Archivo Familia Opitz, via Ian Tannahill)

también entrenó en la maniobra de remolque, siendo llevado por un avión He 46. Durante su primer vuelo, había sido remolcado por un Ju 52. Años más tarde recordaría que la turbulencia creada por la maquina arrastrándole hacia el cielo junto a otros dos planeadores, había supuesto una sensación nueva para él. Uno puede fácilmente imaginar la situación: el temor del piloto, el ruido de la lona agitada por el aire al chocar contra la estructura de aluminio del planeador, las turbulencias aumentando a medida que los motores del *Junkers* adquieren más revoluciones, y todo ello sino olvidar que Lange debía mantener una distancia de seguridad con el resto de planeadores remolcados por el mismo avión.

Heiner Lange recordaba, no obstante, que tras el despegue se acostumbró enseguida al nuevo planeador que estaba pilotando. Tras 7 minutos enganchado al *Junkers*, el «cordón umbilical» que le unía a él quedó libre. Fue entonces cuando Lange voló otros 5 minutos antes de posar de nuevo el planeador sobre el aeródromo. El aterrizaje fue perfecto, hasta tal punto que el aparato se paró en el centro de la cruz que habían marcado sobre el terreno a modo de ayuda. No había duda de que Lange poseía la habilidad que se buscaba en los pilotos del SA Koch.

Por lo que respecta a Pilz, éste realizó su primer vuelo en el planeador DFS 230, el 3 de noviembre de 1939. Al contrario que Lange, Pilz fue acompañado por un veterano, Gerhard Raschke, quien no dudó en echarle una mano para que se acostumbrara al nuevo reto de volar en un planeador de asalto. Aunque este primer vuelo sólo duró 7 minutos, fue suficiente para que Raschke juzgara adecuadas las capacidades de Pilz. A la mañana siguiente, éste realizó su primer vuelo en solitario con el DFS 230, y por la tarde, otro, con tres pasajeros a bordo. Tres vuelos en total, con un tiempo de duración de 14 minutos.

El día 6 de noviembre, Pilz voló otras dos veces. En el primer vuelo llevó a 5 pasajeros, mientras que en el segundo transportó a 9, recorriendo una distancia de 40 km durante un vuelo que duró 52 minutos. Cuatro días después de haberse estrenado con el DFS 230, tras completar 5 vuelos, estaba claro que Pilz había demostrado ser un piloto competente, del gusto de sus superiores, listo para la operación prevista para el 12 de noviembre de 1939.

De derecha a izquierda, Bräutigam, Scheidhauer y Opitz rodean a Hanna Reitsch, toda una pionera en el vuelo a vela. (Archivo Familia Opitz, via Ian Tannahill)

El día 7 de noviembre, Pilz llevó a cabo otros dos vuelos breves, con el fin de entrenar el aterrizaje de precisión sobre un lugar preasignado. Y es que no debemos olvidar que esta maniobra era importantísima, pues se esperaba que el día del ataque el aterrizaje se realizara en un radio de no más de 20 m desde la zona asignada. Para ayudar en este cometido, se envolvió con alambre de espino el patín del planeador, de tal manera que éste frenara fácilmente una vez en tierra. Estos vuelos fueron los últimos para Pilz antes del 18 de noviembre. Una de las razones de este parón pudo ser la demanda de entrenamiento por parte de otros pilotos, así como una posible escasez de aviones de remolque.

Llegados a este punto, cabe señalar que junto con el reclutamiento de pilotos de planeador, también se reclutó a pilotos para remolcarlos. De acuerdo con el testimonio de Opitz, todos los pilotos seleccionados para pilotar aviones Ju 52, eran experimentados y, la mayoría, nacidos entre 1912 y 1915. Además, aparte de haber recibido entrenamiento en una escuela de vuelo de tipo C, *«Flugzeugführerschule-C»*, a todos se les presuponía entrenamiento en vuelo sin visibilidad. Con tales habilidades, no había duda de que estos pilotos eran los mejores de la *Luftwaffe*. Uno de ellos era el sargento primero Alfred Hillebrand, de 27 años de edad. Se había incorporado al *«Propaganda Ballonzug»*, procedente de del segundo escuadrón del KGr zbV, el 2 de noviembre de 1939, trayendo también con él un Ju 52. El 6 de noviembre, realizó su primer vuelo remolcando un planeador DFS 230. Con el fin de acostumbrarse sin problemas a esta nueva experiencia de arrastrar a otro aparato, los planeadores que remolcó durante sus primeros vuelos fueron pilotados por experimentados veteranos. Y al igual que sucedió con los pilotos de planeador, los de los Ju 52 también experimentaron largos periodos de inactividad durante su entrenamiento, particularmente durante noviembre. Hillebrand, por ejemplo, no piloto desde el 6 hasta el 16 de ese mes.

Opitz recordaba que durante los «parones», tenían que pasar la mayor parte del tiempo en sus barracones. Cada vez que salían de ellos, debían firmar en una hoja de registro, y no podían hacer vida común ni con los pilotos de los *Junkers*, ni con los paracaidistas. En las horas de comidas existía un horario prefijado, y en caso de coincidencia, no se les permitía hablar con ellos. Esto no facilitaba ni la relación ni la relajación. Opitz hablaba de que nadie era «feliz» en semejante situación. Los pilotos no sabían para qué misión concretamente estaban entrenando y se cansaban de no pilotar otros aparatos. Según él:

«Sólo recibíamos información general, y aunque varios escenarios fueron construidos con maquetas, nunca recibimos ni nombres ni localizaciones exactas».

Por su parte, los pilotos de los Ju 52, que habían sido entrenados en vuelo instrumental, no estaban a gusto remolcando planeadores, mientras que los paracaidistas preferían sus paracaídas, a tener que sentarse en aquellos aparatos de aluminio, madera y lona. Tal fue el caso, por ejemplo, de Albert Hillebrand, quien pilotó un Ju 52 el día del ataque al Canal Alberto. Según su libro de vuelos, durante los entrenamientos remolcó a muchos pilotos: Distelmeier, Fulda, Kraft, Kruewitz, Ludwig, Opitz, Staubach, Supper y Ziller. Pero esto no suponía un aliciente para él: no se sentía «especialmente feliz» remolcando planeadores

En este mismo sentido, y siguiendo los recuerdos de Heiner Lange, existía incluso una separación entre los pilotos civiles de planeador, reclutados por la *Luftwaffe* y con un empleo básico (soldado primero), y los que a pesar de su veteranía militar y empleo como suboficiales, no disponían de experiencia. A juicio de Lange:

«Los pilotos militares carecían de experiencia en vuelos de altitud o deportivos. No poseían la destreza que sólo se adquiría después de haber volado con planeadores deportivos en corrientes de aire que cambiaban continuamente.»

Y junto a este ambiente extraño entre pilotos había que añadir la poca fe que Alto Mando alemán tenía en las posibilidades de poder capturar con tropas aerotransportadas los puentes del canal Alberto y el fuerte Eben Emael. El plan inicial contemplaba que los bombardeos y el fuego de artillería cesaran justo antes de que los planeadores aterrizaran sobre el objetivo. Pero los pilotos «veteranos» (Opitz, Egner y Schubert, especialmente) juzgaron que ese modo de hacer las cosas era muy arriesgado. Si el horario o la sincronización fallaban, podría haber víctimas por fuego amigo. Después de discutir diferentes posibilidades, llegaron a la conclusión de que lo mejor sería un atacar por sorpresa, de noche (algo que, curiosamente, había sido también establecido por Student el 5 de diciembre) y en formación.

Como se permitió que los antiguos pilotos civiles pudieran salir a la ciudad el día de Navidad, aprovecharon para llamar por teléfono al Dr. Jacobs, el jefe del DFS, con el fin de discutir sus dudas acerca de la conveniencia del plan inicial, a saber, aterrizar de día sobre el objetivo. Jacobs, por su parte, telefoneó a Hanna Reitsch, experimentada piloto de planeador, que ya había visitado a los pilotos del SA Koch el 22 de noviembre. Hanna estaba bien relacionada con Hitler, así como con otros altos mandos de la *Luftwaffe,* entre ellos, el general Udet. No se sabe muy bien con quién habló, pero el caso es que, después de Navidad, fueron cursadas órdenes para que uno de los pilotos civiles informara al general Ritter von Greim, quien a su vez, había sido nombrado responsable de atender las quejas formuladas por aquéllos durante una visita a Hildesheim. El DFS decidió que fuera Otto Bräutigam (respetado y apreciado por todos sus compañeros) quien informara personalmente al general del plan alternativo. El Alto Mando juzgo imposible la idea de atacar de noche. Era un plan descabellado, pues en aquel momento ni los bombarderos alemanes realizaban salidas nocturnas en formación. Pero sí accedió a probar si la propuesta de los pilotos era merecedora de su confianza. Así lo recuerda Hanna Reitsch:

«Otto Bräutigam irradiaba ánimo, coraje y humor, siempre dispuesto al chiste y a veces hasta a suaves groserías, pero así mismo, uno de los más grandes y valientes expertos. Pero ahora se le veía en su cara la amargura y el enfado por la manera cómo eran tratados los planeadores. Ninguno de estos hombres era cobarde, (…) tampoco eran rebeldes no dispuestos a aceptar la disciplina necesaria en toda organización militar. Pero no podía ser el sentido de una organización militar, aceptar fallos y errores de oficiales superiores simplemente por rígidos formalismos, que incluso podían significar pérdidas humanas, sólo porque quien exigía las medidas era un simple cabo. Contra eso se oponían tanto ellos como yo misma. (…) Mis camaradas me decían que precisamente por ser yo mujer (…) podría hacer algo. Yo sólo podía ayudar indirectamente[128]*».*

La prueba fue sencilla. Dos objetivos fueron señalados en Hildesheim: un puente y un búnker. Los dos pilotos elegidos para tomar parte fueron Otto Bräutigam y el teniente Walter Kiess. Ambos fueron remolcados de noche y soltados varios kilómetros lejos de los objetivos, de modo que volaran sin ningún tipo de ayuda. Kiess erró en su objetivo algo más de un kilómetro. Pero Bräutigam se las arregló para aterrizar a escasos metros del suyo. Un ataque nocturno era, pues, posible.

No obstante, el plan alternativo no se preparó intensamente. Así, las noches del 6 y del 7 de enero, algunos de los pilotos, incluyendo Lange y Pilz, realizaron breves vuelos, despegando y aterrizando en Hildesheim. Parece ser que estos fueron los únicos vuelos nocturnos realizados antes del 10 de mayo de 1940, porque tras el éxito de las maniobras llevadas a cabo el 11 de enero, el ataque se realizaría con las primeras luces del alba.

Como ocurre con otros aspectos del entrenamiento de los pilotos de planeador, existen algunas inconsistencias en los testimonios aportados, sugiriendo que en función de la habilidad del piloto éste recibía más o menos formación. En este sentido, Rudi Opitz y Ludwig Egner no habrían participado en vuelos nocturnos antes del 10 de mayo.

Uno de los pilotos que participó en estos vuelos nocturnos de entrenamiento se perdió. Careciendo de suficiente altitud para regresar a Hildesheim, decidió aterrizar dentro de las instalaciones de un cuartel del Ejército *(Heer)*. Cogió por sorpresa a los soldados que estaban de guardia, demostrando que una pequeña fuerza aerotransportada podía asaltar una posición fortificada, aterrizando en su interior.

En orden a posibilitar que los pilotos de planeador mantuvieran una buena posición detrás y ligeramente elevados con respecto al avión remolcador durante los vuelos nocturnos, cada Ju 52 fue equipado con una fila de 8 luces colocadas en la parte superior del timón de cola. Además, estas luces de «formación» fueron parcialmente cubiertas con una placa metálica para evitar que el piloto del planeador las viera cuando volara a una altitud excesiva con respecto al *Junkers*. También se evitó así que las luces fueran vistas desde tierra.

---

[128] Reitsch (2009), pp. 176-177.

Bancada interior del planeador DFS 230 conservado actualmente en el fuerte Eben Emael. (Foto Óscar González)

Rudi Opitz, experto piloto de planeador que participó en el ataque a Veldwezelt. (Archivo Familia Opitz, via Ian Tannahill)

Los vuelos nocturnos presentes a partir de enero de 1940 no fueron los primeros que fueron llevados a cabo por pilotos del SA Koch. De hecho, Pilz había completado uno de 35 minutos de duración el 20 de noviembre de 1939. Y aunque se desconoce el motivo de haberlo realizado, es más que probable que fuera uno más de los experimentos llevados a cabo por el «*Propaganda Ballonzug*». En este sentido, también fueron ensayados varios métodos de remolque de planeadores: tres enganchados a un solo avión, o dos remolcados por un Ju 52 a través de cuerdas de 80 y 120 m de longitud. Sin embargo, ninguno de estos métodos fue juzgado como óptimo para un despegue en masa. El uso de una sistema rígido para enganchar el planeador al avión de transporte también fue propuesto por Fritz Stammer, y aunque resultaba más adecuado que los cables largos y flexibles (de 70 metros), no se pudo disponer de tiempo suficiente para equipar a los aviones de transporte ni para entrenar a las tripulaciones en su uso. De manera similar, varios ensayos fueron realizados para verificar vuelos a diferentes altitudes. Por ejemplo, Heiner Lange voló a 2.500 m el 12 de diciembre de 1940 y aunque no está confirmado, varios pilotos del SA Koch llegaron a afirmar que algún vuelo alcanzó los 4.500 m (a una temperatura de -8°C).

En enero de 1940, algunos pilotos de planeador participaron en vuelos de entrenamiento sobre zonas y terrenos desconocidos. El fin de estos vuelos era perfeccionar la búsqueda de lugares de aterrizaje fijados previamente, tales como praderas que habían sido marcadas con pintura clara.

Animada por el potencial del planeador DFS 230 como arma de guerra, en enero de 1940, la *Luftwaffe* decidió establecer la Escuela de Vuelo a Vela en Braunschweig-Waggum, con el claro propósito de entrenar más pilotos de planeador y de aviones remolcadores. El capitán Arnold Willerding fue el primer jefe de esta escuela de entrenamiento, que comenzó a funcionar el 5 de febrero de 1940, con 8 Ju 52 y 20 DFS 230, así como con 6 instructores. Al menos algunos de los *Junkers* y planeadores DFS 230 fueron proporcionados por el «*Propaganda Ballonzug*», del mismo modo que varias tripulaciones, incluyendo al sargento mayor Hilldebrand, quién estuvo presente durante el traslado de tres planeadores desde Hildesheim hasta Braunschweig-Waggum entre el 16 de febrero –día en el que comenzó el entrenamiento de pilotos- y el 18 de

Otto Bräutigam, en el centro, uno de los pilotos civiles que fue «militarizado» para participar en la captura del fuerte Eben Emael. (Archivo Óscar González)

febrero de 1940. Entre los instructores proporcionados por el «*Propaganda Ballonzug*» se encontraban Rudi Opitz, Heiner Lange, Hans Distelmeier, Erwin Kraft, Erich Mayer y Wilhelm Fulda.

Mientras, nuevos cambios afectaron a la planificación de la operación de asalto a Eben Emal y los puentes. Era necesario aumentar el número de efectivos, reclutando a nuevos pilotos de planeador. De ahí la importancia de la nueva escuela de Braunschweig-Waggum.

A diferencia de Hildesheim, donde los instructores raramente tenían la oportunidad de volar, los días en Braunschweig-Waggum eran de una actividad frenética. Cada instructor tenía asignado un grupo de alumnos con los que volaba siguiendo un ritmo rotativo, con frecuencia varias veces durante el mismo día, incluyendo vuelos nocturnos.

Inicialmente no hubo ninguna campaña pública para reclutar pilotos de planeador. Al contrario, los aspirantes, muchos de los cuales se habían incorporado recientemente a la *Luftwaffe,* recibían una discreta invitación para entrenar como pilotos de planeador, siempre habiendo tenido en cuenta su destreza y habilidad para volar planeadores deportivos. En coherencia, cada alumno poseía, al menos, la insignia que demostraba su habilidad como piloto civil o insignia civil del tipo «C». Tan sólo bastaban cuatro semanas de entrenamiento intensivo para que estos alumnos fueran considerados capaces de pilotar un DFS 230. Además de proveer de pilotos de planeador, la escuela proporcionó formación para aquellos pilotos que no estaban familiarizados con el DFS 230 y que habían entrado recientemente en el «*Propaganda Ballonzug*» (tal fue el caso de Gerken, Nagel, Schupp y Winkler).

Nagel, que entró en el «*Propaganda Ballonzug*» en febrero de 1940, realizó cinco vuelos de entrenamiento a bordo del DFS 230, ante la mirada atenta de Heiner Lange, su instructor. Todo ello ocurrió entre el 22 de abril y el 4 de mayo de 1940, incluyendo dos vuelos nocturnos cortos (que totalizaban 17 minutos). Nagel se convirtió, así, en uno de los pilotos de reserva para la misión del 10 de mayo de 1940. En la escuela también se entrenaron otros pilotos, como Frey, Hartebrodt y Rieger, recientemente incorporados al

«*Propaganda Ballonzug*» (desde marzo de 1940, 17./KG zbV 59), que aprendieron a volar el DFS 230 sólo a través de una instrucción mínima.

El 9 de mayo de 1940, Rudi Opitz y los otros pilotos del SA Koch que estaban enseñando en la escuela de Braunschweig-Waggum, recibieron órdenes de presentarse inmediatamente en Colonia. Rudi Opitz viajó en un Ju 52 que iba a ser empleado como avión remolcador el día del ataque.

El *Unteroffizier* Otto Krutsch fue otro de los soldados que recibieron la orden de presentarse en Colonia. Krutsch era un experto piloto de avión a motor, que había completado su formación en vuelo instrumental en la escuela de Viena-Asern. Tras ello, en marzo de 1940, fue trasladado a la escuela de Braunschweig-Waggum, donde aprendió a remolcar el DFS 230. El 3 de mayo, Krutsch recibió órdenes de presentarse en Hildesheim con un Ju 52. Posteriormente, el 9 de mayo, sería el encargado de llevar al capitán Koch al aeródromo de Colonia-Ostheim.

La mañana del 10 de mayo de 1940, Krutsch y su Ju 52 fueron utilizados para lanzar maniquíes paracaidistas sobre Lieja y las líneas belgas. Tras ello, el piloto fue de nuevo requerido para remolcar el planeador accidentado del teniente Rudolf Witzig, que a causa de la rotura del cable de enganche, había tenido que realizar un aterrizaje de emergencia cerca de Colonia. Por este servicio, Krutsch recibió de manos de Witzig la Cruz de Hierro de segunda clase.

Todo estuvo perfectamente preparado en los aeródromos de Colonia (Ostheim y Butzweilerhof). En el primero, los puntos de despegue de los planeadores estaban marcados sobre las pistas de hierba, pero ni los DFS 230 ni la mayoría de los planeadores salieron de sus hangares hasta que se hizo de noche. Cuando llegó Rudi Opitz a Colonia, al anochecer del día 9 de mayo, le mostraron cuál sería su planeador, pero o le indicaron ni el plan de ataque ni detalles de su objetivo hasta bien entrada la noche. Sólo le dijeron: *«cuida de nosotros y llévanos allí. Una vez en el objetivo, nosotros te cuidaremos».*

Cruz de Caballero, insignia de paracaidista (modelo Assmann) y distintivo de herido en negro, pertenecientes a Martin Schächter. (Fuerte Eben Emael via Jo Fiévez)

APÉNDICE 3

LISTADO DE LOS MIEMBROS DEL SA KOCH

APELLIDO, NOMBRE	NACIMIENTO Y FALLECIMIENTO	GRUPO DE ASALTO	GRUPO/*TRUPP*	Nº DE INSCRIPCIÓN EN EL SA KOCH
Abendroth, Wilhelm	1920 - 1941		sMG	112
Achenbach, Jacob	1916 - 2000			79
Ahn, Hans	1919 -	Beton	4	111
Alefs, Wilhelm	1919 - 2002	Granit	7	113
Altmann, Gustav	1912 - 1981	Stahl		2
Altwirth,	1918 -			114
Angelkort, Hermann	1916 -	Eisen		365
Antoni,	1914 -			20
Arent, Peter	1917 - 1942	Granit	3	4/a
Arnhold, Oskar	1920 - 1941	Stahl		238
Arpke, Helmut	1917 - 1942	Stahl	1	19
Babst,	1916 -			243
Bader, Paul	1919 - 1943	Granit	2	116
Bading, Rudolf	1915 - 1945	Beton		22
Baedke, Walter	1918 -	Stahl	7	21
Bähr, Erwin	1921 -	Stahl	9	120
Bansemir,	1920 -	Granit	10	118
Barnau, Kurt	1916 -		sMG	335
Barthel, Max	1915 - 1941			80
Bartz,	1918 -	-	No participó	
Bartz. K.	1919 -			435
Bauer, Alfred	1917 - 2008	Stahl	1	117
Baum, Theo	1916 - 1941			119

Beck, Hans (o Helmut)	1917 - 1941			23
Becker, Gerhard	1915 - 1996	Granit	5	9/a
Becker, Walter	1919 - 1941	Stahl	8	121
Bednarz, Walter	1915 - 1944			354
Begemann, Fritz	1917 - 1944	Stahl		81
Belz,	1916 -			414
Benda, Adolf	1920 -	Eisen	9	366
Berg,	1907 -	-	No participó	115
Bergmann, Alfred	1914 - 1980	Beton	3	24
Bessmann,	1921 -			239
Bey, Hermann	1918 - 1942			122
Bieler,	1917 -			333
Birkendahl, Rudolf	1919 -	Stahl		240
Bläser, Richard	1915 -1991	Granit	6	10/a
Blankenburg,	1918 -			25
Blomesath, Josef	1916 -			367
Blume,	1919 -			244
Bodet, Fritz	1910 -	Stahl		429
Bögle, Helmut	1918 - 1940	Granit	5	48/a
Böhm,	1915 -	Beton	5	82
Bohrer, Hans	1922 - 1941			241
Borchardt, Fritz	1917 - 1944	Beton	9	26
Borgmann, Ernst	1918 -			332
Bork, Albert	1917 - 1940	Eisen		
Born, Emil	1920 - 1942			133
Braatz, Richard	1916 -			128
Brand,	1920 -			123
Brandhorst,	1914 -	-	No participó	27
Brandis,	1915 -	Eisen	4	339
Braun, Georg	1918 - 1941			124
Braun, Hans	1918 - 1941	Granit	9	125
Braun, Ludwig	1918 -			126
Braun, Otto	1916 - 1990	Granit	11	127
Brestrich, Reinhold	1919 - 1940	Eisen		44
Brose,	1916 -			28
Brossmann, Waldin	1916 -			129

Bründel,	1922 -			242
Buchbender, Heinz	1916 - 1942	Beton	sMG	131
Büschen, Hermann	1918 - 2009	Stahl	6	130
Burre,	1914 -	Eisen	7	340
Cherbiat, Eduard	1920 - 1940	Eisen		88
Christiansen, Fritz Wilhelm	1919-1997		No participó	330
Clavora, Anton	1921 - 2000	Eisen	sMG	134
Comdühr, Hans	1919 - 1941	Granit	2	132
Commercon, Jacob	1913 - 1945			29
Cordes,	1917 -			83
Czerwinski, Hugo	1915 - 1941			344
Dahl, Rudolf	1917 - 1940	Eisen		245
Dallmeier,	1897 -	-	No participó	135
Dannenberg, Rudolf	1918 - 1981			246
David,	1916 -	Eisen	7	341
Deckwer, Kurt	1919 - 1942			368
Delica, Egon	1915 - 1999	Granit	1	
Dennus, Fritz	1922 -			247
Deutschbein,	1916 -	Eisen	10	342
Diekert, Walter	1920-2005			248
Dissmann, Werner	1918-1987			136
Dittmann,	1912 -			13
Dittmar, Robert	1919 - 1992	Stahl		137
Döbbelin, Otto	1908 - 1970	-	No participó	138
Dräger, Rudolf	1916 -	Beton	sMG	30
Drubba, Helmut	1919 - 1942	Stahl		249
Drucks, Richard	1917 - 1944	Granit	1	11/a
Dudda, Alfred	1917 - 1944	Eisen	9	343
Dullnig, Ernst	1920 -	Beton		139
Ebel, Eberhard	1915 -			355
Eggert,	1915 -			370
Ehrke, Hermann	1921 - 1997	Beton	6	140
Eickmann, Willi	1916-1973			85
Eling,	1919 -			250
Ellersiek, Erwin	1918 - 2004	Stahl	2	31
Else, Johannes	1918 -	Granit	8	32

Elsner, Konrad	1918 -			84
Emrich, Hermann	1920 -			143
Engeling, Heinz	1919-2007			141
Engelmann, Kurt	1919 -	Granit	4	142
Engler, Josef	1917 -			369
Erdrich, Alfred	1919 - 1940	Stahl	sMG	144
Fabian, Albin	1917-1943	Stahl	sMG	145
Fassbender,	1920 -			436
Fastner, Anton	1919 -		sMG	146
Fickel, Siegfried	1917 -	Stahl	8	147
Fietz,	1918 -			251
Filges,	1916 -			371
Finke, Victor	1920 -		sMG	252
Florian, Fritz	1915 - 1989	Granit	4	12/a
Fox,	1919 -			253
Fräbel, Albert	1912	-	No participó	14
Franke, Erich	1919 - 1940	Eisen		86
Franz, Erwin	1917 - 2003	Granit	3	14/a
Friedhoff,	1919 -			254
Fritz,	1914 -			372
Fuchs,	1917 -			373
Funk, Albert	1918 -	Stahl	8	255
Gabrecht, Günther	1920-1998		sMG	148
Gadzaller, Wilhelm	1917 -			406
Gärtner, Alfred	1907 - 1960			415
Gahno, Willi	1913 - 1944	Beton	3	33
Gaida, Alfred	1917 - 2003	Stahl		87
Galla, Erich	1911 - 1941	Eisen		345
Gaudeck, Rudolf	1919 - 1941	Beton	6	149
Gebureck,	1918 -			256
Gehde, Heinz	1920 -			257
Gehlich, Fritz	1916 - 1944	Granit	2	15/a
Gehrigk,	1918 -			375
Geidel, Richard	1917 - 1940	Eisen	sMG	374
Genehr,	1897 -	-		15
Gentzsch,	1918 -			

Giese, Heinz	1915 - 1940	Beton	6	34
Gilg, Leopold	1920 -	Granit	10	38
Gleitsmann, Walter Oskar	1914 - 1942	Eisen	3	346
Gönner, Karl-Heinz	1915 - 1940	Stahl		35
Göritz,	1917 -			404
Goldschmidt, Walter	1920 - 2007	-	No participó	437
Gräf, Ludwig	1916 - 1985	Granit	1	16/a
Graff,	1901 -	-	No participó	150
Grams, Werner	1917 -	Granit	6	36
Granzow, Arthur	1916-1969	Stahl	6	151
Grawinkel, Anton	1913 -			88
Grieme, August	1920 -	-	No participó	152
Grigowski, Hans	- 1976	Granit	6	16/a
Grimm, Werner	1920 - 1940	Beton	sMG	259
Grimm,	1917 -			250
Gross,	1921 -			260
Grottke,	1919 -	Beton	11	37
Grusser,	1919 -			416
Grzechza, Ernst	1914 - 1941	Granit	5	18/a
Günther, Wilhelm	1919 - 1941			376
Guthahn, Werner	1917 - 2002	Granit	10	47/a
Haas, Heinrich	1917 -	Beton	4	154
Hafermaß, Karl	1920 - 2001	Stahl	6	336
Hagemayer,	1919 -			261
Hahn, Helmut	1918 - 1941	Stahl	8	39
Hahn,	1919 -			262
Haller,	1920 -			153
Hanker, Helmuth	1916-1989	Stahl	sMG	90
Hansen, Helmut	1919 - 1997	Beton	6	155
Hansing, Hubert	1917 - 1941	Granit	10	156
Harlos, Siegfried	1916 - 1941	Granit	6	5/a
Hartmann, Egon	1914 - 2003	Granit	5	20/a
Hauck,	1915 -			405
Haug, Erwin	1913 - 1987	Granit	5	2/a
Heidecke, Werner	1918 - 1941			38
Heidrich,	1916 -			89

Heinemann, Fritz	1917 - 1999	Granit	7	6/a
Heinen, Josef	1911 - 1940	Eisen		428
Heise, Bruno	1919 - 1959	Stahl		263
Heise,	1915 -			378
Heitkämper, Walter	1920 -	Beton	5	157
Helmbold,	1914 -			10
Hentschel, Karl	1916 - 1980	Eisen	2	347
Hermet, Ewald	1912 - 1988	Stahl	1	40
Herr, Willi	1915 - 1940	Eisen	8	348
Herse,	1919 -			264
Herzog, Albert	1919 - 1990	Beton		158
Hexkes, Edmund	1917 - 1986	Eisen		377
Hielscher, Arno	1920 - 1983	Beton	5	159
Hierländer, Ernst	1921 - 1942	Granit	8	160
Hintermeier, Karl	1915 - 1940	Eisen	sMG	106
Hippe, Wilhelm	1920 - 1940	Eisen	sMG	107
Hirth, Otto	1915 -			356
Hochmuth, Bruno	1916 - 1968	Stahl		162
Höpfner, Wilhelm	1918 -	Granit	7	21/a
Hörger, Johannes	1914 - 1941			380
Hoffmann, Bernhard	1921 - 1944	Beton	6	92
Hoffmann, Horst	1916 -			417
Hoffmann, Johann	1918 - 1941		sMG	164
Hoffmann, Kurt	1909 - 1955	-	No participó	8
Hofmann, Theodor	1909 - 1941	Beton	4	9
Holm,	1917 -			91
Hooge, Bruno	1920 - 1944	Granit	8	161
Horlbeck, Paul	1917 - 2008			349
Hornstadt, Willi	1915 - 1942		sMG	165
Horst, Paul	1913-1945			71
Hosemann, Fritz	1919 -			163
Hosse, Günther	1917 -			379
Hourle,	1915 -			41
Hubert,	1919 -			166
Hübel, Willi	1913 - 1940	Granit	10	42
Hübner, Heinz	1918 -	Stahl	4	43

Hutzfeld, Rolf	1920 - 1979			265
Igney, Alfred	1921 - 1991	Stahl	9	167
Iskra, Gerhard	1915 - 1943	Granit	2	22/a
Jacob, Adolf	1916 -	-	No participó	169
Jäger, Dr. Rolf	1912 - 1984	Beton	10	
Jakob, Rolf	1917 - 1990	Granit	9	93
Janowski, Franz	1915 - 2004	Granit	5	23/a
Janz, Karl	1918 -			334
Jappsen, Friedrich	1918 - 1940	Stahl		267
Jaschke, Rudolf	1918 - 1997	Beton	sMG	44
Jaunich, Otto	1919 - 1944			170
Jendrsczek,	1919 -			168
Johnsen, Uwe	1919 - 1993	Granit	11	171
de Jong,	1919 -			407
Jürgens,	1917 - 1985	Stahl		266
Jürgens, Kurt	1917 - 1940	Granit	10	172
Kämmerer,	1919 -			268
Kainz, Alois	1915 - 1940	Eisen		359
Kaliczak,	1914 -			382
Karl,	1918 -			207
Kautz, Paul	1919 -	Granit	10	209
Kegel,	1912 -			174
Keller, Heinrich	1917 - 1940	Beton	10	210
Kempa, Werner	1912 - 1943	Beton	2	48
Kempke, Wilhelm	1920 - 1944	Stahl	1	173
Kerschgens,	1921 -	-	No participó	270
Kerzmann,	1914 -			357
Keudel, Heinrich	1919 -			212
Killar,	1921 -			214
Kipnick,Walter	1919 - 1991	Granit	6	175
Kirsten,	1914 -			350
Kirsten, Helmut	1918 - 1942	Eisen		408
Kissel, Victor	1914 - 1995	Beton	1	46
Kleensang, Kurt	1920 - 1974	Stahl	sMG	269
Kleine-Weber, Gustav	1916 - 1944			176
Klockmann,	1919 -			271

Klug, Martin	1916 - 1942	Beton	8	49
Knäpper,	1914 -			338
Knoche, Walter	1918 -			381
Knothe, Paul	1921 -	Beton	sMG	178
Koch, Walther	1910 - 1943	Beton	1	1
Koch,	1919 -			358
Köhler, Fritz	1915 -	Granit	4	25/a
Körner, Johann	1916 -	Granit	9	96
Köster, Otto	1921 -	-	No participó	331
Konrad, Rudi	1920 - 1940	Eisen		383
Krämer, Josef	1918 - 1996			272
Krämer, Wilhelm	1917 - 2000	Granit	1	24/a
Krause,	1909 -	-	No participó	179
Krellwitz,	1918 -			273
Krenz, Hans-Peter	1921 - 1981	Granit	11	180
Kreutzahler,	1917 -			409
Kristensen, Karl	1919 - 1942	Stahl	sMG	45
Kröske, Heinz	1922 - 1942	Stahl		274
Kruck, Fritz	1917 - 1940	Granit	11	182
Krüger,	1916 -			95
Krüger,	1914 -			47
Krug,	1913 -			351
Krych,	1917 -			275
Kühl,	1919 -			177
Kuhlmann, Josef	1916 - 1944	Eisen		360
Kuhnke, Gerhard Kurt	1920 - 1942			276
Kujawa, Johannes	1915 -	Stahl	6	27/a
Kunze,	1916 -			418
Kupsch, Paul	1915 - 1976	Granit	3	26/a
Kuris, Boleslaus	1916 - 1940	Eisen		63
Lagemann, Emil	1918 - 1942	-	No participó	183
Lammerding, Josef	1919 - 1941	Beton	5	186
Lange, Harry	1918 - 1940	Eisen		184
Lange, Rudolf	1918 -	Beton	7	50
Langer, Maximilian	1919 - 1942			277
Laskus, Erwin	1913 -			430

Leenen,	1916 -			427
Lehmann, Richard	- 1995	Stahl	6	98
Leimbach,	1916 -			412
Leister,	1915 -			385
Lenz, Fritz	1917-1995	Stahl	8	278
Lenze,				384
Lerchenfeld, Georg	1918 - 1941			279
Lewrenz,	1918 -	Beton		97
Lexius, Gerhard	1920 - 1941			185
Lichtmannegger, Lorenz	1916 - 1943	-	No participó	99
Liebau, Heinrich	1917 - 2009			419
Liedigk,	1917 -			280
Link, Johannes	1915 -			425
List, Heinrich	1915 - 1942	Granit	1	28/a
Lobindzus, Wilhelm	1917 - 1982	Stahl		281
Lockner,	1916 -			386
Lohse, Wilhelm	- 1976			187
Lorenz, Hans	1919 - 1986	Stahl	6	188
Lorenz, Kurt	1907 -	Stahl	5	6
Lüdtke, Kurt	1920 - 1942	Stahl	sMG	189
Lukaschek, Franz	1915 - 1978	Granit	6	46/a
Magiera, Robert	1918 -	Stahl	sMG	282
Maier, Georg	1919 - 1940	Eisen		129
Maier, Max	1915 – 1940	Granit	2	7/a
Maisel,	1918 -			351
Makowka, Kurt	1920 - 1998			388
Manneck, Günter	1918 - 1942	Stahl	sMG	283
Mattausch, Albin	1915 -			361
Matzel, Gerhard	1919 - 1980	Beton	2 (No partic.)	
Maulhardt, Hugo	1916 - 1944			391
Mayr, Kajetan	1917-2006	Granit	8	190
Meier, Walter	1915 -	Granit	2	29/a
Meißner, Joachim	1911 - 1944	Eisen	5	16
Merz, Ernst	1918 -	Eisen	2	390
Merz, Gustav	1917 - 1941	Granit	3	30/a
Meth,	1908 -	-	No participó	191

341

Meurer, Peter	1919 - 1996	Stahl	sMG	100
Mewes,	1900 -	-	No participó	237
Meyer,	1907 -	-	No participó	192
Michalke, Robert	1916 -	Granit	7	31/a
Milkowitz,	1920 -			293
Mohnsame,	1914 -			410
Mohr,	1920 -	Beton	10	227
Moldenhauer, Andreas	1918 - 1998	Beton		284
Mülder, Harm	1915 - 2006	Granit	7	32/a
Müller, Johannes	1912 - 1941	Eisen		389
Müller, Josef	1915 - 1941	Granit	3	33/a
Müller, Walter	1917 -			285
Münster, Karl	1920 -			286
Nettelnbusch,	1920 -			288
Neubauer,	1920 -			289
Neuhaus, Ewald	1917 - 1995	Granit	9	51
Nicke, Günther	1919 - 1942		sMG	290
Niedermeier, Hans	1914 - 2002	Granit	1	9/a
Niendieker,	1921 -		sMG	193
Nitzsche,	1916 -			392
Nollau,		Eisen	sMG	
Nowack,	1919 -			287
Ochs, Wilhelm	1919 - 1940	Stahl	sMG	291
Oelmann, August	1916 - 1941	Granit	2	34/a
Oldenburg, Fritz	1918 - 1997	Stahl	9	196
v. Oppenkowski,	1912 -			402
Orth, Heinrich	1916 - 1942	Beton	10	52
Oschmann, Fred	1920 - 1995	Beton	1	194
Osinski, Alexander	1918 - 1940	Beton		195
Oswald,	1919 -			292
Packhäuser, Heinz	1920 -	Beton	3	197
Paral, Franz	1920 - 1942	Stahl	sMG	198
Paßmann, Alois	1915 - 1941	Granit	7	35/a
Pege, Walter	1911 -	-	No participó	17
Pelz, Helmut	1918 - 1941	Beton		199
Petruschke,	1916 -			54

Petzold,	1919 -			293
Pisk, Roland	1920 - 1942	Stahl	sMG	200
Plietz, Herbert	1921 - 1941	Granit	8	201
Pohlmann, Fritz	1915 -	Stahl	6	53
Polzin, Karl	1915 - 1941	Granit	4	36/a
Pries, Kurt	1920 - 1940	Stahl		
Probst, Peter	1918 -			295
Püschel, Gottfried	1919 - 1940	Eisen		138
Puhlmann, Otto	1915 - 1941	Stahl	6	101
Rabe, E.	1907 -	-	No participó	202
Rabe, Hans-Werner	1920 -	Stahl		203
Rädler,	1911 -			475
Ramisch,	1917 -	Beton		204
Rein, Alfred	1917 -			420
Reinfeld,	1917 -			302
Reinhardt,	1919 -			205
Resch,	1920 -			237
Retzbach, Ludwig	1917 - 2001	-	No participó	298
Reumund,	1907-	-	No participó	206
Reuter, Hermann	1921 - 1940	Stahl	8	
Richter, Hans	1913 -			18
Richter, Hans-Joachim	1917 - 1976	Beton	10	60
Riebartsch, Herbert	1920 - 1942			209
Rieger, Herbert	1920 -			207
Rieger, Horst	1921 - 1941	Stahl	9	208
Ringler, Helmut	1915 - 1962	Stahl	sMG	5
Roddey,	1914 -			395
Röhrich, Walter	1913 - 1941	Beton	5	59
Römpke, Robert	1920 -			301
Rößl,	1919 -			211
Rötter,	1915 -			352
Rolke,	1920 -			299
Rongstock, Erwin	1917 - 1999	Beton	5	210
Rose,	1914 -			394
Roth,	1920 -			300
Rothenhöfer, Alfred	1921 - 1943	Beton		212

Rothmaler, Hermann	1914 -	Eisen		362
Rubelt, Heinz	1918 - 2008	Stahl	sMG	-
Rudnick, Franz	1912 -	-	No participó	55
Rückmann,	1916 -			303
Rückriem, Erich	1919 - 1998	Stahl	9	58
v. d. Ruhr, Hubert	1915 - 1940	Stahl	sMG	56
Runge, Otto	1919 -	-	No participó	57
Ruthsatz, Herbert	1917 - 1944	Beton	4	213
von Saha Berzostowski	1918 -			423
Schacht, Gerhard	1916 - 1972	Beton		3
Schächter, Martin	1915 - 2007	Eisen		4
Schäffer,	1919 -			221
Schäfer, Friedrich	1919 - 1992	Stahl	sMG	222
Scherr, Karl	1920 -1940	Beton	sMG	306
Schiweck, Hans-Günther	1921 - 1944			308
Schildhauer, Edgar	1910 - 1978			399
Schindele, Franz	1918 - 2007	Stahl	10	307
Schlaghecke, Heinrich	1917 - 2010	Beton	6	223
Schleck, Bernhard	1920 -	Beton	10	426
Schlombs, Paul	1919 - 1996	Stahl	3	309
Schlosser, Ernst	1916 - 1998	Granit	9	63
Schmidt, Edmund	1915 - 1991	Granit	4	41/a
Schmidt, Emil	1916 -	Beton		61
Schmidt, Georg	1918 - 2003	Stahl	sMG	224
Schmidt, Karl	1915 -	Eisen	6	353
Schmidt, Karl	1918 - 1940	Eisen		149
Schmitt, Theo	1918 - 1996	Beton	4	62
Schmitt, W.	1916 -			225
Schmitz,				257
Schmitz,	1915 -			363
Schmitz, Wilhelm	1921 -	-	No participó	337
Schneider, Bernhard	1916 -			304
Schneider,		-	No participó	305
Schöpfner, Heinz	1920 - 1995	Stahl		311
Schrowange, Bernhard	1914 - 1990			398
Schütz, Oskar	1917 - 1971	Stahl		66

Schuhmann, Anton	1920 -			310
Schulz, E.	1916 -			77
Schulz, Wolfgang	1918 -	Granit	7	42/a
Schulz, Emil	1915 -			421
Schulze, Herbert	1913 - 1987	-	No participó	65
Schulze, Werner	1916 - 2009			103
Schumi, Josef	1921 - 1941	Stahl	sMG	312
Schuster, Erich	1919 - 1943	Stahl	10	226
Schwarz, Egon	1919 - 1941			227
Schwarz, Fritz	1914 - 1991	Granit	11	67
Schwede, Hans	1914 - 1940	Eisen		
Schwidder, Herbert	1921 - 1941			313
Schwieger, Helmut	1919 - 1999	Beton	9	228
Seltmann, Anton	1917 - 1941	Granit	9	215
Sevenich, Georg	1920-1983		sMG	216
Simon,	1918 -			314
Spanehl, Johann	1919 - 1940	Stahl	9	316
Spitzer, Lorenz	1919 -			317
Sprengart, Hans	1913 - 1941	Beton	sMG	64
Sosna, Hans	1917 -			214
Stach,	1919 -			217
Stahlberg, Willi	1921-desap.			219
Stamer, Karl	1918 -	-	No participó	218
Stark, Fritz	1919 -			104
Staudacher, Alois	1916 - 1941	-	No participó	319
Steffen, Nikolaus	1915 -			397
Steinholdt,	1913 -			396
Stenzel, Gustav-Richard	1919 - 1945	Beton	4	220
Stieken,	1914 -	-	No participó	105
Stölting, Heinrich	1919 - 1940	Beton		102
Stölze,	1918 -			400
Stolzewski, Alfred	1919 - 1997	Beton	8	76
Stopp, Helmut	1915 -	Granit	3	38/a
Strakeljahn, Ernst	1918-1995			318
Stucke, Wilhelm	1917 - 1941	Granit	1	
Stürmer, Klaus	1919 -			411

Stützinger, Rudolf	1917 – 1941	Granit	5	39/a
Susdorf, Reinhold	1921 - 2010	Stahl	8	315
Taubenheim, Erich	1919 - 1940	Eisen		422
Theisen,	1915 -			
Toschka, Rudolf	1911 - 1944	Stahl	8	11
v. Tryller, Fritz	1897 -	-	No participó	229
Twardon, Georg	1917 - 1940	Eisen		106
Uch,	1921 -			320
Ufer, Karl-Heinz	1920 -			321
Ulbrich, Willi	1916 -	Beton		231
Ullrich, Gottfried	1920 - 1944	Beton		230
Unger, Karl	1911 - 1940	Granit	8	68
Urban, Rudolf	1917 - 1941	Beton	10	
Voigtländer,	1909 -	-	No participó	431
Volkmann,	1913 -			205
Voss,	1918 -			322
Waack, Bernhard	1919 - 1941		sMG	69
Waibel, Hans	1919 -			323
Warskow,	1907 -	-	No participó	232
Warzel,	1915 -			401
Weber, Alfred	1919 -		sMG	108
Wechsler, Jakob	1913 - 1943	Beton	6	78
Wedel, Wolfgang	1922 - 1940	Beton		
Weiland, Lutz	1917 -			233
Weinert, Willi	1917 - 1942	Granit	8	109
Wendelken, Heinz	1918 - 1970	Beton	9	73
Wenzel, Helmut	1913 - 2003	Granit	4	3/a
Werner, Walter	1918 -			107
Wiepen, Wilhelm	1919 - 1945			234
Wiese, Arthur	1912 - 1970	Stahl	3	72
Wild, Anton	1914 -			364
Wilke,	1907 -	-	No participó	235
Wilkens,	1920 -			236
Windemuth, Willi	1915 -	Granit	4	44/a
Wingers, Anton	1915 - 1960	Granit	9	43/a
Wischer,	1919 -			

Wissmann, Urban	1920 - 1993	Stahl		325
Wittorf,	1918 -			326
Witzig, Rudolf	1916 - 2001	Granit	11	1/a
Wohlgemuth,		Beton	4	
Wünsche,	1915 -			403
Wummel, Werner	1919 - 1941	Beton	1	74
Wuttig, Alfred	1919 -	Beton	sMG	75
Zadnja,	1911 -			413
Zahlmann,	1917 -			329
Zellmann, Helmut	1920 -			110
Zierach, Otto	1907 - 1976	Beton		7
Zimmermann,	1921 -			327
Zirwes, Peter	1915 - 1942	Granit	6	45/a
Zwanefeld, Arend	1920 -	-	No participó	328

LISTADO DE PILOTOS DE PLANEADOR

APELLIDO, NOMBRE	NACIMIENTO Y FALLECIMIENTO	GRUPO DE ASALTO	GRUPO/*TRUPP*
Bösebeck, Heinz	1985	Stahl	
Bräutigam, Otto	1941	Granit	4
Bredenbeck, Fritz	1944	Granit	2
Daum, Walter	1910 - 1940	Beton	
Distelmeier, Hans	2007	Granit	8
Egner, Ludwig	1997	Stahl	¿8?
Flucke, Alois	1980	Beton	
Foltmer	1995	Beton	
Frey		¿Eisen?	
Fulda, Wilhelm	1909 - 1977	Stahl	
Gehrke, Heinrich	1982	Beton	¿7?
Hartebrodt, Hermann	1945	Eisen	9
Hempel, Hans	1911 - 1943	Beton	
Jödicke	1993	Beton	
Kieß, Walter	1995	Beton	

Kraft, Erwin	1944	Granit	10
Krusewitz	1969	Beton	
Lange, Karl Heinz	1982	Granit	5
Lehmann, Walter	1979	¿Beton?	
Ludwig, Friedrich		¿Reserva?	
Mayer, Erich		Beton	6
Nagel		¿Reserva?	
Noske	1998	Eisen	
Oeltjen, Friedrich		¿Beton?	
Opitz, Rudolf	1910-2010	Stahl	8
Over	1985	Eisen	
Pfitzner, Kurt	1918 - 1997	Beton	
Pilz, Karl	1911 - 1986	Granit	11
Raschke, Gerhard (cambió su apellido: Salomon)	1982	Granit	1
Rieger, Anton	1984	Eisen	¿1?
Schedalke		Eisen	
Scheidhauer, Heinz	1912 - 2006	Granit	7
Schikowski	1979	Eisen	
Schubert, Heinz	2005	Stahl	
Schupp	1941	¿Reserva?	
Schulz, Günter	1997	Granit	9
Schweigmann	1989	Eisen	
Seele, Hermann	1915 - 1940	Eisen	
Smyczek	1996	Beton	
Specht	1989	Eisen	
Staubach, Engelbert	1985	Stahl	
Stern, Kurt	1988	Beton	4
Stoffel, Willi	1979	Stahl	
Stuhr, Helmut	1989	Stahl	9
Supper, Alfred	1972	Granit	3
Wienberg	1986	Stahl	
Winkler, Hermann		Eisen	
Ziller, Erwin	1945	Granit	6

 Hermann Angelkort

 Rudolf Dannenberg

 Peter Arent

 Helmut Drubba

 Max Barthel

 Ernst Dullnig

 Gerhard Becker

 Erwin Ellersiek

 Fritz Begemann

 Kurt Engelmann

 Fritz Wilhelm Christiansen

 Fritz Florian

 Erwin Franz

 Fritz Heinemann

 Günther Gabrecht

 Bruno Heise

 Ludwig Graef

 Bruno Hochmuth

 Helmut Hanker

 Bernhardt Hoffmann

 Karl Hafermaß

 Theodor Hofmann

 Hubert Hansing

 Willi Hornstadt

 Paul Horlbeck

 Heinz Kröske

 Wilhelm Kempke

 Fritz Lenz

 Heinrich Keudel

 Heinrich Liebau

 Walther Koch

 Willy Lobindzus

 Walther Koch
(Archivo Tannahill)

 Robert Magiera

 Josef Krämer

 Kurt Makowka

 Hugo Maulhardt

 Alfred Rothenhöfer

 Walter Meier

 Fritz Schäfer

 Walter Müller

 Franz Schindele

 Ewald Neuhaus

 Erich Schuster

 Roland Piesk

 Oskar Schütz

 Robert Römpke

 Willi Stahlberg

 *Ernst Schlosser*

 *Reinhold Susdorf*

 *Bernhard Schrowange*

 *Bernhard Waack*

 *Josef Schumi*

 *Wilhelm Wiepen*

APÉNDICE 4

DOCUMENTOS DE CONCESIÓN

CRUZ DE HIERRO DE PRIMERA CLASE. EK I

(Colecciones Steinke y Tannahill)

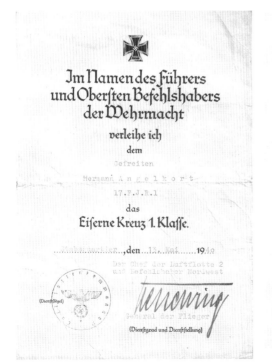

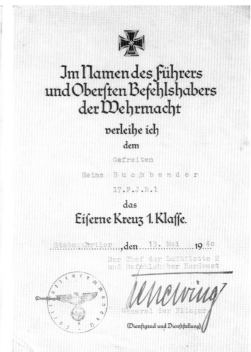

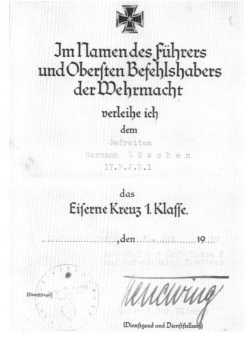

**Im Namen des führers
und Obersten Befehlshabers
der Wehrmacht**

verleihe ich

dem

Gefreiten

Ernst Dullnig

17.F.J.R.1

das

Eiserne Kreuz 1. Klasse.

Stabsquartier ,den 13. Mai 19 40

Der Chef der Luftflotte 2
und Befehlshaber Nordwest

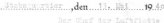

General der Flieger

(Dienstgrad und Dienststellung)

(Dienstsiegel)

**Im Namen des führers
und Obersten Befehlshabers
der Wehrmacht**

verleihe ich

dem

Unteroffizier

Erwin Ellersiek

17.F.J.R.1

das

Eiserne Kreuz 1. Klasse.

Stabsquartier ,den 13. Mai 19 40

Der Chef der Luftflotte 2
und Befehlshaber Nordwest

General der Flieger

(Dienstgrad und Dienststellung)

(Dienstsiegel)

**Im Namen des führers
und Obersten Befehlshabers
der Wehrmacht**

verleihe ich

dem

Gefreiten

Siegfried Fickel

17.F.J.R. 1

das

Eiserne Kreuz 1. Klasse.

Stabsquartier ,den 13. Mai 19 40

Der Chef der Luftflotte 2
und Befehlshaber Nordwest

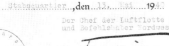

General der Flieger

(Dienstgrad und Dienststellung)

(Dienstsiegel)

**Im Namen des führers
und Obersten Befehlshabers
der Wehrmacht**

verleihe ich

dem

Flieger

Willi Lobindzus

17.F.J.R. 1

das

Eiserne Kreuz 1. Klasse.

Stabsquartier ,den 13. Mai 19 40

Der Chef der Luftflotte 2
und Befehlshaber Nordwest

General der Flieger

(Dienstgrad und Dienststellung)

(Dienstsiegel)

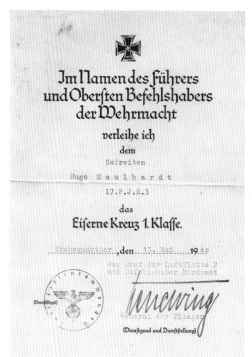

Im Namen des Führers
und Obersten Befehlshabers
der Wehrmacht

verleihe ich

dem

Gefreiten

Hugo Maulhardt

17.F.J.R.1

das

Eiserne Kreuz 1. Klasse.

Stabsquartier, den 13. Mai 1940

Der Chef der Luftflotte 2
und Befehlshaber Nordwest

General der Flieger

(Dienstgrad und Dienststellung)

(Dienstsiegel)

Im Namen des Führers
und Obersten Befehlshabers
der Wehrmacht

verleihe ich

dem

Gefreiten

Johannes Müller

17.F.J.R.1

das

Eiserne Kreuz 1. Klasse.

St. Quartier, den 13. Mai 1940

Der Chef der Luftflotte 2
und Befehlshaber Nordwest

General der Flieger

(Dienstgrad und Dienststellung)

(Dienstsiegel)

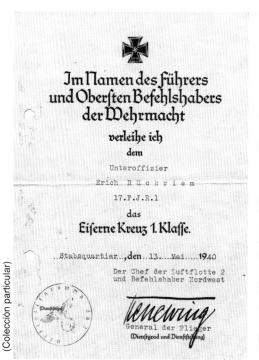

Im Namen des Führers
und Obersten Befehlshabers
der Wehrmacht

verleihe ich

dem

Unteroffizier

Erich Rückriem

17.F.J.R.1

das

Eiserne Kreuz 1. Klasse.

Stabsquartier, den 13. Mai 1940

Der Chef der Luftflotte 2
und Befehlshaber Nordwest

General der Flieger

(Dienstgrad und Dienststellung)

(Dienstsiegel)

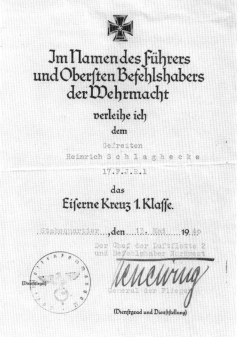

Im Namen des Führers
und Obersten Befehlshabers
der Wehrmacht

verleihe ich

dem

Gefreiten

Heinrich Schlaghecke

17.F.J.R.1

das

Eiserne Kreuz 1. Klasse.

Stabsquartier, den 13. Mai 1940

Der Chef der Luftflotte 2
und Befehlshaber Nordwest

General der Flieger

(Dienstgrad und Dienststellung)

(Dienstsiegel)

Im Namen des Führers
und Obersten Befehlshabers
der Wehrmacht

verleihe ich

dem

Unteroffizier
Theo Schmitt
17.F.J.R.1

das

Eiserne Kreuz 1. Klasse.

Stabsquartier, den 13. Mai 1940

Der Chef der Luftflotte 2
und Befehlshaber Nordwest

General der Flieger

(Dienstgrad und Dienststellung)

Im Namen des Führers
und Obersten Befehlshabers
der Wehrmacht

verleihe ich

dem

Flieger
Josef Schumi
17.F.J.R.1

das

Eiserne Kreuz 1. Klasse.

Stabsquartier, den 13. Mai 1940

Der Chef der Luftflotte 2
und Befehlshaber Nordwest

General der Flieger

(Dienstgrad und Dienststellung)

CRUZ DE HIERRO DE SEGUNDA CLASE. EK II

(Colecciones Steinke y Tannahill)

Im Namen des führers
und Obersten Befehlshabers
der Wehrmacht

verleihe ich

dem

Gefreiten Heinz Buchbender

das

Eiserne Kreuz 2.Klasse.

.... Im Felde ....,den .... 12. Mai 19⁴⁰

Der Kommandierende General
des VIII. Fliegerkorps

Generalmajor
(Dienstgrad und Dienststellung)

Verl.Nr. K 251

Im Namen des führers
und Obersten Befehlshabers
der Wehrmacht

verleihe ich

dem

Gefreiten Anton Clavora

das

Eiserne Kreuz 2.Klasse.

.... Im Felde ....,den .... 12. Mai 19⁴⁰

Der Kommandierende General
des VIII. Fliegerkorps

Generalmajor
(Dienstgrad und Dienststellung)

Verl.Nr. K 270

Im Namen des führers
und Obersten Befehlshabers
der Wehrmacht

verleihe ich

dem

Gefreiten Siegfried Fickel

das

Eiserne Kreuz 2.Klasse.

.... Im Felde ....,den .. 12. Mai 19⁴⁰

Der Kommandierende General
des VIII. Fliegerkorps

Generalmajor

Verl.Nr. K 95   (Dienstgrad und Dienststellung)

Im Namen des führers
und Obersten Befehlshabers
der Wehrmacht

verleihe ich

dem

Obergefreiten Alfred Gaida

das

Eiserne Kreuz 2.Klasse.

.... Im Felde ....,den .. 12. Mai .. 19⁴⁰

Der Kommandierende General
des VIII. Fliegerkorps

Generalmajor
(Dienstgrad und Dienststellung)

Verl.Nr. K 70

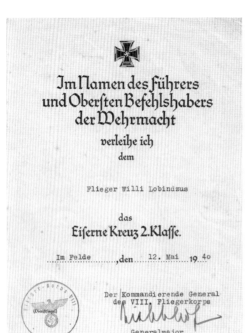

Im Namen des Führers
und Obersten Befehlshabers
der Wehrmacht

verleihe ich

dem

Flieger Willi Lobindzus

das

Eiserne Kreuz 2.Klasse.

Im Felde ,den 12. Mai 1940

Der Kommandierende General
des VIII. Fliegerkorps

Generalmajor
(Dienstgrad und Dienststellung)

Verl.Nr. K 152

Im Namen des Führers
und Obersten Befehlshabers
der Wehrmacht

verleihe ich

dem

Gefreiten Hugo Maulhardt

das

Eiserne Kreuz 2.Klasse.

Im Felde ,den 12. Mai 1940

Der Kommandierende General
des VIII. Fliegerkorps

Generalmajor
(Dienstgrad und Dienststellung)

Verl.Nr. K 194

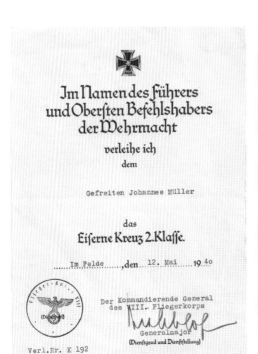

Im Namen des Führers
und Obersten Befehlshabers
der Wehrmacht

verleihe ich

dem

Gefreiten Johannes Müller

das

Eiserne Kreuz 2.Klasse.

Im Felde ,den 12. Mai 1940

Der Kommandierende General
des VIII. Fliegerkorps

Generalmajor
(Dienstgrad und Dienststellung)

Verl.Nr. K 192

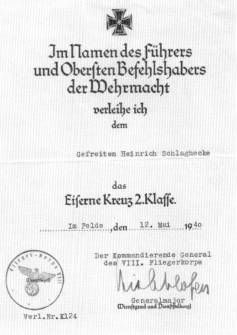

Im Namen des Führers
und Obersten Befehlshabers
der Wehrmacht

verleihe ich

dem

Gefreiten Heinrich Schlaghecke

das

Eiserne Kreuz 2.Klasse.

Im Felde ,den 12. Mai 1940

Der Kommandierende General
des VIII. Fliegerkorps

Generalmajor
(Dienstgrad und Dienststellung)

Verl.Nr. K124

Im Namen des führers
und Obersten Befehlshabers
der Wehrmacht

verleihe ich

dem

Unteroffizier Theo Schmitt

das

Eiserne Kreuz 2. Klasse.

........Im.Felde........,den..12..Mai......19.40

Der Kommandierende General
des VIII. Fliegerkorps

Generalmajor
(Dienstgrad und Dienststellung)

(Dienstsiegel)

Verl.Nr. K 47

Im Namen des führers
und Obersten Befehlshabers
der Wehrmacht

verleihe ich

dem

Gefreiten Bernhard Schneider

das

Eiserne Kreuz 2. Klasse.

Im Felde ,den 12. Mai 19 40

Der Kommandierende General
des VIII. Fliegerkorps

Generalmajor
(Dienstgrad und Dienststellung)

(Dienstsiegel)

Verl.Nr. K 135

Im Namen des führers
und Obersten Befehlshabers
der Wehrmacht

verleihe ich

dem

Flieger Josef Schumi

das

Eiserne Kreuz 2. Klasse.

...........Im Felde......,den 12. Mai 19 40

Der Kommandierende General
des VIII. Fliegerkorps

Generalmajor
(Dienstgrad und Dienststellung)

Verl.Nr. K 254

Im Namen des führers
und Obersten Befehlshabers
der Wehrmacht

verleihe ich

dem

Gefreiten Willi Stahlberg

das

Eiserne Kreuz 2. Klasse.

Im Felde ,den 12. Mai 19 40

Der Kommandierende General
des VIII. Fliegerkorps

Generalmajor
(Dienstgrad und Dienststellung)

(Ian Tannahill)

(Ian Tannahill)

363

Koch junto a oficiales del SA Koch en Colonia-Ostheim, tras el regreso de Bélgica. (Archivo Thomas Steinke)

APÉNDICE 5

MAASTRICHT Y RECIBIMIENTO EN COLONIA

Entrada a la antigua fábrica de tabaco (hoy un centro comercial) donde los paracaidistas que habían atacado Veldwezelt y Vroenhoven pasaron la noche del día 10 de mayo. (Foto Óscar González)

La fábrica de tabaco junto a la carretera que conduce a Vroenhoven. (Foto Óscar González)

De izquierda a derecha, Lüdtke, Kleensang, Meurer (con un casco belga en su ceñidor), Georg Schmidt y Franz Paral, miembros del medio pelotón de ametralladoras que saltó sobre Veldwezelt. (Archivo Thomas Steinke)

El paracaidista Buchbender, del grupo Beton, posa junto a un fusil ametrallador *"Modelo 30"*, versión belga del BAR norteamericano, fabricado por la *Fabrique Nationale*. (Archivo Thomas Steinke)

Un grupo de paracaidistas y pilotos de planeador posan relajados en la fábrica de tabaco. El 1º por la izquierda es el piloto del grupo nº 6 de Veldwezelt. Opitz –el más bajo de estatura- y Fulda, también pilotos, son el 5º y el 6º por la izquierda, respectivamente. (Archivo Thomas Steinke)

El grupo nº 6 de Stahl. De izquierda a derecha. Jan Kujawa, Karl Hafermaß, Fritz Pohlmann, el piloto de planeador, Otto Puhlmann, Hermann Büschen. Sentados en el medio: Granzow, a la izquierda, Hans Lorenz, en el medio, y Lehmann a la derecha. (Archivo Thomas Steinke)

Tres paracaidistas del grupo *Stahl*. De izquierda a derecha: Günther, Lorenz y Büschen. Nótese que Günther lleva gafas, algo rarísimo entre los paracadistas en 1940, lo que nos hace suponer que debía de ser un especialista en algunas cuestiones clave, como explosivos, por ejemplo. (Archivo Thomas Steinke)

A la izquierda, Oskar Schütz, y a la derecha, Emrich, éste del grupo *Stahl*. (Archivo Thomas Steinke)

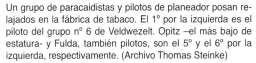

Algunos integrantes del grupo n° 8 de Stahl a punto de abandonar la fábrica de tabaco. De izquierda a derecha. Fritz Lenz (¿), Reinhold Susdorf, Funk (¿), desconocido, Toschka, Hahn, Opitz y Becker. (Archivo Thomas Steinke)

El mismo rincón que sirvió de fondo para la foto de los paracaidistas del grupo n° 8 de Stahl, 70 años después. El edificio apenas ha cambiado su aspecto. (Foto Óscar González)

Paracaidistas en la fábrica de tabaco. El 4° por la izquierda es Alfred Rothenhöfer, del grupo *Beton*. (Archivo Thomas Steinke)

Los paracaidistas se congregan en la salida de la fábrica de tabaco para ver pasar al resto de las tropas alemanas que avanzan hacia el interior de Bélgica. Podemos identificar a Hermet (paracaidista herido), Kempke (portando una cámara de fotos) y junto a él, a Stahlberg. (Archivo Thomas Steinke)

La misma vista 70 años después. (Foto Óscar González)

Entrada a la fábrica de tabaco Philips de Maastricht (Archivo Thomas Steinke)

La entrada a la fábrica, hoy centro comercial, 70 años después. (Foto Óscar González)

Los paracaidistas observan el paso de las tropas del *Heer* desde la fábrica de tabaco. (Archivo Thomas Steinke)

El mismo lugar 70 años después. (Foto Óscar González)

Grupo de paracaidistas del medio pelotón de ametralladoras. Se puede distinguir a Georg Schmidt, Schumi, y Franz Paral, tercero, segundo y primero por la derecha, respectivamente. (Archivo Ian Tannahill)

Paracaidistas del medio pelotón de ametralladoras que saltó sobre Vroenhoven. Obsérvese la cartera de mantenimiento de la MG 34 en sus ceñidores. (Archivo Thomas Steinke)

Detrás de este paracaidista que posa sonriente en la fábrica de tabaco podemos observar parte del armamento utilizado por los paracaidistas sobre los puentes. A la izquierda, apoyados sobre cajas de municiones, fusiles Kar 98 con mira telescópica. (Archivo Thomas Steinke)

Paracaidistas en la fábrica de tabaco. Nótese el signo de la cometa, característico del SA Koch, sobre el sidecar. (Archivo Thomas Steinke)

Paracaidistas de *Beton* y *Stahl* en la fábrica de tabaco. (Archivo Thomas Steinke)

El traslado desde la fábrica de tabaco hasta Colonia está a punto de comenzar. Mientras, varios niños holandeses olvidan que su país acaba de ser invadido y juegan con los cascos alemanes. Gustav Altmann, líder de los paracaidistas de *Stahl,* posa con los brazos en jarras. (Archivo Ian Tannahill)

Paracaidistas a punto de iniciar el camino de regreso desde Maastricht hasta Colonia. (Archivo Thomas Steinke)

El puente Wilhelmina en Maastricht, volado a primeras horas del 10 de mayo de 1940. Los paracaidistas tuvieron que esperar su turno para poder franquear el río Mosa a través de barcas. (Archivo Thomas Steinke)

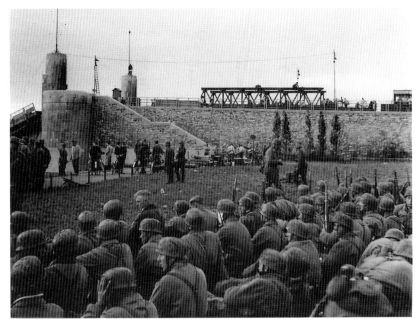

Los
paracaidistas
aguardan junto
al río Mosa
el momento
de cruzarlo.
(Archivo Thomas
Steinke)

12 de mayo de 1940. Los paracaidistas del *Sturmabteilung Koch* regresan a Alemania y son recibidos como héroes. El *Major* Reeps saluda a los oficiales a la entrada del aeródromo de Colonia-Ostheim. (Archivo Ian Tannahill)

Mientras los camiones del SA Koch entran en el aeródromo, Koch y Witzig posan para los fotógrafos. (Archivo Ian Tannahill)

A la entrada del aeródromo de Colonia-Ostheim, de izquierda a de-recha Zierach, Altmann, Witzig, Koch y Kieß. (Archivo Ian Tannahill)

De izquierda a derecha, Zierach, el capitán Koch y el oficial médico *Oberarzt* Jäger, enca-bezan la columna de paracaidistas que entran en el aeródromo aclamados por la multitud. (Archivo Ian Tannahill)

La entrada triunfal en Colonia-Ostheim tras el regreso. En primera fila y de izquierda a derecha, Zierach, Koch y el Dr. Jäger. En la segunda fila, el primero por la izquierda es Meißner, y el tercero, Hentschel. (Archivo Thomas Steinke)

Paracaidistas atravesando la puerta principal del aeródromo de Colonia-Ostheim. (Archivo Ian Tannahill)

Un reportero de guerra entrevista a Ringler, líder del medio pelotón de ametralladoras *(sMG Halbzug).* (Archivo Ian Tannahill)

El comandante Reeps charla con el alférez Ringler, que no puede disimular su cansancio. (Archivo Ian Tannahill)

Un paracaidista herido llega en un coche. Junto a él, un casco belga, botín personal de guerra. (Archivo Ian Tannahill)

Una vez en Colonia-Ostheim, los paracaidistas se relajan. De izquierda a derecha, el Dr. Jäger, Toschka, Koch, Theodor Hofmann (con corbata) y Kieß. (Archivo Thomas Steinke)

Walther Koch y su característica gorra de plato blanca, con la que sus hombres le identificaron en Vroenhoven. (Archivo Thomas Steinke)

BIBLIOGRAFÍA

Libros

- AA.VV, *Ceux du Fort D'Eben Emael,* Le Comité de l'Amicale, 1995.

- AA.VV, *Le Canal Albert,* Bruxelles, Simar-Stevens, 1939.

- Austermann, H., *Von Eben Emael bis Edwechter Damm. Fallschirmjäger Fallschirmpioniere,* Hozminden, Verlag der Fallschirmpionier-Gemeinschaft, 1971.

- Beetzow, K. y Schlaug, G.: *Deutsche Lastensegler 1938-1945. Eine Chronik in Bildern,* 1993.

- Blum, M., Rábon, M., Szerátor U., *Der Überfall.* Band I y II, Brünn, Verein der Freunde der Tschechoslowakische Befestigung, 2007 y 2008.

- Boerger, E., *Erinnerungen eines alten Fallschirmjägers. Warum ich kein Ritterkreuzträger wurde, aber ein Fachmann für Öllagerung,* Rottach-Egern, edición a cargo del autor, 2003.

- Boon, L., *Mijn kleine oorlog,* Groningen, Wolters-Noordhoff, 1994.

- Brongers, E. H., *Inventarisatie Uit Diverse Bronnen Van In De Meidagen Van 1940 Tijdens Of Door De Strijd In Nederland Neergeschoten Of Vernielde Duitse Vliegtuigen,* 2005.

- Buffetaut, Y., *Belgique et Nord, 1940. Blitzkrieg a L'Ouest,* Paris, Histoire & Collections, 1993.

- Busch, E., *Die Fallschirmjäger Chronik 1935-1945,* Friedberg, Podzun-Pallas Verlag, 1983.

- Calmeyn, R., *Le 2e Regiment de Grenadiers au Canal Albert. 10-11 Mai 1940,* Bruselas, edición a cargo del autor, 1992.

- De Fabribeckers, *La campagne de l'armee belge en 1940,* Bruxelles, Rossel, 1978.

- Delmer, A., *Le Canal Albert,* Liège, Georges Thone, 1939.

- Dunstan, S., *Fort Eben Emael. The key to Hitler's victory in the East,* Oxford, Osprey Publishing, 2005.

- Ellis, C., *7th Flieger Division: Student's Fallschirmjäger elite,* Hersham Surrey, Ian Allan publishing, 2002.

- Gahide, Y., *11 mai 1940 L'attaque aérienne des ponts du Canal Albert,* Centre de documentation Historique des Forces Armées Evère, 1980.

- Gardiner, W., *The 2nd Regiment of Grenadiers and the battle for the bridge over the Albert Canal at Kanne-Riemst, Belgium on 10-11th May 1940,* edición a cargo del autor, 2009.

- Gijbels, M. y Vrijens, P., *Het Albertkanaal te Kanne,* Kanne, mei 2008.

- Golla, K.-H., *Die deutsche Fallschirmtruppe 1936-1941,* Hamburg, Mittler & Sohn, 2006.

- González Álvarez, M., *Aspectos militares de la Guerra Civil: la actuación en España de la Legión Cóndor,* León, Universidad de León, 2006.

- González, Ó., *Fallschirmjäger en Escandinavia. Paracaidistas alemanes en la invasión de Dinamarca y Noruega. Abril-Junio 1940,* Valladolid, Galland Books, 2008.

- González-Posada, I., *Cómo ganar una guerra,* Madrid, LID, 2010.

- Gukeisen, Th., *The fall of Eben Emael: the effects of emerging technologies on the successful completion of military objectives,* Kansas, Fort Leavenworth, 2004.

- Hiance, R., *Wonck. Mai 1940,* Wonck, edición a cargo del autor, 2007.

- Hoffmann, H., *Mit Hitler im Westen,* München, Verlag Heinrich Hoffmann, 1940.

- Janssen, E., *De Bunkers van de Gresstelling lanas de Limburgse Kanalen (1934-1940),* Erpe, Uitgeverij De Krijger, 2005.

- Kemp, I., *Eben Emael,* Hersham Surrey, Ian Allan publishing, 2006.

- Kupka, V. y Gregar, O., *Belgická Opebnení,* Pevnosti, 1997.

- Laby, H., *Mai 40 Septembre 44,* edición a cargo del autor, 2005.

- Le Ministere des affaires etrangeres de Belgique, *Belgique. La relation officielle des événements 1939-1940,* Evan Brothers, London, 1941.

- Lhoest, J. L., *Les paras allemands au Canal Albert. Mai 1940,* Paris, Presses de la Cite, 1964.

- Mankau, H. y Petrick, P., *Deutsche Lastensegler,* Stuttgart, Motorbuch Verlag, 2008.

- McRaven, W., *Spec Ops. Case Studies in Special Operations Warfare: Theory and Practice,* Novato, Presidio Press, 1996.

- Melzer, W., *Albert-Kanal. Eben Emael,* Heidelberg, Vowinckel, 1957.

- Molina, L. y Manrique, J. M., *Centinelas del aire. El grupo antiaéreo de la Legión Cóndor en la Guerra Civil española (1936/39),* Valladolid, Galland Books, 2008.

- Molina, L. y Manrique, J. M., *Cetme. 50 años del fusil de asalto español,* Madrid, La Esfera de los Libros, 2005.

- Mrazek, J., *The fall of Eben Emael,* London, Robert Hale, 1970.

- Oebser, J., *Deutsche Luftlandungen am 10. Mai 1940. Fort Eben Emael un die Brücken am Albert Kanal,* Jena, Historicus-Verlag, 2009.

- Neetzow, K. y Schlaug, K., Deutsche *Lastensegler 1938-1945. Eine Chronik in Bildern,* Ronnenberg, Druckerei Josef Grütter, 1993.

- Pallud, J., *Blitzkrieg in the West. Then and now,* London, After the battle, 1991.

- Quarrie, B., *German Airborne Troops 1939-45,* Oxford, Osprey, 1983.

- Reitsch, H., *Volar fue mi vida*, Valladolid, Galland Books, 2009.

- Saunders, T., *Fort Eben Emael*, Barnsley, Pen & Sword Books Ltd., 2005.

- Schalich, G., *Eben Emael II*, IBA Sonderheft 8, 1985.

- Schaumans, J., *Oorlogsbelevenissen. De eerste meidagen 1940. Bruggenhoofd Veldwezelt*, edición a cargo del autor, 2004.

- Schlaug, G., *Die deutschen Lastensegler-Verbände 1937-1945. Eine Chronik aus Berichten, Tagebüchern, Dokumenten*. Stuttgart, Motorbuch Verlag, 1985.

- Setti, M., *La conquista di Eben Emael*, Milano, Mursia, 2004.

- Taghon, P., *Mai 1940. La campagne des dix-huit jours*, París-Louvain-la-Neuve, Duculot, 1989.

- Thomas, F.; Wegmann, G., *Die Ritterkreuzträger der Deutschen Wehrmacht 1939-1945. Teil II: Fallschirmjäger*, Osnabrück, Biblio-Verlag, 1986.

- Thonus, J., *Les Fallschirmjäger. Histoire des parachutistes allemands de 1935 jusqu'aux opérations du 10 mai 1940 en Belgique*, Liège, CLHAM, 2008.

- Vaesen et al., *Doorbraak Albertkanaal Mei' 40. De historische strijd om de bruggen en het fort*, 2005.

- Vaesen, J., *Tussen Scylla en Charybdis. De Belgische militaire politiek en de economische crisis 1930-1936*, Brussel, Centrum Voor Militaire Geschiedenis, 2003.

- Vandevelde, A., *De Veldweezelt á Memel*, Bruxelles, GIG, 1942.

- Vernier, F., *Les fortifications belges au 10 Mai 1940. La défense du Canal Albert et des canaux extérieurs*, Erpe, Editions de Krijger, 2007.

- Vliegen, R., *Fort Eben Emael*, 1993.

- Winterstein, E. M. y Jacobs, H., *General Meindl und seine Fallschirmjäger. Vom Sturmregiment zum II. Fallschirmjägerkorps 1940-1945*, Braunschweig.

Artículos

- AA.VV, *Veldwezelt, 10 mei 1940* en „Wiosello. Heemkundig Tijdschrift voor de Heerlijkheid", jaargang V, nr 4 – oktober 1990.

- ABC, edición de Andalucía, mayo de 1940.

- Aldinger, Hauptmann, *Deutsche Flak feuert vor Madrid,* en "Wir kämpften in Spanien, Die Wehrmacht", Sonderheft, 30 Mai 1939.

- Bikar, A.: *Mai 1940. Pourquoi le Fort d'Eben-Emael est-il tombé si vite?* en "Revue Belge d'Histoire Militaire" Jg. 31, No. 3-4, septembre/décembre 1995, p. 123-196.

- Bikkar, A.: *Les mannequins parachutistes. Une ruse de guerre Allemande,* en "Revue de la Gendarmerie", n° 76, 1979, pp. 24-38.

- Coenen, E., *La destruction du pont de Canne*, en CLHAM, Tome IV-Fascicule 7-Marzo 1990.

- Declerq y Santilman, *Le nouveau pont de Vroenhoven sur le canal Albert,* en "Annales de Travaux publics de Belgique", août 1934, pp. 597-612.

- Decobeck, R., *Le rencontre de deux adversaires,* en "Le magazine belge de l'aviation", n° 5, 1985, pp. 35-38.

- Deraymaeker, G. H., *Le 2e Grenadiers au Canal Albert*, en CLHAM, Tome IV.

- Deraymaeker, G. H., *Quelques considérations sur l'historique des combats du 2e Grenadiers le 10 et 11 mai 1940*, en CLHAM, Tome V - Fascicule 2 - Juillet 1992.

- *Het dramatisch verhaal van Grenswielrijder Willem Vranken,* en „Het Berlang van Limburg Regional", 1980.

- Huijsmans, J.; Guyvers, M.: *Grensfietserseenheid Lanaken 1934-1940.* Deel 1, 1981, pp. 24-27.

- Janssen, E., *Dekkingstelling Albertkanaal de bunkers tussen Kanne en Briegden*, en „Vesting", n° 4, 2004.

- Laternser, H., *Der Albert Kanal zwischen Maas und Schelde*, en „Die Bautechnik", 11. Januar 1935 y 8 Februar 1935.

- Levo, J. M., *Les sacrifiés du Canal Albert*, en CLHAM, Tome V - Fascicule 9 - Mars 1994.

- Olsen Herfeldt, T., *Strecke Haccourt-Briegden des Albert Kanals im Belgien,* en „Der Bauingenieur", Heft 9/10, 26 Februar 1932.

- Permuy, R., *El ataque alemán a los Paises bajos. Los planes germanos*, en REHM, n° 23, 2002, pp. 232-245.

- Pirenne, G, *La destruction du Pont de Canne le 10 Mai 1940,* en CLHAM, Tome IV – Fascicule 7 – Marzo 1990.

- Pirenne, G., *Le chemin de la captivite,* en CLHAM, Tome IV - Fascicule 8 - Septembre 1990.

- Ramsey, G., *Eben Emael*, en After the Battle n° 5, London, 1974.

- Schacht, G., *Eben Emael-10. Mai 1940,* en « Wehrwissenschaftliche Rundschau", E. S. Mittler & Sohn; Jhrg. 1954, Heft 5.

- Schalich, G., *Das Schicksal der Kanalbunker im Bereich Veldwezelt-Vroenhoven. Ein Detail der Kämpfe im Mai 1940 am Albert Kanal*, en IBA-Informationen, Nr. 41/2005.

- Schlosser, E., *Fallschirmjäger und Hildesheim*, en DDF.

- Thonus, J., *Die Hohlladung: der unerwartete Waffe des Falls «Gelb» im Einsatz gegen Eben Emael*, en CLHAM, Band VI, Nr. 6-9, Juni 1996 y März 1997.

- Witzig, R., *Die Einnahme von Eben Emael*, en «Schriftreihe der Gesellschaft für Wehrkunde», Jhrg. 1954, Heft 5, München, Wehrwissenschaftlicher Verlag, 1954.

Documentos y otros textos

- *Airborne operations. A German Appraisal.* CMH Pub 104-13 U.S. Government Printing Office: 1989-247-384/00640.

- *Armeeoberkommando 4. Ic. Nr. 486/4b geh.*

- BA/MA RH 24-27/135. *Geländeerkundung Belgien und Holland. Nachtrag zu Nest Köln Nr. 3468/Ig vom 17.11.1939.*

- BA/MA RL 2 IV/108. *Einsatz der Fallschirm-und LS (Kampf und Lastensegler) Truppe. Der Einsatz Eben-Emael und Albert Kanal.*

- BA/MA RL 33/97. *Kriegstagebuch der Sturmabteilung Koch.*

- BA/MA XXXVIII. *Personallisten der Sturmabteilung Koch.*

- *Einsätze der Fallschirm- und Luftlandetruppe im Westfeldzug. Teil I und II (BA-MA BW 57/311).*

- *I CA-7 DI-18 Li. Relation des événements au cours des journées des 10 et 11 mai 1940 sur la position de Canal Albert, face à Maastricht.*

- *La 7 D.I. sur le Canal Albert. Titre VII. Les evenements aux ponts et aux destructions.*

Es posible ponerse en contacto con los autores a través de la siguiente dirección:

thesilentattack@gmail.com